사진·통계와 함께 읽는

일본
일본인
일본문화

정형 지음

다락원

머리말

'가깝고도 먼 나라'로 비유되는 한국과 일본은 다른 어느 국가들보다 밀접한 교류가 이루어졌으면서도 동시에 마찰의 국제화가 진행되어 왔다. 한국의 선진 문화가 일본에 전래된 고대기 이래, 수백 년에 걸친 중세의 공백기 이후 이어진 임진왜란과 조선통신사 왕래의 근세를 지나, 근대의 일제강점기에 이르러 '가해자 일본, 피해자 한국'이라는 숙명적 역사관계가 정착되었음은 새삼 언급할 필요가 없을 것이다.

그럼에도 역사는 변화하면서 계속될 수밖에 없다. 일본의 패전과 전후의 경제부흥 그리고 1965년 한일 국교 정상화, 한국의 비약적인 경제성장, 월드컵 공동개최 및 한류의 유행 등을 통해 새롭게 미래지향적인 21세기를 만들어 가고 있는 한일 양국은 현재 정치, 경제에 그치지 않고 문화 전반을 아우르는 전방위적인 선린, 우호 관계를 구축해 나가야 할 시점에 서 있다.

그 동안 한일 양국 사이에는 역사 교과서 기술문제, 과거사 청산문제, 독도문제 등으로 인한 갈등이 끊이지 않았고 지금도 여전히 그 불씨를 안고 있다. 이러한 양상 속에서 그 연원이 양국 간의 특수한 과거사에 기인하는 것이기는 하나, 일본의 실체를 바라보는 우리의 내면에는 결과적으로 굴절될 수밖에 없었던 일종의 트라우마의 편린이 자리 잡고 있음을 부인할 수 없을 것이다. 극일(克日)과 지일(知日)의 필요성이 끝없이 반복되어 오고 있는 이유 중의 하나도 바로 여기에 있을 터이다.

이제는 양국이 전 지구적 공동체의 일원으로 존재하면서 과거와는 다른 패러다임의 국제화를 구축해 나가야 하며, 이를 위해서도 이러한 굴절 상황을 더 이상 계속할 수 없음은 자명하다 하겠다. 문화의 국교 정상화라고도 할 일본 문화 개방이 이루어진 이래, 한국을 가장 많이 찾고 있는 외국인이 일본인이고 또한 우리가 가장 많이 찾고 있는 나라 중의 하나도 일본이다. 과거사는 있는 그대로 직시하면서 동시에 이웃나라 일본과 공존의 길을 모색하는 것이 지혜롭고 의연한 선택일 것이다.

그 첫 단계로 우리는 일본의 보통 모습을 체계적으로 알아야 한다. 이를 위해 같은 동아시아 한자문명권에 위치하면서도 우리와는 다른 일본의 다양한 문화적 기층을 기존의 편향적 시각에서 벗어나 객관적으로 조명하고 개괄하는 것을 이 책의 우선 과제로 삼았다. 과거사의 부정적 측면만을 내세우거나, 아니면 반대로 경제대국이라는 물량적 성과를 적극 평가하는 긍정적 측면 모두 객관적인 일본 읽기는 아닐 터이며, 이러한 일본의 명(明)과 암(暗)을 체계적으로 포괄하는 일본 알기가 우선 과제이다. 이는 단순한 이웃나라 알기에 그치지 않고 한일의 숙명적 과거사를 뛰어넘어 우리를 재인식하는 우리 알기의 계기도 될 수 있을 것이며, 이 저술이 지향하는 일본개설론 외의 또 하나의 목표이기도 하다.

이 책은 2004년 『사진과 함께 읽는 일본, 일본인, 일본문화』라는 서명으로 초판이 간행된 이후, 초판에 없었던 다음의 다섯 가지 내용을 추가, 보완하여 2009년에 개정판을 펴낸 바 있고 그 내용은 다음과 같다.

첫째, 개정판 2과에 기존판에 없었던 〈한국과 일본〉이라는 새로운 내용을 추가했다. 개정판 3과의 〈일본의 역사〉와는 별도로 일본 문화를 한일 관계라는 접점에서 조명한 것으로 기존의 일본문화론 연구영역에서 다루어지지 않았던 새로운 내용으로 이루어져 있다. 즉 일본사 자체를 바라보기 전에 한일 관계의 역사라는 영역에서 일본사의 내용을 이해하고자 했고, 아울러 재일한국인의 역사와 문화활동, 일본 속의 한국 문화, 한국 속의 일본 문화 등을 개괄했으며 이 또한 한일 문화의 접점이라는 시각에서 다룬 것으로 개정 내용의 핵심이라고 할 수 있다.

둘째, 각 과의 도입부에 해당 일본 문화의 주제에 관해 한일 문화의 유사성과 상이성에 주목하는 비교문화론적 시점에서 기술한 글을 실었다. 또한 각 세부 주제 중에는 참고문헌에 제시된 저자의 기존의 저술 내용(『일본사회문화의 이해』 정형·이이범 공저, 보고사, 2003)이 일부 인용되어 있다.

셋째, 기존판의 각 과 내용 중에 상호 중복되는 내용과 양국의 문화기층에서 큰 차이를 보이지 않는 내용 등은 과감히 줄여서 11개의 주제로 통일하였고, 12과 〈일본의 미디어〉라는 과를 새롭게 추가했다.

넷째, 13과에 〈일본 문화 키워드〉라는 과를 새롭게 추가해, 이를 통해 각 주제의 본문개설에서 다 제시하지 못한 다양한 일본 문화의 여러 양상들을 보충 설명하고자 했다.

다섯째, 각 과 본문의 사진과 통계를 2008년의 자료로 바꾸었을 뿐만 아니라 각 과의 말미에 주제별로 해당 참고문헌을 제시해 두었다.

그리고 앞의 2009년 개정판에 이어 이번에 새롭게 개정판을 내게 되었는데, 그 이유는 이 책이 간행된 지 이미 8년 이상이 경과되어 본문 각 주제의 여러 사항의 내용과 통계, 사진 등을 수정해야 할 필요성이 대두되었기 때문이다.

끝으로 이번 개정판에서도 각 주제별로 다양한 통계, 도표, 사진 등 최신의 중요한 자료 수집에 고이시 도시오(小石淑夫, 전 신라대학교 교수) 선생님의 많은 조언과 협력이 있었다. 또한 이 책에서 다루고 있는 일본 문화의 다양한 양상에 관해서도 한국사 전공자인 고이시 선생님과 비교, 대조 문화의 시점에서 많은 대화를 나눌 수 있었고, 이를 통해 앞으로의 새로운 과제를 확인할 수 있었다. 이 자리를 빌어 고마운 마음을 전하고자 한다.

2018년 1월 무술년 새해를 맞으면서
저자 **정형**

차례

머리말		2
차례		4
일러두기		5
01	일본의 풍토와 자연관	6
02	한국과 일본	28
03	일본의 역사	66
04	천황과 일본인	90
05	일본의 언어와 문학	102
06	일본의 전통 예능	122
07	일본인의 종교의식	138
08	일본의 의복과 주거문화	152
09	일본의 음식문화	168
10	일본의 성문화	184
11	일본의 정치와 경제	196
12	일본의 미디어	214
13	일본 문화 키워드	226

부록

일본사 연표	272
색인	281

일러두기

1. 일본 인명, 지명, 서명 등의 외래어 표기는 한글 맞춤법의 일본어 표기에 따랐으며, 일부 한글 음으로 해야 할 필요성이 있는 것은 한글 음으로 표기했다. 한자는 ( ) 안에 넣었는데, 일본 인명, 지명 등의 고유명사는 일본식 한자인 신자체 한자를 사용하였고, 그 외 일반명사는 한국식 정자체 한자를 사용하였다.

2. 본문에서 사용한 약호는 다음과 같다.
   - 단행본, 법전, 신문 : 『 』
   - 단행본 속의 작품명, 논문 : 「 」
   - 인용, 대화 : " "
   - 짧은 인용, 강조 : ' '
   - 웹사이트 : 〈 〉

한글 맞춤법에 따른 외래어 표기법

가나					한글									
					어두					어중·어말				
ア イ ウ エ オ					아 이 우 에 오					아 이 우 에 오				
カ キ ク ケ コ					가 기 구 게 고					카 키 쿠 케 코				
サ シ ス セ ソ					사 시 스 세 소					사 시 스 세 소				
タ チ ツ テ ト					다 지 쓰 데 도					타 치 쓰 테 토				
ナ ニ ヌ ネ ノ					나 니 누 네 노					나 니 누 네 노				
ハ ヒ フ ヘ ホ					하 히 후 헤 호					하 히 후 헤 호				
マ ミ ム メ モ					마 미 무 메 모					마 미 무 메 모				
ヤ イ ユ エ ヨ					야 이 유 에 요					야 이 유 에 요				
ラ リ ル レ ロ					라 리 루 레 로					라 리 루 레 로				
ワ (ヰ) ウ (ヱ) ヲ					와 (이) 우 (에) 오					와 (이) 우 (에) 오				
ン					ㄴ									
ガ ギ グ ゲ ゴ					가 기 구 게 고					가 기 구 게 고				
ザ ジ ズ ゼ ゾ					자 지 즈 제 조					자 지 즈 제 조				
ダ ヂ ヅ デ ド					다 지 즈 데 도					다 지 즈 데 도				
バ ビ ブ ベ ボ					바 비 부 베 보					바 비 부 베 보				
パ ピ プ ペ ポ					파 피 푸 페 포					파 피 푸 페 포				
キャ キュ キョ					갸 규 교					캬 큐 쿄				
ギャ ギュ ギョ					갸 규 교					갸 규 교				
シャ シュ ショ					샤 슈 쇼					샤 슈 쇼				
ジャ ジュ ジョ					자 주 조					자 주 조				
チャ チュ チョ					자 주 조					차 추 초				
ヒャ ヒュ ヒョ					햐 휴 효					햐 휴 효				
ビャ ビュ ビョ					뱌 뷰 뵤					뱌 뷰 뵤				
ピャ ピュ ピョ					퍄 퓨 표					퍄 퓨 표				
ミャ ミュ ミョ					먀 뮤 묘					먀 뮤 묘				
リャ リュ リョ					랴 류 료					랴 류 료				

01

일본의 풍토와 자연관

1. 일본의 지리개관
1) 행정구역
2) 산지
3) 토지 이용
4) 기후
5) 자원
6) 인구

2. 도쿄와 지방
1) 도쿄도(東京都)
2) 홋카이도(北海道)
3) 도호쿠 지방(東北地方)
4) 간토 지방(関東地方)
5) 주부 지방(中部地方)
6) 긴키 지방(近畿地方)
7) 주고쿠 지방(中国地方)
8) 시코쿠 지방(四国地方)
9) 규슈(九州)·오키나와(沖縄) 지방

3. 자연과 일본인
1) 일본 기후의 특색
2) 자연재해
   – 지진 / 화산 분화 / 태풍 / 폭설
3) 자연과 일본인

한국과 일본은 대한해협을 사이에 두고 있는 인접국으로, 양국 간의 거리는 한반도 남단의 부산에서 일본의 쓰시마(対馬)까지는 약 50km이고, 후쿠오카(福岡)까지는 약 200km로 아주 가깝다. 그러나 양국의 지리 조건을 비교해 보면 상당한 차이가 있다. 우선 한국은 유라시아대륙의 동쪽 끝에 위치하는 반도국가이고, 일본은 사면이 바다로 둘러싸인 섬나라이다. 그 때문에 한국은 대륙성 기후로 겨울이 춥지만, 일본은 해양성 기후로 자주 태풍과 폭설의 피해를 입는다. 또한 한국의 지반은 비교적 안정적이지만, 일본은 활단층(活斷層)의 영향으로 지진이 자주 발생한다. 이 외에도 지정학적인 조건에 의해 한국은 고대 이래 선진 문명 지역이었던 중국이나 주변 민족의 문화적·물리적 영향을 받기 쉬웠지만, 일본은 바다로 단절되어 있어서 상대적으로 대륙의 영향권에서 벗어난 후발문명권에 있었다고 볼 수 있다. 이 점은 일본 문화의 형성 과정에서 때로는 긍정적으로 때로는 부정적으로 작용하는 요소였을 것이다.

1 일본의 지리개관

일본은 유라시아대륙 동쪽 끝의 해상에 위치하고 있다. 홋카이도(北海道)·혼슈(本州)·시코쿠(四国)·규슈(九州)의 4개의 거대한 섬과 약 6,900여 개의 크고 작은 섬들로 이루어진 일본은 전체적으로 북동에서 남서로 걸쳐지는 긴 활 모양의 열도이다. 동쪽 끝으로는 미나미토리시마(南鳥島, 동경 153도 58분), 서쪽 끝으로는 ¹요나구니지마(与那国島, 동경 122도 56분)가 위치해 있고, 남단으로는 오키노토리시마(沖ノ鳥島, 북위 20도 25분), 북단으로는 소야미사키(宗谷岬, 북위 45도 31분)가 위치하고 있다.

● 오키노토리시마(沖ノ鳥島) 도쿄도에 속한 일본 최남단의 섬. 수몰에 대비하고 일본의 배타적 경제수역을 확보하기 위해 호안공사(護岸工事)로 섬의 소멸을 막고 있다.

일본은 섬나라라고는 해도 외국과의 거리는 그다지 멀지 않아, 규슈와 한반도와의 거리는 약 200km, 나가사키현(長崎県)의 ²쓰시마(対馬)에서 부산까지의 거리는 약 50km에 불과하다. 또한 홋카이도와 러시아의 사할린섬 사이에 위치한 소야(宗谷)해협까지는 불과 40km 정도이며, 서쪽 끝에 위치한 요나구니지마에서 대만(臺灣)까지의 거리도 100km 정도에 불과하다.

일본 열도 북쪽으로는 러시아가 위치하고 있고, 서쪽으로는 한반도와 중국, 동쪽으로는 미국, 그리고 남쪽으로는 필리핀과 인도네시아 등이 자리 잡고 있다. 일본이 영유권을 주장하고 있는 지역 중 [3]독도와 북방사도(北方四島), 센카쿠제도(尖閣諸島)는 제각기 한국, 러시아, 중국(대만)과의 사이에 영유권 문제가 발생하고 있다.

● 소야미사키(宗谷岬) 일본의 실질적 영토의 최북단에 있으며 사할린이 바라보인다. 1983년에 있었던 소련군에 의한 대한항공기 격추사건의 위령탑이 세워져 있다.

1) 행정구역

일본 열도는 홋카이도, 혼슈, 시코쿠, 규슈의 4개의 큰 섬을 포함해 약 6,900여 개에 이르는

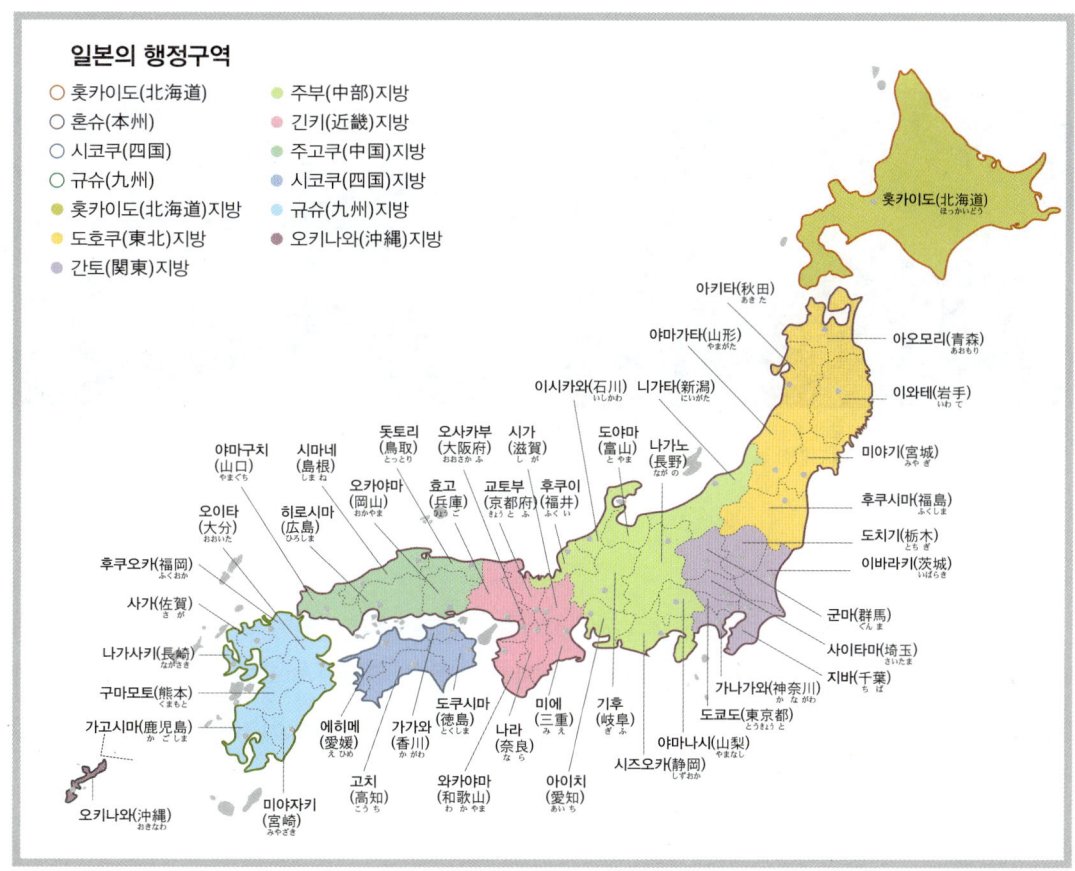

섬으로 이루어져 있다. 길이는 약 3,000km이고, 폭은 가장 넓은 곳이 300km에 달하며, 총 면적은 약 38만km²이다. 전국은 1도(都), 1도(道), 2부(府), 43현(県) 등 모두 47개 구역으로 나뉘어 있는데, 이것은 다시 편의상 홋카이도(北海道), 도호쿠(東北), 간토(関東), 주부(中部), 긴키(近畿), 주고쿠(中国), 시코쿠(四国), 규슈(九州)·오키나와(沖縄)의 8개 지방으로 구분된다.

2) 산지

일본 열도는 태평양을 포함하는 환태평양산지대(環太平洋山地帶)의 일부로서 국토의 약 73%가 산으로 이루어져 있다. 해발 3,776m의 후지산(富士山)을 비롯해 3,000m를 넘는 산이 21개가 있다. 이 산들은 모두 혼슈(本州)의 중앙부에 몰려 있으며 ⁴일본알프스(日本アルプス)라 불린다.

일본의 주요 산		
	산 이름	높이 (m)
1	후지산(富士山)	3,776
2	기타다케(北岳)	3,192
3	오쿠호타카다케(奥穂高岳)	3,190
4	아이노타케(間ノ岳)	3,189
5	야리가타케(槍ヶ岳)	3,180

호수는 면적이 50km² 이상인 것이 14개가 있는데, 그 중에서 면적 670km²의 ⁵비와호(琵琶湖)가 가장 넓다. 하천은 길이 200km 이상이 10개가 있으며, 가장 긴 하천은 나가노(長野)와 니가타(新潟)를 흐르는 ⁶시나노가와(信濃川, 367km)이다.

● 후지산(富士山) 일본을 대표하는 산. 주위에 큰 산이 없는 단독 봉우리라서 먼 지역에서도 쉽게 관망할 수 있다.

● 비와호(琵琶湖) 일본 시가현에 있는 일본 최대의 호수. 빼어난 경관으로 국정공원(国定公園)으로 지정되었다.

3) 토지 이용

일본의 국토는 지형에 따라 산지와 구릉지가 67.2%, 농지 12%, 주택지 3.1% 등으로 구성되어 있다. 산지와 구릉지가 국토의 3분의 2를 차지하고 있기 때문에 한국과 마찬가지로 산지가 많고 평야가 적은 것이 특색이다. 또한 국유지는 19.9%, 도도부현(都道府県) 소유지 2.8%, 시정촌(市町村) 소유지 5.7%로 되어 있고 나머지가 사유지이다. (2016년 일본 국토교통성 통계)

4) 기후

일본 열도는 주로 습도가 높은 온대에 속한다. 그러나 국토가 남북으로 길고 위도상으로도 변화가 크기 때문에 지역에 따라서 아열대에서 아한대에 이르기까지 다양한 기후 지역으로 분포되어 있다. 그렇기 때문에 지역적으로도 변화가 심하고 강우량이 많다. 즉 북쪽의 홋카이도는 냉대(冷帶), 남쪽의 여러 섬들은 아열대성 기후를 보인다. 또한

지역별 기후의 특징	
지역	특징
홋카이도	1년에 걸쳐 기온이 낮고 비가 적다. 다른 지역과 달리 장마(梅雨)나 태풍의 영향을 거의 받지 않으며, 겨울은 아주 춥다.
태평양 지역	여름은 비가 많고 무덥고 습하며, 겨울은 건조하고 맑은 날이 많다. 이 지역 남쪽에서는 태풍의 영향을 자주 받고 비도 많이 오며 겨울에는 온난하다.
내륙 지역	1년 중 비가 적고 여름과 겨울의 기온차가 크다.
동해(日本海) 지역	여름에는 비가 적지만, 겨울에는 눈이 많다.
세토나이카이(瀨戶內海) 지역	1년 중 맑은 날이 많고 비가 적다.
남서제도(南西諸島) 지역	1년 내내 기온이 높다.

혼슈의 중앙부에 걸쳐 있는 2,000~3,000m급의 산들을 경계로 태평양 쪽과 동해(日本海) 쪽으로 나뉘어 각각 태평양과 대륙 기후의 영향을 받는다. 이러한 지리적 조건으로 인해 초여름에는 ⁷쓰유(梅雨:장마)와 집중호우, 여름·가을에는 태풍의 피해를 자주 받으며, 태평양 지역에서는 지진에 따른 해일 피해가 발생한다. 그리고 겨울철 동해 지역에서는 폭설에 의한 피해가 발생하기도 한다.

5) 자원

일본은 한국과 마찬가지로 지하자원이 적어 거의 대부분을 수입에 의존하고 있다. 원유는 99.7%, 석탄은 98.1%, 천연가스는 96.8%를 수입하고 있다. 한편 석탄은 1955년까지는 93.1%를 자급했으나, 채

식료 지급률(2015년, 식량수급표)					
	품목	자급률(%)		품목	자급률(%)
1	쌀	98	5	육류	54
2	계란	96	6	과실	40
3	야채	80	7	밀	15
4	우유·유제품	62	8	대두	7

『日本国勢図会 2017/18』 (矢野恒太記念会. 2017)

탄조건의 악화와 인건비 상승 등으로 인해 2002년에 모두 폐광되었다. 그 밖에 철광석, 동, 주석 등도 100% 수입에 의존하고 있다.

6) 인구

2017년 1월 1일 현재의 일본 인구동향 조사에 따르면 일본의 인구는 1억 2,558만 명이다(외국인 주민을 포함한 총인구는 1억 2,790만 명). 19세기에 3천~4천만 명이던 것이 점차 증가해

1967년에 약 1억명에 이르렀다. 그러나 1973년 이후 출생률이 낮아지기 시작하면서 인구 증가율은 1995년부터 2000년까지 불과 1.1%에 머물렀고, 2008년을 정점으로 감소하기 시작했다.

출생률의 저하로 일본은 [8]고령화사회에서 급속히 [9]초고령화사회로 변모하면서 결국 인구 4명당 1명은 고령자가 될 것으로 내다보고 있다. 현재 일본에서는 이에 대한 대책 마련에 부심하고 있지만 아직 이렇다 할 해결책은 나오지 않고 있으며, 이러한 현상은 바로 우리 한국에게도 다가올 문제라고 할 수 있다.

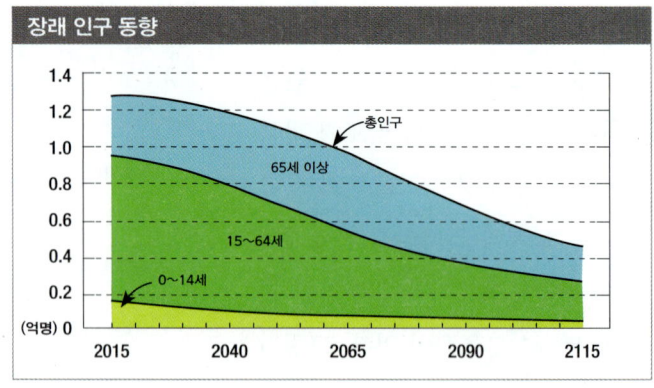

장래 인구 동향

장래 추계 인구		인구 동태 (인구 1,000명당 ~명)		연령별 인구(%)		
	총인구(천명)	출생률	사망률	0~14세	15~64세	65세 이상
2015	127,095*	8.0	10.3	12.6*	60.7*	26.6*
2020	125,325	7.2	11.3	12.0	59.1	28.9
2025	122,544	6.9	12.4	11.5	58.5	30.0
2030	119,125	6.9	13.5	11.1	57.7	31.2
2035	115,216	6.8	14.4	10.8	56.4	32.8
2040	110,919	6.7	15.1	10.8	53.9	35.3
2050	101,923	6.4	15.7	10.6	51.8	37.7
2060	92,840	6.3	16.8	10.2	51.6	38.1
2065	88,077	6.3	17.7	10.2	51.4	38.4

『日本国勢図会 2017/18』(矢野恒太記念会. 2017) *확정치

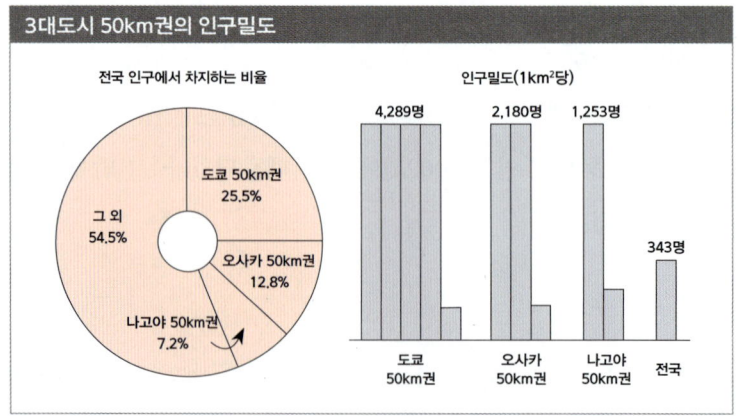

『日本国勢図会 2017/18』(矢野恒太記念会. 2017) *50km권의 면적은 도쿄 7628㎢, 오사카 7498㎢, 나고야 7339㎢이다.

2 도쿄와 지방

일본의 행정구역은 도도부현(都道府県)으로 나뉘며, 현재는 1도(都), 1도(道), 2부(府), 43현(県)이 있다.

1) 도쿄도(東京都)

도쿄(東京)는 일본 혼슈(本州)의 중앙, 간토(関東) 지방의 남서부에 있는 일본의 수도이다. 17세기 에도(江戸)에 막부(幕府)가 들어선 이래 일본의 정치·경제·문화·교통의 중심으로서 발전해 왔고 산업과 인구도 집중되어 있다. 전국에서 세 번째로 면적이 작은 자치체로 2,000m급 산이나 오가사와라제도(小笠原諸島)와 같은 아열대 섬까지 다양한 지형분포를 지니고 있다. 인구는 약 1,300만 명으로 일본 총인구의 약 10%에 해당한다. 2005년도의 도내(都内) 명목 총생산액은 약 922,694억 엔으로, 도시 예산으로서는 상당한 규모에 달하고 있음을 알 수 있다.

● 도쿄(東京) 일본의 수도이며 정치, 경제, 문화의 중심지이다. 최근에는 도심 재개발이 이루어져 고층빌딩과 고층아파트가 도심부에 집중하는 현상이 벌어지고 있다.

2) 홋카이도(北海道)

혼슈(本州)에 이어 두 번째로 큰 섬으로 일본의 최북단에 위치하고 있고, 본 섬과 주변의 작은 섬들로 이루어져 있다. 도도부현(都道府県) 중에서 가장 넓으며 일본 전 면적의 약 20%를 차지한다. 홋카이도(北海道)는 냉대에 속해 겨울에는 날씨가 아주 춥고 여름에는 예외적으로 장마가 없

● 구 홋카이도 도청(旧北海道庁) 홋카이도 개척의 거점으로서 1888년에 세워졌다.

다. 북쪽으로는 러시아와 국경으로 접해 있는데, 지시마열도(千島列島)의 구나시리토(国後島)·에토로후토(択捉島)·하보마이토(歯舞島)·시코탄토(色丹島) 네 섬을 둘러싸고 러시아와 영토문제(북방 영토문제)를 안고 있다. 혼슈의 아오모리현(青森県)과 세계 최장의 ¹⁰세이칸터널(青函トンネル)을 통해 해저철도로 이어져 있다.

● 삿포로(札幌) 눈축제로 유명한 삿포로는 계획도시로 만들어져 도로가 바둑판과 같이 동서남북으로 정연하게 뻗어 있다.

　훗카이도는 고대 이래 수렵을 주로 하는 아이누민족이 사는 땅이었는데, 15세기경부터 혼슈의 일본인이 진출하기 시작해 점차 아이누민족을 정치적·경제적으로 지배하게 되었다. 메이지시대 이후 본격적인 대규모 개척이 이루어져 다수의 일본인들이 각지에서 들어와 정착했다. 타 지역에서는 볼 수 없는 웅대한 자연이 펼쳐져 있고, 스키·스케이트 등의 겨울 스포츠가 활성화되어 있다. 삿포로(札幌)는 눈축제로 유명하고, 시레토코(知床)는 세계자연유산으로 등록되어 있다.

3) 도호쿠 지방(東北地方)

　혼슈의 동북부에 위치하는 지방이다. 아오모리현(青森県)·이와테현(岩手県)·미야기현(宮城県)·아키타현(秋田県)·야마가타현(山形県)·후쿠시마현(福島県)으로 되어 있다. 남북으로 뻗어 있는 오우산맥(奥羽山脈)을 중심으로 태평양 쪽과 동해(日本海) 쪽으로 지역이 구분된다. 동해(日本海) 쪽은 겨울에 눈이 많이 내리고 태평양 쪽은 자주 냉해나 쓰나미(津波)의 피해를 입기도 한다. 도호쿠 지방은 고대 이래 정치의 중심지였던 긴키 지방(近畿地方)으로부터 멀리 떨어져 있어서 개발이 지체되었고, 에도시대에 벼농사지역으로 발달하게 되었다. 현재도 공업생산보다는 농업생산이 활발한 지역이다. 개발이 지체되었기 때문에 오히려 자

● 시라카미산지(白神山地) 사람의 손길이 닿지 않은 너도밤나무 원시림이 넓은 지역에 분포해 유네스코 세계자연유산으로 등록되어 있다.

● 눈 덮인 도호쿠 지방의 민가(民家) 지붕에 쌓인 눈을 치우지 않으면 집이 무너질 우려가 있어 겨울철에는 지붕의 눈을 치우는 일이 선행과제이다.

연이 잘 보존되어 있어, 온천과 지역축제 등 관광자원이 풍부하다. 아오모리현과 아키타현에 걸쳐 있는 시라카미산지(白神山地)가 세계자연유산으로 등록되어 있다.

4) 간토 지방(関東地方)

혼슈 중앙 동쪽에 위치하는 지방이다. 도쿄도(東京都)·이바라키현(茨城県)·도치기현(栃木県)·군마현(群馬県)·사이타마현(埼玉県)·지바현(千葉県)·가나가와현(神奈川県) 등 1도 6현이 포함되어 있다. 수도 도쿄가 들어 있어 일본의 정치, 경제, 문화의 중심지라고 할 수 있다. 도쿄와 접하고 있는 사이타마현·지바현·가나가와현의 3현은 출퇴근이 가능한 이른바 수도권으로 도쿄를 중심으로 철도와 도로로 연결되어 있다. 수도권인 1도 3현의 인구가 전국의 약 3할을 차지한다. 중심부에는 일본에서 가장 넓은 간토평야(関東平野)가 있고 유역 면적이 가장 넓은 도네가와(利根川)가 흐르고 있다. 또한 주변부에는 산악이나 온천 등 자연관광지가 많이 있는데, 특히 도치기현에 있는 닛코(日光)의 신사와 사찰은 세계문화유산으로 등록되어 있다.

● 요코하마(横浜) 에도시대 말에 개항한 항구도시의 하나로 대표적인 서구문화 유입의 창구였다.

● 닛코토쇼구(日光東照宮) 도쿠가와 막부의 시조 도쿠가와 이에야스(徳川家康)를 받드는 신사. 사진의 양명문(陽明門)을 비롯한 많은 건물이 국보·중요문화재로 지정되어 있다.

5) 주부 지방(中部地方)

혼슈의 중앙부에 위치하는 지방이다. 니가타현(新潟県)·도야마현(富山県)·이시카와현(石川県)·후쿠이현(福井県)·야마나시현(山梨県)·나가노현(長野県)·기후현(岐阜県)·시즈오카현(静岡県)·아이치현(愛知県)의 9현이 들어 있다. 동해(日本海) 쪽의 호쿠리쿠(北陸)

● 혼슈 중부지대는 3,000m가 넘는 산들이 이어져 있어 일본알프스(日本アルプス)라고 불린다. 그 중의 가미코치(上高地)는 호타카다케(穂高岳)나 야리가타케(槍ヶ岳)의 등산로의 풍경이 아름답기로 유명하다.

지방, 태평양 쪽의 도카이(東海) 지방, 중앙고지(中央高地)의 3지방으로 나누어지며, 중앙고지에는 히다산맥(飛騨山脈. 북알프스)·기소산맥(木曽山脈. 중앙알프스)·아카이시산맥(赤石山脈. 남알프스) 등 3,000m급 산들이 늘어서 있는 산맥이 있다. 주부 지방 남북에 걸쳐 폿사마그나(フォッサマグナ)라는 구조선(構造線)이 뻗어 있어 일본 열도를 동서로 양분하고 있다. 흥미로운 것은 이 폿사마그나를 경계로 서쪽은 긴키 지방, 동쪽은 간토 지방으로 나누어지면서 동일본, 서일본이라는 역사적·문화적 경계선이 만들어졌다는 점이다.

일본알프스 등 산악관광지가 많고 기후현·도야마현의 시라카와고(白川郷)·고카야마(五箇山)의 갓쇼즈쿠리(合掌造 : 합장건축양식)의 집락은 세계문화유산으로 등록되어 있다.

6) 긴키 지방(近畿地方)

혼슈 중앙 서쪽에 위치하는 지방이다. 교토부(京都府)·오사카부(大阪府)·미에현(三重県)·시가현(滋賀県)·효고현(兵庫県)·나라현(奈良県)·와카야마현(和歌山県)의 2부 5현으로 이루어져 있다. 효고현 북부·교토부는 동해(日本海)와 접해 있고 오사카부·효고현 남부는 세토나이카이(瀬戸内海), 미에현·와카야마현은 태평양과 접해 있다. 고대 이래 일본의 정치·경제·문화의 중심이 되었던 지방으로, 교토를 중심으로 비와호(琵琶湖)·요도가와(淀川)·세토나이카이(瀬戸内海) 등을 이용한 수운이나 육운에 의해 전국으로 교통망이 발달했다.

오랜 역사를 지니고 있는 만큼 신사나 사찰 등의 문화재가 많다. 나라현의 고도(古都) 나라의 문화재와 호류지(法隆寺) 주변의 불교 건축물, 교토부·시가현에 산재하는 고도 교토의 문화재, 나라현·와카야마현·미에현에 위치한 기이산지(紀伊山地)의 영지(靈地)와 참예도(参詣道), 효고현의 히메지성(姫路城)은 세계문화유산으로 등록되어 있다.

● 오사카성(大阪城) 도요토미 히데요시(豊臣秀吉)가 세운 것으로 오사카의 상징이다.

● 천년에 걸쳐 일본의 수도였던 교토(京都)는 전통문화의 중심지로서 신사와 절 등 문화재가 많이 보존되어 있다.

7) 주고쿠 지방(中国地方)

혼슈 서쪽 끝에 위치하는 지방이다. 돗토리현(鳥取県)·시마네현(島根県)·오카야마현(岡山県)·히로시마현(広島県)·야마구치현(山口県)의 5개현이 포함되어 있다. 중앙을 동서로 가르는 주고쿠산지(中国山地)를 따라 북쪽 동해(日本海) 방면의 산인 지방(山陰地方)과 남쪽 세토나이카이(瀬戸内海) 방면의 산요 지방(山陽地方)으로 구분되며, 두 지역

● **돗토리 사구** 돗토리시의 해안부에는 사구가 발달해 많은 관광객들이 찾아오고 있다. 또한 모래땅을 이용한 랏쿄 재배로 유명하다.

은 기후와 풍토에 큰 차이가 있다. 산인 지방은 평야가 적고 해안선이 단순하며 겨울에 눈이 많이 내리는데 비해, 산요 지방은 평야지대가 많고 복잡한 해안선과 많은 섬들이 있으며 연간을 통해 비가 많이 내린다. 세토나이카이 쪽에는 석유 콤비나트 등 공업지대가 형성되어 있다. 돗토리현의 해안에는 일본에서는 찾아보기 어려운 사구(砂丘. 모래언덕)가 있다. 히로시마현의 원폭돔과 이쓰쿠시마신사(厳島神社), 시마네현의 이와미 은산유적(石見銀山遺跡)은 세계문화유산에 등록되어 있다.

8) 시코쿠 지방(四国地方)

혼슈의 서남쪽에 위치하는 시코쿠 본섬을 중심으로 하는 지방이다. 도쿠시마현(徳島県)·가가와현(香川県)·에히메현(愛媛県)·고치현(高知県)의 4현이 포함되어 있다. 동쪽은 기이수도(紀伊水道)가 있는 긴키 지방(近畿地方), 북쪽은 세토나이카이를 사이에 두고 주고쿠 지방(中国地方), 서쪽은 분고수도(豊後水道)를 두고 규슈(九州)와 마주보고 있다. 북쪽 지역은 우량이 적어 여름에는 물 부족을 겪기도 하고, 남쪽 지역은 기온이 높고 비가 많이 내리고 태풍이 자주 상륙한다. 오랫동안 혼슈와 바다를 사이에 두고 있어 교통이 불편했으나, 최근에는 세토대교(瀬戸大橋) 등 세 코스의 다리가 건설되어 도로와 철도로 혼슈와 연결되어 있다. 야채와 과일을 재배하는 농업과 어업활동이 활발하고 세도나이카이 연안지방에는 공업지대가 있다.

● **나루토 해협의 우즈시오(渦潮)** 아와지시마(淡路島)와 시코쿠(四国) 사이에 있는 해협으로, 해협 북쪽과 남쪽의 조수 차이가 커 해수가 급격히 흐르면서 소용돌이가 만들어진다.

9) 규슈(九州)·오키나와(沖縄) 지방

일본의 최서남단에 위치하는 지방이다. 후쿠오카현(福岡県)·사가현(佐賀県)·나가사키현(長崎県)·구마모토현(熊本県)·오이타현(大分県)·미야자키현(宮崎県)·가고시마현(鹿児島県)·오키나와현(沖縄県)의 8현이 포함된다. 이 지방은 중국이나 한반도, 동남아시아와 가깝고 고대로부터 외래문화의 영향을 많이 받은 지역이었다. 에도시대에도 쓰시마(対馬)는 조선과의 외교를 담당했고, 나가사키(長崎)에는 네델란드와 중국의 무역선이 많이 입항했다. 또한 류큐국(琉球国)도 중국과 무역선을 보내 교역활동을 했다. 규슈에는 온천과 화산이 많고 운젠다케(雲仙岳)와 아소산(阿蘇山)은 지금도 화산활동이 계속되고 있다. 오키나와현은 류큐제도(琉球諸島)의 많은 섬들로 이루어진 현으로 예전에는 11류큐왕국(琉球王国)이라는 독립국이었는데, 에도시대에 사쓰마번(薩摩藩)의 지배하에 들어가게 되었고, 메이지시대에 일본의 일부로 강제 복속되었다. 태평양전쟁 중에는 일본에서 유일하게 지상전이 벌어졌고 패전 후에는 미국의 지배하에 있었으나, 뒤에 다시 일본으로 반환되었고 현재도 미군기지가 존재하고 있다.

● 후쿠오카(福岡) 규슈의 중심도시로, 한반도와 중국이 인접해 있어 활발한 교류가 이루어지고 있다.

생활이 풍요로운 현 Best 10

	지명		지명
1	후쿠이현(福井県)	6	시마네현(島根県)
2	도쿄도(東京都)	7	시가현(滋賀県)
3	도야마현(富山県)	8	돗토리현(鳥取県)
4	나가노현(長野県)	9	아이치현(愛知県)
5	이시카와현(石川県)	10	시즈오카현(静岡県)

「全47都道府県幸福度ランキング 2016年版」(東洋経済新聞社, 2016)

도도부현별 면적·인구(2015년), 1인당 소득(2013년)

도도부현명	현청 소재지	면적(km²)	인구(천명)	1인당 소득(천 엔)
전국		372,968	127,095	3,065
도쿄도(東京都)	도쿄(東京)	2,191	13,515	4,508
홋카이도(北海道)	삿포로시(札幌市)	78,421	5,382	2,545
교토부(京都府)	교토시(京都市)	4,612	2,610	2,974
오사카부(大阪府)	오사카시(大阪市)	1,905	8,839	2,995
아오모리현(青森県)	아오모리시(青森市)	9,646	1,308	2,426

현	시			
이와테현(岩手県)	모리오카시(盛岡市)	15,275	1,280	2,698
미야기현(宮城県)	센다이시(仙台市)	7,282	2,334	2,857
아키타현(秋田県)	아키타시(秋田市)	11,638	1,023	2,463
야마가타현(山形県)	야마가타시(山形市)	9,323	1,124	2,629
후쿠시마현(福島県)	후쿠시마시(福島市)	13,784	1,914	2,787
이바라키현(茨城県)	미토시(水戸市)	6,097	2,917	3,138
도치기현(栃木県)	우쓰노미야시(宇都宮市)	6,408	1,974	3,255
군마현(群馬県)	마에바시시(前橋市)	6,362	1,973	3,054
사이타마현(埼玉県)	사이타마시(さいたま市)	3,798	7,267	2,859
지바현(千葉県)	지바시(千葉市)	5,158	6,223	3,019
가나가와현(神奈川県)	요코하마시(横浜市)	2,416	9,126	2,972
니가타현(新潟県)	니가타시(新潟市)	12,584	2,304	2,767
도야마현(富山県)	도야마시(富山市)	4,248	1,066	3,159
이시카와현(石川県)	가나자와시(金沢市)	4,186	1,154	2,972
후쿠이현(福井県)	후쿠이시(福井市)	4,190	787	2,845
야마나시현(山梨県)	고후시(甲府市)	4,465	835	2,918
나가노현(長野県)	나가노시(長野市)	13,562	2,099	2,714
기후현(岐阜県)	기후시(岐阜市)	10,621	2,032	2,726
시즈오카현(静岡県)	시즈오카시(静岡市)	7,777	3,700	3,326
아이치현(愛知県)	나고야시(名古屋市)	5,172	7,483	3,579
미에현(三重県)	쓰시(津市)	5,774	1,816	3,166
시가현(滋賀県)	오쓰시(大津市)	4,017	1,413	3,273
효고현(兵庫県)	고베시(神戸市)	8,401	5,535	2,816
나라현(奈良県)	나라시(奈良市)	3,691	1,364	2,530
와카야마현(和歌山県)	와카야마시(和歌山市)	4,725	964	2,816
돗토리현(鳥取県)	돗토리시(鳥取市)	3,507	573	2,337
시마네현(島根県)	마쓰에시(松江市)	6,708	694	2,424
오카야마현(岡山県)	오카야마시(岡山市)	7,115	1,922	2,800
히로시마현(広島県)	히로시마시(広島市)	8,479	2,844	3,060
야마구치현(山口県)	야마구치시(山口市)	6,112	1,405	3,125
도쿠시마현(徳島県)	도쿠시마시(徳島市)	4,147	756	2,878
가가와현(香川県)	다카마쓰시(高松市)	1,877	976	2,798
에히메현(愛媛県)	마쓰야마시(松山市)	5,676	1,385	2,543
고치현(高知県)	고치시(高知市)	7,104	728	2,447
후쿠오카현(福岡県)	후쿠오카시(福岡市)	4,986	5,102	2,831
사가현(佐賀県)	사가시(佐賀市)	2,441	833	2,513
나가사키현(長崎県)	나가사키시(長崎市)	4,132	1,377	2,419
구마모토(熊本県)	구마모토시(熊本市)	7,409	1,786	2,422
오이타현(大分県)	오이타시(大分市)	6,341	1,166	2,559
미야자키현(宮崎県)	미야자키시(宮崎市)	7,735	1,104	2,407

| 가고시마현(鹿児島県) | 가고시마시(鹿児島市) | 9,187 | 1,648 | 2,399 |
| 오키나와현(沖縄県) | 나하시(那覇市) | 2,281 | 1,434 | 2,102 |

「日本国勢図会 2017/18」(矢野恒太記念会. 2017)

일본의 현민성(県民性)

한국에서도 각 지역 주민들의 기질과 성격이 다르듯이 일본에서도 각 지방, 각 도도부현(都道府県)의 주민들의 성격에 일정한 특징이 있다고 한다. 그것을 현민성(県民性) 혹은 현민기질이라고 말한다. 각 지역의 현민성의 내용 중에는 역사나 풍토에 입각해 타당성이 있는 것도 있지만, 일부 지역의 경우는 과장되거나 이미 그런 성격을 잃어버린 경우도 많아 신중하게 받아들여야 할 것이다. 그렇지만 현민성에 관해 이해를 하고 있으면 사업상의 교제나 남녀 교제 등에서 도움이 되는 경우도 있어 현민성에 관한 책들은 현재도 다양하게 출간되고 있다. 그 현민성의 예를 들어보면 다음과 같다.

홋카이도(北海道)
메이지시대 이래 많은 사람들이 이주해 옴으로써 새롭게 개발된 지역인 점과 다른 지방에서 보기 어려운 광활한 자연을 지니고 있기 때문에 성격이 대범하고 새로운 일에 적극적으로 임한다.

아오모리현(青森県)
북쪽 지방의 혹독한 기후 속에서 생활하기 때문에 고집이 세고 인정이 많고 소박하다.

도쿄도(東京都)
에도시대에는 성격이 급하고 허영심이 있고 의리가 있는 사람을 에도인이라고 했는데, 근대기가 되어 도쿄 사람들 대부분이 지방 출신자나 그 자손이 차지하게 되어 순수한 에도사람은 이제 거의 찾아볼 수 없게 되었다.

시즈오카현(静岡県)
온난한 기후 속에서 생활하기 때문에 성격이 느긋하고 호인들이 많다.

오사카부(大阪府)
예전에는 일본 경제의 중심지로서 번영했던 지역이었기에 경제감각이 뛰어나고 합리적이며 새로운 것을 즐기는 경향이 강하다. 부정적인 면으로는 돈에 인색하고 성격이 급하다는 것이다.

3 자연과 일본인

일본 열도는 온난한 기후와 풍부한 강수량 등으로 삼림자원이 풍부할 뿐만 아니라 농작물 재배에도 좋은 조건을 가지고 있다. 그러나 한편으로는 지진이나 태풍 등으로 인해 큰 재해를 당하기도 한다.

1) 일본 기후의 특색

한국과 마찬가지로 일본은 온대에 위치해 있기 때문에 사계절의 변화가 뚜렷하다. 이러한 계절의 변화는 농업은 물론, 계절 행사나 복장 등 일상생활과도 관련이 깊다. 또한 일본은 강수량이 많고 삼림이 풍부하며, 남북으로 길게 뻗은 지형적 특성 때문에 남과 북의 기온 차가 매우 크다. 예컨대 남부의 오키나와와 북부의 홋카이도를 비교해 보면 그 차이를 뚜렷이 알 수 있다. 홋카이도는 겨울 평균기온이 0℃ 이하이다. 그러나 남부의 오키나와는 겨울 평균기온이 영상 15℃ 이상이다. 그렇기 때문에 규슈 남부에서는 3월 말이면 이미 벚꽃이 피기 시작하지만, 홋카이도에서는 5월 10일경부터 벚꽃이 피기 시작한다. 뿐만 아니라 혼슈의 중앙부를 높은 산맥이 가로지르고 있기 때문에 그 산맥을 경계로 태평양 쪽과 동해(日本海) 쪽의 기후가 크게 다르다.

지역별 연·월별 평균기온 (℃)

지역	1월 평균	8월 평균	연평균
삿포로(札幌)	-3.5	23.9	9.3
도쿄(東京)	6.1	27.1	16.4
나하(那覇)	17.4	29.5	24.1

〈気象庁統計 2016年(jma.go.jp)〉

● **삿포로의 눈축제인 유키마쓰리(雪祭り)** 매년 2월에 열리는 홋카이도의 대표적인 축제로 매년 약 200만 명의 관광객이 찾는다.

● **오키나와(沖縄)** 일본 최남단에 위치한 현으로 산호초와 망그로브 등 열대지역의 경관을 즐길 수 있다.

2) 자연재해

일본은 지리적 조건으로 인해 지진과 해일, 화산 분화, 태풍, 집중호우, 폭설, 냉해 등 자연재해로 큰 피해를 입는 경우가 많다. 그 중에서도 태풍과 집중호우는 매년 일본을 강타하고 있으며, 대규모 지진이나 화산 분화도 자주 발생한다.

지진   일본 열도는 환태평양지진대에 속하며 태평양 플레이트, 필리핀 플레이트, 유라시아 플레이트, 북미 플레이트의 4개의 플레이트가 부딪치는 곳에 위치해 있어 지반(地盤)이 극히 불안정하다. 세계에서 발생하는 진도(震度) 6.0 이상의 지진 중 5분의 1이 일본에서 발생하고 있고, 감지되지 않은 지진까지 포함하면 무수한 지진이 발생하고 있다. 가장 대표적인 것이 1923년의 [12]간토대지진(関東大震災)과 1995년의 [13]고베대지진(阪神大震災), 그리고 최근 2011년 3월 11일에 일어난 동일본대지진(東日本大震災)이다. 특히 이 동일본대지진은 마그네튜드 9.0을 기록했다. 도호쿠(東北) 지역의 각 해안에서 관측된 거대 쓰나미는 높이 15미터 이상에 달해 엄청난 피해를 남겼다. 이 지진과 쓰나미로 이와테현(岩手県)에서 이바라기현(茨城県)에 이르는 연안지역에서만 사망자, 행방불명자가 1만 9천명이 나온 것으로 추정되고 있으며, 앞서의 고베대지진을 크게 상회하는 일본 최대의 재해로 기록되었다.

● 동일본대지진(東日本大震災) 쓰나미(つなみ)에 의해 많은 가옥들이 파괴되고 배가 시내 복판까지 흘러들어 왔다.

또한 지진 발생 후 후쿠시마 제1원자력발전소에서 방사능물질이 누출되는 중대 사고가 발생했다. 6기의 원자로 중 1~4호기의 원전이 쓰나미의 침수로 고장을 일으켰고, 원자로 내부에서 수소폭발이 일어나는 등, 1979년 일어난 옛 소련(현 우크라이나)의 체르노빌 원자력발전소 사고를 방불케 하는 대형 사고로 이어졌다. 일본정부는 원자력긴급사태를 선언하고 부근 주민들을 피난시켰다. 또한 후쿠시마 원자력발전소의 고장으로 도쿄전력의 공급량이 부족해져 계획정전을 실시하는 등 일본사회는 장기간 비상상황이 계속되었다.

화산 분화   일본 전역에 걸쳐 화산 분화가 일어나고 있다. 일본에는 전 세계의 10분의 1에 해당하는 86개의 활화산이 있다. 지난 2000년에는

● 화산대에 속한 일본 열도는 화산이 많은데, 지금도 여전히 분화를 일으키고 있는 활화산이 여러 개 있다. 사진은 아소산(阿蘇山)의 분화 장면

도쿄도의 미야케지마(三宅島)에서 화산이 분화해 섬주민 전원이 대피한 예가 있고, 최근에도 홋카이도의 우스잔(有珠山), 규슈의 운젠다케(雲仙岳) 등에서 분화가 일어나기도 했다. 일본을 대표하는 후지산도 지금까지 여러 차례 분화했고 앞으로도 분화할 것으로 예상하고 있다.

한편 전국적인 화산 분포와 화산 활동의 영향으로 일본에는 양질의 온천이 발달했으며, 일본인은 세계에서 온천을 가장 많이 즐기는 민족 중 하나이다.

태풍　북태평양 남서부에서 발생한 열대성 저기압의 발달로 일본 열도에는 연평균 27개의 태풍이 찾아온다. 그 중 11개가 일본에 접근하고 3개 이상이 상륙한다. 특히 오키나와(沖縄)·가고시마(鹿児島)·고치(高知) 등에는 매년 태풍이 통과하거나 상륙하기 때문에 이 지방을 도쿄의 대표적인 번화가 긴자(銀座)의 이름을 따서 '태풍긴자'라고도 한다. 태풍에 의한 강풍과 호우, 이에 따른 하천의 범람 등으로 매년 막대한 피해가 발생하고 있는데, 한 예로 1934년 무로토태풍(室戸台風)으로 약 3천 명, 1959년 이세만태풍(伊勢湾台風)으로 약 5천 명의 인명 피해가 발생했다.

폭설　혼슈의 니혼카이 인접 지역은 세계에서도 유수의 폭설지대이다. 겨울철에 대륙에서 동쪽으로 불어오는 계절풍이 동해의 수증기를 가득 포함한 상태로 혼슈 중앙부의 산맥에 부딪쳐 많은 눈을 내리게 한다. 평지에서는 1~2m, 산간지역에서는 2~3m의 눈이 내린다. 또한 곳에 따라서는 5m 이상의 많은 눈이 내리기도 한다. 적설 기간도 긴 곳은 5개월 이상 지속되기도 하는데, 이러한 지역은 세계에서도 그 유례를 찾아보기 힘들다. 이 기간 동안에는 주민의 경제 활동이 정체되고, 지붕에 쌓인 눈으로 인해 집이 붕괴될 우려가 있기 때문에 무엇보다 제설 작업이 아주 중요하다.

3) 자연과 일본인

일본의 자연환경은 일본인들의 생활에도 적잖은 영향을 미쳤다. 대표적인 것이 일본의 건축문화이다. 일본의 사원에서 흔히 볼 수 있는 목조탑은 한국의 석탑과는 또다른 느낌을 준다. 또한 고대 이래의 민가(民家)는 큰 나무를 기둥으로 사용해서 2~3층의 목조주택으로 지어졌다. 그 좋은 예가 세계문화유산으로 지정된 시라카와고(白川郷)의 갓쇼즈쿠리(合

● **다테야마알펜루트(立山アルペンルート)** 도야마현(富山県)과 나가노현(長野県)을 잇는 산악관광코스로, 봄철에 도로의 제설을 하게 되면 양쪽 면에 높이 10m 이상의 눈 벽이 만들어진다.

掌造) 건물이다. 이 외에도 식기나 가구 등의 생활용품도 나무로 만들어진 것이 많다. 그러나 목조 건축물은 내구성이 약하기 때문에 화재나 풍수해를 입기 쉽다.

한편 정기적으로 찾아오는 지진과 태풍 등은 물질적인 면뿐만 아니라 일본인의 정신구조에도 커다란 영향을 주었다.

일본의 역사는 예기치 않은 지진과 화산 분화, 태풍, 해일, 폭설 등의 반복의 역사라 해도 과언이 아니다. 오랫동안 쌓아온 것을 잃으면 다시 일으켜 세우고, 또 일정 수준으로 재건하면 다시 재해가 반복되는 형상이다. 이러한 반복되는 자연재해의 역사를 통해 일본인들은 자연의 거대한 에너지 앞에 인간으로서의 한계를 절감하고 점차 공포와 체념의 자세를 지니게 되었다. '무상(無常)', '체관(諦觀)', '인종(忍從)', '수용(受容)', '변화(變化)'와 같은 키워드들은 자연환경과 일본인의 정신세계와의 관계를 보여주는 중요한 개념이라고 할 수 있을 것이다.

예부터 일본에는 '지진(地震)', '번개(雷)', '화재(火事)', '아버지(おやじ)'라는 속담이 있다. 이는 무서운 순서대로 나열한 것인데 지진이 첫째로 꼽힌 것이 흥미롭다. 또한 '물에 흘려보내다(水に流す)'라는 말이 있다. 이는 수자원이 풍부한 환경에서 지저분하고 보기 싫은 것은 하천에 내다버리면 바다로 흘러들어가 어느새 눈앞에서 사라지게 된다는 것으로, '없던 일로 하다'라는 의미라고 한다. 과거사에 대한 반성이 부족해 역사 인식에 있어 많은 지적을 받고 있는 일본인들의 역사관 형성에 이러한 일본의 자연환경이 하나의 요인으로 작용하고 있는지도 모른다.

근대 이후 일본의 이러한 자연 조건은 과학기술의 비약적인 발전에 힘입어 상당 부분 예측이 가능해졌고 아울러 대비도 할 수 있게 되었다. 그러나 그것이 현대의 일본인에게 그대로 적용된다고는 보기 어렵다. 또한 지역 차와 개인 차도 존재한다. 따라서 일본인의 전통적인 정신구조에도 어떠한 변화가 일어나고 있는지 살펴보는 것이 앞으로의 과제일 것이다.

동일본대지진(東日本大震災)과 우라니혼(裏日本)

일본의 재해사상 최악의 피해를 기록한 지난 2011년 3월 11일의 동일본대지진. 재난지 동일본지역은 현재의 후쿠시마현(福島県), 미야기현(宮城県), 이와테현(岩手県) 일대를 가리킨다. 일본의 주요 대도시와는 달리 우리에게 다소 낯설기도 한 이 지역은 일본열도 안에서 변방, 낙후, 격차의 역사적 맥락을 안고 있다. 이 대목에서 그간 일본에서 차별용어라는 이유 때문에 현재는 거의 사용하지 않는 '우라니혼(裏日本)'과 '오모테니혼(表日本)'이라는 지역호칭 용어를 살펴볼 필요가 있다.

원래 이 용어는 메이지기(明治期) 일본의 한 지리학자가 수도 도쿄가 태평양 연안의 중심에 위치해 있어 일본의 현관이라는 의미로 오모테니혼, 반대쪽 동해(日本海)에 면한 지역을 안쪽이라는 의미로 우라니혼이라고 대비적으로 호칭한데서 유래한 것으로, 이후 일본 각 지역의 역사적, 경제적 배경을 전제로 하는 차별적 용어로 변해갔다. 이른바 동아시아문명의 종착지였던 일본열도 안에서 대륙의 선진문물이 유입되는 경로는 대체적으로 한반도 남단을 바라보는 규슈(九州) 지역 – 세토나이카이(瀬戸内海)에 면한 산요(山陽) 지역 – 간사이(関西) 지역 – 도카이(東海) 지역 – 간토(関東) 지역으로 이어지는데, 규슈를 제외하면 모두 태평양연안의 지역들로서 '오모테니혼'은 바로 이 지역과 일치한다. 이 지역은 고대국가 성립 후 천황귀족정권, 무사정권, 근현대 국민국가에 이르기까지 정치, 경제의 주 무대가 되었던 곳으로 후쿠오카, 교토, 오사카, 나고야, 요코하마, 도쿄 등과 같은 현대 일본의 주요 대도시들이 다 이 지역에 포함되어 있다.

이에 비해 '우라니혼'은 지형적으로 선진문명의 유입경로와 일본역사의 주 무대에서 벗어난 산인(山陰) 지역 – 호쿠리쿠(北陸) 지역 – 도호쿠(東北) 지역으로 돗토리, 가나자와, 니이가타, 아키타, 아오모리 등이 포함된다. 그런데 이번 동일본지진의 피해지역인 후쿠시마현, 미야기현, 이와테현은 태평양 연안에 면해 있어 위치적으로는 우라니혼이라고 할 수 없지만, 도호쿠 지역에 위치하고, 정치, 경제적으로 변방과 낙후의 역사를 지닌다는 의미에서 실제적으로는 우라니혼에 포함된다고 볼 수 있다. 흔히들 간토(도쿄)와 간사이(오사카)의 역사·문화적 차이를 지역적 대립의 예로 들지만, 정치적, 경제적 관점에서 본 선진지역과 후진지역의 구분은 오모테니혼과 우라니혼의 지역적 대비에서 극명하게 드러난다고 볼 수 있다.

이번 재난의 중심인 동일본 지역은 근세기 막번(幕藩) 체제 하의 250여개의 번 중 센다이번(仙台藩)과 소마번(相馬藩)에 해당한다. 막번 체제는 작게 분할된 영지에서 각 번의 영주가 정치, 경제적으로 독립적인 통치를 행하는 체제였기에 수백 년에 걸쳐 지역민들에게 강력한 통제력이 유지되었다. 앞의 두 번은 중앙의 막부권력으로부터 소외되고 견제를 받는 이른바 도자마(外樣)의 번이었지만, 지역민에 대한 영주의 통제력은 타 번과 다름이 없었다. 이 시기에 각 번별로 충효의 덕목 중 충을 우선시하는 일본적 선공후사(先公後私)의 지배이념을 주민들에게 강요하고 내면화하여, 근세기 동일본 지역의 '우라니혼' 주민들은 정치, 경제적으로 그들이 처한 낙후와 소외에 대한 자각 없이 타 번과 마찬가지로 영주를 정점으로 하는 공동체의 일원으로서 존재했다. 평상시는 물론이고 재난 등과 같은 비상시에도 공동체의 유지와 자기희생을 우선으로 하는 철저한 집단행동규범을 내재화해 왔다고 볼 수 있다. 지난 동일본지진 참사 와중에 피해 주민들이 보여준 침착하고 자기절제적인 질서의식에 대해 전 세계에서 많은 찬사가 쏟아진 바 있고 남에게 절대로 폐를 끼치지 않겠다는 '메이와쿠(迷惑)'의 정신은 경이로울 정도였다.

그렇지만 이 지역이 안고 있는 '우라니혼'의 역사적 의미를 살펴보게 되면 '메이와쿠' 문화가 단순히 일본인의 미덕의 차원에서만 논의되는 것에 의문을 표하게 된다. 동일본대지진의 재해는 원전사고로 이어져 방사능 유출이라는 미증유의 재난이 되었고 원전폭발이 일어난 지역에서는 현재까지도 주민들이 대피 중에 있다. 조속한 시일 내에 이 재앙이 완전히 종식되기를 기원하는 마음 간절하다.

(이 칼럼 내용은 2011년 부산대학교 한국민족문화연구소 저널소식지 「로컬리티의 인문학」(2011년 5월 6일 발행) 20호에 권두언으로 실은 저자의 글 일부를 수정, 보완한 것이다.)

주석

1. **요나구니지마(与那国島)** 1986년 오키나와 열도의 남단, 요나구니지마의 바다 밑에서 고대 유적이 발견된 이래, 지질학계 학자들 사이에서 고대 문명의 유적지로 논란의 대상이 되고 있다.
2. **쓰시마(対馬)** 규슈와 한반도 사이에 있는 섬으로 나가사키현의 일부이다. 대한해협 중간에 위치하며 부산에서 약 50km 거리에 있다.
3. **독도** 경북 울릉도에서 남동쪽으로 90km 해상에 위치. 1905년 러일전쟁을 통해 독도의 가치를 재인식한 일본은, 같은 해 2월 일방적으로 독도를 다케시마로 개칭하고 영유권을 주장하고 있다. 현재까지 한일 간의 외교 현안으로 남아 있다.
4. **일본알프스(日本アルプス)** 일본 혼슈 중앙부를 차지하는 히다산맥, 기소산맥, 아카이시산맥의 총칭. 그 명칭은 영국인 선교사가 이곳을 등산한 후 『일본알프스의 등산과 탐험』이란 책을 출판함으로써 세계에 알려지게 되었다. 현재 국립공원으로 지정되어 있다.
5. **비와호(琵琶湖)** 일본 시가현 중앙부에 있는 일본 최대의 호수. 빼어난 자연경관으로 가장 먼저 국정공원(国定公園)으로 지정되었다.
6. **시나노가와(信濃川)** 일본은 산이 많고 산지가 해안까지 다다르는 곳이 많기 때문에 강의 길이가 짧고 흐름이 급하다. 시나노가와는 일본에서 가장 긴 강이다.
7. **쓰유(梅雨)** 음력 5월경의 이른 장마와 태양력으로 하지 전후의 6월 10일경부터 7월 10일경까지의 장마를 일컫는다. 기상용어로는 '바이우'라고도 한다. 즉 장마전선을 '바이우젠센(梅雨前線)'이라고 한다.
8. **고령화 사회** 총인구 중에 65세 이상의 인구의 비율이 증가하는 사회, 특히 그 비율이 7% 이상을 차지하는 사회를 가리킨다.
9. **초고령화 사회** 총인구 중에 65세 이상의 인구가 21%를 넘는 사회를 가리킨다.
10. **세이칸터널(青函トンネル)** 혼슈의 북단인 아오모리와 홋카이도의 하코다테 사이를 바다 밑으로 연결하는 해저터널. 1988년에 개통되었다.
11. **류큐왕국(琉球王国)** 15세기에서 19세기까지 오키나와(沖縄)에 있었던 왕국. 명(明)을 비롯해 일본, 조선 등의 동아시아, 동남아시아 여러 나라들과 중계무역으로 번창했으나, 1609년에 사쓰마번주(薩摩藩主) 시마즈씨(島津氏)가 침공해 일본에 복속되었다. 그 뒤는 형식적으로는 명과의 책봉관계를 유지해 조공무역을 행했지만 실질적으로는 사쓰마번의 지배하에 있는 상태가 계속되었다.
12. **간토대지진(関東大震災)** 1923년 간토 지방에서 일어난 대지진으로 도쿄, 요코하마를 비롯해 간토 지방의 여러 곳에 막대한 피해를 끼쳤다. 이 대지진으로 야기된 대혼란은 이후의 일본 사회에 커다란 영향을 끼쳤으며, 일본 정부는 조선인 폭동설을 조작, 유포시켜 수많은 재일 조선인과 일본 사회주의자들을 무차별 학살했다.
13. **고베대지진(阪神大震災)** 1995년 간사이 지방 효고현의 고베시 지역에서 일어난 지진으로, 피해액이 1조 4천억 엔에 달했으며 2011년 동일본대지진이 발생하기 전까지 일본 지진 관측 사상 최대의 파괴력을 지닌 대지진으로 기록되었다.

참고문헌

『理科年表 2018』国立天文台編. 丸善出版. 2018
『日本国勢図会 2017/18』矢野恒太記念会. 2017
『全47都道府県幸福度ランキング 2016年版』東洋経済新聞社. 2016
『日本－その姿と心－』学生社. 2006
『日本地理』ポプラ社. 2005
『図説日本地理』大明堂. 2001
『日本地名百科事典』小学館. 1998
『対訳 日本事典』講談社インターナショナル. 1998
『新図解わたしたちの日本地理 1~8』学習研究社. 1997
『新編 日本地理事典 1~6』菊地家達. 国土社. 1984
『風土』和辻哲郎. 岩波文庫. 1979

02 한국과 일본

1. 한일 관계의 역사
　1) 선사시대(先史時代)
　2) 고대(古代)
　3) 중세(中世)
　4) 근세(近世)
　5) 근대(近代)
　6) 광복(光腹) 후 현재까지

2. 재일한국인(在日韓國人)
　1) 역사
　2) 제2차 세계대전 패전 후의 재일한국인
　3) 재일한국인의 문화활동
　　- 사진으로 보는 재일한국인의 역사와 생활

3. 일본 속의 한국
　1) 한국 문화
　2) 한국 요리

4. 한국 속의 일본
　1) 건축
　2) 일본 요리
　3) 재한일본인(在韓日本人)

한국(한반도)과 일본(일본 열도)은 바다를 사이에 두고 고대 이래 교류를 계속해 왔다. 한국은 중국과 육지로 인접해 있어서 일찍부터 중국의 선진문화를 수용해 발달시켜 왔고 또한 이를 일본에 전해 주기도 했으며, 한국 내의 정치적 혼란 등을 계기로 많은 사람들이 일본으로 건너가기도 했다. 반대로 일본은 고대국가를 만들어가면서 한반도 내의 정치적 혼란에 개입하는 일도 있었다. 이와 같은 상황은 근대로까지 이어졌고 한국에 앞서 서구문명을 도입한 일본이 한국을 식민지화함으로써 일본문화 혹은 일본에서 수용된 서구문화가 한국으로 유입되었음은 주지의 사실이다.

이처럼 양국 사이에는 인적·물적 교류와 더불어 문화의 수용과 교류라는 우호관계가 있었던 반면 임진왜란과 일제강점기라는 침략과 식민지배로 적대관계가 지속되기도 했다. 일국의 문화는 독자적이고 고립적으로 존재할 수 없는 것으로, 주변과의 접촉과 교류를 통해 상호 영향을 주고 받으면서 발전해 가는 것이다. 그런 의미에서 일본 문화는 한국·중국·서구 등의 문화 요소를 다양하게 내재하고 있으며 한국 문화 또한 마찬가지일 것이다. 일본 문화를 주제로 삼는 이 책에서 한국과 일본이라는 항목으로 한일 관계를 다루는 것은 앞에서 언급한 시점(視點)에 입각해 일본 문화를 한국과의 관계에서 살펴보려는 것이며 이것은 더 나아가 한국 문화를 재인식할 수 있는 계기도 될 수 있을 것이다.

1

한일 관계의 역사

1) 선사시대(先史時代)

　한반도와 일본 열도 사이에는 고대부터 사람들의 왕래가 있어 왔다. 현재까지의 연구에 따르면 한반도에서는 60만 년 전부터, 일본 열도에서는 3만 년 전경부터 인류가 살기 시작했다고 한다. 이 시기는 타제석기(打製石器)를 주도구로 사용한 구석기시대인데, 이 시대의 한 시기에는 한반도와 일본 열도가 연결되어 있었다는 연구도 나와 있다. 만일 그렇다면 바다로 막혀 있었던 시기보다 왕래가 훨씬 용이했을 것이다.

　구석기시대 유물 중에는 창 끝에 부착해서 사용하는 박편첨두기(剝片尖頭器)와 나무나 뼈에 장착해 사용되는 세석도(細石刃) 등의 수렵도구가 양국에서 동시에 출토되고 있다.

　신석기시대에 들어오면 한반도에서 출토되는 즐목문토기(櫛目文土器)와 일본 열도에서 출토되는 ¹조몬토기(繩文土器) 가운데서 유사한 것들이 나오고 있다. 또한 패총(貝塚)에서 출토되는 원양어업을 위한 결합식 낚시침(結合式釣針)이 양국에서 출토되고 있고, 일본 규슈지역에서 생산된 ²흑요석(黑曜石)이 한반도 남부의 패총에서 출토되는 등 양 지역 간에 폭넓은 교류가 있었음을 알 수 있다. 그리고 벼농사, 청동기(동검이나 동탁 등), 철기를 수반하는 ³야요이문화(彌生文化)는 주로 한반도로부터 건너온 도래인들에 의해 만들어진 것으로 추정되고 있다.

2) 고대(古代)

　2세기 후반에는 선진 철공기술을 지닌 집단이 여러 번에 걸쳐 한반도에서 일본으로 건너갔는데, 왜(倭)세력들이 세운 야마토정권(大和政權)은 그들에 의해 한반도 남부에서 산출되는 철자원을 공급받고 철공기술을 받아들여 일본에서 세력을 확대해 갔다. 그리고 4세기 후반에 야마토정권은 백제와 국교를 맺었고, 이때 백제로부터 칠지도(七支刀)가 일본으로 전래되었다. 또한 광개토왕비문(廣開土王碑文)에 나와 있는 왜와 고구려와의 전투 기록에서 보는 바와 같이, 한반도 남부에서의 철 공급 경로의 안전 유지와 백제의 요청 등에 의해 한반도 남부에서 일시적으로 군사적 충돌이 일어나기도 했다. 이어서 야마토정권은 5세기 전반에 백제의 대 고구려정책에 협력해 군사력을 파견했다. 562년 이후에는 가야의 여러 지방이 신라의 지배하에 들어감에 따

● 도쿄 우에노공원(上野公園)에 있는 왕인(王仁)박사 기념비. 1940년에 세워졌다.

라 왜의 세력은 한반도에서 전면적으로 후퇴하게 되었다.

5세기 중엽부터 농민을 중심으로 하는 ⁴하다씨(秦氏) 집단과 수공업 기술자를 중심으로 하는 ⁵아야씨(漢氏) 집단 등이 한반도 남부로부터 서일본(西日本) 각지로 대량으로 건너가 조, 보리, 콩 등을 주로 하는 농업기술과 양질의 도기 생산기술을 전해 주었다. 또한 도래인 중의 유력자들은 6~7세기가 되어 일정의 정치적 지위를 세습하는 유력 호족이 되었다. 6세기 전반에는 고구려와 대립하고 있던 백제가 야마토조정의 협력을 이끌어내기 위한 외교 일환으로서 여러 박사(博士)들이 파견되어 일본에 처음으로 불교와 유교, 한자, 의학, 약학, 역학(易學), 천문학 등을 전해 줌으로써 일본의 고대국가와 아스카문화(飛鳥文化)의 형성에 큰 역할을 했음은 잘 알려져 있다.

또한 중국의 수(隋)와 대립하고 있었던 고구려로부터 승려 혜자(慧慈)가 일본의 가장 오래된 사찰인 아스카데라(飛鳥寺)에 파견되어 쇼토쿠태자(聖德太子)의 스승이 되었고, 일본에 종이와 먹의 제조법을 전한 것으로 알려진 담징(曇徵)도 고구려에서 일본으로 건너갔다.

● 아스카데라(飛鳥寺) 나라현(奈良県) 아스카무라(明日香村)에 있는 일본에서 가장 오래된 사원

한편 신라는 대 고구려·백제의 전략상 야마토조정과의 접촉을 강화해 7세기 전반에 걸쳐 일본에 사절을 파견했으며, 7세기 전반 일본에서 당(唐)으로 건너간 유학생들은 자주 신라의 선박을 이용했다.

660년대에는 신라와 당의 연합군에 의해 백제와 고구려가 잇달아서 패망했다. 야마토조정은 백제 멸망 직후 구원군을 보냈으나 금강 하구 유역의 백촌강(白村江)의 전투에서 패퇴했다. 이러한 가운데 멸망한 백제와 고구려의 많은 사람들이 일본으로 건너갔다. 그 중에는 일본 간토(関東) 지역에서 세력을 떨친 사람으로 고려왕으로 불렸던 약광(若光)이 있었음은 잘 알려져 있다.

백촌강 전투 이후 신라와 야마토조정과의 외교는 한때 단절되었으나 이후 사절 파견이 재개되어, 8세기 초까지 양국 간에 외교 사절의 왕래가 자주 있었다. 이 시기는 일본의 견당사(遣唐使)의 왕래가 중단된 시기였기 때문에 일본의 율령국가(律令國家) 완성에 신라가 중요한 역할을 했다. 그렇지만 779년에 이르러서 신라와 일본과의 외교관계는 단절되게 된다. 이때까지 신라로부터는 20회, 일본으로부터는 17회 왕래라는 외교 사절 교환이 있었다. 이 외에도 한일 간에는 [6]장보고(張保皐)의 활약으로 민간인에 의한 교역이 활발하게 이루어졌고 많은 신라의 상선(商船)이 일본을 왕래했다. 신라에서 일본으로 전해진 수많은 물품들은 나라(奈良)에 있는 도다이지쇼소인(東大寺正倉院)에 현재까지 상당수가 보존되어 있

● 도다이지쇼소인(東大寺正倉院) 나라시대(奈良時代)의 쇼무천황(聖武天皇)이 애용했던 물건 등이 보존된 보고(宝庫)로서, 8세기의 물품이 그대로 보관되어 있어 높은 가치를 지니고 있다.

다. 이 중에는 신라에서 만들어진 모직깔개, 먹, 금속제품 등이 있고, 신라의 중계무역에 의한 동남아시아나 서역(西域)의 향료나 약품 등도 포함되어 있다. 또한 신라의 촌락문서가 화엄경(華嚴經)의 경질(經帙)로 사용되고 있어서 신라사 연구에 귀중한 자료가 되고 있다.

고구려의 유민이 건국한 발해(渤海)도 신라와 당의 대립 가운데서 일본과의 교류가 이루어져, 발해로부터 일본으로 34회, 일본으로부터 발해로 13회 정도의 사절(使節)이 파견되었다. 그 목적이 점차 정치적인 성격에서 경제적인 성격으로 변화하면서 무역이 활발하게 이루어졌다. 또한 발해의 사절과 일본의 문인들 사이에 한시(漢詩)를 교환하는 등 문화적 교류도 있었다.

고마신사(高麗神社)
─고구려의 왕족을 모시는 신사

도쿄의 서부지역인 사이타마현(埼玉県) 히다카시(日高市)에 고마신사(高麗神社)가 있다. 이 신사는 고려왕 약광(高麗王若光)을 주제신(主祭神)으로 모시고 지역신인 사루타히코노미코토(猿田彦命)와 다케우치노스쿠네노미코토(武内宿禰命)의 두 신도 함께 모시고 있다. 이 중 고려왕 약광은 고구려 왕족 출신 도래인

● 고마신사(高麗神社)

으로, 668년 고구려 멸망을 전후해서 일본으로 건너간 인물이다. 약광(若光)은 많은 일족(一族)들과 함께 일본으로 건너간 것으로 보여지며, 716년에 일본의 중앙정부가 중부지역과 간토(関東) 지역에 살고 있던 1,799명의 고구려인을 이 지역으로 이주시키고 고마군(高麗郡)을 개척했을 때 지도자로서 활약한 인물이다. 이후 그가 사망하자 고마군 주민들은 약광을 신으로 받들고 고마신사를 세웠다고 전해지고 있다.

● 고려왕묘(高麗王廟)

고마신사는 약광의 후손들이 대대로 신사의 책임자인 궁사(宮司)를 맡아오고 있고, 현재의 궁사는 약광의 60대손이다. 제2차 세계대전을 전후로 해서 당시 일본의 여러 정치가들이 이 신사를 참배한 후 총리대신(수상)이 되었기 때문에 이 신사에 참배하면 출세를 할 수 있다는 의미의 출세묘신(出世明神)으로 불리게 되었고 현재도 인기가 높은 신사이다. 인근에는 고마씨(高麗氏)의 보리사(菩提寺)인 쇼덴인(聖天院)과 약광의 묘인 고려왕묘(高麗王廟)가 있다.

엇갈리는 사료(史料)의 해석
-광개토왕비문(廣開土王碑文)과 칠치도명문(七支刀銘文)

고대 한일관계사 연구의 기본적인 사료로 우리나라의 『삼국사기(三國史記)』, 『삼국유사(三國遺事)』, 일본의 『일본서기(日本書紀)』, 중국의 역사서 등이 있고 이 외에 금석문(金石文) 등을 들 수 있을 것이다.

광개토왕비(廣開土王碑)와 칠지도(七支刀)는 한일관계사 연구에 중요한 금석사료(金石史料)인데, 현재까지 그 해석을 둘러싸고 논쟁이 계속되고 있다. 광개토왕비는 중국 길림성(吉林省) 집안시(集安市)에 있는 비석으로, 고구려 20대 왕인 장수왕(長壽王)이 그의 부친 광개토왕의 업적을 기리기 위해 세운 것인데, 4세기에서 5세기에 걸쳐 한국사와 한일관계사 연구의 중요한 사료이다. 또한 칠지도는 일본 나라현(奈良縣) 덴리시(天理市)에 있는 이소노카미신궁(石上神宮)에 전해져 내려오는 철검(鐵劍)으로 그것에 새겨진 명문(銘文)은 4세기의 백제와 일본의 관계를 나타내는 중요사료이다.

양 사료를 둘러싼 대표적인 논점을 살펴보면 다음과 같다.

광개토왕비의 경우, 비문에 새겨진 「倭以辛卯年來渡■破百殘■■新羅以爲臣民」이라고 적힌 문자의 해석이 논쟁의 포인트이다. 이것을 「왜(倭)가 바다를 건너왔다. 고구려는 백제·?·신라를 공격해 신민(臣民)으로 삼았다」 혹은 「왜(倭)가 바다를 건너와 백제·?·신라를 공격해 신민(臣民)으로 삼았다」 등으로 해석해 연구자들에 따라 전혀 상반된 설들이 나오고 있는 것이다. 앞의 내용은 대개 한국측 연구자들의 견해이고, 뒤의 설은 일본측 연구자들에 의해 제기된 것으로 이 설은 식민사관의 영향을 받은 연구라는 비판이 오래 전부터 제기되어 오고 있다.

또한 칠지도명문(七支刀銘文)의 경우, 검을 둘러싸고 「백제왕이 신하인 왜왕에게 전한 것이다」 혹은 「백제왕이 왜왕에게 헌상한 것이다」 등의 해석으로, 앞의 광개토왕비의 경우와 마찬가지로 백제왕과 왜왕의 상하관계에 관해 상반된 견해가 제시되고 있다. 최근에는 명문(銘文)의 문자에만 얽매이지 말고 폭 넓게 중국을 포함한 동아시아사의 시점에서 해석해야 한다는 연구 방향이 제시되고 있으며 이는 주목할 만 하다.

3) 중세(中世)

● 원구방루(元寇防壘) 13세기 원(元)의 일본 침공 후 재침공에 대비해 하카타만(博多湾) 연안에 만들어진 방어시설.

고려(高麗)는 920년 일본에 국교 수립을 요청했고, 이후 1019년 여진족의 침공으로 한반도 근해에서 여진족의 포로가 된 일본인을 보호하고 이들을 일본에 송환하면서 다시 국교를 요청했으나 일본은 이에 응하지 않았다. 그런데 국교가 이루어지지 않은 가운데서도 고려상인들은 빈번하게 일본을 왕래하면서 교역을 했고 일본의 상인들도 적극적으로 고려와의 무역에 나섰다.

그러나 몽고 즉 원(元)의 고려 침략에 의해 고려와 일본의 교역은 거의 단절되게 되었다. 또한 고려는 여몽연합군의 형태로 원의 일본 침공에 동원되는데, 장기간에 걸친 고려의 대몽항전과 그 뒤의 삼별초의 난 등에 의해 원의 일본 침공을 지연시키게 되었다. 고려는 여러 이유를 들어 일본 원정을 회피하려고 노력했지만 최종적으로는 병사, 군함, 식량 등을 분담하며 두 번에 걸친 일본 원정(1274년, 1281년)에 나서게 되었는데, 이 원정은 결국 태풍 등의 영향으로 실패로 끝났다.

몽고의 일본 원정이 있은 후 고려와 일본은 단절 상태가 되었고, 이로 인해 고려와의 무역에 크게 의존하고 있던 규슈(九州)·세토나이카이(瀬戸内海) 연안의 영주들과 농민, 어민에 의한 한반도에서의 해적 행위가 늘어났고, 이들이 바로 고려시대 이후에 급격히 늘어난 [7]왜구(倭寇)들이다. 왜구는 14세기 후반부터 급격히 늘어나 1370~80년에 정점에 달했다. 고려 및 조선 정부는 왜구를 정벌하는 한편 무로마치막부(室町幕府)와 서일본의 영주들에게 왜구를 단속해 줄 것을 요청했고, 그 결과 1404년 조선과 무로마치막부 사이에 국교가 수립되어 양국의 선린외교가 시작되면서 경제·문화면에서의 교류가 활발해지게 되었다. 무역면에서는 1443년에 [8]계해조약(癸亥條約)이 맺어져, 15~16세기의 약 150년간 많은 경우에는 연간 200척의 무역선이 양국

● 나고야성(名護屋城) 터 임진왜란을 앞두고 도요토미 히데요시(豊臣秀吉)가 조선 출병 기지로서 축성했던 성터로 사가현(佐賀県) 가라쓰시(唐津市)에 있다.

● 도조(陶祖) 이삼평(李參平)비 아리타도요(有田焼)로 유명한 사가현(佐賀県) 아리타초(有田町)에 있다. 이삼평은 임진왜란 당시 일본에 연행된 도공(陶工)으로, 아리타에서 일본 최초로 백자(白磁)를 만들었다.

간을 왕래했다. 조선의 면포(綿布)와 일본의 동(銅)을 중심으로 많은 물품들의 교역이 이루어져 양국 경제에 큰 영향을 끼쳤다. 또한 고려대장경과 불상, 불화(佛畵), 종(鐘) 등도 대량으로 일본에 들어갔고, 수묵화의 교류와 다기 등도 수출되어 활발한 문화 교류가 이루어진 시기였다.

4) 근세(近世)

일본의 무로마치시대(室町時代)의 평화적이고 우호적인 한일 관계도 이 시대 말기의 왜구의 발생과 도요토미 히데요시(豊臣秀吉)의 조선 침략(임진·정유왜란 / 일본에서는 文禄·慶長の役라고 한다)에 의해 완전히 단절되었다. 두 차례에 걸친 히데요시의 조선 침략으로 총 30만 명의 일본군이 한반도를 침입해 평양과 함경도까지 진격하면서 막대한 피해

● 에도성에 입성하는 조선통신사(朝鮮通信使)의 모습을 그린 그림. 에도시대에 12회의 사절이 일본을 방문했다.

를 입혔다. 일본군은 학자와 도공, 수 많은 농민과 부녀자를 일본으로 강제 연행해 갔고, 대량의 서적과 동활자를 약탈해 갔다. 그러나 이순신 장군이 이끄는 조선 수군과 각지에서 일어난 의병의 항전에 의해 일본군은 패퇴했고, 히데요시의 죽음으로 최종적으로 한반도에서 물러났다. 이 전쟁은 결국 히데요시 정권에게 치명적인 영향을 주어 결국 그의 정권은 급속히 붕괴하게 된다.

도요토미 히데요시 정권의 뒤를 이은 에도막부(江戸幕府)는 조선과의 국교 회복을 꾀해 1607년 국교를 회복하고 1609년에는 9조일통상조약(朝日通商條約)을 맺게 된다. 그리고 1624년까지 3회의 10회답사 겸 쇄환사(回答使兼刷還使)가 파견되었고, 1636~1811년 사이에는 9회에 걸쳐 조선통신사(朝鮮通信使)가 1회에 300명에서 500명 정도의 규모로 일본을 방문했다.

쇄국하의 일본에게 조선은 류큐왕국(琉球王国) 외의 유일한 국교체결국이었고, 조선통신사의 방일행사는 도쿠가와쇼군(德川将軍)의 국제적 지위를 일본 전국에 알릴 수 있는 절호의 기회로서 중시되었다. 또한 사절단 일행은 막부만이 아니고 각 지역의 영주인 다이묘(大名)들에게도 크게 환영을 받았고, 이러한 환영행사를 통해 양국의 문화 교류가 다양한 형태로 이루어지게 되었다. 일본의 민중들로부터도, 조선의 사절단 행렬을 보기 위해 모여드는 등 환영을 받았는데, 이것이 계기가 되어 일본 각 지역에 조선통신사와 관련된 많은 문화 교류의 흔적이 남게 되었다. 그 예로 오카야마현(岡山県) 우시마도초(牛窓町)의 축제 춤인 11가라코오도리(唐子踊) 등은 현재까지도 잘 보존되고 있다.

조선통신사를 통한 한일 교류 외에 사고에 의한 교류의 예로서 양국의 선박이 상대국에 표착하는 사건 등을 들 수 있다. 1599년부터 1872년까지 조선인이 일본 열도에 표착한 사건은 약 1,000건으로 인원이 1만 명 정도였으며, 같은 시기에 일본인이 한반도에 표착한 예는 약 100건에 1천 명 정도이다. 그들은 표착지역에서 우호적인 대우를 받고 비교적 빠른 시기에 송환될 수 있었다. 표류자들이 상대국의 관리들과 필담 등을 통해 나눈 교류의 기록은 현재 다수 남겨져 있다.

에도시대(江戶時代)의 조선통신사(朝鮮通信使)						
회수	서력 (일본 元号)	조선력	쇼군(将軍)	조선정사 (朝鮮正使)	명칭	목적
第1回	1607年 (慶長12年)	선조 40년	德川秀忠	여우길	회답 겸 쇄환사	조일국교 회복, 포로 송환
第2回	1617年 (元和3年)	광해군 9년	德川秀忠	오윤겸	회답 겸 쇄환사	오사카의 진(大坂の陣)에 따른 일본 국내 평정을 축하, 포로 송환
第3回	1624年 (寛永元年)	인조 2년	德川家光	정입	회답 겸 쇄환사	도쿠가와 이에미쓰(德川家光) 습봉(襲封) 축하, 포로 송환
第4回	1636年 (寛永13年)	인조 14년	德川家光	임현	조선통신사	
第5回	1643年 (寛永20年)	인조 21년	德川家光	윤순지	조선통신사	도쿠가와 이에쓰나(德川家綱) 탄생 축하, 닛코도쇼구(日光東照宮) 낙성 축하
第6回	1655年 (明暦元年)	효종 6년	德川家綱	조형	조선통신사	도쿠가와 이에쓰나(德川家綱) 습봉 축하
第7回	1682年 (天和2年)	숙종 8년	德川綱吉	윤지완	조선통신사	도쿠가와 쓰나요시(德川綱吉) 습봉 축하
第8回	1711年 (正德元年)	숙종 37년	德川家宣	조태억	조선통신사	도쿠가와 이에노부(德川家宣) 습봉 축하
第9回	1719年 (享保4年)	숙종 45년	德川吉宗	홍치중	조선통신사	도쿠가와 요시무네(德川吉宗) 습봉 축하
第10回	1748年 (寛延元年)	영조 24년	德川家重	홍계희	조선통신사	도쿠가와 이에시게(德川家重) 습봉 축하
第11回	1764年 (明和元年)	영조 40년	德川家治	조엄	조선통신사	도쿠가와 이에하루(德川家治) 습봉 축하
第12回	1811年 (文化8年)	순조 11년	德川家齊	김이교	조선통신사	도쿠가와 이에나리(德川家齊) 습봉 축하(対馬에서 중단)

한편 에도시대(江戶時代)의 일본에서는 임진왜란 당시에 연행되어 갔던 [12]강항(姜沆) 등 조선의 학자와 약탈해 갔던 서적이 일본 주자학의 확립에 큰 역할을 했다. 또한 약탈해 갔던 금속활자에 의해 일본의 인쇄술이 크게 발전했고, 연행된 한국인 도공들에 의해 일본의 도자기 기술이 비약적으로 발전했다.

에도막부와 조선과의 외교실무와 무역을 담당했던 것은 [13]쓰시마번(対馬藩)이었다. 쓰시마번은 부산의 두모포(豆毛浦)에 외교·무역 업무를 위한 왜관을 설치하였고, 1678년에 초량(草

梁)으로 이전했다. 왜관은 약 10만 평의 부지에 평상시에는 400~500명 정도의 관리와 상인들이 상주했던 시설로 남자에게만 거주를 허용했다. 왜관을 통한 무역상품은 일본으로부터는 물소 뿔, 후추 등 동남아시아의 산물, 동과 은 등의 광산물이 주류를 이루었고 조선으로부터는 쌀, 면, 인삼 등이 주요 물품이었다.

　에도시대는 한일 간의 평화적, 우호적 관계가 장기간에 걸쳐 유지되면서 정치, 경제, 문화의 교류가 이루어진 시기였지만, 일본의 우월적 정체성을 강조하는 배타적 사상 기조인 [14]국학(國學)이 대두하면서 17세기 무렵부터 서서히 한국 멸시관이 나타나기 시작한다. 18세기 후반 이후 막부 말기 일본에 대한 구미 열강의 압력이 강화되는 가운데, 일본도 이웃 조선을 침략해 서구열강의 대오에 합류해야 한다는 주장이 강하게 제기되었다. 이와는 반대로 소수이기는 하지만 [15]요코이 쇼난(橫井小楠)이나 [16]가쓰 가이슈(勝海舟) 등과 같은 지식인들은 조선과의 연대를 통해 구미 열강의 침략에 대항해야만 한다는 의견을 주장했다.

5) 근대(近代)

　근대의 한일 관계는 1875년의 [17]강화도사건(江華島事件)과 1876년의 [18]조일수호조규(朝日修好條規)로 시작되었다. 19세기 이후 서구 열강의 선박이 조선에 내항해 통상을 요구했지만, 조선은 이를 거부하며 쇄국정책을 고수하는 가운데, 미국상선 제너럴셔먼호 격파사건(1866년)과 프랑스 함대 격퇴사건(병인양요, 1866년) 등이 잇달아 일어났다. 메이지유신 이후 근대국민국가의 건설을 지향했던 일본은 조선에 개국을 요구했고, 결국 조일수호조규에 의해 조선은 개국을 선택하게 되었다. 이는 완전한 불평등조약으로 일본이 서구 열강으로부터 요구받았던 것을 그대로 조선에게 강요한 것이었다. 개항 후 일본 상인들은 조선으로부터 곡물과 금 등을 수입하고 조선에는 무명과 잡화 등을 수출했다. 조선에서는 물가가 급등했고 민중들의 생활은 더욱 피폐해졌다. 일본에 의한 개항이 이루어진 뒤, 서구 열강들과도 잇달아 조약을 체결했고 조선은 열강들의 세력 다툼의 무대가 되었다. 이 무렵 서울에서 조선의 병사가 반란을 일으킨 것을 계기로 반정부·반일을 내건 폭동이 일어났다(1882년). 이에 대해 일본은 자국민을 보호한다는 구실을 내세워 일본군을 출동시켰고, 이에 맞서 청군이 폭동을 진압함과 동시에 민씨 일파를 내세워 보수파정권을 성립시켰다. 그 후 근대적 개혁에 의한 조선의 독립과 부국강병을 지향하는 개화파가 쿠데타를 일으켜 보수파를 추방하고 일거에 개화파정권을 성립시켰으나(1884년), 청군의 반격으로 개화파정권은 3일천하로 끝나고 말았다.

　이와 같은 조선 사회의 혼란 중에서 관리들의 농민에 대한 착취가 심해지자 1894년 동학교도인 전봉준(全奉準)이 이끄는 농민들이 봉기해 각지에서 조선 정부군과 전투를 벌였고 정부는 위기에 처하게 되었다. 농민군을 자력으로 진압할 수 없게 된 조선은 청국에 출병을 요청했고, 이에 대해 일본도 바로 병력을 출동시켰다. 일본은 청군을 공격하는 한편, 조선 정부를 위협해 민씨정권을 무너뜨리고 개화파정권을 내세웠다. 청일전쟁에서 승리한 일본은 조선의 독립을 청에게 인정하게 하고 요동반도(遼東半島)와 대만(臺灣)을 양도받았다. 그러나 [19]삼국간섭(三國干涉)에 의해 일본은 요동반도를 다시 청에게 반환했다. 조선에서는 삼국간섭을 주동한 러시아의 영향력이 강화되면서 일본의 영향력은 약화되었고, 일본은 이를 만회하고자 일본공사 [20]미우라 고로(三浦梧楼) 등의 일본군과 낭인(浪人)들을 궁궐에 침입시켜 명성황후를 살해한 충격적인 사건을 일으켰다.

일본은 러시아를 한국으로부터 배제하기 위해 영일동맹(英日同盟)을 맺고 1904년 러일전쟁을 일으켰다. 일본은 개전과 동시에 한국에 한일의정서(韓日議定書)를 강요해 일본군의 행동의 자유와 기지 사용의 권리를 수중에 넣은 뒤, 제1차 한일협약에 의거해 외교와 재무에 일본측 고문을 앉히고 한국을 제압했다. 그 뒤 포츠머스조약으로 한국에 대한 일본의 지배적 지위가 국제적으로 승인을 받자, 제2차 한일협약(1905년)을 강요해 한국을 일본의 보호국으로 하고 외교의 권리를 박탈한 뒤 통감부(統監府)를 설치했다. 이어서 한국의 군대를 해산시키고(1907년), 사법, 경찰, 통신 등의 권리를 박탈한 뒤 결국 1910년에 한국을 강제로 병합했다.

병합 후, 통감부는 총독부로 개칭되었다. 초기에는 군인총독하에서 헌병과 경찰을 일체화한 헌병경찰을 전국에 배치하고 언론·집회·결사의 자유를 빼앗고 한국인을 철저하게 탄압하는 무단정책을 실시했다. 한편 이와 동시에 동화정책을 강요해 한국인에게 충성스러운 일본 국민이 될 것을 제도적으로 강요했다. 무단정치하에서 일본은 토지 조사 사업을 강행하고 농민으로부터 토지를 박탈했다(1910~18년). 또한 [21]회사령(會社令)을 공포해(1910년) 한국인의 회사 설립을 제한하고 민족산업의 성장을 억제했다.

일본의 엄격한 감시하에서도 한국인의 반일운동은 계속되었다. 또한 만주, 상해, 미국 등 국외에서도 독립운동이 전개되었다. 여기에는 제1차 세계대전 후의 민족자결주의 풍조와 러시아 혁명의 영향이 있었으며, 1919년 2월 8일 일본에 있던 한국인 유학생들이 독립선언을 발표했다. 이어서 3월 1일 민족대표 33인이 서울에서 독립선언을 발표함으로써 3.1독립운동이 시작되었다. 서울에서 시작된 대한 독립 만세를 외치는 시위운동은 순식간에 전국적으로 퍼져나가 남녀노소의 모든 계층의 사람들이 참가했다. 운동의 참가자는 200만 명, 체포자 5만 명, 사망자 7,500명을 넘었다. 일본은 경관과 군대를 동원해서 3.1 독립운동을 진압한 뒤, 종래의 무단정치에서 문화정치를 표방하면서 한국인들에게 다소 발언권을 인정하는 등의 회유책을 취했다. 이와 동시에 동화정책을 강화하면서 한국인의 민족의식의 배제를 꾀했다. 일본의 식량난을 타개하기 위해 조선에서「산미증식계획(産米增殖計劃)」을 세워(1920년) 한국에서의 쌀의 증산을 꾀하면서 이를 일본으로 대량 반출했다. 이로 인해 한국 농민은 더욱 궁핍해졌고 자작농이 줄고 소작농이 대폭 늘어나, 많은 농민들이 고향을 떠날 수밖에 없는 상황이 되어 일본이나 만주로 이주하면서 화전민도 급증했다. 만주사변(1931년), 중일전쟁(1937년), 태평양전쟁(1941년)으로 이어지는 일련의 전쟁을 통해서 일본은 한반도를 병참기지(兵站基地)로 삼고, 식량과 지하자원의 증산, 중화학공업의 육성, 무기공업(武器工業)의 건설을 꾀했다. 이와 더불어 한국인의 동화정책을 추진해 황민화정책(皇民化政策)을 실시했다.「황국신민의 선서」를 제정하고(1937년), 이름을 일본식으로 바꾸는「창씨개명(創氏改名)」을 실시했으며(1939년), 신사 참배(神社參拜), 일본의 궁성 참례, 일장기 게양, 일본어 사용 등을 강요했다. 또한 한국인을 한국 내의 광산이나 군수공장에 징용하는 데 그치지 않고 일본으로 강제 연행해 광산, 군수공장, 철도, 항만 등에서 노역을 강요했다. 또한 한국인을 전쟁에 동원하기 위해 1938년에 육군지원병제도를 시행했고 결국 1944년에는 징병제를 실시하게 되었다.

6) 광복(光復) 후 현재까지

1945년 8월 15일, 일본 천황이 연합국의 포츠담선언을 수락하고 항복한다는 라디오 연설을 함으로써 한국은 일본의 지배로부터 해방되었다. 그러나 그것이 바로 독립을 의미하는 것은 아니었다. 연합국은 얄타회담에서 한반도의 신탁통치를 결정했기 때문이었다. 일본의 항복과 더불어 일본인의 자국 귀환이 시작되었다. 38도선 이북에 있던 일본인들은 소련의 진격으로 일부는 소련군에 연행되기도 했지만 1946년까지 약 30만 명이 일본으로 귀환했다. 38도선 이남에 있던 일본인들은 비교적 평온하게 귀환해 1946년까지 약 57만 명이 귀환했다.

미국을 중심으로 하는 자본주의 진영과 소련을 중심으로 하는 공산주의 진영이 대립하는 냉전이 심화되는 가운데 한국과 중국의 독립을 둘러싼 문제가 유엔에서 심의되기 시작했지만, 독립의 방법을 두고 미·소가 대립한 끝에 결국 남쪽만의 총선거로 1948년 8월 15일 대한민국정부가 수립되었고, 9월 9일에는 북한 즉 조선민주주의인민공화국이 수립되었다.

1950년 6월 25일 북한군의 남침으로 한국전쟁이 발발했다. 이 전쟁으로 일본은 병참기지로서의 역할을 맡게 되어 일본 각지의 미군기지와 군항은 전투기와 군사 물자 수송의 발신기지 및 훈련장이 되었다. 또한 전쟁에 필요한 군사 물자의 생산과 판매에 의해 극도의 불황에 빠졌던 일본 경제는 급속히 회복하면서, 한국전쟁은 식민지배의 당사자인 일본이 고도 경제 성장의 계기를 맞게 되는 역설을 만들어 냈다. 그리고 한국전쟁 중인 1952년 4월 28일 대일강화조약(對日講和條約)이 발효해 일본은 연합국의 점령상태에서 독립을 회복하게 되었다.

미국의 의향에 의해 1951년 10월의 예비회담으로 시작된 한일 관계 정상화를 위한 한일회담은 초기부터 난항을 겪었다. 식민지 지배에 대한 사죄와 배상의 문제, 일본의 식민통치는 한국인에게 유익했다는 일본 대표의 망언, 이승만 대통령이 한반도 주변 해역에 설정한 ²²이승만 라인 등에 의해 회담은 진전되지 못했다. 그러나 한국의 박정희정권의 성립과 미국의 의향 등에 의해 1965년 경제협력을 주요 내용으로 하고 일본이 한국을 한반도의 유일 합법적인 정부임을 인정하는 한일기본조약(韓日基本條約)이 체결되어 국교 수립이 이루어졌다. 이 조약 체결에 대해 한국과 일본의 국내에서는 거센 반대운동이 일어났는데, 한국에서는 일본 정부의 식민지 지배에 대한 사죄와 반성이 없음이 문제가 되었고, 일본에서는 일본의 재무장과 미국을 중심으로 하는 군사 동맹 강화에 반대하는 시점이 주요 내용이었다.

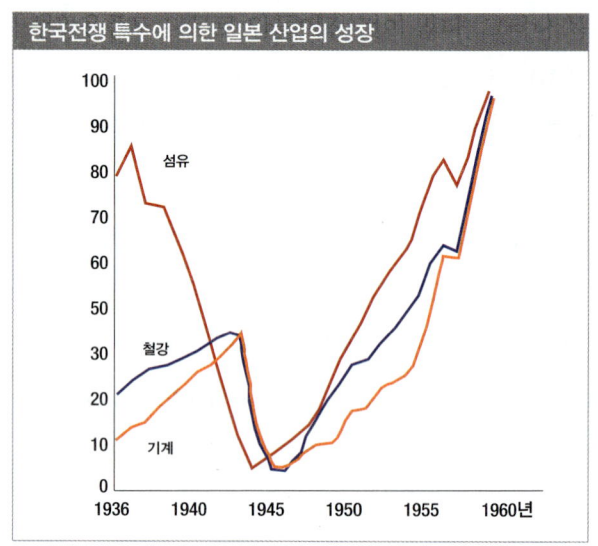

『日韓交流の歷史』(明石書店, 2015) *1960년을 100으로 한 경우.

한일조약 체결 후, 한국은 5억 달러의 일본의 원조자금을 활용해 농림수산업의 진흥과 공업 생산의 기반 정비를 강화해 경제 성장을 실현해 갔고 일본의 기업들도 한국에 진출했다. 한일 간의 협력관계가 심화되는 가운데 해외에서 반정부운동을 하고 있던 김대중 씨가 도쿄의 호텔에서 납치되는 사건과 재일한국인 문세광이 연설 중인 박정희 대통령을 저격해 부인 육영수 여사가 사망하는 사건이 일어났지만, 한일 양국 간에 사건의 전말은 애매한 상태로 마무리되었다. 또한 1982년에는 일본의 고등학교 역사 교과서 내용 중 한국·중국에 관한 기술이 일본 문부성의 검정에 의해 수정되었음이 판명되어 한국과 중국 정부는 강경한 항의를 표명했다. 결국 일본 정부가 아시아 근린제국과의 우호와 친선을 지향한다는 입장을 표명함으로써 일단 사태는 수습되었지만, 그 뒤로도 ²³새로운 역사 교과서를 만드는 모임(新しい歷史敎科書をつくる会)에 의한 역사 교과서 편찬, 공통 교과서 작성문제 등 해결되지 않은 문제들이 현재까지 지속되고 있다. 또한 전후 보상문제, 일본군 위안부문제, 독도문제 등 일본이 미해결 상태로 남겨두고 있는 문제, 한국의 친일파 청산문제, 식민지 근대화론 논쟁 등 한일 관계에 있어서 21세기에 해결해야 할 과제는 적지 않다.

이렇게 미해결의 과제를 안고 있는 한일 관계이지만, 그런 가운데서도 한일 간의 평화적이고 발전적인 교류는 더욱 확대되고 있다. 1989년의 한국의 해외여행 자유화 조치 이후 일본을 방문하는 한국 여행자 수가 증대하기 시작했고 일본의 관광비자가 면제됨에 따라 2007년에는 일본을 방문하는 한국인 관광객 수가 한국을 찾는 일본인 관광객 수를 넘어섰다. 일본인 관광객은 2008년부터 진행된 엔화 가치의 상승과 제2차 한류붐의 영향으로 2012년도에는 350만명이라는 과거 최대의 수치에 이르렀으나 2012년 이명박 대통령의 독도 방문을 계기로 한일관계가 악화하기 시작해 2015년에는 184만명으로 격감했다. 한편 일본을 방문하는 한국인의 수는 한일관계 악화에도 불구하고 원화 강세의 영향 등으로 지속적으로 늘어나 2015년에는 400만명을 초과했다.

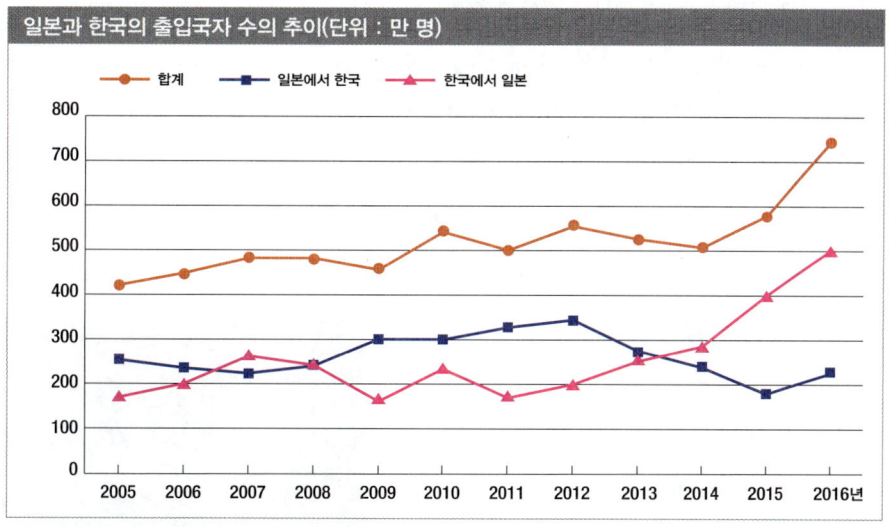

『日韓交流の歷史』(明石書店, 2015)
*〈일본에서 한국〉은 일본국제관광진흥기구 웹사이트, 〈한국에서 일본〉은 일본 법무성 웹사이트에서 참조.

재일한국인(在日韓國人)

1) 역사

　　1910년의 국권침탈 때까지 일본에 살고 있던 한국인은 주로 유학생과 단기노동자들이었다. 단기노동자들은 탄광이나 철도 부설 공사 등에서 일을 했다. 재일한국인의 수는 1910년대부터 늘어나기 시작해 1911년 말에는 약 2,500명 정도였지만, 조선총독부의 토지 조사 사업에 의한 농민의 토지 수탈과 제1차 세계대전 후의 일본 경제의 급성장에 따른 노동력 수요의 증대에 의해 계속 증가해, 3.1운동 직후인 1919년 4월 일본 당국은 조선인 여행단속령을 공포하고 일본으로의 도항을 제한했다. 그러나 1920년대에 들어와 일본 도항자는 더욱 증가해 1920년에는 3만 명을 넘었고 1930년대 말 일본에 체재하는 한국인은 30만 명을 상회했다.

　　1920년대에 들어와 도쿄·오사카와 같은 대도시의 하천부지 등에 한국인이 집단 거주하는 지역이 형성되기 시작했다. 그들의 대다수는 일용직의 육체노동이나 직공, 폐품 회수업자 등이었는데, 볼트나 나사 등의 금속제조와 고무가공 등의 가내

● 도쿄 스미다구(墨田区) 요코아미초공원(橫網町公園)에 있는 간토대지진 조선인 희생자 추도비

공업적 규모의 제조업에 종사하는 사람들도 생겨났다. 또한 한국인의 집단 거주 지역에는 한국 식당과 식재료점, 한국의 의료, 잡화점 등도 등장했다.

　　1923년 9월 1일, 간토(関東) 지역에 매그네튜드 7.9의 대지진이 일어났다. 도쿄·요코하마를 중심으로 가옥의 붕괴와 화재에 따른 사망자와 행방불명자가 10만 명 이상이었고, 파괴 손실된 가옥이 30만 호 이상이라는 엄청난 피해를 입어 일본 경제는 마비 상태에 빠졌다. 당시 도쿄에 약 만 2천 명, 가나가와현(神奈川県)에 약 3천 명의 한국인이 살고 있었는데, 혼란의 와중에 「한국인이 폭동을 일으키고 있다」, 「한국인이 우물에 독약을 넣었다」는 유언비어

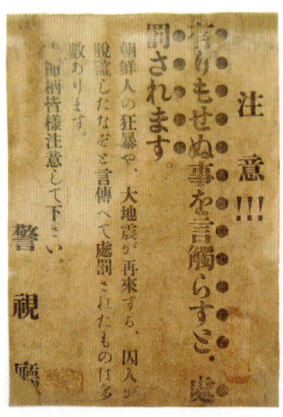

● 간토대지진 당시 유언비어에 현혹되지 말 것을 알리는 경시청 포스터. 한국인에 관한 헛소문에 관해서도 언급하고 있다.

가 퍼져나갔다. 일본의 청년회, 재향군인회, 소방단 등이 조직한 자경단(自警團)이 한국인들을 학살하기 시작했고, 한국인 피해자 수는 6천 명 이상으로 추정되고 있다. 이 대량 학살의 배경에는 식민지 조선의 주민인 한국인들에 대한 멸시관과 저임금으로 일거리를 빼앗아가는 한국인에 대한 반발 등이 있었던 것으로 보이며, 이 사건은 일본인들의 재일한국인들에 대한 씻을 수 없는 범죄 행위의 역사로 남아 있다.

한편, 일본의 중국 침략이 본격화됨에 따라 국가총동원법(1938년)과 국민징용령(1939년)이 공포되어 조선에서도 군수 물자와 노동력 동원이 대대적으로 이루어졌다. 국민징용령은 조선에서는 모집 형식, 관알선 형식, 징용 형식 등의 형태로 적용되었지만, 결국 국가 권력에 의한 강제적인 것이었다. 그 결과 1945년 8월 일본의 패망까지 탄광, 금속광산, 군수공장, 토건업, 항만운수 등에 100만 명 이상이 연행되어 강제노동에 투입되었다. 일본에 체류하는 한국인의 수는 1939년에 약 96만 명이었고 1945년에는 200만 명에 달했다.

제2차 세계대전 전의 재일한국인 인구

연도	인구	연도	인구
1911	2,527	1928	238,102
1912	3,171	1929	275,206
1913	3,635	1930	298,091
1914	3,542	1931	311,247
1915	3,917	1932	390,543
1916	5,624	1933	456,217
1917	14,502	1934	537,695
1918	22,411	1935	625,678
1919	26,605	1936	690,501
1920	30,189	1937	735,689
1921	38,651	1938	799,878
1922	53,722	1939	967,591
1923	80,415	1940	1,190,444
1924	118,152	1941	1,469,230
1925	129,870	1942	1,625,054
1926	143,798	1943	1,882,456
1927	165,286	1944	1,936,843

『数字が語る在日韓国・朝鮮人の歴史』(明石書店, 1996)

2) 제2차 세계대전 패전 후의 재일한국인

1945년 8월 15일, 일본의 연합국에 대한 무조건 항복이 이루어지자 연행되어 온 사람들을 중심으로 귀국을 서두르는 한국인들이 시모노세키(下関)와 하카타(博多) 등의 항구에 쇄도해, 자력으로 조달한 선박과 일본 정부의 귀환선을 이용해 귀국길에 올랐다. 귀국자 수는 약 140만 명에 달했는데, 그 중에는 귀국선이었던 우키시마마루(浮島丸)호 사건과 같은 비극적인 일도 일어났다. 3천 명 이상의 한국인 노동자와 가족들을 태우고 아오모리현(青森県)에서 부산으로 향하던 우키시마마루호는 도중에 어뢰의 폭발로 침몰해 500명 이상이 사망했고, 현재까지 이 사건의 진상은 정확하게 밝혀지고 있지 않다.

1946년 3월 당시, 약 70만 명 남아 있던 재일한국인 중 50만 명 이상이 귀국을 희망했지만, 소지했던 재산과 물품의 반출이 제한되었던 점과 한반도의 불안정한 정치 정세, 귀국해도 고향에 생활 기반이 없었던 이유로 귀국을 하지 못하게 된 사람들이 늘어나, 1946년 말에 집단 귀국은 종료되었다. 또한 그 중에는 일단 귀국했으나 밀항해서 일본에 재입국한 사람들도 있었으며, 이러한 일본 잔류 한국인들이 역사적으로 현재의 재일한국인을 형성했던 것이다.

잔류 재일한국인들은 해외에서 대거 귀국한 일본인들과 군수산업의 중단 등에 의해 노동시장에서 퇴출되어 일용직 노동, 암시장, 막걸리 제조 등으로 생활을 연명해

● 도쿄조선제이초급학교(東京朝鮮第二初級学校) 도쿄 고토구(江東区)에 있는 조총련계의 민족학교로 초등학교에 해당한다. 이 학교의 부지 일부가 도쿄도의 소유지여서 재판을 통해 반환을 요구받아 폐교위기에 몰렸으나 한국과 일본의 시민단체들의 도움으로 토지를 사들일 수 있었다.

나갔다. 이러한 가운데 재류동포의 생활 안정 등을 도모하기 위한 목적으로 한국인들은 1945년 10월 재일본조선인연맹(在日本朝鮮人聯盟)을 조직하고 일본 각지에서 조선학교를 설립해 자녀들에게 한국어와 문화·역사를 가르쳤다. 그러나 연합국사령부(GHQ)와 일본 정부는 재일한국인의 법적 지위를 해방인민(외국인)이며 동시에 일본 국민이라고 이중규정했는데, 외국인으로서 외국인 등록령(外國人登錄令)을 적용하는 다른 한편으로는 일본 국민으로 간주해 재일한국인의 자녀들에 대해 일본 학교에 취학할 것을 강요했다. 이에 의거해 1948년 3월에 조선학교에 폐쇄명령이 내려졌다. 조선학교 폐쇄에 대항해 재일한국인은 민족교육을 지키는 운동을 전개했다(阪神教育鬪爭). 이 운동에 대해 일본 정부는 기동대를 동원해 조선학교를 전면 폐쇄하고 재학생 대부분은 강제적으로 일본 학교로 전학하게 되었다. 그러나 그 뒤에도 이 운동은 계속되어 현재는 한국 국적을 지닌 한국인들은 주로 도쿄한국학교(東京韓国学校), 금강학원(金剛学園), 건국학교(建国学校), 교토국제학원(京都国際学園) 등의 학교에서, 북한 국적(주로 조총련 계열)을 지닌 한국인들은 조선대학교(朝鮮大学校)를 포함한 조선학교 등에서 민족교육을 받고 있다.

한편 이 시기에 재일한국인 내부에서는 일본의 민주주의 운동에 참가할 것인지의 여부, 정치적으로 남북한의 어느 쪽을 지지할 것인지 등을 두고 대립하며 여러 조직이 생겨났고, 최종적으로는 1948년에 재일본대한민국거류민단(在日本大韓民國居留民團) 약칭 민단(民團)이, 1955년에는 재일조선인총연합회(在日朝鮮人總聯合會) 약칭 조총련(朝總聯)이 만들어져, 일본에는 두 개의 대립하는 민족단체가 성립하게 되었다. 1950년 6월 한국전쟁(韓國戰爭)이 발발하자 북한을 지지하는 조총련계 동포들은 반미(反美)·반요시다내각(反吉田內閣)·반이승만정권(反李承晩政權) 활
はんよし だ ないかく

동을 했고, 민단은 전쟁이 벌어지고 있는 모국에 자원병을 보내 한국을 지원했다.

1952년 4월, 샌프란시스코강화조약에 의해 일본이 독립국의 지위를 회복하자 재일한국인들은 일본 국적을 잃게 되어 외국인으로서 특별한 재류자격을 부여받게 되었다. 1965년 6월, 한일기본조약(韓日基本條約)이 체결된 결과, 한일법적지위협정(韓日法的地位協定)이 맺어졌고 한국 국적을 지니고 영주를 신청하는 자에게는 협정영주권을 인정하게 되었다. 이에 따라 재일한국인의 법적 지위는 협정영주권을 지니는 동포와 그렇지 않은 동포로 나뉘었는데, 북한을 정치적으로 지지한 조총련계 통칭 조선적(朝鮮籍) 동포들은 후자에 속했다. 1982년이 되어 조선적 동포들에게도 특별영주권이 인정되었고, 1991년에는 양자에게 특별영주(特別永住)라는 자격으로 일원화되었다. 그 배경에는 한국 출생의 재일 1세가 줄어드는 한편으로 일본어로 교육받고 모국과의 연대의식이 희박한 재일 2세, 3세가 늘어난 사실이 있다. 1974년에 일본에서 태어난 세대가 재일한국인 인구의 75%에 달한 이후 현재까지 계속 증가하고 있다.

1955년, 북한이 교육·취직의 보증, 차별 없는 사회에서의 생활, 풍요로운 삶 등을 약속하면서 재일한국인의 북한 귀환을 제의하자 조총련은 귀국운동을 일으켰고, 북한·일본의 적십자사 간의 재일조선인귀환협정(在日朝鮮人歸還協定)에 의거해 1967년까지 8만 8,600명의 재일한국인들이 니이가타(新潟)에서 북송선을 타고 북한으로 건너갔다. 그들의 그 후의 상황은 자세히 밝혀지지 않았는데, 여행자나

귀국사업에 의한 북조선으로의 귀국자 수					
연도	조선인	수반일본인	연도	조선인	수반일본인
1959	2,717	225	1973	704	
1960	45,094	3,937	1974	479	
1961	21,027	1,773	1975	379	
1962	3,311	186	1976	256	
1963	2,402	165	1977	180	
1964	1,722	99	1978	150	
1965	2,159	96	1979	126	
1966	1,807	53	1980	38	2
1967	1,723	108	1981	34	4
1968	중단		1982	25	2
1969	중단		1983	0	0
1970	중단		1984	30	
1971	1,260	58	누계	93,334	
1972	981	22			

「日韓交流の歷史」(明石書店, 2015)

탈북자들이 그들의 비참한 운명과 어려운 생활상을 전하고 있다. 또한 귀국자들 중에는 한국인 남성과 결혼한 일본인 여성들이 다수 포함되었는데, 1997년 11월에 처음으로 그들의 모국인 일본으로 일시 귀국이 실현되었다.

재일한국인은 일본 사회에서 여러 차별을 견뎌내면서 자신들의 생활과 지위 향상에 힘써 왔다. 일본의 패전 후에도 일본에서 계속 체류하게 된 재일한국인들에게 애매한 방식으로 일본 국적 취득이 인정되어 왔는데, 앞에서도 언급한 바와 같이 1952년의 샌프란시스코강화조약에 의

해 일본이 독립국의 지위를 회복하게 되자 재일한국인은 일본 국적을 상실하고 외국인으로 간주되었다. 그와 동시에 외국인 등록증명서(外國人登録証明書)의 항시 소지를 의무화함과 더불어 등록증명서의 기한을 연장할 때마다 지문 날인을 요구받았다. 그러나 일본에서의 지문 채취는 범죄자에 한해서 이루어지기 때문에 지문 날인에 반대하는 운동이 일어났고, 후에는 일본인들의 반대운동도 벌어져 2000년도에 지문 날인제도는 폐지되었다.

1970년에는 한국인 청년이 대기업인 히타치제작소(日立製作所)에 합격했으나 외국인이라는 이유로 입사가 취소되는 사건이 일어났다. 이 사건은 외국인에 대한 차별사건으로 사회적인 문제가 되어 이 청년은 재판을 통해 입사를 인정받을 수 있었다. 그 외에도 공영주택(公營住宅)의 입주 차별 철폐, 변호사 자격증의 국적조항

외국인 등록자에서 차지하는 재일한국인 수

연도	외국인 등록자 총수	재일한국인	비율(%)
1950	598,696	544,903	91.0%
1960	650,566	581,257	89.3%
1970	708,458	614,202	86.7%
1980	782,910	664,536	84.9%
1990	1,075,317	687,940	64.0%
2000	1,686,444	635,269	37.7%
2010	2,087,261	560,799	26.9%
2015	2,172,892	497,707	22.9%

「日韓交流の歴史」(明石書店. 2015)

국적별 외국인 등록자 수 (2015년 말)

국적	인구	비율(%)
중국	665,847	29.8
한국	457,772	20.5
필리핀	229,595	10.3
브라질	173,437	7.8
베트남	146,956	6.6
네팔	54,775	2.4
기타	503,807	22.6
합계	2,232,189	100

「日本の統計 2017」(総務省統計局. 2017)

철폐 등이 재일한국인들의 지속적인 운동에 의해 실현되어 갔다. 최근에는 일본의 공무원 채용조항 중 일본인에게만 자격을 주는 외국인 차별조항을 철폐하는 운동, 외국인에게 지방선거권 부여를 촉구하는 운동이 계속되고 있다.

재일한국인 관련 연표

연도	날짜	내용
1905년	11월 17일	제2차 한일협약(乙巳條約)
	12월 21일	한국통감부 설치, 초대통감에 이토 히로부미(伊藤博文)
1906년	11월 5일	도쿄조선기독교청년회 결성
1907년	6월 29일	헤이그 밀사 사건
	7월 24일	제3차 한일협약
1909년	10월 26일	안중근 의사, 하얼빈 역에서 이토 히로부미(伊藤博文)를 사살
1910년	8월 22일	일본의 강제로 「한국 병합(韓國併合)」 체결, 조선총독부 설치(8월 29일)
	9월 30일	토지 조사 사업 개시(~1918년 12월)
1911년	10월 27일	도쿄조선유학생학우회 결성(1914년 4월 「학지광(学之光)」 창간)
1913년	10월 28일	일본 내무성 「조선인 식별 자료에 관한 건」을 각 부현(府県)에 송부
1914년	7월 28일	제1차 세계대전(~1918년)

연도	날짜	사건
1915년	4월 3일	조선여자친목회 결성(『여자계(女子界)』 창간)
1919년	2월 8일	2·8 독립선언(재일조선유학생이 도쿄의 간다(東京, 神田)에서 독립선언서를 발표)
	3월 1일	3·1 독립운동
	4월 15일	총독부「조선인의 여행단속에 관한 건」에 의해 일본 도항을 제한(1922년 폐지)
1920년		산미증식계획 개시
	11월	조선인고학생동우회 결성(박열 등)
1921년	7월 28일	경시청 특별고등과에「내선고등계(內鮮高等係)」설치(후에 전국에 설치)
	11월 17일	내무성「조선인의 시찰 단속에 관한 건」을 각 부현(府県)에 송부
	12월 23일	상애회 결성(박춘금 등)
1923년	5월 1일	도쿄에 메이데이, 조선인 검거됨
	9월 1일	간토대지진(関東大震災)
	9월 2일	조선인 폭동을 이유로 계엄령 공포, 조선인 학살 시작됨
	9월 3일	박열(朴烈), 가네코 후미코(金子文子) 구속(1926년 대역죄로 사형 판결, 직후에 무기징역으로 감형)
1924년	1월 5일	김지섭 황거(皇居)·니주바시(二重橋)에서 폭탄 투하
	5월 5일	오사카부 내선협화회 설립. 1925년 효고현(兵庫県), 1926년 가나가와현(神奈川県)에도 설립
1925년	2월 22일	재일본조선노동총동맹 결성(1929년 12월 해체)
	4월 22일	치안유지법 공포
	10월	총독부, 부산에서 일본 도항 제한 조치
1927년	2월	조선공산당 일본부 조직(1931년 10월 해체)
	2월 18일	조선인단체협의회 결성. 신간회 도쿄(5월), 교토(6월), 오사카(12월), 나고야(1928년 1월) 지회 결성
	5월 27일	근우회(槿友会) 결성
1928년	3월 21일	재일본조선청년동맹 결성(1929년 해체). 기관지『청년조선(青年朝鮮)』발간
1929년	8월 3일	「일시귀선 증명서(一時歸鮮證明書)」제도 실시
1930년	4월 21일	동아통항조합 결성, 제주도~오사카 간 자주운항 개시(1935년 해산)
1932년	1월 8일	이봉창(李奉昌) 의사, 사쿠라다몬(桜田門)에서 천황에게 폭탄 투하. 동년 10월 10일 이치가야 형무소(市谷刑務所)에서 사형 집행
	2월 20일	박춘금(朴春琴), 중의원(衆議院) 의원 당선
	4월 29일	윤봉길(尹奉吉) 의사, 상해에서 일본군 사령관 등에게 폭탄 투척. 동년 12월 19일 가네자와 형무소(金沢刑務所)에서 사형 집행
1934년	10월 30일	일본 정부,「조선인 이주 대책의 건」각의 결정. 일본 도항 억제, 일본 재류조선인의「동화」등, 방침 책정
1935년	6월 15일	오사카에서『민중시보(民衆時報)』창간 (1936년 11월 폐간)
1936년	2월 1일	도쿄에서『조선신문(朝鮮新聞)』(한국어판) 창간. 1936년 9월 폐간
	8월 9일	제11회 베를린 올림픽에서 손기정 마라톤 우승 각 부현에서 협화회(協和会) 설립
1937년	7월 7일	중일전쟁 발발
1938년	2월 22일	조선에 육군 특별지원병제도 신설
	4월 1일	국가 총동원법 공포

연도	날짜	사건
1939년	6월 28일	중앙협화회(中央協和会) 설립
	7월 8일	국민징용령 공시
	7월 31일	「조선인 노동자 내지 이주에 관한 건」 전달. 「회사 모집」에 의해 일본으로 조선인 노동자 동원 개시
	9월 3일	제2차 세계대전(~1945년)
1940년	2월 11일	「창씨개명」 실시
1941년	2월 12일	조선장학회 설립
	12월 8일	태평양전쟁 발발
1942년	2월 13일	「조선인 노동자 활용에 관한 방책」 각의 결정. 「관 알선」에 의해 일본으로 노동 동원 개시
	5월 8일	조선인에 대한 징병제 도입을 각의 결정
1943년	6월 25일	학도병제 실시. 조선인 학생에게도 「지원」 명목으로 적용
1944년	9월	「징용」에 의해 일본으로 노동 동원 개시
1945년	6월 23일	의용병역법 공포
	8월 15일	일본 패전, 조선 해방
	8월 24일	조선인 귀국자를 태운 「우키시마마루(浮島丸)」호가 마이즈루만(舞鶴湾)에서 침몰. 조선인 549명 사망
	10월 15일	재일본조선인연맹(조연) 결성
	11월 16일	조선건국촉진청년동맹(건청) 결성
	12월 17일	개정 중의원의원선거법 부칙을 근거로 재일조선인·대만인의 참정권 정지
	12월 29일	모스크바 3국외상회의(미·영·소)에서 한국의 독립을 보장하는 결정(신탁통치)
1946년	1월 20일	신조선건설동맹(건동) 결성
	10월 3일	재일본조선인거류민단(민단) 결성
	12월 15일	일본 정부가 재일조선인의 귀국 계획 운송 중지를 발표
1947년	5월 2일	외국인 등록령 공시, 다음 날 시행(다음 날, 일본국 헌법 시행)
1948년	1월 24일	문부성이 각 지사 앞으로 「조선인 설립 학교 처리 건」을 통달
	4월 3일	제주도 4·3사건
	4월 19일	남북 정당, 사회단체의 대표자 연석회의(~24일)
	4월 24일	한신교육투쟁(阪神教育鬪爭)
	8월 15일	대한민국 독립
	9월 9일	조선민주주의인민공화국 수립
	10월 4일	민단이 재일본대한민국거류민단으로 개칭
1949년	9월 8일	GHQ·일본 정부가 조연 등 4단체에 해산 명령
	10월 19일	조선학교 폐쇄령 발령
	12월 3일	외국인 등록령 개정. 외국인 등록증 상시 휴대 의무 등을 도입
1950년	6월 25일	한국전쟁(6.25동란) 발발
	6월 28일	조국방위중앙위원회 결성
	8월 8일	재일한교자원군(在日韓僑自願軍) 결성. 한국군에 편입되어 641명 참전
	12월 28일	오무라(大村) 수용소(長崎県) 개설
1951년	1월 9일	재일조선통일민주전선(민선) 결성
	10월 4일	출입국관리령(입관령) 및 입국관리청 설치령을 제정 공포

연도	날짜	내용
1952년	1월 18일	한국, 해양주권 선언, 「이(李)라인」 설정
	4월 28일	샌프란시스코 강화조약 발효. 재일한국·조선인 일본국적 상실. 외국인 등록법 시행, 지문 날인 제도 도입
1953년	7월 27일	판문점에서 휴전협정 정식 조인
1955년	4월 28일	외국인 등록법에 의거 지문 날인 제도 개시
	5월 25일	재일본조선인총연합회(조총련) 결성
1957년	4월 8일	북한으로부터 교육원조비 및 장학금 제공
	1월 17일	재일조선인 귀국협력회 결성
1959년	2월 2일	민단 「북한송환 반대투쟁 위원회」 결성
	8월 13일	재일조선인 귀국을 위한 조일적십자협정 조인
	12월 14일	청진을 향해 제1차 귀국선 니가타항 출항
1965년	6월 22일	한일기본조약 조인
1966년	1월 17일	재일한국인의 협정영주신청 접수 개시
	4월 1일	협정영주권 취득자에게 국민건강보험법 적용
1968년	2월 20일	김희로 사건, 재일 차별 사회문제화 (1975년 최고재판소에서 무기징역 판결, 1999년 9월 치바형무소(千葉刑務所)에서 가석방)
	4월 17일	도쿄도지사가 조선대학교를 각종 학교로 허가
1970년	12월 8일	박종석, 히타치 제작소에 취업 차별 소송 (1974년 7월 3일 요코하마 지방재판소에서 승소)
1972년	1월	이회성 『다듬이질을 하는 여자(砧をうつ女)』로 아쿠타가와상 수상
	7월 4일	7·4남북공동성명 발표
	8월 15일	민단, 총연, 각지에서 남북공동성명 지지대회 개최
1973년	8월 8일	김대중 납치 사건
1975년	4월 14일	민단 주도로 「모국(한국) 방문단」 시작
	10월 3일	최창화, 한국성의 일본어식 읽기, 인권 침해로 NHK를 제소
1977년	3월 22일	일본 최고재판소, 사법시험 합격자 김경득을 한국적으로 인정하고 사법수습생으로 채용
1979년	8월 12일	조총련 주도 「단기 조국(북조선) 방문단」 시작
1980년	9월 10일	한종석, 외국인 등록법의 지문 날인 거부 (東京都新宿区役所)
1982년	1월 1일	일본이 비준(1979년 6월 21일)한 난민조약 발효. 국민연금의 국적조항 철폐, 특별영주제도 실시
1985년	1월 1일	일본에서 개정국적법 시행. 부계혈통주의에서 부모양계혈통주의로 변경
1986년	4월 1일	국민건강보험법의 국적조항 철폐
1988년	9월 17일	서울올림픽 개최
	9월 18일	대한민국, 조선민주주의인민공화국, 유엔에 동시 가맹
	11월 1일	협정영주, 특별영주를 일원화한 특별영주제도 개시
1993년	1월 8일	개정 외국인 등록법 시행. 특별영주자의 지문 날인 제도 폐지
1994년	4월 20일	민단을 재일본대한민국민단으로 개칭
1995년	1월 17일	고베대지진. 131명 동포 사망
	2월 28일	최고재판소 「영주자 등의 지방참정권 부여는 헌법상 폐지가 아님」이라는 판단을 제시
1996년	5월 13일	가와사키시(川崎市)가 도도부현(都道府県)·정령지정도시에서 처음으로 직원 채용 시험의 국적조항 철폐
2000년	6월 15일	남북공동선언 발표

2002년	5월 31일	한일 공동 월드컵 개최
	9월 17일	고이즈미 수상, 북한 방문. 조일평양선언(朝日平壤宣言) 채택. 북한 일본인 납치 사실을 인정
2005년	1월 26일	도쿄도 외국적 직원의 관리직 승임 시험 거부 소송의 최고재판소 판결에서 원고 정향균(鄭香均) 패소
	11월 24일	재일한인역사자료관 개설
2006년	5월 17일	민단과 조총련이 화해를 위한 6개 조항 합의 '공동 성명'을 발표
	7월 6일	민단, 북한의 미사일 발사(7월 5일)를 이유로 조총련과의 화해를 향한 '공동성명'의 백지 철회를 발표
2010년	5월 10일	한일 지식인 214명이 도쿄에서 '한국병합' 100년 한일 지식인 공동성명 발표
2012년	4월	한국공직선거법 개정(2009년 2월)에 따라 제19대 국회의원 선거에 재일한국인을 포함한 한국의 해외 영주자가 처음 참가

〈재일한인역사자료관(j-koreans.org) 자료를 일부 개편한 것임〉

3) 재일한국인의 문화활동

일본에서 일본어를 사용하며 생활하고 있는 재일한국인들은 일본의 여러 문화영역에서 다양한 작품이나 공연을 해 오면서 일본 사회의 일원으로서 일본 문화에 자극을 주는 중요한 역할을 해오고 있다.

문화영역에서 재일한국인들의 활동이 두드러진 분야로서 우선 문학을 들 수 있다. 일본 패전 이전에는 『빛 속에서(光の中に)』로 아쿠다가와 문학상(芥川賞) 후보가 된 김사량(金史良)과 장혁주(張赫宙), 김소운(金素雲) 등이 일본의 문단에서 활약했고, 전후에는 김달수(金達寿), 김석범(金石範), 이회성(李恢成) 등이 등장함으로써 재일한국인 문학은 일본 문학계에 중요한 위치를 차지하게 된다. 김달수는 『후예의 거리(後裔の街)』, 『현해탄(玄界灘)』, 『태백산(太白山)』 등의 작품으로 대표적인 전후의 재일한국인 작가가 되었고, 『일본의 조선문화(日本の中の朝鮮文化)』 시리즈를 집필해 한국으로부터 도래한 문화를 조사하고 소개했다.

김석범은 『화산도(火山島)』 등의 작품을 통해 제주도의 4·3사건을 조명했다. 이회성은 『다듬이질을 하는 여자(砧をうつ女)』로 한국인 최초로 아쿠다가와상(芥川賞)의 수상자가 되었다. 그 외에 김학영(金鶴泳), 이양지(李良枝), 유미리(柳美里), 양석일(梁石日), 현월(玄月), 다치하라 마사아키(立原正秋), 쓰카 고헤이(つかこうへい), 미야모토 도쿠조(宮本徳蔵), 이쥬인 시즈카(伊集院静), 가네시로 가즈키(金城一紀) 등과 같은 작가들은 민족문제, 역사문제, 가족과 개인의 문제, 차별과 고독 등을 주제로 다양한 작품 활동을 하고 있다. 또한 시인으로서는 김시종(金時鐘), 이정자(李正子) 등이 활약하고 있다.

영화 분야에서는 『윤이네 거리(潤の街)』의 김수길(金秀吉)과 김우선(金佑宣), 『달은 어디에서 뜨는가(月はどっちに出ている)』의 최양일(崔洋一), 『재일(在日)』의 오덕수(呉徳洙), 『도강

(渡り川)』의 김덕철(金德哲) 등이 있고, 연극 분야에서는 「신주쿠양산박(新宿梁山泊)」의 김수진(金守珍), 「파란세(波瀾世)」의 김지석(金智石), 「마당극(マダン劇)」의 고정자(高正子) 등을 들 수 있다. 또한 대중음악 분야에서도 많은 가수들이 활약하고 있는데, 이들 중에는 한국인임을 밝히지 않고 활동하고 있는 가수들도 적지 않을 것으로 보인다. 스포츠 영역에서도 일본인의 영웅으로 활약한 프로레슬러 역도산(力道山)을 비롯해, 프로야구의 가네다 쇼이치(金田正一), 장훈(하리모토 이사오, 張本勳) 등을 들 수 있고 이 외에도 프로축구 등 기타 스포츠 분야에서 활약하고 있는 선수들이 적지 않다.

또한 바둑계에서는 조치훈(趙治勳)이 일본의 최정상급 기사로 활약하고 있고, 학문 분야에서도 많은 재일한국인들이 활약하고 있다 .

〈재일한국인 아쿠다상(芥川賞) 수상작가〉

이회성(李恢成) 『다듬이질을 하는 여자(砧をうつ女)』(1972년)
이양지(李良枝) 『유희(由熙)』(1989년)
유미리(柳美里) 『가족시네마(家族シネマ)』(1997년)
현월(玄月) 『숨겨진 거처(蔭の棲みか)』(1999년)

사진으로 보는
재일한국인의 역사와 생활

▲ 1923년에 개설된 제주도·오사카 간의 정기선에서 오사카항에 상륙하는 한국인. 제주도·오사카 항로 이외에도 부산·시모노세키(下關), 여수·시모노세키, 부산·하카타(博多) 등의 항로가 열려, 일자리를 구하거나 학업을 위해 도항하는 사람들 혹은 강제로 연행되는 노동자들을 실어 날랐다.

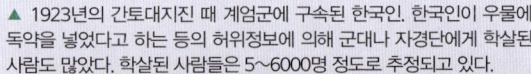

▲ 1923년의 간토대지진 때 계엄군에 구속된 한국인. 한국인이 우물에 독약을 넣었다고 하는 등의 허위정보에 의해 군대나 자경단에게 학살된 사람도 많았다. 학살된 사람들은 5~6000명 정도로 추정되고 있다.

▲ 후쿠오카현(福岡県)의 이즈카(飯塚) 탄광에서 일하는 한국인. 이 지역은 지쿠호탄전(筑豊炭田)이라고 불렸는데 예전에는 일본 유수의 탄광지역이었다. 태평양전쟁 중에는 많은 한국인들이 연행되어 가혹한 채탄노동에 종사했다.

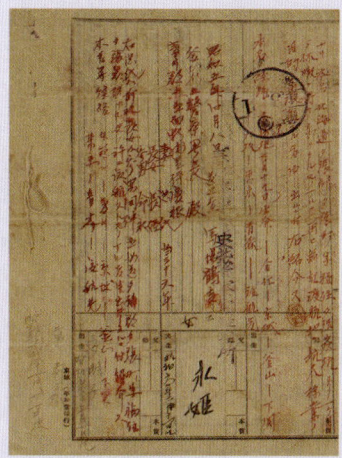

◀ 한국에서 일본으로 가기 위해서 필요했던 도항증명서. 일본으로 들어가는 도항자 수를 제한하기 위해 만들어진 제도로, 한국에서 여행을 나갈 때 거주지의 경찰로부터 여행 목적·여행지가 기재된 도항증명을 받아야 했으며 한국으로 돌아왔을 때도 그 증명을 경찰관에게 제시해야 했다.

▶ 홋카이도(北海道) 구시로시(釧路市)의 탄광에 동원된 한국인 광부. 1940년에 많은 한국인 노동자가 구시로(釧路)의 탄광에 투입되었고 채탄량은 당시 최대량이었다.

▶ 해방 전 재일한국인단체 「협화회(協和會)」 수첩. 협화회는 태평양전쟁 시기(1939~45년)에 재일한국인을 관리하기 위해 일본 정부가 만든 단체로서, 재일한국인 보호 등의 명목으로 창씨개명 등의 황민화정책을 수행하거나 도항증명서를 발행하는 일을 담당했다. 수첩에는 사진 외에 직업, 본적, 현주소 등이 적혀 있다.

◀ 1933년 메이데이(メーデー, 노동절)에 참가하는 재일한국인 부인들. 일본에서는 1920년에 제1회 메이데이가 열려 약 1만 명이 참가했다. 재일한국인은 1922년에 처음으로 메이데이에 참가했다.

53

◀ 1945년 12월 아키타현(秋田県)에서 있었던 재일조선인연맹(조련) 결성대회 참가자. 재일조선인연맹은 1945년 10월부터 1949년까지 존속되었던 재일한국인의 상호부조단체이다.

▼ 1945년 해방 직후 지바현(千葉県)에 개교한 조선국민학교. 일본 패전 후 일본에 남아 있던 한국인 대다수는 언젠가는 조국으로 돌아갈 것을 희망하고 있었고, 그 때문에 일본어밖에 모르는 자녀들에게 모국어를 가르치기 위해 많은 학교를 만들었다.

▼ 니가타항(新潟港)에서 귀국선을 타고 북한으로 향하는 사람들. 1971년 제1차 귀국선으로 202명이 귀국했다. 1959년부터 84년에 걸쳐 9만 명 이상이 귀국했다. 재일한국인을 줄이고자 했던 일본 정부와 노동력이 필요했던 북한의 이해가 일치되어 실현되었다.

▲ 1939년에 아마가사키시(尼崎市)에서 있었던 재일한국인의 장례식 모습. 한국식 장례식이었다.

▶ 1984년에 거행된 지문 날인 거부 예정자 회의 발족식. 1980년에 재일한국인 1세인 한종석(韓宗碩)씨가 외국인 등록 연장 수속에서 요구되는 지문 날인에 대해「일본인의 경우는 범죄자에게만 의무화하고 있는 지문 날인을 외국인에게 강요하는 것은 민족 차별이고 인권 침해」라고 거부함으로써 이 운동이 시작되었다.

◀ 나라현(奈良県)에 있는 재일우리나라공원(在日ウリナラ公園) 묘지. 한국식 묘에 일본식 묘석이 세워져 있다.

▲ 파친코산업에는 많은 재일한국인이 종사하고 있다. 파친코는 1920년대에 고안된 게임으로 패전 후에 일본 전국에서 유행했다. 파친코는 자영업이 가능했기 때문에 일본기업으로부터 취직차별을 받고 있던 한국인들이 경영하는 업소가 많다.

▲ 1930년대 재일한국인의 주택. 도쿄의 한국인 역사자료관 내에 그 모습이 재현되어 있다.

● 이 특집사진은 재일동포의 역사를 후세에 전하기 위해 2005년에 개설된 재일한국인 역사자료관의 전시품 중의 일부이다. 자료를 제공해 주신 재일한국인 역사자료관 관계자분들께 감사의 말씀을 드린다.
소재지 | 日本国東京都港区南麻布1-7-32　韓国中央会館別館

3 일본 속의 한국

1) 한국 문화

근대기에 들어와 일본인이 한국 문화를 접할 수 있었던 기회는 일본 내에서는 재일한국인을 통해서, 한국에서는 식민지 통치를 위해 와 있던 일본인들의 한국 체험을 통해서 이루어졌다. 재일한국인 대다수는 가난을 벗어나고자 일본으로 건너왔지만 주변의 일본인들에게 한국인이라는 이유로 멸시당하는 경우가 많았고, 한국 내의 일본인들도 식민통치자로서의 우월감을 갖고 한국 문화를 접한 경우가 대부분이어서 한국 문화를 부정적으로 보는 경향이 강했다. 따라서 이 시기에 일본인이 한국 문화를 긍정적으로 평가하는 경우는 거의 없었지만, 예외적으로 민예운동가였던 [25]야나기 무네요시(柳宗悦)는 한국의 도자기와 같은 민예품과 한국의 예술을 높이 평가했고, 최승희(崔承喜)의 무용이 일본 문화계에서 크게 화제가 되었던 것은 주목할 만한 일이었다.

패전 후의 일본에는 한국의 정치적 혼란과 군사독재 등에 관한 부정적인 정보만이 체에 의해 일방적으로 알려졌을 뿐 그 이상의 한국 문화에 관한 내용이 소개되는 일은 찾아보기 어려웠다. 그러나 1980년대 이후 한국의 민주화와 경제 성장에 따라 한국과 한국 문화에 관한 정보와 인식이 변화하기 시작했고, 한국을 여행하는 일본인들과 한국 문화를 긍정적으로 바라보는 일본인들도 급증했다.

● 배용준 등 한류스타의 상품을 파는 상점

1988년 서울올림픽 개최, 2002년 월드컵 한일공동개최 등으로 한국의 국제적 위상이 높아진 가운데 2003년에 일본의 공영방송 NHK가 방영한 한국드라마 「겨울연가(冬のソナタ)」는 폭발적인 인기를 끌었고, 이를 계기로 한국의 영화와 드라마, 한국 요리를 중심으로 한류 붐이라는 유행어가 만들어졌다. 또한 한국어 강좌를 개설하는 대학과 외국어 학원이 대폭 증가했고, 우리의 일본에 대한 관심 이상으로, 최근에는 한국을 여

행하거나 유학하는 일본인들도 일본 내에서 자연스러운 현상으로 받아들여지게 됨으로써 한일 문화 교류는 이제 선린우호라는 바람직한 레벨로 점차 정착되고 있다고 할 수 있을 것이다.

2) 한국 요리

마늘이나 고추 등의 향신료를 많이 사용하는 한국 요리는 담백한 맛을 선호하는 일본인들에게 좀처럼 받아들여지지 않았다. 식민지시대에 교토에 유학한 한국 요리 연구가 황혜성(黃慧性)은 한국에서 김치를 갖고 와 먹을 때에도 김치통을 철저하게 밀봉해 냄새가 새어나오지 않도록 한 후 몰래 꺼내먹곤 했다고 회상했을 정도로 일본인들의 음식 취향은 한국 요리와 거리가 멀었다. 한국 요리는 재일동포들의 불고기집 「야키니쿠텐(燒肉店)」을 중심으로 일본인에게 소개되었기 때문에 한국 요리라고 하면 야키니쿠(燒肉)와 내장구이(內臟燒, 주로 곱창구이)라는 이미지가 강했다. 김치도 조선절임이라는 의미의 「조센즈케(朝鮮漬け)」라는 명칭으로 알려졌다. 그러나 한일 교류의 증대, 한류 문화의 소개와 고급화 등에

● 도쿄 신주쿠(新宿区)의 한국 음식점. 이 일대는 최근 한국에서 건너온 사람들이 개업한 상점들이 많고 한글로 쓰여진 간판도 즐비해 새로운 코리안타운이 형성되고 있다.

따라 한국의 다양한 요리가 알려지게 되었고, 김치도 거부감 없이 일본인의 음식문화 안에 건강식과 미식이라는 이미지로 자리 잡게 되었다. 현재 도쿄 등에서는 최근에 한국에서 건너간 한국인들(일본에서는 식민지시대에 온 한국인들과 구별하는 용어로 이들을 new comer, 뉴커머라고 부른다)이 영업하는 한국 음식점이 늘어나 한국의 최신 요리도 즐길 수 있게 되었고, 일반

● 도쿄 우에노(上野)의 한국 음식점. 재일한국인이 경영하는 한국 음식점으로 주메뉴인 야키니쿠(燒肉)의 간판을 크게 내걸고 있다.

● **모리오카 냉면(盛岡冷麵)** 이북 함흥(咸興) 출신의 재일한국인이 이와테현(岩手県) 모리오카시(盛岡市)에서 한국음식점을 개업해 메뉴로 낸 냉면이 시조가 되었다. 이후 모리오카에 비슷한 식당이 다수 등장해 냉면은 모리오카의 명물요리 중의 하나로 자리잡았다.

식당이나 가정에서도 김치나 고추장 등 한국의 식재료가 흔하게 사용되게 되었다.

한국 요리(韓國料理)는 야키니쿠(燒肉)?

최근까지 일본인이 한국 요리하면 떠올리게 되는 것은 야키니쿠(燒肉)와 김치(キムチ)였다. 야키니쿠는 본래는 스테이크 등과 같이 고기를 굽는 요리를 총칭하는 것이었지만, 현재는 일반적으로 한국풍으로 양념을 한 소나 돼지고기의 여러 부위(내장을 포함)를 철판에 구워 먹는 요리를 말하며, 야키니쿠를 먹으러 간다고 하면 대개는 한국 요리점에 가는 것을 말한다.

일본에서도 멧돼지(일부에서는 소와 말)나 조류 등을 먹는 육식문화는 고대부터 존재했으나, 불교의 영향으로 점차 육류를 먹는 것을 터부시하는 경향이 자리를 잡게 되었다. 그러나 메이지시대 이후 육식은 점차 일반화되어 다양한 요리로 먹게 되었는데, 1940년 전후에 한국식으로 고기와 내장을 구워 먹는 방식이 주로 재일동포들에 의해 알려지게 되었다. 그리고 1960~70년의 경제성장에 따라 육식의 수요가 증대해 한국식의 고기요리가 유행하게 된다. 그런데 흥미로운 것은 한국식이라고는 해도 여러 면에서 일본화한 형태를 지니고 있다는 점이다. 그 예를 들어보면 일본의 경우 여러 부위의 고기를 많이 주문해도 한국처럼 주 메뉴의 주문과 동시에 많은 야채나 반찬이 따라 나오는 경우가 없고, 이것들을 먹고 싶으면 별도로 주문을 해야 한다. 따라서 한국과 같이 음식을 많이 주문하고 다 먹지 못해 식탁 위에 그대로 남기는 모습은 일본의 식당에서는 거의 찾아보기 어려우며 이 점은 일본 식사문화의 공통점이라고 할 수 있다.

현재 일본에서는 한국 요리점을 야키니쿠텐(燒肉店)이라고 부르는 것이 보통이다. 예를 들어 어떤 인터넷상의 직업별 전화번호를 검색해 보면, 도쿄의 경우 야키니쿠점(燒肉店)이라는 용어로 나와 있는 곳이 2,465개인 것에 비해 한국 요리점(韓國料理店)이 326개, 조선요리점(朝鮮料理店)이 25개로서 압도적으로 야키니쿠점이 많다.

야키니쿠의 호칭에 관해서는 다음과 같은 이야기가 전해지고 있다. 1980년에 당시까지 정치적 입장에 따라 한국 요리점(韓國料理店)과 조선요리점(朝鮮料理店)이라는 호칭이 양립되어 온 것을 일원화하기 위해 전일본조선조리사협회(全日本朝鮮調理士協會)가 야키니쿠텐(燒肉店)이라는 타협적인 명칭을 사용하게 되었다고 한다(佐々木道雄『燒肉の文化史』). 이 무렵부터 야키니쿠텐(燒肉店)이라는 명칭이 일본 전국으로 확대되었다는 것이다. 한국에서는 일본 요리점(日本料理店)을 일식(日食 즉 일본식 음식)이라고 부르고 있는 데 비해, 일본에서는 한식(韓食)이라는 용어가 아닌, 야키니쿠텐이라는 일본어가 정착된 이면에는 남북 분단의 현실이 타국 일본의 음식문화의 용어에도 영향을 미치고 있음을 알 수 있다.

한국 속의 일본

1) 건축

● **서울역 구 역사** 도쿄제국대학 교수 쓰카모토 야스시 등의 설계로 1925년에 완성된 서울역(당시는 경성역) 역사. 1981년에 역사사적으로 지정되었다.

● **구 조선은행 본관** 다쓰노 긴고(辰野金吾)의 설계로 1912년에 완성되었다. 해방 후에는 한국은행 본관건물로 사용되었고 현재는 한국은행 화폐금융박물관으로 남아 있다.

　1945년의 패전까지 한국을 식민지배했던 일본은 한국에 많은 공공건물, 공장 등을 세웠다. 또한 식민자로서 한국에 온 일본인들은 일본식 주택을 짓고 생활했다. 광복 후 70년 이상이 지난 현재 많은 일본식 건물들이 철거되어 거의 사라졌지만, 서울에서는 서울시 청사, 서울역 구역사, 서울대학교 구본관(대학로) 등 몇 개의 일본식 근대건축물이 남아 있고 식민지시대의 역사물 보존의 차원에서 앞으로 문화재로서 보존할 것으로 보여진다. 또한 목포, 군산, 포항 등 일본인이 집단적으로 거주했던 도시에는 지금도 일본식 가옥이 다수 남아 있어 식민지시대 일본의 건축문화사의 일단을 남기고 있다.

관광자원으로 변모하는 일본식 가옥

일제강점기 당시 한국에는 최대 70만 명 이상의 일본인이 살고 있었다. 그들 중에는 군인·경찰관·관료 등 통치를 담당하는 계층 외에도 상인, 농민, 어민 등 일반생활자들도 많이 포함되어 있었다. 일본인들은 언어와 의식주 등 생활 문화의 모든 것을 일본으로부터 한반도로 가지고 와 일본풍의 생활을 즐기고자 했다. 일본인들이 들여왔던 일본의 의식주 문화는 여러 가지로 찾아볼 수 있다. 기모노로 대표되는 일본의 의복은 한국 문화에 거의 영향을 주지 않았다. 예전에는 학생의 교복 등에 일본식 양복의 잔재가 남아 있었지만, 지금은 한일 양국 모두 세계의 패션 유행을 따르고 있다. 식사의 경우는 한국 문화에 융해된 일본 요리를 찾아볼 수 있고, 현재도 일본의 새로운 식사 문화가 한국에 소개되어 그대로 존속되기도 하고 어떤 것은 바로 사라지기도 한다. 의복 문화와 음식 문화는 그 형태가 자주 변화하기 쉬운 성격을 지니는데 비해, 주거 문화는 주로 건축물로 존속하기 때문에 쉽게 변하지 않는 특징을 지닌다. 여기서는 주거 문화 즉 주로 건축물에 관해 살펴보기로 하자.

일제강점기시대에는 관공서나 큰 회사 등의 서양식 건물과 개인 주택이나 소규모 상점 등의 일본식 건물이 지어졌다. 서울에 남아 있는 서울시청(경성부청)이나 한국은행 구사옥(조선은행) 혹은 철거된 중앙청(조선총독부) 등의 서양식 건물은 일제 지배의 상징적인 건물로서 철거를 둘러싸고 찬반 의견이 대립되기도 했다. 이에 비해 주택이나 상점 등의 일본 가옥들은 광복 후 일반인들에게 불하되어 계속 사용되어 왔다. 그러나 광복 70년 이상이 지난 현재 대부분의 일본 가옥은 노후화하거나 재개발 등으로 자취를 감추어가고 있다. 그런 가운데서 군산이나 목포 등 일본인이 많이 거주했던 지역에는 여전히 노후화한 일본 가옥들이 많이 남아 있다.

최근에는 이러한 일본 가옥들을 관광 자원으로 활용하는 움직임이 일어나고 있다. 예를 들면 군산시의 경우 일제강점기에 호남평야에서 수확된 쌀의 반출항으로 번창해 1만 명에 가까운 일본인이 살았다. 시는 일본인들이 거주했던 일본 가옥의 보존을 지원하고 역사를 체험하는 교육의 장소와 더불어 관광 자원으로 활용하고 있다. 또한 경북 포항시 구룡포읍 구룡포항 일대는 일제강점기에 동해안의 어업 전진 기지로 발전하면서 일본인 이주가 늘어 1933년 일본식 가옥이 220호에 이른 것으로 알려지고 있다. 포항시에서는 이 가옥들을 보수·복원하고, 관광객 유치를 위한 거리 조성, 관련 상품 판매장 등 근대 문화 체험장을 조성하여 운영하고 있다.

그러나 이러한 움직임에 대해 현지에서는 "일제의 잔재는 없애고 재개발해야 한다"는 의견과 "역사는 보존해야 한다"는 의견이 대립되고 있다고 한다. 이러한 대립은 일제강점기를 되돌아보고 이를 어떻게 정리해야 할 것인가 라는 과제가 간단치 않음을 시사해주고 있는 대목이라 할 것이다.

● 서울 삼청동에 남아 있는 일본 가옥. 서울에는 일제강점기의 민간주택은 거의 남아 있지 않다.

2) 일본 요리

앞의 건축의 경우와 마찬가지로 식민지시대에 한국에 건너온 많은 일본인들은 각지에 정착하면서 일본식 식당과 식재료점을 열고 그들의 음식문화를 한국에 소개했다. 또한 한국의 유학생이나 노동자들 중에는 일본으로 건너가 일본 음식을 경험하고 다시 한국으로 돌아온 사람들이 적지 않았다. 이러한 것들이 배경이 되어 한국에는 일본 음식에서 유래한 것으로 보이는 요리가 많이 남아 있다. 또한 일본식에서 유래했고 음식명이 같은 경우에도 한국인의 입맛에 맞추어져 한국풍으로 변화된 것도 많이 있다. 한국인들이 평상시에 자주 먹는 것 중, 우동, 메밀국수, 돈가스, 카레라이스, 오무라이스, 오뎅, 초밥, 김초밥, 유부초밥, 샤브샤브와 같은 음식은 대체적으로 일본 음식에서 유래한 것이다. 또한 로바타야키(ろばたやき)나 이자카야(居酒屋) 같은 형태의 식당도 일본식의 명칭을 차용한 것이다.

한국의 일본 요리 원조(元祖)

한국에서 본격적인 식당 그 중에서도 일본 요리점이 언제 처음 등장했는지는 확실치 않다. 임종국(林鍾國)의 『한국사회 풍속야사』에 따르면 조선시대의 여행자들은 배가 고파지면 주막(酒幕)에 들러 간단히 요기를 하거나, 여행 도중에 날이 저물면 객주(客主)를 찾거나 각 지역의 부자집에서 하룻밤 신세를 지는 것이 일반적이었다고 한다. 이 외에도 여행자들이 쉴 수 있는 장소로는 마을 방앗간이나 설렁탕을 파는 가게, 싸구려 주점 등이 있었다. 즉 근대기 이전의 한국에는 요정(料亭)이나 식당은 존재하지 않았고, 주막과 객주가 이러한 역할을 대신했다고 볼 수 있다.

한국에 식당이나 요정이 등장한 것은 외국인이 서울에 거주하고 나서부터인데, 그 중에서도 1887년에 개업한 이몬로(井門樓)는 전대미문의 고급요정이었다. 이 요정은 그 전 해에 일본인 이몬로 에이타로(井門栄太郎)라는 사람이 일본공사관 근처의 주자동(鑄字洞)에서 개업한 식당으로, 한옥집 안에 객석으로 개조한 온돌방이 2칸 정도가 있었다. 이 식당이 한국의 일본요리 원조(元祖)이고 최초의 고급 요정이라고 전해진다.

그 뒤, 일제강점기 시대가 되어 다수의 일본인들이 한국으로 이주해 와 일본 요리점은 크게 번창하게 되었다. 그러나 해방 후 일본인이 철수하게 되면서 일본 요리점은 자취를 감추게 되었고, 일본인을 위한 일본 요리점이 아닌, 한국인을 위한 일본 요리점 즉 일식 식당이 등장해 새로운 일본 식당의 역사를 만들어가게 되었다. 그리고 한일 교류가 빈번해진 오늘날에는 일본 생활을 체험한 사람들이 많아져, 보다 일본의 맛에 가까운 일본 요리점 특히 일본으로부터 요리사를 채용해 조리하는 식당도 쉽게 찾아볼 수 있게 되었다.

3) 재한일본인(在韓日本人)

1876년의 조일수호조약(朝日修好條規) 체결로 한국이 개항된 이후, 일본인의 한국 진출은 1910년 무렵에는 약 17만 명, 그 후에는 최대로 약 75만 명에 달한 적이 있고, 1945년 패전 후에는 재류일본인 대부분이 일본으로 철수했다.

그러나 한국인 남성과 결혼한 여성 등 극히 일부의 일본인들은 한국에 잔류했다. 또한 그들 중에는 일본인임을 숨기고 살아왔던 사람들도 다수 존재했다. 현재 재한일본인 기혼 여성들은 부용회(芙蓉会)라는 모임을 만들어 노령화해 가는 일본 여성들의 복지를 위해 노력하고 있으며, 경주에는 홀로 남아 여생을 보내고 있는 일본인 할머니들을 위한 숙소로 경주 나자레원이 있다. 이 할머니들 또한 일본의 한국 통치가 남긴 생생한 상처이자 한일 교류의 현실이라고 할 수 있다.

● **서울일본인학교** 서울시 마포구 상암동에 있는 일본인학교로, 유치원에서 중학교 과정까지 두고 있으며, 2018년 기준 405명이 재학 중이다.

2016년 현재 한국에는 약 38,000명의 일본인이 거주하고 있고, 그들 대부분은 한국에 주재하는 일본 회사원과 그들의 가족, 그리고 유학생 등이다. 일본인 회사원들이 많아 주거하고 있는 곳으로는 서울의 동부이촌동이 잘 알려져 있다. 이곳에는 일본인을 상대로 하는 부동산 중개소, 일본 요리 전문식당, 일본 식자재 전문 수퍼 등 일본인의 거주를 위한 시설이 갖추어져 있어 서울의 재팬타운으로 자리 잡고 있다. 또한 서울 상암동에는 일본인 학교가 있어서 일본인 자녀들의 교육이 이루어지고 있다.

주석

1. 조몬토기(繩文土器) 1만 2천 년 전부터 기원전 5세기경까지의 조몬시대(繩文時代)에 사용된 토기로 표면에 새끼줄 모양(繩文)이 많이 들어 있어 조몬토기라고 한다. 두께가 있는 데 비해 쉽게 부서지는 특색이 있다.
2. 흑요석(黑曜石) 검은색을 띠고 있는 유리질의 화산암. 쉽게 깨어지는 특성이 있어 선사시대 사람들은 이것으로 무기와 도구를 만들었다. 광범위한 지역에서 교역품으로 거래되었다.
3. 야요이문화(弥生文化) 기원전 4세기경부터 기원 3세기경까지 계속된 문화. 벼농사 중심의 농경이 발달하고 동기와 철기, 야요이토기를 사용했다. 계급사회가 만들어졌고 소규모의 국가로 확대되어 갔다.
4. 하타씨(秦氏) 고대 한반도 도래인계의 씨족. 『일본서기(日本書紀)』에는 진시황제의 후예 유즈키노키미(弓月君)가 5세기 초에 백제로부터 일본으로 도래했다고 전하고 있으나, 실제로는 신라나 한반도 남부에서 온 도래인 집단으로 추정되고 있다. 하타씨는 교토 분지를 중심으로 세력을 지니면서 재정 관리 업무와 양잠, 베짜기, 주조(鑄造) 등의 기술로 야마토조정에 협력했다. 반가사유상(半跏思惟像)으로 유명한 교토시 우즈마사(太秦)의 호류지(広隆寺)는 하타씨의 씨족사찰(氏寺)이었다.
5. 아야씨(漢氏) 고대 한반도 도래인계의 씨족. 한(漢) 왕실의 자손인 아치노오미(阿知使主)가 오진천황(応神天皇) 때 도래한 것으로 전해진다. 야마토(大和)에 있던 사람들을 야마토노아야씨(東漢氏), 가와치(河内)에 있던 사람들을 가와치노아야씨(西漢氏)라고 하며 공예와 문필 등의 일로 조정에서 일했다.
6. 장보고(張保皐) 신라의 해상상인이며 무장(武將). 당으로 건너가 군인이 된 후 귀국해 신라 국내·당·일본과의 국제무역을 통해 막대한 부를 축적하고 사병을 양성했다. 이 재력과 병력을 배경으로 서해의 해상권을 장악했다.
7. 왜구(倭寇) 일본인들이 중심이 된 해적집단으로 14세기와 15세기 초까지는 주로 한반도와 중국 대륙 연안에서 행동했고, 16세기 후반에는 중국 대륙 남쪽 해안과 남양 방면에서 행동했다. 한반도에서는 전라도와 양광도(楊廣道)의 피해가 컸는데, 곡물을 약탈하고 연안 주민들을 포로로 삼기도 했다. 포로는 노예로 끌려가 일본이나 오키나와로 팔려 갔다.
8. 계해조약(癸亥條約) 일본에서는 가키쓰조약(嘉吉条約)이라고 한다. 1443년에 쓰시마 도주(対馬島主) 소 사다모리(宗貞盛)와 조선 정부와의 사이에 맺어진 조일 통교 조약. 소씨(宗氏)는 매년 선박 50척을 조선으로 파견할 수 있고, 조선에서 그에게 매년 쌀과 콩 등 200석을 보낼 수 있다고 규정되어 있다.
9. 조일통상조약(朝日通商條約) 1609년에 조선이 쓰시마의 다이묘(大名) 소 요시토시(宗義智)에게 부여한 통교무역상의 모든 규정. 소씨에게 보내는 쌀과 대두(大豆)의 사급(賜給), 일본 사절에 대한 접대법, 소씨가 조선에 파견하는 선박의 숫자 등을 자세하게 규정하고 있다.
10. 회답사 겸 쇄환사(回答使兼刷還使) 1607년부터 1624년까지 3회에 걸쳐 일본에 파견한 통신사의 명칭. 도요토미 히데요시(豊臣秀吉)에 의해 파괴된 한일 관계를 부활하고자 하는 도쿠가와 이에야스(德川家康)의 요청에 대한 회답과 일본에 끌려간 포로들의 송환을 목적으로 회답사 겸 송환사라는 명칭을 붙였다.
11. 가라코오도리(唐子踊) 오카야마현(岡山県) 세토우치시(瀬戸内市) 우시마도초(牛窓町)에 전해오는 무악풍(舞樂風)의 춤. 10세 전후의 남자 아이 2명이 북과 피리, 노래에 맞춰 춤을 추는 것으로 춤의 형태와 의상, 음악 등에 에도시대의 조선통신사의 영향이 있었던 것으로 보여진다. 우시마도는 세토나이카이(瀬戸内海)를 항행한 통신사의 기착항구였다.
12. 강항(姜沆) 조선 중기의 문신. 정유재란 때 도도다카토라(藤堂高虎)의 수군에 의해 포로가 되어

일본으로 끌려갔다. 일본에서는 교토에서 유폐생활을 보냈고, 쇼코쿠지(相国寺)의 선승 후지와라 세이카(藤原惺窩)와 교우하며 주자학을 전해 일본 유학의 발전에 크게 영향을 주었다. 저서 『간양록(看羊錄)』에는 그가 일본에서 견문한 일과 일본의 내정과 국토의 특징 등이 상세하게 기록되어 있다.

13. **쓰시마번(対馬藩)** 에도시대 쓰시마를 주 영지로 했던 번(藩). 번주는 소씨(宗氏). 한반도와 가까워 고대 이래 한반도와의 교류가 빈번했고, 에도시대에는 일본이 유일하게 정식 국교를 맺은 조선국과의 외교 무역 업무를 독점하고 인삼무역 등을 행해 이익을 올렸다.

14. **국학(國學)** 에도시대 중기에 발달한 일본의 고전과 고전문학, 고전문화를 연구하는 학문. 게이추(契沖), 가다노 아즈마마로(荷田春満), 가모노 마부치(賀茂真淵), 모토오리 노리나가(本居宣長)에 의해 완성되었다. 일본의 고전문학·고대문화 연구 자체보다는 그것들을 통해 유교와 불교의 영향을 받기 이전의 고대 일본인의 정신을 밝히려는데 주안점이 있다.

15. **요코이 쇼난(横井小楠)** 에도시대 말기의 사상가·정치가로 구마모토의 번사(藩士)로 주자학을 배웠고 실학에도 관심을 보였다. 초기에는 양이론(攘夷論)을 주장했으나 뒤에는 개국통상에 의한 부국강병론을 펼쳤다. 에도로 나와 막부의 정치 총재직인 후쿠이번주(福井藩主) 마쓰다이라 요시나가(松平慶永)를 보좌하고 개국무역, 식산흥업, 해군강화책 등을 주장했다. 메이지유신 후에는 신정부에 참가했으나 양풍화(洋風化)의 중심인물로 간주되어 양이파(攘夷派)에 의해 암살되었다.

16. **가쓰 가이슈(勝海舟)** 막말(幕末)·메이지기(明治期)의 정치가. 난학(蘭学)·병학(兵学)을 배웠고, 1860년 직접 간린마루호(咸臨丸)를 지휘해 태평양을 횡단하고 미국 사회를 견문했다. 막부 말기의 내란 시에는 신정부군과 막부와의 사이를 중재해 에도개성(江戸開城)을 실현시켰다. 메이지유신 후에는 참의겸해군경(參議兼海軍卿) 등을 역임했고, 청국과의 적대관계와 조선 출병을 일관되게 반대했다.

17. **강화도사건(江華島事件)** 메이지유신 이후 일본 정부는 새로운 한일 관계를 구축하기 위해 조선 정부와 교섭을 시도했으나 교착상태가 계속되었다. 이러한 사태를 타개하기 위해 1875년 9월 일본의 군함 운요호(雲揚号)가 강화도 부근에 진입해 조선군의 포격을 받았고, 이에 대해 일본군은 포대를 격파하고, 영종도도 공격해 민가에 피해를 입혔다.

18. **조일수호조규(朝日修好條規)** 강화조약(江華條約)이라고도 하며, 강화도 사건을 구실로 일본 정부가 조선 정부에 체결을 요구해 조선을 자본주의 세계로 끌어들여 개국을 강요한 조약이다. 이에 의해 조선은 자주독립국임을 선언하고 부산 등 2개항을 개방하고 서울에 일본공사관과 각지에 영사관을 두고 일본인의 영사재판권을 승인했다. 이것을 계기로 근대일본의 조선침략이 시작되었다.

19. **삼국간섭(三國干涉)** 청일전쟁의 강화조약으로 일본의 요동반도 영유를 반대하는 러시아·독일·프랑스 3국에 의한 간섭. 1895년 4월, 3국은 일본의 요동반도 영유는 조선의 독립을 유명무실하게 하고 극동의 평화에 장해가 된다는 이유로 청국으로의 반환을 요구했다. 일본은 요구에 굴해 반환하는 대신 반환금을 받았다. 이를 계기로 열강에 의한 중국분할이 개시되었고, 일본에서는 대러시아전의 준비가 진행되었다.

20. **미우라 고로(三浦梧楼)** 메이지·다이쇼(大正) 시대의 군인·정치가. 육군 중장 등을 거쳐 1895년에 특명전권공사로서 조선에 부임했고, 삼국간섭 이후의 조선 정부 내의 일본의 열세를 만회하고자 명성황후 살해사건을 일으켰다. 사건 후 투옥되었으나 다음 해에 기소유예처분을 받았다.

21. **회사령(會社令)** 국권침탈 직후인 1910년 12월에 공포된 법령. 한국에서 회사를 설립하기 위해서는 조선총독부의 허가가 의무화되었고, 이에 의해 한국인의 회사 설립은 규제를 받았으며 민족산업의 성장도 억제되었다.

22. **이승만 라인** 이승만 대통령이 1952년 1월 18일에 선포한 「해양주권선언」에 의해 한반도 주변의 광대한 수역에 설정한 선을 말한다. 수역의 표면과 수중 및 해저의 천연자원에 대한 주권을 주장하며 일본 어선의 한국 주변 해역으로의 출어를 저지하기 위한 것이었는데, 일본측은 이것을 인정하지 않아 다수의 일본 어선들이 이 수역에서 나포되었다. 1965년의 한일어업협정의 성립에 의해 실질적으로 소멸되었다.

23. **새로운 역사 교과서를 만드는 모임(新しい歴史教科書をつくる会)** 일본의 중학교 역사 교과서에 종군위안부 기사가 다루어진 것 등을 계기로, 역사 교육의 왜곡과 교과서의 불건전성을 규탄하고 자유주의사관의 입장에서 일본국과 일본인의 자화상을 품격과 조화를 갖춘 것으로 기술하자는 취지로 1996년에 결성된 우파계열의 단체. 종래의 교과서는 옛 적국들의 주장을 사실로 기술하는 자학적인 것이라고 주장하고 있다. 현재까지 역사, 공민 교과서가 만들어졌으며, 일본의 역사학자와 시민단체, 한국과 중국 등에서 많은 비판을 받고 있고 교과서로서의 채택은 거의 이루어지지 않고 있다.

24. **야나기 무네요시(柳宗悦)** 민예운동의 제창자로 철학자, 미학자.1915~16년의 한국 여행을 계기로 한국의 공예에 관심을 깊이 표명하고 1929년에 경성(서울)에 조선민족미술관을 개설했다. 경복궁의 광화문이 도로 공사를 이유로 철거될 위기에 처했을 때 이에 반대하는 평론「소멸되려고 하는 한 조선건축을 위해」를 발표했고 이것이 큰 반향을 일으켜 광화문은 이전되는 방식으로 보존되었다. 일상적 도구 가운데서 아름다움을 발견하고 무명의 민중에 의해 만들어진 민중적 공예품이야말로 가장 아름다운 것이라는「민예운동(民芸運動)」을 전개했다.

참고문헌

『日本の統計 2017』(総務省統計局. 2017)
『日韓交流の歴史』明石書店. 2015
『植民地官僚の政治史 – 朝鮮·台湾総督府と帝国日本 –』岡本真希子. 三元社. 2008
『前近代の日本列島と朝鮮半島』佐藤信·藤田覚編. 山川出版社. 2007
『교토에서 본 韓日通史』정재정. 효형출판. 2007
『在日コリアンの歴史』明石書店. 2006
『歴史のなかの「在日」』上田正昭ほか. 藤原書店. 2005
『在日、激動の百年』金賛汀. 朝日選書. 2004
『知っていますか? 在日韓国·朝鮮人問題一問一答』梁泰昊·川瀬俊治. 解放出版社. 2001
『한일양국의 상호인식』한일관계사학회. 국학자료원. 1998
『数字が語る在日韓国·朝鮮人の歴史』森田芳夫. 明石書店. 1996
『日韓併合』森山茂徳. 吉川弘文館. 1995
『近代日本の朝鮮認識』中塚明. 研文出版. 1993
『解放後在日朝鮮人運動史』朴慶植. 三一書房. 1989
『日朝関係史を考える』歴史学研究会編. 青木書店. 1989
『在朝日本人の社会史』木村健二. 未来社. 1989
『好太王碑と高句麗遺跡』王健群. 読売新聞社. 1988
『日本と韓國 増補再版』八木信雄. 日韓文化出版社. 1983
『日本文化と朝鮮』李進熙. 日本放送出版協会. 1980
『日朝鮮人運動史』朴慶植. 三一書房. 1979
『資料日韓関係 Ⅰ·Ⅱ』現代史出版会. 1976
『日鮮関係史の研究 上·中·下』中村栄孝. 吉川弘文館. 1965~69

03 일본의 역사

1. 선사시대(先史時代)

2. 원사시대(原史時代)

3. 고대시대(古代時代)
   1) 나라시대(奈良時代)
   2) 헤이안시대(平安時代)

4. 중세시대(中世時代)
   1) 가마쿠라시대(鎌倉時代)
   2) 무로마치시대(室町時代)
   3) 전국시대(戦国時代)

5. 근세시대(近世時代)

6. 근대(近代)
   1) 메이지시대(明治時代)
   2) 다이쇼시대(大正時代)
   3) 군국주의시대(軍國主義時代)

7. 현대(現代)

한국과 일본은 동아시아의 인접국으로서 상호 영향을 주고 받으면서 벼농사를 중심으로 하는 농경사회를 발전시켜 왔다는 공통점을 지니고 있다. 그러나 양국의 역사를 비교해 보면 지정학적인 여건 등에 의해 여러 부분에서 이질적인 양상이 나타나고 있다. 예를 들어 중국과의 관계에서 한국사에서는 삼국 통일 시기의 당과의 관계, 고려시대의 몽고·원(元)과의 관계, 조선시대의 명·청과의 관계 등 국가의 안전 보장과 정통성의 확보를 위해 중국과 원만한 관계를 맺는 것이 필수적이었다. 한편 일본사에서는 중국은 일본에 문물·제도를 전해주는 존재로서 큰 의미를 지닌 선진국이었지만, 고려시대의 몽고의 일본 공격과 같은 예외적인 사건을 제외하면 일본의 안전 보장에 직접적인 영향을 주는 일은 없었다.

한국이 중앙집권제도나 과거제도, 환관제도(宦官制度)와 같은 국가의 기본제도와 국학으로서 중국과 마찬가지로 유교를 중시한데 비해, 일본은 상대적으로 지방분권적이었고 과거제도나 환관제도는 실시되지 않았으며, 유교가 차지하는 비중도 한국에 비해 훨씬 낮은 편이었다. 짧았던 고려의 무인정권 시기를 제외하면 고려시대와 조선시대는 문인에 의한 통치가 행해졌지만, 일본의 경우는 중세의 가마쿠라시대(鎌倉時代) 이후 실적적인 정권의 담당자는 거의 대부분이 군인인 무사였다.

유럽과 미국 등의 서구열강들이 강력한 무력을 내세워 동아시아에 진출해 왔던 시기에 조선왕조와 일본의 도쿠가와 막부는 기본적으로 쇄국정책을 취했음은 주지의 사실이지만, 그 세부적 상황은 상당한 차이를 보였다. 일본은 에도시대 이전과 초기에 걸쳐 스페인·포르투칼·영국 등의 서구국가들의 기독교 선교사 파견을 받아들이면서 무역을 행했고, 쇄국 중에도 네델란드와는 무역관계를 유지하고 있었기 때문에 어느 정도 서구의 사정이 일본에 전해지고 있었으며, 네델란드의 문헌에 의해 난학(蘭学)과 같은 서구의 학문 연구도 이루어졌다. 그러나 한국의 경우 네델란드 선박의 제주도 조난사건 등을 제외하면 서구와의 직접적인 접촉이 거의 없었고, 서구에 관한 정보도 중국을 경유해 들어온 것이 대부분이었다. 이러한 상황의 차이는 양국이 서구 열강으로부터 개항 압력을 받기 시작했을 당시 일본이 급속히 개항과 서구화의 길을 선택했고, 한국은 쇄국을 고수하려고 했던 원인의 하나라고 볼 수 있을 것이다.

1

선사시대(先史時代)

　　일본의 고고학자들은 보통, 선사시대(先史時代)를 기원전 약 1만 년 전의 구석기시대와 토기를 사용하게 된 조몬시대(繩文時代:기원전 1만 년경~기원전 300년경), 금속기가 사용되고 농경생활이 널리 확대된 야요이시대(弥生時代:기원전 300년경~300년경), 그리고 고분이 만들어지고 정치적 통일이 시작된 고분시대(古墳時代:300년경~710년)의 4시기로 구분한다. 그러나 이 고분시대의 후기는 문헌을 남긴 역사시대로의 변환기이자 원사시대(原史時代)로 알려져 있다.

● **이와주쿠(岩宿) 유적** 1949년 군마현(群馬縣) 미도리시(みどり市)에서 발견된 유적. 일본에서 처음으로 구석기시대의 존재가 확인되었다.

　　일본 열도 최초의 주민은 대륙에서 건너온 수렵채집민으로서 구석기를 사용했다. 그들은 정교한 돌칼을 사용했지만 토기도 없었을 뿐만 아니라 농경생활도 하지 못했다. 이 구석기시대는 약 1만 3천 년 전의 [1]홍적세(洪積世) 말까지 오랫동안 계속되었는데, 홍적세가 끝날 무렵 일본의 기후는 온난해지고 바다의 수위가 높아지기 시작했다. 이런 기후 조건의 변화에 따라 구석기문화를 능가하는 새로운 문화가 널리 퍼지기 시작했다. 이 새로운 문화는 새끼줄 모양의 무늬가 있는 토기를 사용한 것이 특징으로 그에 따라 조몬

● **산나이마루야마(三內丸山) 유적** 조몬시대 전기에서 중기에 걸친 집락유적

문화(繩文文化)라 불리고 있다. 조몬인(繩文人)은 일반적으로는 농경생활을 하지 않는 수렵채집민으로 여겨져 왔는데, 최근 연구에서 기원전 1천 년경에 이미 벼농사 중심의 농경생활이 시작되었음을 시사하고 있다.

　　기원전 300년경, 조몬문화와는 전혀 다른 문화가 확대되기 시작했다. 보다 간결한 토기, 뛰어난 무기 등을 포함한 청동기나 철기제품의 기술, 그리고 계획적인 수경농업이 큰 특징인 야요

이문화(弥生文化)가 바로 그것이다. 이와 같은 발달은 원사시대, 고대시대로 이어지는 발전적인 흐름의 기초가 되었으며 근대에 이르기까지 일본 사회의 뿌리를 이루는 농경 중심 생활양식의 토대가 되었다. 농경생활을 중심으로 하는 집단생활은 계층간의 분화를 초래했으며 마침내 찾아오게 될 신분제 사회의 기초가 되기도 하였다.

● **요시노가리(吉野ヶ里) 유적** 사가현(佐賀県)에 있는 야요이시대(弥生時代) 유적. 약 600년에 걸친 야요이시대 전 시기의 유적들이 발견되어 마을 규모에서 거대한 집락으로 발전해가는 모습을 알 수 있다.

원사시대(原史時代)

야요이시대 말기 즉, 3세기 중반부터 야마토(大和) 지방을 중심으로 한 ²기나이(畿內)나 서일본(西日本) 각지의 씨족은 그 수장(首長)을 매장하기 위해 작은 산 모양의 분묘(墳墓)를 만들었는데 이를 고분(古墳)이라 한다. 이것은 야마토 지방의 최초의 유력 왕조로서 후에 국가 통일을 이룩한 야마토조정의 수장의 분묘라고 한다.

7세기 말 씨족사회는 다시 편성되었는데, 일본은 이미 율령제를 중심으로 하는 중앙집권적 천황 지배에 의한 통합의 길을 걷고 있었다. 아스카시대(飛鳥時代 : 593~710년)는 원사시대(原史時代)에서 본격적인 역사시대로 옮겨가는 변환기 단계에 해당한다. 이 시대는 야마토 아스카 지방을 중심으로 해서 여황제 ³스이코천황(推古天皇 : 재위 593~628년)때부터 시작되었으며, 같은 해(593년)에는 쇼토쿠태자(聖

● **호토다하치만즈카 고분(保渡田八幡塚古墳)과 토용(土俑)** 군마현(群馬県) 다카사키시(高崎市)에 있는 5세기 후반의 전방후원분(前方後圓墳)으로 토용이 약 50점 출토되었다.

● **다이센 고분(大仙古墳)** 오사카부(大阪府) 사카이시(堺市)에 있는 전장 486m의 일본 최대의 전방후원분. 일본 궁내청(宮内庁)에서는 닌토쿠천황(仁徳天皇)의 능으로 추정하고 있다.

69

德太子 : 574~622년)가 섭정(攝政)이 되었다. 1세기 이상 이 지역은 야마토계의 호족과 이를 지탱해 온 유력한 씨족의 근거지였다. 6세기 중반에는 불교가 도입되었고, 쇼토쿠태자는 ⁴17조 헌법(十七条憲法)을 제정해 중앙집권 국가체제를 확립하는 정치적 이념을 마련하였다. 조정은 불교를 보호하고 사원이나 궁을 만들었으며 초기에는 한반도, 후기에는 중국으로부터 많은 것을 배워 국가를 운영했다. 또한 역사 편찬에 착수했으며, 율령제도라는 법체제를 마련하기도 하였다.

거대 고분

● 사이토바루 고분군(西都原古墳群) 미야자키현(宮崎県) 사이토시(西都市)에 있는 고분군. 4~7세기 전반에 걸쳐 만들어진 전방후원분 31기, 원분 279기, 방분 1기, 지하식횡혈묘(地下式横穴墓) 11기, 횡혈묘(横穴墓) 12기가 있다.

● 쓰쿠리야마 고분(造山古墳) 5세기 전반에 만들어진 것으로 추정되는 오카야마시(岡山市)의 전방후원분. 전장 350m로 일본에서 네 번째 크기의 고분

3세기말에서 7세기에 걸쳐 천황과 호족 등 유력자를 매장하기 위한 여러 고분이 만들어졌다. 고분은 그 평면적인 형태에 따라 원분(圓墳), 방분(方墳), 전방후원분(前方後圓墳) 등 다양한 형태로 분류되는데, 그 중에서도 크기와 형태가 특이한 고분으로 전방후원분이 있다.

전방후원분은 원형(圓形)과 방형(方形)을 조합한 열쇠 구멍과 같은 형태를 한 고분으로, 3세기에서 6세기에 걸쳐 규슈(九州)에서 도호쿠 지방(東北地方)까지 전국 각지에서 만들어졌다. 전방후원분에는 원형 부분에 석실(石室)이 만들어져 피장자(被葬者)와 부장품(副葬品)이 매장되었고, 고분 표면은 돌로 덮혀 있고 각종 토용이 놓여져 있는 것이 일반적이다. 전방후원분의 가장 큰 특색은 그 거대함에 있다. 가장 거대한 전방후원분인 닌토쿠능고분(仁徳陵古墳, 大仙古墳)의 경우 전장 486m, 높이 약 35m, 총면적 약 46만m2로 세계 최대 규모의 분묘로 알려져 있다. 한 연구 보고에 따르면 이 고분의 조성에는 연인원 680만 명의 노동자가 투입되었으며, 16년의 공사 기간과 현재 통화로 500억 엔 이상이 소요되었을 것으로 추정하고 있다.

● 모리장군총 고분(森将軍塚古墳) 나가노현(長野県)에 있으며 4세기 전반에 만들어진 전방후원분(前方後圓墳). 수혈식(竪穴式)의 석실이 있으며 분구(墳丘) 위에는 하니와(埴輪)가 늘어서 있다.

고대시대(古代時代)

1) 나라시대(奈良時代)

710년에 당나라의 수도 장안(長安)을 모델로 한 헤이조쿄(平城京)라 불리는 거대한 수도가 나라(奈良)에 만들어졌다. 나라시대(奈良時代 : 710~94년)의 일본은 문화면이나 기술면에서 중국과 백제, 신라를 중심으로 하는 고대 조선의 직·간접적인 영향을 받았다. 일본 최초의 역사서 『⁵고지키(古事記)』(712년)와 『⁶니혼쇼키(日本書紀)』(720년)가 이 시대에 편찬되었다. 불교와

● 발굴된 헤이조쿄(平城京) 나라시대의 수도. 현재도 발굴조사가 계속되고 있으며, 나라시대의 생활을 알 수 있는 다양한 목간(木簡)과 유물들이 출토되고 있다.

유교는 정치적 권위를 유지하는 데 이용되었고, 수도와 지방의 유력지에는 불교사원이 지어지기 시작했다. 그러나 8세기 말, 나라(奈良)의 정치는 조정의 중앙통제나 ⁷공유지 반급제(公有地班給制 : 반전수수법(班田収受法))가 그 한계를 드러내기 시작했고, 귀족이나 승려 계급의 대립 항쟁 등으로 혼란스러워졌다. 이에 784년 ⁸간무천황(桓武天皇 : 재위 781~806년)은 새로운 시작을 위해 수도를 나가오카(長岡)로 옮기고 율령제를 부활시켰다. 또한 794년에는 현재의 교토(京都)에 헤이안쿄(平安京)라는 수도를 만들었다. 이로써 헤이안쿄는 조정의 본거지가 되었고 19세기에 수도를 에도(江戶, 지금의 도쿄)로 옮기기 전까지 일본의 수도가 되었다.

실크로드의 종착역
—쇼소인(正倉院)

● 도다이지(東大寺)와 도다이지 대불전에 있는 여사나불(盧舍那佛). 752년에 완성되었고 높이는 16.1미터이다.

　대불(大佛)로 유명한 나라(奈良)의 도다이지(東大寺) 대불전 뒤에는 8세기의 여러 물품들을 오늘날까지 보존하고 있는, 세계적으로도 귀중한 창고인 목조건물 쇼소인(正倉院)이 자리 잡고 있다. 쇼소인 소장품의 특색은 유래가 명확한 나라시대의 귀중한 물품들이 1200년 이상 땅 속에 매장되지 않고 그대로 오늘날까지 보존되어 있는 것이다. 소장품은 756년에 쇼무천황(聖武天皇)의 유품을 고묘황후(光明皇后)가 헌납한 것과 도다이지 대불(東大寺大佛) 개안공양(開眼供養)에서 사용된 것 등으로 구성되어 있고, 외국 것으로는 중국(唐)과 한반도, 서역, 페르시아 등에서 수입된 그림, 서적, 금공예품, 칠기, 목공예품, 도검, 도자기, 유리제품, 악기, 가면 등과 같은 고대의 미술공예품이 많아, 실크로드의 동쪽 종착점이라고 말하기도 한다. 또한 나라시대의 일본을 연구하는데 귀중한 사료인 쇼소인문서(正倉院文書)도 약 1만 점 소장되어 있다.

2) 헤이안시대(平安時代)

● 뵤도인(平等院) 교토부(京都府) 우지시(宇治市)에 있는 헤이안시대의 대표적인 절로 1053년에 완성되었다. 본존인 아미타불상과 벽의 비천상벽화 등이 유명하다.

　794년부터 1185년까지를 헤이안시대(平安時代)라고 한다. 이 시기는 대륙의 문화를 받아들여 우아한 궁정문화가 꽃핀 시대로, 정치적으로는 귀족 출신인 [9]후지와라씨(藤原氏)가 조정을 지배했다. 그러나 효과적인 중앙집권적 군사조직이 결여되어 있었으므로 무사집단이 차츰 그 세력을 확장해 나가기 시작했다. 그 세력은 초기에 지방에서 일어나 마침내는 조정으로까지 진출하게 되었고, 결국 12세기 중반에는 [10]다이라씨(平氏)가 수도에서 권력을 잡았다.

4

중세시대(中世時代)

1) 가마쿠라시대(鎌倉時代)

1183년 무사단 ¹¹미나모토씨(源氏)의 ¹²미나모토노 요리토모(源 賴朝)는 교토(京都)의 천황 정부로부터 동일본(東日本) 지역인 동국(東国)의 지배권을 인정받은 후, 1185년 당시 중앙 정치를 주도하던 다이라씨정권을 타도했다. 요리토모는 1192년 교토의 중앙정부로부터 ¹³정이대장군(征夷大将軍)이라는 지위를 부여받아 교토의 중앙정부와는 별개의 가마쿠라 막부(鎌倉幕府) 군사정권을 수립했다. 가마쿠라 막부는 동일본 지역을 지배했고, 교토의 천황은 서일본(西日本)을 세력권으로 하고 있었다.

가마쿠라 막부에서는 막부의 장군이 무사들에게 영지를 분배했고, 영지를 받은 무사들은 영주가 되었다. 이러한 영주는 장군에게 전시에는 군역(軍役)을, 평시에는 공역(公役)을 제공했으며 영지의 농민들을 지배했다. 이렇듯 막부체제는 장군, 영주, 농민간의 봉건적인 지배체제였다.

가마쿠라 막부 초기에는 미나모토씨의 장군이 권력의 중심이었으나 그 혈통은 3대에 이르러 끊겼다. 그 결과 장군을 보좌하는 역할인 싯켄(執権)의 지위에 있던 ¹⁴호조씨(北條氏)가 실권을 장악하면서 천황의 친족을 장군으로 맞이했다.

이 시기에는 농업 및 상공업의 생산 활동이 매우 활발하여 민중의 생활은 윤택해졌다. 농업분야에서는 초목회(草木灰) 비료가 사용되고 이모작이 행해졌다. 또한 벼의 품종 개량이 이루어지고 다양한 철제 농기구가 보급되었다. 상업 활동을 포함한 문물 교류도 전국적으로 활발하게 이루어졌다.

● 13세기 만들어진 높이 11미터의 가마쿠라 대불(鎌倉大佛)

1274년, 1281년 2차에 걸친 몽고의 침입 당시, 가마쿠라 막부는 서일본의 무사들까지 동원해 이에 대처했다. 그러나 막부는 재정적 압박으로 전쟁에 동원된 무사들의 군역에 대해 정당한 보상을 해 주지 못했고, 그 결과 막부에 대한 무사들의 불만이 커져갔다. 1318년 즉위한 교토의 고다이고천황(後醍醐天皇)은 두 차례에 걸쳐 막부 타도 계획을 수립했지만 실패로 끝나고 말았다. 그러나 이를 계기로 1333년 15아시카가 다카우지(足利尊氏)를 비롯한 지방 무사들이 전국적으로 거병해 호조씨 일족은 타도되고 가마쿠라 막부는 붕괴되었다.

2) 무로마치시대(室町時代)

● 겐초지(建長寺) 가나가와현(神奈川県) 가마쿠라시(鎌倉市)에 있는 선종사원으로 1253년에 창건되었다.

14세기 중반 가마쿠라 막부가 타도된 후 고다이고천황의 친정(親政)이 재개되었다. 그러나 고다이고천황의 친정은 가마쿠라 막부를 타도하는 데 공헌한 무사들에 대한 보상은 등한시한 채, 별다른 공헌을 하지 않은 16구교(公卿)를 중용해 귀족과 무사들의 반발을 샀다. 이에 아시카가 다카우지(足利尊氏)가 고다이고천황에 반기를 들어 고묘천황(光明天皇)을 옹립해 새로운 막부를 열었다(北朝). 한편 고다이고천황은 교토에서 쫓겨난 후 무사를 동원해 북조와 대결하였다(南朝). 이렇게 해서 남북조(南北朝)가 대립하면서 전국의 무사단이 개입한 전란이 전국적으로 약 60년간 계속되었으며 이 시대를 남북조시대(南北朝時代)라고 한다. 전란은 3대 장군 17아시카가 요시미쓰(足利義満)에 의해 종식되었고, 그에 의해 교토의 무로마치(室町)에 무로마치 막부(室町幕府)가 수립되었다. 그 후 천황을 정점으로 한 귀족정권은 막을 내리고 막부의 장군에 의해 전일본이 지배당하게 되었으며, 천황은 존재하지만 통치하지 않는 상징적인 존재로 남게 되었다.

● 긴카쿠지(金閣寺) 교토시(京都市)에 있는 아시카가 요시미쓰(足利義満)의 산장. 건물 전체가 금박으로 덮인 무로마치시대의 건물로 1397년에 지어졌다. 1950년에 방화에 의해 소실되었으나 다시 복원되었다.

● 아시카가 학교(足利学校) 도치기현(栃木県) 아시카가시(足利市)에 있는 학교로 창립 시기는 명확하지 않으나, 16세기에는 3000명의 학생이 있었다는 기록이 남아 있다. 크리스트교 선교사들은 일본에서 가장 크고 유명한 대학이라고 전하고 있다.

무로마치 막부는 기본적으로 가마쿠라 막부의 통치기구를 계승했으므로 봉건적 주종 관계에 의한 지배체제였다. 또한 막부는 농민과 지방무사들을 통제하기 위해 아시카가 일족들과 유력한 무사들을 슈고(守護)로 임명해 장원을 관리하고 지방관리를 통제하게 했다. 슈고의 지위는 세습되었고, 영지 지배권이 강화되면서 ¹⁸슈고다이묘(守護大名)라고 불리게 되었다.

3) 전국시대(戰國時代)

무로마치 막부 8대 장군인 아시카가 요시마사(足利義政)의 후계자 선정을 둘러싸고 각 슈고들은 둘로 갈라져 대립하게 되었고, 이러한 대립은 대규모의 전란으로 발전했다. 15세기 후반에는 중앙의 막부 지배권이 약화되면서 장원 영주나 슈고의 부당한 요구에 대항하는 농민들의 소요와 반란이 확대되었다. 중앙에서는 유력 무사에 의해 장군이 추방되고, 지방에서

● 긴카쿠지(銀閣寺) 1489년에 세워진 아시카가 요시마사(足利義政)의 산장

는 하급관리와 중소 영주들이 슈고의 지배에서 벗어나 독자적 지배권을 확보하는 등 하극상이 전국적으로 확산되었다. 그 결과 15세기 말에는 전국적으로 많은 슈고들이 몰락하고, 실력으로 각지에서 부상한 영웅들이 전국(全國) 다이묘(大名)로서 할거하는 전국시대(戰國時代)가 도래했다. 전국 다이묘들은 영국(領國) 내 자급체제를 강화하고 혼란 속에서 생존하기 위해 농업 생산과 무기 및 병력 확보를 위한 자금 마련에 필사적이었다. 그 결과 광산 개발과 물자 생산 활동이 비약적으로 증가하고 전국 상업 유통망도 확보되었으며, 어용 상인의 육성도 적극적으로 이루어졌다. 그 결과 교통의 요지에는 도시가 형성되고 급속한 상공업 발달이 촉진되었다.

16세기 중반에는 포르투갈 상인을 통해 화약총 제조법이 전해졌다. 이로 인해 영토 확대 전쟁을 반복하던 전국의 다이묘들은 이 총포를 경쟁적으로 사들였고, 중국 마카오에 진출한 포르투갈 상인은 나가사키항(長崎港)을 중심으로 일본과 중국의 중계무역에 뛰어들었다. 16세기 후반에는 나고야(名古屋)를 중심으로 활동한 오다 노부나가(織田信長)가 주변의 여러 다이묘를 흡수·통합하고 무로마치 막부의 장군을 추방하며 일본 대부분의 지역을 평정했다. 그리고 오다 노부나가의 뒤를 이은 도요토미 히데요시(豊臣秀吉)는 마침내 전국을 통일하기에 이르렀다.

히데요시는 신분제를 강화하고 사회 질서를 확립했으며, 농업 경작과 토지 관리와 관련한 다양한 제도 개혁을 실시해 근세 일본 사회의 촌락의 기초를 세웠다. 또한 크리스트교 포교를 금지하고, 대외무역을 장려하였으며, ¹⁹주인선무역(朱印船貿易)을 실시해 일본의 동남아시아 무역을 독점하였다. 또한 금·은광 개발을 적극 추진하여 재정 기반을 충실히 다져나갔다. 한편 히데요시는 규슈(九州)를 평정하고 국내를 통일한 뒤, 평화를 유지하고 정권 내부의 모순을 해결하기 위해 1592년과 1597년 두 차례에 걸쳐 조선을 침입하였다. 그러나 1598년 히데요시는 사망

하고 일본군은 후퇴한다.

히데요시의 사후, 간토(関東) 지역에서 에도(江戸. 지금의 도쿄)를 지배하고 있던 도쿠가와 이에야스(德川家康)는 도요토미가의 지지자들과 대립하게 되었다. 이에야스는 오다 노부나가와 동맹을 맺고 현재의 아이치현(愛知県) 일대를 지배하고 있던 유력 호족이었다. 그러나 노부나가가 사망한 뒤에는 대립관계에 있던 히데요시에 항복하고 1590년에 간토 지역으로 옮겨와 에도와 도요토미 정권하에서 최대 세력의 다이묘(大名)로서 히데요시를 보좌했다. 그러나 도요토미가 사망한 후에는 그의 지지 세력들과 맞서게 되었고, 그 대립이 격화되어 마침내 1600년 세키가하라(関ヶ原)에서 이들 세력과 전투를 벌여 승리했다. 그 결과 이에야스는 1603년 에도에 막부를 열고 일본 열도의 지배권을 차지했다.

철포 전래(鐵砲傳來)

1543년, 규슈(九州) 남쪽의 다네가시마(種子島)에 도착한 한 척의 중국선박에 포르투갈인이 타고 있었다. 그가 지니고 있었던 철포(鐵砲)의 위력에 놀란 섬의 영주 다네가시마 도키타카(種子島時堯)가 거금을 들여 이 철포를 구입한 뒤 가신에게 명해 그 제작법을 연구하게 했는데 고심 끝에 제작에 성공했다. 이 철포는 단기간에 일본 전국으로 퍼져 구니토모(国友)와 사카이(堺) 등의 지역에서 대량 생산이 시작되었다. 이 철포가 군웅할거의 내전상태가 계속되었던 전국시대(戦国時代)에 일본을 통일로 가게 했던 원동력의 하나였던 것이다.

천하통일을 위해 노력했던 대표적 영주 오다 노부나가(織田信長)는 철포의 위력에 주목하고 그 사용법을 연구했다. 1575년 노부나가는 경쟁 상대였던 다케다 가쓰요리(武田勝頼)와 전투를 벌였는데, 기마병에 의한 돌격전술을 펴는 다케다 군을 맞아 철포공격으로 격퇴했다. 이 전투는 종래의 기마병 중심의 개인전에서 철포부대를 중심으로 하는 집단전법으로 이행하는 계기가 되었다. 그 뒤 철포는 일본의 전쟁에서 주역이 됨과 동시에 노부나가의 뒤를 이은 도요토미 히데요시(豊臣秀吉)가 일본을 통일하는 데 크게 기여했다. 히데요시가 일으킨 임진왜란의 초기 전투에서 일본측의 철포가 큰 위력을 발휘했음은 잘 알려져 있다.

● 다네가시마 총(種子島銃)의 발사 모습. 철포는 일본에 전래되자 빠르게 각지로 퍼져나가 전쟁의 형태를 변화시켰고, 근세일본을 여는 큰 역할을 했다.

5

근세시대(近世時代)

세키가하라(関ヶ原) 전투의 승리로 압도적인 권력을 얻어낸 도쿠가와 이에야스(徳川家康)는 일본의 정치지도를 새롭게 바꾸었다. 그는 각 정치세력 간의 균형을 위해 ²⁰막번체제(幕藩体制)라는 정치체제를 확립하였다. 에도와 정치상의 요지는 막부의 직할 지배하에 놓고 다른 250여 개의 번(藩)을 세력 있는 여러 다이묘들에게 분배해 지배하도록 했다. 이에야스와 그의 후계자들은 수많

● **지란무가저택(知覧武家屋敷)** 가고시마현(鹿児島県) 미나미큐슈시(南九州市)에 남아 있는 에도시대 무사의 저택

은 번 간의 균형을 유지하면서 사농공상(士農工商)의 신분도 엄격히 규정했다. 또한 다이묘들을 인질로 삼아 1년씩 교대로 에도에 살게 하는 참근교대(参勤交代) 제도를 만들었으며, 크리스트교를 금지하고, 외국, 특히 서구 제국과의 접촉을 규제했다. 뿐만 아니라 무사귀족(公家) 사원에 대한 통제를 강화함으로써 강력한 중앙집권적인 봉건체제를 유지할 수 있었다. 이 체제는 지배층인 무사계급과 농민들의 무거운 연공(年貢)에 의해 유지되었지만, 한편으로는 에도(江戸)·오사카(大阪)·교토(京都) 그리고 각지의 ²¹조카마치(城下町) 상인들에게 활기를 불어넣음으로써 상업의 발달을 가져왔고 활발한 ²²조닌문화(町人文化)가 전개되기 시작했다.

4개의 창구(窓口)

에도시대는 일본사에서 일반적으로 쇄국시대라고 말한다. 그러나 외국과의 접촉을 모두 단절한 고립된 시대는 아니었다. 이 시대에 일본은 4개의 창구(窓口)를 통해 외국과 접하고, 무역을 하면서 세계의 정보를 수집했다. 4개의 창구는 나가사키(長崎), 쓰시마번(対馬藩), 사쓰마번(薩摩藩), 마쓰마에번(松前藩)이었다.

나가사키는 에도막부의 직할지로서 중국인 상인들만의 특별거류지를 만들고, 나가사키 앞 바다의 작은 섬에 네델란드 상인의 거류지를 만들어 일본인들과의 교류를 제한하면서 무역을 행했다. 수입품은 생사(生絲), 견직물, 약제, 설탕 등이었고 금, 은, 동과 도자기, 해산물 등을 수출했다. 무역과 함께 또 다른 중요한 역할은 해외 정보의 수집으로 유럽이나 중국의 정세가 나가사키를 통해 전해졌다.

쓰시마번은 에도시대에 일본이 유일하게 정식으로 외교관계를 맺은 조선국과의 외교와 무역을 담당했다. 쓰시마는 부산의 초량(草梁)에 설치된 왜관(倭館)에 외교관과 상인들을 상주시켰다.

사쓰마번은 1609년에 지금의 오키나와인 류큐왕국(琉球王國)을 침공해 지배하에 두었다. 류큐왕국은 사쓰마번의 지배하에 있으면서 이전과 같이 중국과의 조공·책봉관계를 유지했고, 중국의 복주(福州)에 설치된 류큐관(琉球館)을 통해 무역을 행했다.

마쓰마에번은 홋카이도의 남부에 있는 번인데, 홋카이도 대부분의 지역에는 선주민인 아이누족이 살고 있었다. 마쓰마에번은 아이누와의 교역을 통해 아이누 사람들이 아물강 유역에서의 교역에서 입수한 중국 남부에서 생산된 견직물 등을 입수했다.

또한 이러한 창구를 통해 무역이나 정보 수집을 했을 뿐만 아니라 네델란드에서 입수한 네델란드어 서적을 통해 얻은 지식과 중국의 한문서적을 통해 얻은 지식 등으로 에도시대에도 서구의 학문 사정을 어느 정도 파악하고 있었던 것이다.

● 에도시대의 나가사키(長崎)를 그린 병풍. 바다에 돌출되어 있는 선형(扇形)의 섬은 데지마(出島)로, 네델란드인 상인이 머물던 구역이다. 해상에는 네델란드나 중국의 배가 그려져 있다.

에도시대의 교육기관
－번교(藩校)·데라코야(寺子屋)

● 쇼나이번교 지도칸(庄内藩校致道館)
1805년에 창설된 야마가타현(山形県) 쓰루오카시(鶴岡市)에 있는 에도시대 쇼나이번(庄内藩)의 번교(藩校)

● 데라코야(寺子屋)
에도시대의 서민교육기관 (田原市博物館)

에도시대 문화의 특징으로 출판문화시대라는 점을 들 수 있다. 에도시대에 약 6,000명이 넘는 출판업자가 있었던 것으로 밝혀지고 있고, 17세기 말의 교토에는 1만 점이 넘는 서적이 출판되었다. 이와 같은 출판문화의 발전에는 출판 쪽의 존재만이 아니고 이를 소비하는 독자의 존재가 불가결했다. 즉 문자를 읽을 수 있는 독자층의 존재를 말한다. 글을 읽기 위해서는 교육기관이 필요하게 되는데, 에도시대의 교육기관에는 번교(藩校)와 데라코야(寺子屋)의 두 종류가 있었다.

번교는 에도시대 각 번(藩 : 행정단위)에서 교육을 목적으로 설립한 학교로, 17세기부터 설립되기 시작해 19세기 초의 전성기에는 전국에 250개 이상의 번교가 있었다. 입학 자격은 대부분의 번교에서 번사(藩士) 즉 무사의 자제에게만 부여되었다. 한자와 무예를 주로 교육하고 국학과 의학, 막부 말에는 양학(洋學)도 가르쳤다.

데라코야는 에도시대의 서민교육기관으로 막부의 문교정책과 상인계급의 대두에 따라 무사, 승려, 의사 등을 스승으로 하여 서민의 자제를 모아 자연 발생적으로 개설되었다. 교육 내용은 읽기, 쓰기, 주판 등이 중심이 된 독서, 서예, 산수였고 그 외에 서간문 작성과 같은 실용교육도 행해졌으며 남녀공학의 형태였다.

6

근대(近代)

1) 메이지시대(明治時代)

메이지 정부는 근대화정책과 중앙집권화정책을 실시하고, 부국강병(富国強兵) 및 [23]식산흥업정책(殖産興業政策)이 본격적으로 추진했다. 이를 위해 메이지 정부는 영주적 토지소유제를 폐지하고 농민들에게 토지를 유상 분배하였으며, [24]지조개정(地租改正)을 통해 국가재정을 충실히 다져갔다. 또한 의무교육을 실시하고 해외에 견물사절단과 유학생을 대대적으로 파견하였으며, 서양 기술자들을 초빙하여 서양의 근대화된 제도와 과학기술을 도입하고 습득하는 데 전력을 기울였다.

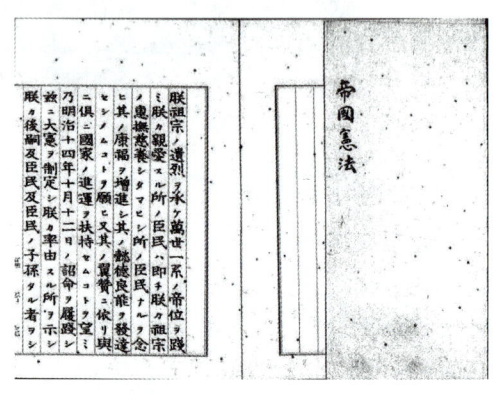

● 대일본제국헌법

서구의 과학문명이 도입되면서 자유주의 사상이 유입되어 1870년대 중반 이후 자유민권운동과 입헌주의적 헌법 제정, 국회 개설 요구가 광범위하게 전개되었다. 메이지 정부는 1880년대 이후 내각제도, 관료제도, 경찰기구 정비, 교육제도 개혁, 지방제도 제정을 추진했고, 1889년 메이지헌법(대일본제국헌법)이 제정되어 공포되었다. 메이지헌법은 독일 프로이센의 헌법을 모델로 한 것으로, 국가의 최고 권한을 천황에게 귀속시켜 천황을 절대군주이자 유일 주권자로 규정한 흠정헌법(欽定憲法)이었다. 그러나 1890년부터 일본의 국회는 [25]귀족원(貴族院)과 중의원(衆議院)의 양원제로 운영되었고, 제한선거로 선출된 국회의원들로 구성된 중의원에 입법권과 예산심의권이 주어져 입헌군주제적 요소도 강했다. 이러한 요소는 정당간의 정책 경쟁을 전개하고 국회의원 선거 결과에 따라서 국회 내에서 내각을 구성하고 정책을 실행해 가는 의회민주주의 발달의 기초가 되었다.

메이지 정부의 부국강병과 근대화정책은 의회 내의 민권과 계열인 야당의 반대와 재정적 궁핍으로 원활하게 추진되지 못했다. 이러한 어려움을 해결하는 계기가 된 것이 [26]청일전쟁(日清戦争. 1894년)이다. 일본은 청일전쟁의 승리로 1895년 대만을 식민지화해 막대한 배상금을 받게 된다. 메이지 정부는 이 보상금으로 군비를 확충하고 산업설비를 도입하였으며, 서구 열강과의 대외 무역 거래에 필요한 금본위제 실시에 필요한 기금을 충당하였다. 이것은 일본이 세계 자본주의 국가의 일원이 되고 자본주의가 확립되는 계기가 되었다.

일본은 1902년 남하하는 러시아를 견제하기 위해 영국과 영일동맹(英日同盟)을 체결하고, 1904년에는 만주 지배권과 조선의 지위에 대한 우선권을 놓고 [27]러일전쟁(日露戦争)을 개시했다. 영국과 미국의 지원을 받은 일본은 러일전쟁에 승리함으로써 동아시아지역에서 제국주의 강국으로 인정받게 되었다.

한편 일본 근대공업의 발달은 1900년을 전후해 제사업(製糸業)과 방적업을 중심으로 본격화되었다. 이들 분야의 공업화는 당시의 낮은 인건비를 활용하여 중국, 한국에 쉽게 수출되어 생산 확대가 이루어져 단기간 내 국제 경쟁력을 갖출 수 있었다. 청일전쟁(日清戦争)과 러일전쟁(日露戦争)을 거치면서 군수산업과 해운조선업도 급속히 발전했으며, 광업면에서는 석탄과 동 생산이 활발했다. 또한 국내와 해외 식민지의 철도 가설이 확대되면서 철도산업도 급격히 성장했다.

2) 다이쇼시대(大正時代)

1911년 메이지천황의 뒤를 이어 다이쇼천황(大正天皇 : 재위 1912~26년)이 등장했다. 이 시기의 일본은 청일전쟁과 러일전쟁을 거치면서 군사력과 군비산업이 비약적으로 확충되었고, 만주를 유효하게 지배하고, 한반도, 대만을 식민지화함으로써 생산 활동과 경제 규모가 급격히 커졌다. 그러나 막대한 전비 지출과 해외 공략에 따른 재정 지출이 급증하면

● 미쓰이 재벌의 본거지인 미쓰이 본관

서 국채와 외채는 누적되고, 국민의 부담은 가중되었다. 1914년까지 일본 경제는 만성적인 불황에 가까웠다. 이러한 시기에 방적업과 은행업 등의 합병에 의해 자본 집중이 진행되었고, 제분·제당·비료·석유 분야에서는 [28]카르텔이 결성되었다. 이에 힘입어 미쓰비시(三菱)·미쓰이(三井)·스미토모(住友)와 같은 기업이 재벌기업으로 등장하였다. 이러한 일본의 침체된 경제를 회생시킨 것은 유럽에서의 1차 세계대전이었다. 일본의 대외 수출은 3배로 늘어났고, 공업 생산액은 5배로 증가하였으며, 경공업 분야와 함께 제철·기계 제작과 같은 중공업도 발전했다. 그 결과 일

본은 무역 흑자국이자 채권국이 되었다. 또한 서구 열강이 유럽에서 제1차 세계대전에 몰두하고 있을 무렵, 일본은 중국에 대한 침략을 더욱 본격화해, 연합국으로 참전했던 일본은 동맹국 독일의 중국 이권까지도 차지해 버렸다. 제1차 세계대전 후 미국과 영국은 일본의 군비 증강과 중국에 대한 침략 진출을 경계하기 시작했다.

한편 일본은 1920년대 들어 경제 규모의 확대와 교육의 확충으로 전국적인 사회·노동·농민운동이 전개되었고, 도시 중간층들에 의한 자유주의적 민주정치 요구도 증가하였다. 1925년에는 25세 이상의 남자에 한해 보통 선거법이 실시되었다. 이러한 사회적 환경을 배경으로 정당활동이 활발해졌고, 정당 간의 경쟁으로 내각이 교체되는 정당정치가 발달했다(다이쇼 민주주의라는 의미의 다이쇼 데모크라시라고 함). 그러나 1920년대 후반부터 재벌과 결탁한 정당들의 부정부패가 증가하고 전후 경기가 급격히 후퇴하면서 금융공황도 발생해 정당 정치의 무능함에 대한 국민들의 비판이 거세져갔다.

다이쇼(大正) 데모크라시

다이쇼시대(大正時代 : 1912~26)를 중심으로 일본의 정치·사회·문화의 각 분야에서 민주주의적이고 자유주의적인 사회를 지향하려고 하는 운동과 풍조가 나타났다. 이것을 다이쇼 데모크라시라고 한다. 이 풍조의 배경에는 제1차 세계대전 후에 있었던 자유와 민주주의를 추구하는 세계적인 움직임과, 일본 국내에서는 자본주의의 급속한 발전에 따라 도시 중간층과 무산계급이 성장하였고 그들이 정치적, 시민적인 자유를 추구하게 된 점을 들 수 있다. 그 내용은 보통 선거 제도와 언론·집회·결사의 자유에 의거한 의회중심의 정치, 중국과 조선에 대한 침략과 식민지 지배의 중지, 단결권·파업권 등 사회권의 승인, 남녀동권, 대학의 자치 등 여러 분야에 걸쳐 있다. 1925년에는 보통 선거법이 실현되었고, 자연주의와 시라카바파(白樺派)와 같은 문학사조, 세이토샤(青鞜社)의 여성 해방 운동이 전개되는 성과를 올렸지만, 세계공황에 따른 불황의 여파 가운데 일본은 데모크라시와는 반대 방향인 군국주의의 길로 나서게 된다.

3) 군국주의시대(軍國主義時代)

1920년대 후반부터 경제 혼란과 정당 정치의 부패로 정치 혼란이 거듭된 일본 사회에 1929년 세계공황의 여파는 일본 경제에 심각한 위기를 불러왔다. 물가 하락, 수출 격감, 기업 도산, 농산물 가격 하락, 소작쟁의의 격증 등으로 일본 경제와 사회의 혼란은 격화되어 갔다. 이러한 가운데 군부는 1930년대 들어 정당 내각의 의사와 상관없이 단독행동으로 [29]만주사변(滿州事變, 1931년)을 일으켰다. 그 결과 일본은 국제연맹에서 탈퇴하고 미국·영국과 진행하던 해군 군축회의에서도 탈퇴했다. 만주사변을 전후해 일부 청년 장교들에 의해 부패정치를 개조한다는 명목으로 군부 독재 정권 수립을 기도한 쿠데타가 두 차례(3월 사건·10월 사건) 시도되었고, 수상이 암살되는 등의 정치 테러가 발생해 정치 혼란은 심화되었다. 이러한 가운데 군부의 정치 개입은 증가했고, 1936년에는 군부 내의 주도권을 둘러싼 대립 과정에서 청년 장교들의 쿠데타(³⁰2·26사건)가 발생했으며, 그 처리 과정에서 군부가 정치의 전면에 등장하게 되었다. 이 사건을 계기로 일본의 정치 구도는 군부가 전면에 나타나는 ³¹군국주의(軍國主義)체제로 전환되었다. 1937년 ³²중일전쟁(日中戰爭)의 발발로 일본 경제는 계획경제 및 통제경제체제로 전환되었으며, 1938년에는 국가 총동원령이 내려졌다.

만주지배권을 확고히 하고 중국 동북부 지역에서의 일본의 지위를 안정시키는 과정에서 시작된 중일전쟁은 당초 일본이 예상한 것보다 장기화되어 교착상태에 빠지게 된다. 중국인들의 반일저항이 거셌는데, 이는 미국·영국·프랑스가 중국 국민당 정부를 지원했기 때문이다. 한편 유럽에서는 1939년 9월 나치독일의 폴란드 침입으로 제2차 세계대전이 발발했다. 1940년 6월에는 파리가 독일군에 의해 점령되었고, 유럽에서 독일의 승리가 계속되자 일본 군부는 독일 및 이탈리아와 손을 잡고 남진해 미국·영국·프랑스의 중국 지원 루트인 베트남을 점령하고 동남아시아로 진출하여 전략 물자를 확보할 것을 주장하였다. 1940년 9월 일본은 독일·이탈리아와 함께 3국동맹을 결성하고, 프랑스가 독일에 점령당하자 프랑스 식민지인 인도차이나 반도를 침입하여 점령한다. 또한 동남아시아 침략을 거행하면서 북방의 위협 요인을 제거하기 위해 1941년 4월에는 소련과 중립조약을 체결하였다. 그러나 그해 6월, 독일이 소련을 침입하자, 일본 육군을 중심으로 대 소련 공격 주장이 제기되었다.

한편 일본 정부는 1941년 4월부터 만주 및 중국에 대한 일본의 배타적 지배권 인정과 관련해 미국과 협상 중이었다. 그러나 7월에 일본이 남부 베트남을 점령하자 미국은 일본에 대한 석유·고무 등의 전략 물자 수출을 전면 금지했고, 미국 내 일본인 자산의 동결과 대일 협상에서도 강경 입장으로 선회하였다. 이에 일본은 1941년 12월 1일 천황이 주재한 어전(御前) 회의에서 전략 물자 확보를 위한 말레이반도 침략과 미국의 태평양 함대 전력을 무력화시키기 위한 진주만 기습을 결정함으로써 12월 8일 태평양전쟁이 시작되었다. 그러나 1942년 6월 미드웨이 해전의 패전을 계기로 일본은 열세로 돌아섰고, 1945년 8월 6일

● 원폭돔(原爆ドーム) 1945년 8월 6일에 히로시마(広島)에 투하된 원자폭탄으로 파괴된 건물. 원폭의 피해를 상징하는 건물로서 보존되고 있다.

과 9일에 히로시마(広島)와 나가사키(長崎)에 원자폭탄이 투하되었다. 또한 8일 소련의 대일 참전이 결정되자 일본은 ³³포츠담 선언에 규정한 항복 조건을 무조건 수용하면서 연합국에 항복하였다.

일본의 군국화(軍國化)를 추진한 두 개의 쿠데타 사건

1930년대에 일본에는 두 개의 쿠데타 사건이 일어났다. 모두 소기의 목적을 달성하지 못했으나 결과적으로 군부의 힘을 더욱 강화시키는 계기가 되었고 일본은 결국 군국주의의 길로 들어서게 된다.

1932년 5월 15일, 해군의 청년 장교들이 수상관저, 경시청, 일본은행, 세유카이(政友会) 본부 등을 습격해 이누카이 쓰요시(犬養毅) 수상을 살해했다. 변전소를 습격해 도쿄를 암흑의 세계로 만들고, 계엄령 선포를 통해 군부가 직접 정치를 움직이는 체제를 만들어 국가 개조를 하려고 했던 애초의 목적은 이루어지지 않았으나, 이 사건을 계기로 의회의 다수정당이 내각을 구성하는 정당 정치는 사라지고 군부 주도의 정치로 변화하게 되었다. 이 사건을 5·15사건이라고 한다.

● 5·15사건이 실린 신문 기사

다음으로 1936년 2월 26일 육군의 청년 장교들이 1500명의 병사들을 동원해 수상관저와 경시청 등을 습격해 일부 각료들을 살해하고 도쿄 중심부를 점거했다. 반란군의 목적은 천황과 직결된 정치체제를 만드는 것이었다. 이 사건 초기에 반란군에게 호의적이었던 육군수뇌부도 해군과 재계의 반대 움직임을 보고 방침을 전환해 반란은 진압되었지만, 육군의 힘을 강화시키는 결과가 되었다. 이 사건을 2·26사건이라고 한다.

● 2·26사건이 실린 신문 기사

두 사건 모두 일본 국내의 경제 혼란, 사회운동의 대두, 퇴폐적 풍조 등에 위기감을 느낀 군부와 우익세력이 정당 정치를 폐지하고 천황 중심의 정치를 실현하려고 한 것에 공통점이 있다.

7

현대(現代)

　1945년 원자폭탄 투하로 일본은 패전을 맞았다. 더불어 연합군에 의한 점령, 비무장화, 재벌 해체, 천황의 인간선언(천황에 의한 신격(神格) 부정), 신헌법 채택, 민주화, 새로운 교육제도의 도입 등이 이루어졌다. 전후(戰後)의 고난에 가득 찬 부흥기(復興期)를 지나 1960년대부터 70년대의 일본 경제는 급성장하기 시작했다.

　미국의 대일 점령정책은 1948년 중반까지는 진보적이고 자유주의적인 정책이 기조를 이루었다. 그러나 유럽에서 동서간 냉전이 격화되고, 중국 대륙이 공산화될 가능성이 커지면서 일본을 자유주의진영 국가로 편입시켜야만 하는 전략적 필요성이 대두되었다. 이에 따른 총사령부의 최우선 정책목표는 일본을 공산주의의 침투로부터 보호하고 자유주의의 자본주의국가로서 안정시키는 것이었다. 따라서 무엇보다도 일본의 사회 및 경제 안정이 필요했다. 이를 위해 일본에 대한 경제지원이 강화되었고, 사회주의와 노동운동에 대한 규제 또한 강화되었다. 1950년 한국전쟁이 발발하자, 일본 경제는 전쟁특수로 급격히 정상을 되찾았고, 일본의 경제 성장을 위한 미국의 전폭적인 원조와 지원을 바탕으로 1950년대 후반부터는 고도 성장을 유지했다.

　1964년 도쿄올림픽을 계기로 일본은 국제적인 인지도를 회복했다. 일본의 단기적인 번영은 ³⁴미일안전보장조약(日米安全保障條約)과 경제 성장에 중점을 둔 산업 중시 정책, 교육 중시, 국민의 검약과 활력, 그리고 끊임없는 노력 등에 의해 이루어졌다. 21세기에 접어든 현재, 일본은 여전히 미일안전보장조약의 틀 안에서 국가적 진로를 모색하고 있다. 남·북한, 미국, 러시아, 중국 등과의 다변화된 동북아시아의 국제환경 안에서 일본이 어떤 모습으로 동북아시아의 일원으로서 존재할 것인가는 일본뿐만 아니라 우리 한국에 있어서도 중요한 관심사이다.

일본인이 좋아하는 역사상의 인물 Best 10	
1위	오다 노부나가(織田信長)
2위	도쿠가와 이에야스(德川家康)
3위	사카모토 료마(坂本竜馬)
4위	도요토미 히데요시(豊臣秀吉)
5위	쇼토쿠태자(聖德太子)
6위	다케다 신겐(武田信玄)
7위	미나모토노 요시쓰네(源 義経)
8위	사이고 다카모리(西郷隆盛)
9위	후쿠자와 유키치(福沢諭吉)
10위	노구치 히데요(野口英世)

「日本人の好きなもの」(NHK出版生活人新書, 2008)

일본인이 좋아하는 시대	
1위	전후 쇼와(昭和戦後)
2위	에도(江戸)
3위	헤이안(平安)
4위	전국(戦国)
5위	메이지(明治)
6위	아즈치·모모야마(安土·桃山)
7위	가마쿠라(鎌倉)
8위	아스카(飛鳥)
9위	전전 쇼와(昭和戦前)
10위	나라(奈良)
11위	다이쇼(大正)
12위	무로마치(室町)
13위	조몬(縄文)
14위	야요이(弥生)
15위	고분(古墳)
16위	구석기(旧石器)
17위	남북조(南北朝)

주석

1. **홍적세(洪積世)** 지질시대 구분의 하나로 신생대의 제4기에 속하며 약 170만 년 전부터 만 년 전까지의 기간을 말하며, 빙하시대라고도 한다. 맘모스 등의 포유동물이 번성했으며 인류가 출연한 시기이기도 하다.

2. **기나이(畿內)** 원래는 황실 주변의 나라들을 말하며 다이카개신(大化改新) 때 그 범위가 정해졌다. 이후 야마토(大和), 야마시로(山城), 가와치(河内), 셋쓰(摂津)의 4개국을 부르는 말이 되었고 더욱이 가와치에서 이즈미(和泉)가 분립하여 5키나이(畿內)라 불렸으며, 그곳의 주민에게는 조(調), 용(庸)이 면제되는 등, 민정상의 우대조치가 취해졌다.

3. **스이코천황(推古天皇)** 긴메이천황(欽明天皇)의 세 번째 황녀로 태어나 비다쓰천황(敏達天皇)의 황후가 되고, 스순천황(崇峻天皇)이 소가노 우마코(蘇我馬子)에게 살해되자 제33대 천황에 즉위했다. 관위 12계급의 설정, 17조 헌법 제정, 국사 편찬, 호류지 건립 등 문화사상 아스카(飛鳥)시대라 불리는 한 시대를 구축했다.

4. **17조 헌법(十七条憲法)** 쇼토쿠태자(聖徳太子)가 제정했다고 하는 일본 최초의 성문법. 관리, 귀족이 지켜야 할 정치, 도덕 17조를 한문으로 정하였다. 내용은 불교, 유교, 법가의 영향이 짙으며 천황을 중심으로 하는 국가의식이 강하게 반영되어 있다. 다이카개신(大化改新)의 정치적 이념이 되었다.

5. **고지키(古事記)** 일본에 현존하는 가장 오래된 역사서로 그 성립은 712년이다. 3권으로 이루어졌으며 천지 창조에서부터 스이코천황(推古天皇)까지의 기사(記事)를 수록하고 있다. 황실을 중심으로 국가의 사상적 통일의 목적을 갖고 쓰여진 역사서이지만, 기술에 문학적 색채가 진하게 느껴진다.

6. **니혼쇼키(日本書紀)** 720년에 성립되었으며 30권으로 이루어졌다. 연월(年月)의 순서에 따라 배열한 편년체의 역사서로, 표기는 순수 한문체로 이루어졌다.

7. **공유지 반급제(公有地班給制)** 일정한 연령에 달한 인민에게 일정한 면적의 농토를 나누어 주는 제도. 원칙적으로 6년마다 반전(班田)을 행하며 토지의 일국 집중을 막고 민생안정을 꾀하는 동시에 국가의 세수(税収) 확보를 목적으로 했다. 9세기 이후 율령제 정치가 흔들림에 따라 실시가 곤란해져 902년을 끝으로 폐지되었다.

8. **간무천황(桓武天皇)** 제50대 천황. 재위 781~806. 고닌(光仁)천황의 제1황자로 태어나 나가오카쿄(長岡京) 조영, 헤이안쿄(平安京) 천도, 사이초(最澄), 구카이(空海)의 등용 등 많은 업적을 남겼다.

9. **후지와라씨(藤原氏)** 나카토미노 가마타리(中臣鎌足)가 다이카개신의 공적에 의해 덴지천황(天智天皇)으로부터 후지와라노 아소미(藤原朝臣)라는 성씨를 하사받아 생긴 성씨. 헤이안시대에 들어 황실과 친인척 관계를 맺어 권력을 강화, 미치나가(道長), 요리미치(頼通) 부자의 대에 이르러 후지와라 섭정 정치의 최전성기를 맞이하게 된다.

10. **다이라씨(平氏)** 헤이안시대의 호족. 여러 다이라 씨족 중에서 가장 유력한 것은 간무헤이씨(桓武平氏)로 동국(東國)으로 진출한 토착세력이 되어 다이라노 마사카도의 난(平将門の乱), 다이라노 다다쓰네의 난(平忠常の乱)을 거치며 자손은 지바(千葉), 가즈사(上総), 미우라(三浦), 호조(北條) 등의 여러 씨가 되어 가마쿠라 막부의 중핵을 이루었다.

11. **미나모토씨(源氏)** 헤이안시대의 황족 성씨의 하나. 역사상으로 여러 미나모토씨(源氏)의 씨족 중에 특히 세와 겐지(清和源氏)를 가리킬 때 쓰인다. 다이라씨(平氏)와 함께 무가(武家)의 호족이 되어 정권을 잡아 가마쿠라(鎌倉)에 막부를 수립하였다.

12. **미나모토노 요리토모(源頼朝)** 가마쿠라 막부의 초대 장군. 헤이지의 난(平治の乱) 때에는 패주 중에 붙잡혀 이즈(伊豆)로 유배되었으나, 지쇼(治承) 4년(1180)에 군사를 일으켜 가마쿠라에 입

성, 무가 정권의 기초를 확립하였으며, 이후 다이라씨를 멸망시키고 무가 지배를 확립하였다.

13. **정이대장군(征夷大将軍)** 원래는 에조(蝦夷) 정벌을 위해 임명한 임시의 관직이었으나 이후 단절되었다가 미나모토 요시나카(源義仲)가 임명되어 부활되었다. 1192년에는 미나모토노 요리토모(源頼朝)가 임명되어 가마쿠라 막부를 열었다. 이후 막부 수장의 직명으로서 무문(武門)의 동량의 지위를 나타내는 상징이 되어 미나모토씨(源氏)에게 세습되었다.

14. **호조씨(北條氏)** 간무천황의 분류로 사다모리(貞盛)의 자손 도키이에(時家)가 이즈(伊豆)의 호조(北條)에 정착하면서 호조씨(北條氏)를 칭하게 되었다. 도키마사(時政)의 대에 이르러 미나모토노 요리토모(源頼朝)의 장인이 되어 막부 개설의 공을 세우고, 싯켄(執権)으로서 막부의 정권을 장악, 이후 미나모토씨(源氏)의 정통이 단절되었을 때도 소위 싯켄 정치를 펴 전제정권을 행사했다.

15. **아시카가 다카우지(足利尊氏)** 무로마치 막부의 초대 장군. 고다이고천황의 겐무신정(建武新政)의 일등공신으로 산기(参議), 무사시노카미(武蔵守)가 되었다. 원래는 다카우지(高氏)였으나 고다이고천황의 이름의 한 자를 받아 다카우지(尊氏)가 되었다. 이후 겐무신정에 반발해 고묘천황을 옹립, 정이대장군에 임명되어 교토(京都)에 무로마치 막부를 개설하였다. 고다이고천황은 요시노(吉野)로 도망가 남북조(南北朝) 동란의 시대가 된다.

16. **구교(公卿)** 소위 고급 문관귀족. 율령제 정치 하에서 태정대신(太政大臣), 좌우대신(左右大臣)을 공(こう), 다이츄나곤(大中納言), 삼위(三位) 이상의 조관(朝官)을 경(けい)라 하고 양자를 합친 것을 구교(公卿)라고 했다. 간다치메(上達部), 게케이(月卿)라고도 했다.

17. **아시카가 요시미쓰(足利義満)** 1358~1408. 무로마치 막부의 3대 장군. 남북조 합일을 이루어내고 또한 강력한 슈고를 제압하여 막부 권력을 확립, 태정대신(太政大臣)으로까지 승진하였다.

18. **슈고다이묘(守護大名)** 남북조, 무로마치시대에 장군 아시카가 씨에 의해 임명되어 그 나라의 지배를 위임받은 슈고를 말한다. 이후 슈고다이묘를 중심으로 슈고 일국인에 의한 영국(領國) 농민(백성)의 지배 체제가 성립해 지역적으로 봉건 권력이 성립하게 되었다.

19. **주인선무역(朱印船貿易)** 근세 초기 정부로부터 해외 도항 허가서인 주인장을 받은 주인선에 의해 행해진 무역. 은, 동, 유황, 도검 등을 수출하고, 생사(生絲), 직물, 면포 등을 수입하였다.

20. **막번체제(幕藩体制)** 중앙통일정권인 에도 막부와 그 지배하에 있으면서 독립된 영국(領國)을 갖는 번을 통치기관으로 하는 정치체제. 영주가 직접 생산자인 혼뱌쿠쇼(本百姓)로부터 쌀을 주로 하는 현물(年貢)을 고쿠다카(石高)를 기준으로 해 마을을 통해 착취하는 사회적 관계를 기초로 하고 있다.

21. **조카마치(城下町)** 무로마치시대 이후 무장, 다이묘의 성곽을 중심으로 발달해 무사단과 상공업자들이 집중해서 생긴 마을.

22. **조닌문화(町人文化)** 에도시대에 도시에 사는 상공업자를 가리켜 조닌이라 하고 이들을 중심으로 생산되고 향유되어지는 문화를 조닌문화라 한다. 조닌은 경제력을 기반으로 에도 도시문화의 중심 존재가 되었다.

23. **식산흥업정책(殖産興業政策)** 메이지시대 초기의 산업보호육성정책을 가리킨다. 메이지 정부는 서구 열강에 대항하기 위해 부국강병의 기초로서 근대산업을 일으키는 정책을 강력히 추진했다.

24. **지조개정(地租改正)** 메이지 정부에 의한 토지 및 조세제도의 개혁. 안정적인 재원 확보를 위해 농민 보유지에 사적소유권을 인정하고, 그것에 세금을 부과한 것. 토지 사유권의 확립은 농민의 부르주아적 의식을 발생시켰다.

25. **귀족원(貴族院)** 메이지 헌법하에서 중의원과 함께 제국의회를 구성한 입법기관으로, 1890년 창설되었다.

26. **청일전쟁(日清戦争)** 일본에서는 日清戦争라고 한다. 조선의 지배권을 둘러싸고 일본과 청나라 간에 벌어진 전쟁으로 1894년 발발했다.

27. **러일전쟁(日露戦争)** 일본에서는 日露戦争라고 한다. 조선, 만주, 동해에서 벌인 일본과 러시아의 전쟁으로 1904년 발발했다. 만주의 독점권과 조선 진출의 야심을 품은 러시아와 일본의 이해관

계가 상충되어 일어난 전쟁이다.
28. 카르텔 같은 분야의 기업들이 시장 통제를 목적으로 경제적 독립성을 유지하면서 상품의 생산량, 가격 등에 대한 여러 가지 협약을 맺는 일. 기업 연합.
29. 만주사변(滿州事変) 1931년 9월 18일 류쇼코철도 폭파사건으로 비롯된 일본 관동군의 만주에 대한 침략전쟁.
30. 2. 26사건 1936년 2월 26일 발생한 청년 장교에 의한 쿠데타. 반란군은 정부의 주요 기관을 점거하고 육군 상층부에 국가개조의 단행을 요구했다. 29일 지방부대의 상경에 의해 진압되었으나 이 사건을 계기로 오카다 내각이 무너지고 군부 내의 발언권은 더욱 강화되었다.
31. 군국주의(軍國主義) 군사력에 의한 대외적 발전을 중시해 전쟁과 그 준비를 위한 정책이나 제도를 국민생활에서 최상위로 두고 정치, 문화, 교육 등 모든 생활 영역을 이에 전면적으로 종속시키려는 사상과 행동양식.
32. 중일전쟁(日中戦争) 일본에서는 日中戰爭라고 한다. 1937년 7월부터 일본의 침략으로 중국 전 국토에서 전개된 전쟁. 1931년 9월 18일에 일어난 만주사변으로 일본이 중국의 동북지방을 군사적으로 제패하고 이 지역을 만주국이라 하여 그들의 식민지로 만들었다.
33. 포츠담 선언 제2차 세계대전이 종전되기 직전인 1945년 7월 26일, 독일의 포츠담에서 열린 미국, 영국, 중국 3개국 수뇌회담의 결과로 발표된 공동선언. 일본에게 항복을 권고하고 제2차 세계대전 후의 대일 처리 방침을 표명한했다.
34. 미일안전보장조약(日米安全保障條約) 미국과 일본과의 군사동맹을 규정한 조약. 1951년 9월 8일 체결된 미합중국과 일본의 안전보장조약의 구조약과 1960년 6월 20일 개정된 미합중국과 일본의 상호협력 및 안전보장조약의 신조약이 있다.

참고문헌

『日本人の好きなもの』NHK出版生活人新書. 2008
『朝日百科日本の歴史』2005
『日本の時代史 1~30』吉川弘文館. 2002~04
『日本の歴史 00~25』講談社. 2000~03
『日本史辞典』角川書店. 1997
『日本史広辞典』山川出版社. 1997
『国史大辞典』吉川弘文館. 1979~97
『日本史大事典』平凡社. 1992~94
『日本歴史大系 1~5、別巻1』山川出版社. 1984~89

04
천황과 일본인

1. 천황제란?

2. 시대에 따른 천황제의 변화
   1) 고대의 일본 천황가
   2) 막부시대(幕府時代)의 천황제
   3) 존왕사상(尊王思想)과 천황제
   4) 입헌전제군주기(立憲專制君主期)의 천황제
   5) 현대의 상징천황제(象徵天皇帝)

일본의 천황은 한국의 신문·방송 등에서는 일왕(日王)이라고 부르는 것이 일반적이다. 이는 일본의 왕이라는 의미이고 영어로는 Emperor 즉 황제(皇帝)가 된다. 우리가 천황이라는 칭호를 사용하지 않는 것은 천황이라는 어휘가 내포하고 있는 의미 즉 천황이 왕보다 격이 높다고 일방적으로 생각했던 일본의 오랜 행태를 직시하고 있기 때문이다.

한국사에서도 고대 이래 왕이 존재했고 고려·조선을 거쳐 대한제국시대에는 왕을 황제라고 칭했다. 그리고 한국 역사에서의 왕과 일본의 천황은 세습 군주라는 점에서는 유사한 성격을 지니고 있다고 볼 수 있다. 그러나 양자를 비교하면 역사적인 양상에서 큰 차이를 보이기도 한다. 한국의 경우 중국 등과 마찬가지로 한 왕조가 쇠퇴하면 그 왕조를 타도하려는 세력이 나타나 정치·무력투쟁 끝에 신왕조가 건국되는 이른바 역성혁명(易姓革命)의 역사를 지니고 있다. 이에 비해 세계에서 가장 오래된 세습 군주제인 천황제(天皇制)는 일본이 역사상 기록에 등장하기 전에도 신화상에서 존재하고 있었고, 여자 천황도 있었지만 전체적으로 남계(男系)에 의해 존속되어 현재로 이어지고 있다. 현재의 천황은 제125대째이다. 천황은 역사적으로는 일본 고유의 종교 신도(神道)의 최고 사제(司祭)로서 그 역할이 강조되어 왔고, 역사상의 대부분의 시대 특히 중세 이후 천황은 명분상의 지배자일 뿐 정치 권력의 대부분은 장군과 같은 타인들에게 위임되어 왔다는 점이 주목할 만한 특징이다.

1 천황제란?

일본의 천황제는 역사, 사회, 문화 등 일본 전체를 총괄적으로 이해하는 데 있어 매우 중요한 의미를 갖는다. 많은 일본인들은 천황제가 일본의 역사와 문화이며 일본 그 자체라고 말한다. 일본의 천황가(天皇家)는 일본 역사의 중심에 있었고, 일본 사회의 정체성을 대표하고 상징하는 존재라는 것이다. 일본의 천황에 대한 현행 일본 헌법의 규정을 보면, 천황의 지위는

● 천황의 거주지인 황거(皇居)

다른 입헌군주국가의 국왕과 같이 상징적인 의미로서의 군주에 가깝다. 일본 국가 또는 일본 사회, 일본 역사를 대변하는 상징적인 존재이면서 일본인들의 존경의 대상으로 비쳐진다. 천황가의 역사는 일본의 역사 시대부터 현재까지 일본의 역사와 함께한다.

막부시대의 천황은 역사의 전환기나 일본 열도가 외침의 위기에 처했을 때에는 정치적으로 중요한 역할을 했다. 즉 천황가는 정치적 지배권을 상실하고 있었지만, 일본 열도가 혼란에 처했을 때에는 단합과 통합의 구심점 역할을 해 왔다. 또한 천황가는 야마토(大和)정권 이래 오늘날까지 단 한 번의 역성혁명(易姓革命) 없이 단일 혈통으로서 이어져 내려오고 있다. 오늘날의 일본인들이 현 시점의 천황에 대해 구체적으로 어떻게 생각하고 어떠한 역할을 기대하고 있는지는 확실하지 않다. 또한 일본인들 모두가 기대하는 역할도 각각 다르다. 그러나 일본 국가 또는 일본 사회의 단합과 통합의 구심적 역할로서의 천황가의 역할은 모든 정치적 권한이 상실된 채 상징적인 군주로서 남아 있는 현 시점에서도 달라지지 않고 있다. 이러한 천황제의 역사를 시대별로 살펴보기로 한다.

2

시대에 따른 천황제의 변화

1) 고대의 일본 천황가

일본의 실제 역사 속에서 천황이란 명칭이 등장한 것은 '일본(日本)'이란 국명이 새롭게 사용되기 시작한 배경과 밀접한 관련이 있다. 『니혼쇼키(日本書紀)』와 『고지키(古事記)』에는 기원전 660년 진무천황(神武天皇) 때부터 일본의 천황제가 시작된 것으로 기록되어 있다. 그러나 기록에 등장하는 천황의 계보에서 최초의 실존 천황은 ¹스이코천황(推古天皇: 재

● **덴무·지토천황릉(天武·持統天皇陵)** 나라현(奈良縣) 아스카무라(明日香村)에 있는 덴무천황과 부인 지토천황을 합장한 능. 피장자 신분이 확실한 소수의 천황릉 중의 하나이다.

위 592~628년)이다. 그러나 이 천황도 7세기 말부터 시작된 역사 편찬 과정에서 천황의 호칭이 소급되어 사용되었을 뿐이며 실제 재위 기간 동안 천황으로 호칭된 최초의 천황은 덴무천황(天武天皇: 재위 673~86년)이다. 덴무천황은 한반도로부터 백제와 고구려의 수많은 사람이 유입되어 사회적으로 혼란한 시기에 천황 및 귀족 세력간의 지배권 다툼을 제압한 천황이다. 그는 전국적으로 통합된 율령 국가체제를 완성하였다.

천황이라는 호칭이 사용되기 전인 야마토정권 시기의 군주의 명칭은 오키미(大王)였다. 기원 후 4세기 초 북큐슈(北九州), 긴키(近畿), 세토나이카이(瀬戸内海) 일대에서는 지역의 연합 수장을 오키미(大王)라고 불렀다. 672년 ²진신의 난(壬申の乱)에서 승리한 덴무천황은 율령체제를 완성하고 황족 중심의 정치와 중앙과 지방의 통치 기구를 정비했다. 덴무천황은 스스로를 아키쓰미카미(現御神) 즉, 신과 같은 존재로 신격화시켰다. 또한 이세신궁(伊勢神宮)을 받들게 해, 이후 이세신궁은 천황가의 가문 신 즉, 우지가미(氏神)인 아마테라스오미카미(天照大御神)를 섬기는 신사(神社)가 되었다. 여기에 율령체제에서 스스로를 천황이라 규정했고, 황후와 황태자도 확립하여 제도화했다.

672년 진신의 난(壬申の乱)을 평정하고 절대 지배자가 된 덴무천황은 중앙집권화된 강력한

율령체제 국가를 건설했다. 덴무천황은 일본이 과거의 왜국과는 구별되는 별도의 독립국임을 과시하기 위해 당나라의 천자(天子)를 의식하여 '천황(天皇)'라는 명칭을 사용한 것으로 분석된다. 또한 덴무천황은 천황의 절대적 권한과 일본의 건국을 정당화하기 위해 국사 편찬을 지시했다. 이로써 712년 천황가의 역사서인 『고지키(古事記)』가 완성되었고, 720년에는 중국 사서의 영향을 받아 일본 최초로 국가에 의한 정식 역사서인 『니혼쇼키(日本書紀)』가 완성되었다. 『고지키』와 『니혼쇼키』에서는 태양신(日神)의 자손인 천황가가 대대로 일본을 통치해왔다고 기술하고 있으며, 태양신으로서 아마테라스오미카미(天照大御神)를 명시하였다.

덴무천황의 뒤를 이은 지토천황(持統天皇 : 재위 686~97년)부터는 천황으로서 정식 즉위했다. 그러나 천황이라는 명칭이 그 이후 일관되게 사용된 것은 아니다. 천황이라는 명칭 이외에 중국풍인 천자(天子), 황제(皇帝)라는 명칭이 사용되기도 했다. 천황의 명칭이 외교문서에까지 통일되어 쓰이기 시작한 시기는 1936년에 이르러서부터이다.

절대 권력이 인정되었던 천황제는 9세기 헤이안시대 이후 그 지위가 약화되고 불안정해졌다. 중앙에는 귀족 세력들이 득세했고 지방에는 독립적인 정치권력을 행사하는 무사 계층이 등장했다. 이 시기에는 역사상 두 명의 천황이 동시에 대립, 존재하기도 했고 방계 천황이나 여자 천황도 적지 않았다. 천황의 계승도 황족 또는 귀족 간의 세력 관계에 따라 천황이 중간에 교체되기도 했으며 섭정이나 무사 권력에 의해 천황이 폐위되기도 했다.

이 시기의 천황가와 관련해 고고학자 ³에가미 나미오(江上波夫)는 1948년 기마민족 정복왕조설(騎馬民族征服王朝説)을 발표해 천황가가 북방계 기마민족 출신이라고 주장했다. 그의 주장에 따르면, 한반도에 남하해 온 북방계 기마민족이 백제를 건립하였고, 일본(왜국)에도 건너가서 야마토정권을 수립했으므로 천황가는 일본에 도래한 기마민족의 후예라는 것이다.

2) 막부시대(幕府時代)의 천황제

천황의 정치적 지위는 12세기 말 가마쿠라 막부시대에 들어서 더욱 약화되어 천황권은 일본의 긴키(近畿) 지역을 포함한 서일본(西日本) 지역에만 영향력을 행사했고, 동일본(東日本) 지역은 가마쿠라 막부가 지배권을 행사했다. 장군(将軍)은 천황으로부터 정이대장군(征夷大将軍)이란 호칭을 부여받았다.

무로마치시대에 막강했던 장군의 지배력이 약화되고 전국의 군웅들이 할거한 전국시대(戰國時代)에 천황의 권위는 더욱 상실되었다. 전국을 통합한 오다 노부나가(織田信長)와 도요토미 히데요시(豊臣秀吉)는 지배를 정당화하기 위해 천황의 권위를 이용했다. 에도시대의 천황은 막부의 엄격한 통제하에서 전통적 권위는 인정 받았지만 정치적 권한은 일체 인정되지 않았다.

천황으로부터 막부의 장군이 정이대장군으로 승인되는 형식은 계속되었지만, 아무런 정치적인 구속이 없는 관례에 불과했다. 에도 막부 때의 실질적인 군주는 막부의 장군이었다고 할 수 있다. 에도시대는 기본적으로 각 번(藩)마다 봉건 영주인 다이묘(大名)에 의한 독자적 지배 체제가 운영된 시기였다. 따라서 천황이 거주하고 있던 긴키 지역을 제외한 일본 각지의 일본인들에게 천황의 존재는 거의 미지의 존재였다. 따라서 일본이 천황국가라는 의식은 더욱더 배양될 수 없는 시대였다.

3) 존왕사상(尊王思想)과 천황제

18세기 말에 이르러 『고지키(古事記)』와 『니혼쇼키(日本書紀)』 등의 고전 문헌 연구를 통해 유교와 불교의 영향을 받기 이전, 즉 외래사상에 의해 물들기 이전의 일본의 고대 정신을 해명하려는 국학(國學) 운동이 전개되었다. 이러한 일본의 고대 정신을 체계화시킨 연구가 [4]모토오리 노리나가(本居宣長)는 『고지키』의 신화 속에 기록된 천황가계(天皇家系)를 연구했다. 그는 이 연구를 통해 신화 내용을 사실로 인식하고 태양신인 아마테라스오미카미는 일본 태생이고, 태양신의 자손인 일본 천황가의 혈통은 연속되고 있으며, 일본은 신이 지켜주는 국가라고 주장했다. 또한 이러한 사실은 중국이나 세계 어느 국가와도 비교할 수 없는 일본 국가 및 민족의 독자성과 우수성을 나타내는 것이라고 주장했다. 이러한 주장을 통해 천황은 일본 국가 체제의 독자성과 우수성을 상징하는 존재라는 관념이 확립되었다. 또한 이 주장은 메이지유신을 주도한 무사 계층에게 에도 막부 말기 천황을 받들고 막부를 타도하자는 존황도막(尊皇倒幕) 정신을 심어주는 계기가 되었다.

4) 입헌전제군주기(立憲專制君主期)의 천황제

메이지유신에 의해 에도 막부가 타도되고 근대적인 국가 체제가 성립되었다. 메이지유신을 주도한 신진 무사 계층은 에도 막부 타도의 명분으로 천황의 왕정복고(王政復古)를 내세웠다. 1868년 메이지 신정부를 건립한 메이지천황(明治天皇 : 재위 1867~1912년)은 교토(京都)에서 도쿄(東京)로 거처를 옮겼다. 메이지천황은 왕정복고(王政復古)를 선언하고 공론의 존중과 개국에 따른 화친을 선언했다.

메이지 정부의 주도 세력들은 에도 막부 세력을 타도하고 자신들의 권력 기반을 확립하는 데 천황의 왕정복고를 이용했다. 메이지 정부의 주도자들은 일본을 근대 국가 체제로 개혁한 뒤 근대화와 산업화를 추진하여 일본의 부국강병을 실현하려 하였다. 이를 위해서는 강력한 중앙집권식의 국가 체제와 국민 통합이 필요했다. 이 과정에서 일본 근대 국가 통합의 이데올로기로서 천황제를 도입할 필요성이 있었다. 메이지 정부는 『고지키』와 『니혼쇼키』에 전해지는 신화를 근거로 천황을 신격화하고 천황에게 절대 권력을 부여해 신성불가침한 통치자로서의 천황의 이미지를 일반 대중에게 침투시켜 나갔다. 천황가는 일본 민족의 조상이며 일본 개국 이후 신의 자손으로서 일본 열도와 일본 민족을 지배해 왔다는 창작된 신화를 교육시켜 나갔다. 이를 위해 1868년 메이지 정부는 에도 막부 시대 이후 불교의 영향 속에 있었던 신도(神道)를 분리, 독립시키고 신도에 의한 국민 교화와 천황의 신격화를 본격적으로 전개해 나갔다. 또한 1889년에는 메이지헌법(대일본제국헌법)이 선포되면서 천황 주권과 천황의 절대 권력이 제도화되게 되었다.

● **메이지천황(明治天皇)** 1852~1912년. 122대 천황. 1867년에 천황이 되었으며, 다음 해인 1868년에 메이지유신을 맞아 절대 군주로서 일본의 근대화를 추진했다.

● **다이쇼천황(大正天皇)** 1879~1926년. 123대 천황. 1912년에 메이지천황의 뒤를 이어 천황이 되었으나, 병약했기 때문에 1921년 쇼와천황을 섭정으로 삼았다.

메이지헌법에서 규정된 천황의 절대적 권한에 관한 내용을 보면, 제1조에서 일본은 만세일계(萬世一系)의 천황이 통치한다고 규정하고 있다. 이는 일본 민족 전체는 순수하고 유일가문인 천황가에서 유래한다는 것을 의미한다. 즉 일본 민족 전체는 하나의 가족이며, 천황가는 종가(宗家)에 해당하고 천황은 일본 민족 전체의 가장(家長)에 해당한다는 의미이기도 하다. 제3조에서는 천황은 신성불가침한 존재임을 밝히고 있다. 그리고 제4조에서는 천황은 국가 원수로서 통치권을 총괄하며 그 권한은 헌법 규정에 따라 행한다고 함으로써 입헌 군주제임을 명시하고 있다. 예를 들어 입법권과 관련한 천황의 권한은 제국의회(帝國議會)의 협력을 얻어 행사하였고, 의회에서 제정된 법률 공포와 집행을 명하는 권한이 부여되었다. 또한 천황은 육해군의 총수이며, 행정 각부 및 문무관을 임면(任免)하였고, 국가 원수로서 긴급시의 칙령 발포권, 선전 포고권, 계엄 선포권 등 최고 권한도 행사하는 것으로 규정되었다.

이처럼 메이지헌법상의 천황은 천황 주권제와 국가 원수로서의 지위와 권한이 폭넓게 인정되었으며 국가의 최고 결정 사항은 천황의 재가가 필요했다. 그러나 기본적으로는 입헌 군주제하에서 헌법에서 규정된 범위 안에서만 천황권이 행사되었다. 천황 주권제가 시행되었지만 천황의 주권은 의회와 내각의 협조와 지원이 필요했고, 그 내용들은 헌법에 규정된 내용에 한했다. 이러한 측면에서 볼 때 메이지 헌법에서 규정된 천황의 정치적인 실제 권한이라는 것은 천황의 절대적이고 독단적인 것이 아니라, 관련 법률 규정에 따라야만 하고, 반드시 관련 국가 기관의 협력이 전제되어야만 하는 입헌 군주제하의 권한이었다.

● **야스쿠니신사(靖国神社)** 전범을 포함한 전몰자의 위패가 안치되어 있는 야스쿠니신사는 근대 천황제와 깊은 연관이 있으며 일본의 수상과 각료들이 참배를 해 국가간에 많은 물의를 일으키고 있다.

그러나 메이지시대 일반 국민들에게 교육되고 전파된 것은 절대 천황제의 이데올로기였다. 메이지 정부의 주도자들은 『고지키』 속의 천황 신화를 사실의 역사로 창작해 일본을 신국(神國)으로 규정했고, 천황은 신성불가침의 절대 주권을 갖는 현인신(現人神)이며, 일본 국가 및 일본 민족의 근간이라고 교육하였다. 이러한 교화 교육을 위해 제정된 것이 1882년의 [5]군인칙유(軍人勅諭)와 1890년의 [6]교육칙어(敎育勅語)였다.

메이지 정부는 천황제 이데올로기의 빠른 정착을 위해 일본의 주권은 만세일계의 천황에 존재하며, 천황을 윤리적, 정신적, 정치적 중심으로 해 국가를 운영해야 한다는 [7]국체론(國體論)을 전개했다. 하지만 메이지시대 초기에는 천황을 신격화하고 절대화하려던 메이지 정부의 노력은 그다지 성공을 거두지 못했다. 일반 대중들에게 있어 천황 자체가 낯선 존재였고, 다신교의 신앙생활에 익숙한 일본인들에게 절대 권력의 인간신이라는 개념은 쉽게 받아들여지지 않았다. 신으로서의 천황이 침투하게 된 계기는 청일전쟁(日淸戰爭)과 러일전쟁(日露戰爭)의 승리였다. 섬나라이며 세계 속의 변방 국가인 일본이 세계의 중심국인 청나라를 물리치고, 국력과 전력에서 압도적으로 열세였던 일본이 러시아제국에 승리한 것은 기적에 가까운 일이었다. 메이지 정부는 이러한 전쟁의 성과를 태양신의 자손인 천황이 있고 일본이 신국(神國)이기 때문에 승리한 것이라고 전파했다.

5) 현대의 상징천황제(象徵天皇制)

일본은 제2차 세계대전의 패전으로 연합군의 군정하에 놓였다. 전쟁 말기 미국 정부는 일본의 제국주의 침략성의 근원이 천황제에 있다고 판단해 천황제 폐지를 검토했다. 그러나 연합군 사령관 맥아더는 천황제 폐지에 반대했다. 그 이유는 당시 일본인들이 천황에 대해 패전에 따른

● 궁중 만찬회(宮中晚餐會) 외국의 대통령이나 왕 등의 국빈이 일본을 방문하면 천황이 초대해서 만찬회를 연다. 천황의 중요한 공무 중의 하나이다. 사진은 2003년 6월 6일 한국의 노무현 대통령이 방일했을 때의 궁중 만찬회 장면

책임을 추궁하기보다 동정과 경의를 표하고 있었기 때문에 천황제 폐지에 대한 일본인들의 저항이 예상됐기 때문이다. 당시 일본인들은 국가 원수였던 쇼와천황(昭和天皇 : 재위 1925~89년)에게 최고통수권자로서 침략전쟁의 도발과 패전의 책임을 묻기보다는 군부 세력에게 이용당한 것을 더욱 동정하고 있었다. 대다수의 일본인들은 쇼와천황은 침략전쟁의 수행에 적극적인 의지와 권한이 없었고 군부의 야욕에 이용당했다고 믿고 있었다. 또 하나의 이유는 천황제를 유지하면서 점령 정책에 천황의 지위를 이용하는 것이 유리하다고 판단했기 때문이었다.

그 결과 연합군 사령부는 국민 통합의 상징으로서 천황제는 유지하되 천황주권제(天皇主權制)를 폐지하고, 천황의 정치적 실권은 모두 박탈하며 형식적인 역할만을 인정하는 방안으로 결정했다. 이 새로운 천황제는 상징천황제(象徵天皇制)로 규정되었고, 그 운영 방안은 1947년 국민 주권과 민주주의 원칙에 따라 제정된 새로운 헌법(일본국헌법)에 규정되었다.

● 쇼와천황(昭和天皇)
1901~89년. 124대 천황. 태평양전쟁 전에는 현인신(現人神 : 살아 있는 신)으로 신성시되었으나, 전후에는 인간선언을 해 일본국헌법하에서의 일본의 상징이 되었다.

● 헤이세이천황(平成天皇)
아키히토(明仁) 헤이세이천황. 1933년~. 쇼와천황의 장남. 쇼와천황의 사망으로 1989년 1월 7일 즉위해 천황이 되었다.

이 헌법에서 정한 상징천황제의 주요 골자는 다음과 같다. 헌법 제1조에서 천황은 국민 통합의 상징이며, 그 지위는 주권을 가진 일본 국민의 총의(總意)에 따른다고 규정했다. 제2조에서 황위(皇位)는 국회에서 의결된 8황실전범(皇室典範)의 규정에 따라 계승된다고 했고, 제3조에서는 천황의 국사(國事)와 관련한 행위는 내각의 조언과 승인을 필요로 하며 내각이 그 행위에 대해 책임을 진다고 규정하고 있다. 또한 메이지헌법에서 명백히 규정했던 국가 원수로서의 천황의 지위는 현행 헌법에서는 삭제했다. 따라서 현행 일본 헌법 체제하에서 일본의 국가 원수는 존재하지 않는다. 그러나 의원내각제를 채택하고 있는 현행 헌법에서는 천황을 국가 원수라고 명시하는 규정은 없지만, 국가 원수의 역할에 해당하는 국사를 천황이 하는 것으로 규정하고 있다. 이러한 현행 헌법하의 천황제는 제1조에서의 국민 통합의 상징이라는 규정에 따라 상징천황제(象徵天皇制)라고 불린다.

이러한 상징천황제에 대해 대다수의 일본인들은 지지를 나타내고 있다. 천황의 지위와 역할에 대해 현행 헌법에서 규정한 국민 통합의 상징으로서 정치적 실권을 소유하지는 않지만 일본 역사와 문화, 사회의 아이덴티티로서, 그리고 존경의 대상으로서 존재하는 것에 대해 대부분의 일본인들은 대체로 만족하고 있는 듯하다. 1989년 군국주의시대에 절대주의적 천황으로 군림했던 쇼와천황이 서거했을 때 일본인 스스로도 놀랄 정도의 많은 애도를 표했다. 침략전쟁에 대한 책임을 논하기보다는 존경과 애도를 나타냈다.

또한 현 천황(헤이세이천황)은 2016년 8월 8일, 상징천황으로서의 책무에 관한 소감을 피력하면서 생전에 퇴위할 의향이 있음을 밝혀서 주요 뉴스가 되었다. 고령과 건강 등을 이유로 활동이 축소되는 점을 우려한 천황의 발언이라고 볼 수 있다. 현 황실전범으로는 천황이 사망한 후

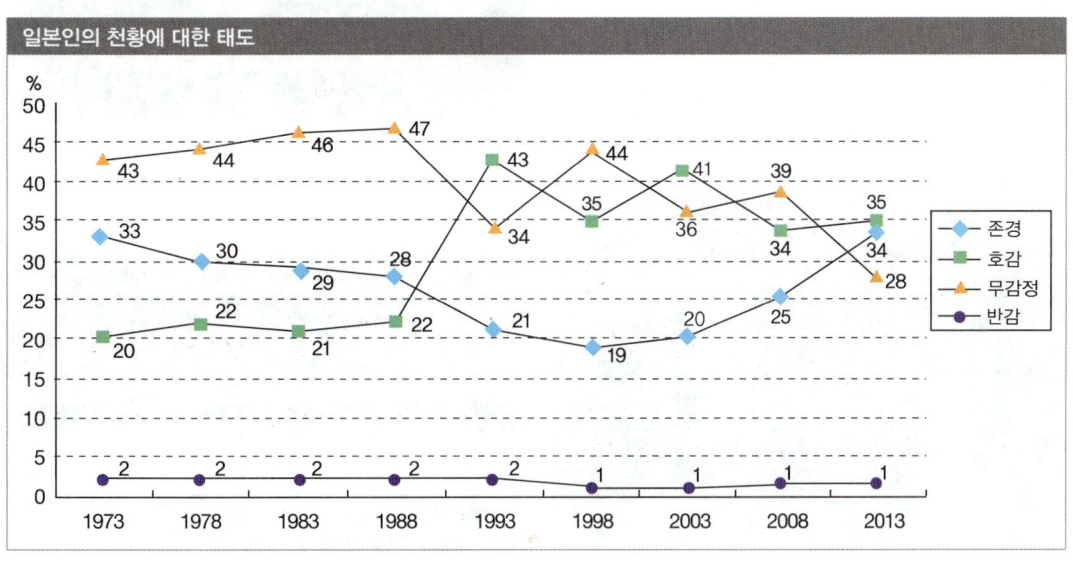

『現代日本人の意識構造 第八版』(NHKブックス. 2015)

다음 천황이 즉위하게 되어 있어서 이번 천황의 소감 피력은 황실전범 등의 법령개정 등을 통해 생전 퇴위가 이루어질 것으로 예상된다. 또한 황위 계승에 있어서도 현재의 황태자에게는 딸만 있기 때문에 후계의 여성 천황을 용인할 수 있을 것인지의 논의도 진행 중에 있다.

현행의 상징천황제를 규정한 것은 맥아더 사령관의 결정이었다고 알려져 있다. 메이지 헌법에서 규정한 절대주의적 천황의 권한과 역할을 박탈하고 단순히 국민 통합의 상징적인 의미로서의 지위만 남겨 놓겠다는 취지였다. 일본인들 가운데 천황가가 『고지키』의 기록대로 태양신의 자손이며 고대 일본 시대부터 일본 민족의 만세일계라는 것을 사실로 믿는 사람은 많지 않다. 또한 메이지시대 천황제가 정치 세력에 의해 이용당했고, 그로 인해 일본인들이 침략전쟁에 동원되어 많은 희생을 초래했다는 사실도 명확히 인식하고 있다. 그럼에도 불구하고 현행 상징천황제에 대한 일본인들의 지지는 이해하기 어렵다. 이러한 일본의 천황제가 오늘날에도 유지되고 지지받고 있는 이유에 대해 천황의 존재는 일본의 역사적 전환기 또는 국론 혼란기에 항상 일본인들의 관심의 대상이었고 천황의 견해와 태도가 존중되었던 점을 지적하기도 한다. 즉 맥아더 사령관이 천황을 국민 통합의 상징적인 존재라고 규정했지만, 일본 역사 시대를 거슬러본다면 그 의미의 적합성이 이해된다는 것이다. 또한 일본 민족·일본인들에게 있어서 『고지키』와 『니혼쇼키』 속의 역사는 사실이 아니라 현실로 받아들이고 있는데, 그 역사의 중심에 천황가가 존재하고 있기 때문에 천황제를 부인할 수 없다고도 한다. 즉, 일본 역사가 지속되는 한 천황제는 일본 민족·일본 국민의 의식의 중심에 존재할 수밖에 없다는 것이다. 일본의 천황제는 일본의 역사, 사회, 문화, 일본인들의 역사 의식을 이해하는 데 불가결한 요소가 아닐 수 없다.

● 천황 가족 사진

● 엔유카이(園遊会) 천황과 황후는 봄과 가을 연 2회에 걸쳐 문화인이나 스포츠 선수, 가계의 공로자 등을 초대해 엔유카이를 연다.

● 신년일반참하(新年一般参賀) 정월(正月)에 일반 국민이 황거를 방문해 천황이나 천황 일족 앞에서 새해를 축하한다.

주석

1. **스이코천황(推古天皇)** 재위 592~628년. 제33대 천황. 여제(女帝). 쇼토쿠태자(聖德太子)를 황태자·섭정(攝政)으로 해 정치에 관여하였다. 국사 편찬과 호류지 건립 등을 추진했으며 제도 문물을 적극적으로 받아들였다. 『古事記』 하권에는 닌토쿠천황(仁德天皇)에서 스이코천황(推古天皇)까지 기록되어 있다.
2. **진신의 난(壬申の乱)** 진신(壬申)의 해인 672년 덴지천황(天智天皇)의 동생 오아마노 황자와 천황의 장남인 오토모노 황자가 왕위 계승을 둘러싸고 일으킨 1개월에 걸친 내란. 오토모노 황자는 패배해 자살하고, 오아마노 황자는 즉위하여 덴무천황(天武天皇)이 되었다.
3. **에가미 나미오(江上波夫)** 1906~2002. 일본의 고고학자. 1948년 '민족학 연구'라는 학술지의 좌담회에서 '동북아시아의 기마민족이 일본 황실의 기원이라는 기마민족 정복왕조설'을 발표해, 천황체제 중심의 역사관으로 무장되어 있던 당시의 사회와 학계에 큰 충격을 불러 일으켰다.
4. **모토오리 노리나가(本居宣長)** 1730~1801. 에도시대 중기의 국학자. 『源氏物語』를 비롯한 헤이안시대의 문학을 연구해 모노노아와레(もののあわれ)를 제창, 『古事記』의 어구와 문장의 실증·고증적 연구에 의해 외래사상의 배제에 의한 일본 정신을 역설했다. 저서로서는 『古事記伝』 『源氏物語玉の小櫛』가 있다.
5. **군인칙유(軍人勅諭)** 메이지천황이 군인에게 내린 교서. 1882년 1월 4일 공포. 전문에는 대원수로서의 천황이 직접 군의 통수라는 것을, 후난에는 천황에의 절대적 복종을 역설하고 있다.
6. **교육칙어(教育勅語)** 교육의 근본 방침을 제시한 메이지천황의 칙어. 1890년 10월 30일 반포. 가족 국가관에 서서 충효를 핵으로 한 유교적 덕목을 기초로 충군 애국을 최고의 국민 도덕으로 삼았다.
7. **국체론(國體論)** 일본의 국가 및 민족의 본질(國體)을 천황가의 지배에서 찾으려는 주장. 에도시대 중기 이후 국학의 흥륭과 함께 발전하였다. 근대에 이르러 초국가주의의 이론적 근거가 되었다.
8. **황실전범(皇室典範)** 황실에 관한 중요한 일들을 정해 놓은 법률. 황위계승, 황족의 범위, 섭정, 천황 및 황족의 신분, 황실회의 등에 관한 규정. 구헌법 당시의 황실전범은 헌법과 동격이었으나, 폐지된 후, 쇼와(昭和) 22년에 제정된 현행 황실전범은 법률의 한 형식에 지나지 않는다.

참고문헌

『現代日本人の意識構造第八版』NHKブックス. 2015
『天皇·天皇制をよむ』歴史科学協議会編. 東京大学出版会. 2008
『천황제국가 비판』정형 옮김. 제이앤씨. 2007
『近代天皇制への道程』田中彰. 吉川弘文館. 2007
『歴史としての天皇制』網野善彦. 吉本隆明·川村湊. 作品社. 2005
『岩波講座天皇と王権を考える 1~10』岩波書店. 2002
『日本史辞典』角川書店. 1997
『天皇制と朝鮮』朴慶植ほか. 神戸学生青年センター出版部. 1989
『論集·天皇制を考える』亜紀書房. 1985

05 일본의 언어와 문학

1. 일본어
1) 일본어의 역사와 표기
2) 일본어의 계통
3) 방언(方言)과 도쿄어(東京語)
4) 일본어의 음운
5) 일본어의 한자
6) 일본어의 경어(敬語)
7) 일본어의 외래어

2. 일본 문학
1) 고대와 헤이안시대의 문학
2) 중세문학
3) 근세문학
4) 근·현대의 문학
5) 근·현대의 소설

일본의 문학은 일본어의 생성과 더불어 시작되었다고 볼 수 있다.

일본어에서 언급하고 있는 바와 같이 일본인들은 일찍이 한자의 변과 부 등을 응용해 표음문자인 가나(仮名)를 만들어냄으로써 자유롭게 문학 표현을 할 수 있었다. 현재까지의 연구로는 한국어와 일본어 모두 계통이 명확하지 않은 언어라는 것이 일반적이지만, 문법 구조의 관점에서 보면 두 언어 모두 알타이어 계통에 속한다는 설도 있다. 한, 일 양국어는 모두 교착어(膠着語)이고 문법구조도 유사한 면이 많지만 음운(音韻)에서는 큰 차이를 보이고 있다

문자의 면에서는 양국 모두 중국의 한자를 도입해 문자생활을 영위해 왔는데, 일본이 10세기 전후 무렵에 한자의 변과 부 등을 응용해 표음문자인 히라가나(平仮名)·가타카나(片仮名)를 만들었고, 한국도 이른 시기에 이두(吏讀), 향찰(郷札), 구결(口訣) 등 한자를 이용한 한국어 표기법이 고안되었으나 일반화되지 못하고 15세기에 들어와 한글이 창제되었다. 향찰은 한자의 음과 훈을 이용해 한국어를 표현한 것으로 고대가요인 향가에 사용되었고, 구결은 한문을 읽을 때 사용되는 표기 방식으로서 일본의 가타카나와 같은 모양의 글자가 있어서 주목을 끌고 있다.

일본 문학에서는 가나의 전단계인 만요가나(万葉仮名)로 표기된 고대가요집 『만요슈(万葉集)』가 등장했고, 이어서 일본 고전문학의 대표적인 작품들 예를 들면 『겐지모노가타리(源氏物語)』, 『고킨와카슈(古今和歌集)』같은 소설과 시가들이 가나(仮名) 표기로 창작되었고, 공문서의 경우에도 일본어로 표기되는 경우가 늘어나게 되었다. 한국의 경우, 오랫동안 공문서나 문학 작품의 표기수단은 한문이었고, 한글 창제 후에도 허균(許筠)의 『홍길동전(洪吉童傳)』과 같은 한글소설이 등장했지만, 대체적으로 문학작품에서 한글의 사용도가 아주 낮았던 점은 일본의 경우와 대조적이라 할 수 있고, 이 점에서 양국 문학사의 전개 양상에 큰 차이가 있었음은 주목할 만하다.

1 일본어

1) 일본어의 역사와 표기

일본어는 일본 열도에 거주하는 1억 2천만 명 이상의 사람들이 주로 사용하는 언어이다. 일본어는 중국어와 계통이 전혀 다른 언어지만, 일본어를 표기하는 문자는 중국어의 표기문자인 한자(漢字)에서 파생했다. 한자는 6세기경에 한반도를 거쳐 일본에 전해진 것으로 알려져 있는데, 한자가 일본에 전해진 이후 그것을 토대로 해서 일본인들은 두 종류의 표음문자(表音文字)인 히라가나(平仮名)와 가타카나(片仮名)를 고안해 내, 표의문자(表意文字)인 한자와 더불어 현재까지 사용하고 있다. 가나(仮名)의 제자(製字) 방식은 히라가나의 경우는 한자의 초서체를 간략하게 줄여서 만들었고(예: 安ーあ, 以ーい, 加ーか 등), 가타카나의 경우는 한자의 부나 변, 방 등을 따서 만들었다(예: 阿ーア, 伊ーイ, 加ーカ 등). 히라가나와 가타카나 즉, 가나(仮名)는 음절문자로서 보통 50음이라고 하는데, 현재 각기 46개의 문자가 사용되고 있다.

● **히라가나의 변천** 히라가나는 6세기경 한반도를 경유해 일본에 전래된 한자를 토대로 해서 만들어진 일본의 표음문자이다.

일본어에는 타 언어에서 차용한 수많은 외래어가 사용되고 있다. 특히 8~19세기 사이에는 중국어에서, 20세기 이후에는 주로 서양에서 많은 어휘를 받아들여 사용하고 있다. 일본어는 구문적으로 알타이어 계통에 가까운 언어이지만, 선사시대 어느 시기에 어휘와 어형에서 남방의 말레이폴리네시아어의 영향을 받은 것으로 보는 연구자들의 의견이 유력해지고 있다.

일본어의 표기는 한국어를 표기할 때 한자와 한글을 병

● **사이구(斎宮) 유물** 히라가나가 탄생된 지 얼마 되지 않은 10세기의 토기에 문자가 쓰여있다. (© 斎宮歴史博物館)

용하는 이치와 비슷하지만, 일반 표기를 할 때에는 한자와 히라가나(ひらがな)를 쓰고, 외래어나 의성어, 의태어를 표기할 때에는 가타카나(カタカナ)를 사용하게 되어 있어 비교적 복잡하다고 할 수 있다. 또한, 명사·동사·형용사 등은 한자로 표기하고, 동사나 형용사의 어미나 조동사·조사는 가나로 표기하는 것이 일반적이다. 가나는 한자에서 온 만큼 한자 표기와 마찬가지로 세로쓰기가 적합했지만, 현대에 와서는 가로쓰기도 병용되어 쓰이고 있는데, 현재는 숫자와 외국어 인용에 편리한 가로쓰기가 일반화되어 가는 추세이다. 그러나 일본인들에게는 여전히 세로쓰기가 읽기가 편해 신문이나 잡지, 서적 등에서는 세로쓰기를 지키고 있는 경우가 많다.

2) 일본어의 계통

일본어의 계통에 대해서는 북방의 여러 언어와 관계가 있다는 북방설과 남방의 여러 언어와 관계가 있다는 남방설이 있다. 그 중 일본어와 가장 관계가 깊은 것은 알타이어, 그 중에서도 특히 한국어일 것이라는 견해가 있지만 정설로 확정된 것은 아니다. 또한 최근에는 타미르어와의 관계가 거론되기도 했다. 대략적으로 일본어의 기반으로서 남방어가 있고, 그 위에 북방어가 들어왔을 것이라고 추측될 뿐 일본어 계통의 문제는 여전히 밝혀지지 않은 부분이 많다.

세계의 어족	
인도·유럽어족	힌두어, 폴란드어, 이태리어, 스페인어, 프랑스어, 독일어, 영어 등
셈·햄어족	아라비아어, 이집트어 등
우랄어족	핀란드어, 헝가리어 등
알타이어족	터키어, 몽골어, 한국어, 일본어 등
드라비다어족	드라비다어
인도지나어족	중국어, 티벳어, 태국어 등
남아시아어족	베트남어, 크메르어 등
폴리네시아어족	인도네시아어, 멜라네시아어, 폴리네시아어 등

전 세계에는 약 3,000~5,000개의 언어가 존재하고 있는데, 언어학자들은 그 중 중요 언어들에 대해 언어상의 형태를 근거로 고립어(孤立語), 굴절어(屈折語), 교착어(膠着語) 등으로 분류하고 있다. 고립어(孤立語)는 단어 자체가 실질적인 의미를 나타내고 어형 변화를 하지 않고 서로 고립적으로 배열되는 것으로, 문법적 기능은 주로 문장 안에 있는 어순에 의해 제시되는 언어를 말한다. 주요 언어로 중국어와 티벳어, 태국어 등이 있다. 굴절어(屈折語)는 단어 그 자체의 의미와 문법적인 관계를 나타내는 부분이 분리할 수 없을 정도로 밀접하게 결합되어 있어서, 단어 그 자체가 문장 안에서 기능이나 문법상의 관계가 변화할 때마다 형태의 전부나 일부가 바뀌는 언어를 가리킨다. 주요 언어로 영어, 불어, 독어 등이 있다. 그리고 교착어(膠着語)는 실질적인 의미를 나타내는 독립 단어에 문법적인 의미를 나타내는 독립하지 않는 형식의 말이 붙어 문

법적 관계를 나타내는 언어로 한국어, 일본어, 몽고어 등이 이에 속한다. 일본어는 한국어와 같은 교착어이고 문법적인 구조가 비슷해 한국 학습자들이 일본어에 쉽게 접근할 수 있음은 잘 알려져 있다.

일반적으로 한국어와 일본어는 주어, 목적어, 동사가 이어지는 어순이 비슷하고 한자와 한자어를 공유하는 동북아시아 한자문명의 일원이라는 점에서 한국인에게 있어 일본어는 세계에서 가장 가까운 언어일 것이다.

3) 방언(方言)과 도쿄어(東京語)

현대 일본어에는 수많은 방언이 있고 그와 동시에 수도인 도쿄(東京)에서 쓰이는 말을 기반으로 한 공인된 표준어가 있다. 도쿄의 표준어와 함께 중요한 방언으로는 교토(京都)와 오사카(大阪)의 말이 있다. 교토는 천년 이상 일본의 수도로 조정이 있었던 곳이지만 항상 정치·경제의 중심이었다고는 할 수 없다. 그럼에도 불구하고 교토와 교토어는 여전히 특별한 지위를 차지하고 있다. 에도시대 도쿠가와(德川) 막부가 있었던 에도(江戸. 현재의 도쿄)는 중요한 상업과 정치의 도시로 발전해 갔다. 오사카는 에도보다 더 오래된 상업도시로, 조닌(町人) 문화와 말(言葉)의 중심으로 번영했다. 특히 에도는 무사 정치의 중심지였기 때문에 에도의 말은 점점 그 지위를 확립해 나갔다. 메이지유신 이후 에도가 도쿄로 개칭되고 천황이 교토에서 도쿄로 옮겨 오자, 무사의 말과 귀족(조정)의 말이 더욱 혼합되어 표준어(단순히 도쿄어라고도 한다)가 성립되어 갔다.

4) 일본어의 음운

일본어의 모음에는 a i u e o라는 단모음이 있고, 스페인어나 이탈리아어의 발음과 다소 비슷하다. 장모음의 a- ii u- ei o-는 단모음을 2배로 늘려서 발음하며 ei 등과 같이 2개의 다른 모음을 연속해서 발음하는 경우도 있다. 장모음, 단모음은 주로 말의 뜻으로 구별된다. ei와는 달리 ai au ae oi ue 등은 각각의 모음을 분명하게 연속해서 발음한다. 한편 자음에

● 일본어의 악센트는 강약의 악센트가 아니라 고저의 악센트이다.

는 k s sh t ch ts n h f m y r w g j z d b p가 있다. [1]마찰음 sh, 파찰음 ch ts j도 단독 자음으로 취급된다.

일본어에는 영어와 같은 강약(強弱) 악센트가 없으며 모든 음절이 같은 길이로 발음된다. 그 대신 표준어나 방언에는 고저(高低) 악센트가 있다. 악센트가 높은 곳에서 낮은 곳으로 떨어지는 음절의 위치가 그 단어의 악센트의 형태를 결정한다. 같은 단어 또는 동음이의어는 고저 악센트에 따라 큰 차이를 보인다.

5) 일본어의 한자

한자는 고대 중국에 기원을 둔 표의문자(表意文字)로서 현재 한국, 중국, 대만, 일본 등지에서 사용되고 있고, 예전에는 동아시아 한자 문명권 안에서 베트남도 사용한 적이 있었다.

일본어에서 한자는 중국에서 기원한 한자어와 일본 고유의 어휘를 표기하는 두 가지 표현법이 사용되고 있다. 즉, 중국 고유의 한자어를 표현하는 방식인 음독(音読み)과 고유의 어휘를 한자로 표기하고 고유의 발음으로 읽는 훈독(訓読み)이 그것이다. 쉽게 말해 앞의 음독(音読み)이라는 단어에서 '音'을 중국어 발음에 가깝게 '온(おん)'이라고 읽는 것이 음독이고, '읽기'라는 뜻의 일본 고유어를 '요미(読み)'라고 읽는 것이 훈독이다. '訓'이라는 문자는 본래적으로 내포하고 있는 의미를 풀어준다는 것으로 한자의 의미를 일본어로 나타내는 것을 뜻한다.

● 음독과 훈독의 예

현재 일본에서 사용되고 있는 한자는 4~5만 자 정도로, 한자의 극히 일부분이라고 할 수 있다. 일본 문부성(文部省)은 1946년, 그 중에서 공문서나 의무교육, 일반 잡지나 신문 등에 사용되는 한자를 1,850자로 제한하고 이를 일상생활에 사용되는 한자라는 의미로 당용(當用)이라고 했다. 그 후 한자 수가 더 늘어나 1,945자가 되었고, 이후 2010년에는 2,136자, 4,388음훈(音訓)으로 늘어났으며, 이를 상용한자(常用漢字)라고 한다.

6) 일본어의 경어(敬語)

일본어에는 한국어와 마찬가지로 말하는 사람이 듣는 사람에 대해 경의를 표하는 경어(敬語)라는 복잡한 언어 형식이 존재한다. 경어는 넓은 의미로는 스피치 레벨 전체의 계통을 뜻하고, 좁은 의미로는 존경을 나타내는 말, 혹은 그 표현 방식을 가리킨다. 그리고 이러한 표현 방식은 듣는 사람에 대한 말하는 사람의 입장이나 관계 또는 회화의 전후관계에 따라 달라지는데, 간단한 질문에도 20종류가 넘는 다양한 화법이 존재한다.

화법은 기본적으로 말하는 이와 듣는 이의 지위나 친밀도에 의해 결정되는데, 이는 한국어와 비슷하다. 일반적으로 듣는 사람이 말하는 사람보다 윗사람이거나 양쪽이 그다지 친밀하지 않을 경우에는 정중어 '데스'(です : ~입니다)와 '마스'(ます : ~습니다)를 사용한다. 양자의 관계는 연령이나 성별, 직함, 또는 사회적 지위나 신세를 진 정도 등에 의해 다양하게 표현된다.

한편, 동일집단 내에서는 말하는 사람이 윗사람일 경우, 반말(평상어)인 '다'(だ : ~이다)를 사용할 것인지, 아니면 정중어를 사용할 것인지는 상황에 따라 말하는 사람이 선택하게 된다. 반면, 동일집단에 속해 있지 않은 사람간의 첫대면에서는 보통 특별한 경우를 제외하고는 정중어를 사용한다.

여성은 남성보다 정중한 화법을 쓰는 경우가 많고 아랫사람에 대해서도 남성처럼 반말을 하는 경우가 드물다. 이 점이 한국어 화법과 다른 점이라고 할 수 있다. 여성은 광범위하게 정중어를 사용하고, 반말을 하는 것은 가족이나 친구, 자녀 정도에 한하며 그 또한 아주 부드럽게 표현한다.

7) 일본어의 외래어

일본어는 한국어 이상으로 외국어에서 말을 빌려온 외래어(外來語)가 많다. 이 표기는 보통 가타카나(片仮名)로 하는데, 중국어(한자어)에서 차용한 단어는 그 수가 방대하고 한자로 표기하기 때문에 외래어라고 하지 않고 주로 미국이나 유럽에서 들어온 말을 외래어라고 한다.

외국의 언어는 새로운 사물이나 사상과 함께 일본에 유입되었다. 그 대부분이 기술용어임에서 알 수 있듯이, 대응하는 일본어가 없는 전문용어들이었다. 설령 대응하는 표현이 있다고 해도 새로움이나 고급스러움을 강조하기 위해 외래어를 사용했고, 예를 들어 '화장실'이라는 말 대신 WC나 トイレ(토이레)를 사용하는 것처럼, 완곡하게 표현하기 위해서도 사용되었다.

16세기에는 포르투갈인들이 일본으로 건너오면서 기독교나 상업에 관한 말이 포르투갈어에서 차용되었고, 17세기에서 19세기 말에는 영어, 프랑스어, 러시아어로부터 외래어가 만들어졌다. 현재는 영어에서 차용한 외래어가 압도적으로 많은데, ストライキ(스토라이키 : 파업), デパート(데파토 : 백화점), カレーライス(카레라이스) 등 많은 용례가 있다. 프랑스어에서 온 외래어는 복식, 요리, 외교, 정치 관련 용어가 많고, 독일어에서는 의학, 인문과학, 등산, 스키 용어 등, 그리고 이탈리아어에서는 음악, 식물 관계의 용어가 많이 차용되었다.

일본인이 좋아하는 한자 Best 10	
1위	心
2위	愛
3위	和
4위	誠
5위	楽
6위	夢
7위	真
8위	美
9위	幸
10위	優

일본인이 좋아하는 말 Best 20			
1위	ありがとう	11위	自由(じゆう)
2위	思(おも)いやり	12위	親切(しんせつ)
3위	健康(けんこう)	13위	愛(あい)
4위	平和(へいわ)	14위	誠実(せいじつ)
5위	やさしさ	15위	誠意(せいい)
6위	正直(しょうじき)	16위	努力(どりょく)
7위	幸福(こうふく)	17위	信頼(しんらい)
8위	元気(げんき)	18위	おはよう
9위	明(あか)るい	19위	自然(しぜん)
10위	素直(すなお)	20위	夢(ゆめ)

「日本人の好きなもの」(NHK出版生活人新書, 2008)

일본 문학

　일본의 문학은 일본어의 생성과 더불어 시작되었다고 볼 수 있지만, 본격적인 성과는 고대국가 성립기인 6세기 이후로 보는 것이 일반적이다. 동아시아 한자문명권에 속한 일본 문학은 한국 문학과 마찬가지로 고대 이래 19세기 중엽까지는 중국의 영향을 받았고, 그 이후에는 근대 서양 문학의 영향을 받았다.

　세계 문학 중에서 일본 문학만큼 작품의 주제로서 남녀 간의 사랑이나 성을 다루고 있는 예도 흔치 않다. 그 예는 일본 고대국가 성립기를 전후해 만들어진 고대시가집 『²만요슈(万葉集)(まんようしゅう)』에서부터 영화로도 제작되어 화제가 된 이와이 슌지(岩井俊二)(いわいしゅんじ)의 소설 『³러브레터(ラブレター)』에 이르기까지 시, 소설, 수필, 극 등 실로 다양한 장르에 걸쳐 나타나고 있다. 다소 과장되게 표현하면 이러한 작품들이 일본 문학의 주류라고 느껴질 정도이다.

　이러한 현상이 나타나게 된 문학사적인 배경에는 여러 가지 요인이 있겠지만, 우선 두 가지를 주목할 필요가 있다. 하나는 사랑과 성에 관한 일본인 특유의 감각과 정서가 존재한다는 것이고, 또 하나는 일찍이 그들의 문자를 만들어내 자유롭게 문학 표현을 할 수 있었다는 것이다.

일본 문학의 주요 테마에 사랑과 성의 비중이 컸던 배경에는 앞의 두 가지 이외에도 일본 문학에서의 여성의 역할을 빼놓을 수 없다. 여류작가들은 남성 위주의 종교, 도덕, 법률, 미의식, 사회제도, 유교 등의 이데올로기와 갈등하고 대립하면서도 사랑과 성이라는 인간 본연의 문제에 대해서는 적극적이고 다양하게 표현해 왔다. 여러 고전작품에서 여성들이 주인공으로 설정되어 있음은 주목할 만하다. 이렇듯 여성들의 역할과 의미가 작품 구조 안에서 더욱 적극적으로 드러나고 있는 것이 일본 문학사의 큰 특징이라고 할 수 있다.

1) 고대와 헤이안시대의 문학

7세기 초에 시작된 중국(수·당)과의 교류를 통해 중국의 발전된 문화와 기술, 행정 등이 일본에 유입되었다. 이후 천황가(天皇家)에 의한 국가 통일의 정당성을 증명하기 위해 변칙적 한문 표기로 쓰여진 『고지키(古事記)』(712년)와 순수한 한문으로 쓰여진 『니혼쇼키(日本書紀)』(720년) 등의 역사서가 당시 일본 정부의 후원하에 편찬되었다. 이 두 역사서에는 편찬 의도 외에도 본서에 등장하는 신화나 황실 계보, 영웅 전설, 역사적 사건 등과 어우러진 약 180여 수(중복된 노래를 제외한 수)의

● **가루타(カルタ)** 100인의 와카(和歌)를 한 수씩 골라 모은 백인일수(百人一首)를 쓴 것. 사람들은 이 와카를 외워서 딱지놀이를 했다.

많은 고대가요가 포함되어 있었다. 그 대부분에는 불규칙적인 음률이나 일본어 음을 표시하기 위해 한자가 사용되고 있었는데, 이를 통해 문자가 사용되기 이전인 고대 일본의 시가(詩歌)의 특질을 알 수 있다.

일본 최초의 본격적인 고대 시가집인 『만요슈(万葉集)』(8세기 후반 성립)는 한자의 음훈을 가지고 일본어를 표기하는 [4]만요가나(万葉仮名)로 기록되어 있는데, 다양한 음수율을 갖는 정형시를 수록하고 있고, 그 중에서 31음의 정형시인 단가가 가장 많은 수를 차지하고 있다. 초기의 [5]와카(和歌)는 거친 감정을 소박하게 표현한 것이 특징이고, 후기의 와카에는 이후의 궁정귀족의 와카의 전통을 지배하는 수사학적 표현에 의한 세련된 노래가 많이 보인다.

9세기 중반의 가장 중요한 성과라고 하면 일본어 음을 표기하기 위해 일본 고유의 문자인 가나(仮名)가 만들어진 것이다. 일본어의 음을 표기하기 위해 한자를 과감히 간략화해 만든 음절 문자를 사용함으로써 중국의 문학과는 다른 일본 고유의 문학 전통에 대한 자각이 크게 일어났다. 10세기 초에는 첫 번째 칙찬(勅撰) 와카집으로서 『[6]고킨와카슈(古今和歌集)』(905년)가 만

들어졌다. 이것은 『만요슈』이래 당시까지 창작된 대표적인 와카를 모은 가집으로, 이후 21대에 걸친 칙찬 와카집이 만들어졌다.

가나(仮名)의 사용은 일본어 산문체에 의한 문학의 발전을 촉진시켰다. 10세기 중반, 일본 최초의 고소설로서 전기적(傳奇的) 내용의 『[7]다케토리모노가타리(竹取物語)』와 와카에 얽힌 이야기를 주된 테마로 하는 『[8]이세모노가타리(伊勢物語)』가 등장한다. 그리고 10세기 후반에는 귀족 후지와라씨(藤原氏)가 권력의 중심에 서게 되면서 딸들을 천황의 부인으로 보내 천황을 실질적으로 지배하는 섭정(攝政)과 간파쿠(関白)체제가 확립되게 되는데,

● 아리와라노 나리히라(在原業平)의 일대기를 담은 『이세모노가타리(伊勢物語)』
(© 斎宮歷史博物館)

그 결과로서 황후를 보좌하는 궁중여성들의 문예살롱이 만들어지게 되었다. 이러한 살롱의 여인들에 의해 헤이안시대의 대표적인 고전작품들이 다수 창출되었는데, 무라사키 시키부(紫式部)의 대표소설 『[9]겐지모노가타리(源氏物語)』(11세기 초)와 세이쇼 나곤(清少納言)의 수필집 『[10]마쿠라노소시(枕草子)』 등은 헤이안시대의 산문문학을 대표하는 작품들로 평가받고 있다.

● 일본 고전문학의 최고 걸작으로 꼽히는 무라사키 시키부(紫式部)의 『겐지모노가타리(源氏物語)』를 소재로 한 그림

2) 중세문학

12세기 후반에서 16세기까지 이어진 중세에는 와카의 한 종류로서 렌가(連歌)가 번창했다. 렌가란 575의 와카의 앞 구(句)를 한 가인(歌人)이 읊으면 다른 가인이 그 다음 구인 77을 완성시키는 유희적 요소가 가미된 와카짓기라고 할 수 있다. 와카는 궁중의 귀족들로부터 시작되었지만, 중세시대에는 무사 계급들도 와카를 즐기게 되었다. 뿐만 아니라 뛰어난 렌가시(連歌師: 렌가시인) 중에는 [11]소기(宗祇)와 같은 평민 출신들도 등장했다.

한편 산문문학에서는 전쟁담이 중심 내용을 이루는 『12군키모노가타리(軍記物語)』가 나타났다. 대표작인 『13헤이케모노가타리(平家物語)』는 천황 지배를 종식시킨 다이라씨(平氏)와 미나모토씨(源氏) 간의 전쟁을 그린 작품이다. 이 소설은 비파를 켜면서 전쟁담을 들려주고 다니는 승복 차림의 예능인들에 의해 널리 퍼졌다. 또한 12세기 말에는 전쟁 등의 동란에 의해 불교적 무상관(無常觀)에 크게 영향을 받은 작품들이 등장했다. 이 무상관은 『헤이케모노가타리』, 가모노 초메이(鴨長明)의 『14방장기(方丈記)』(1212년), 요시다 겐코(吉田兼好)의 『15쓰레즈레구사(徒然草)』(1330년) 등의 수필집에도 공통적으로 나타나고 있는데, 무상은 전쟁과 전란의 시대인 중세시대와 그러한 중세문학을 특징 짓는 사상적 배경으로서 각각의 작품속에서 진한 그림자를 드리우고 있다.

3) 근세문학

약 100년에 걸친 전란이 끝난 뒤 에도(江戶)에는 중앙집권정부가 수립되고, 통일화폐가 유통됨으로써 시장 경제 체제가 발달하게 되었다. 이러한 사회적 배경에 힘입어 막강한 경제력을 지닌 계급이 등장해 활약하게 되는데, 그들을 가리켜 조닌(町人)계급이라고 한다. 이들의 활약으로 에도와 오사카를 중심으로 도시경제가 발전하고, 상인과 농민들의 생활 수준이 향상됨에 따라 일본 전체적으로는 식자율(識字率)이 높아지게 되었다. 이에 문학 작품이 시장성이 높은 상품으로 떠오르게 되면서 출판산업이 발달하고 문예대중화의 시대를 맞게 되었다.

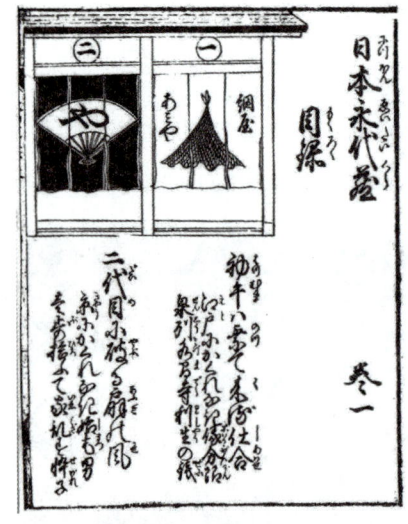

● 『일본영대장(日本永代蔵)』 근세기 대표적인 소설가 이하라 사이카쿠(井原西鶴)의 작품으로, 전국 각지의 상인들의 치부담을 통해 17세기 후반의 일본의 경제 현실을 사실적인 필치로 그려내고 있다.

이 시기에는 에도시대 상인들의 성(性)과 금전에 관련된 생활을 유머러스하게 묘사한 이하라 사이카쿠(井原西鶴)의 『16호색일대남(好色一代男)』 (1682년)·『일본영대장(日本永代蔵)』(1688년)과 같은 소설류가 큰 인기를 얻어 널리 읽혀지게 되었고 흥미로운 삽화가 들어간 대중소설이 에도문학의 주류를 이루었다. 또한 연극 분야에서는 에도시대에 확립된 가부키(歌舞伎)나 인형극의 일종인 인형조루리(人形浄瑠璃) 등이 성행해, 이를 공연하기 위해 시바이고야(芝居小屋)라는 극장들이 많이 생겨났다. 연극의 내용은 도쿠가와 막부 체제에 의해 확립된 엄격한 신분제도에서 야기되는 갈등을 주제로 다룬 것이 주를 이루었다.

시가(詩歌)에서는 중세 렌가의 유행에 이어 에도시대에는 [17]하이카이(俳諧)라는 17음의 세계 최단시형이 크게 유행했다. 이것들은 자연과 서민들의 생활을 주요 소재로 삼았으며, [18]마쓰오 바쇼(松尾芭蕉) 등에 의해 예술성이 크게 고양되었다.

또한 일본의 언어와 문학사상 등 일본의 고유한 정신 세계를 연구하는 국학자(國學者)들이 이 시기에 많이 등장하게 되는데, 특히 [19]게이추(契沖), [20]가모노 마부치(賀茂眞淵), 모토오리 노리나가(本居宣長)는 『고사기』, 『만요슈』, 『겐지모노가타리』 등의 고전에 관한 실증적 저서를 통해 일본 고유의 세계관을 밝혀내려고 노력했다.

4) 근·현대의 문학

1868년 메이지유신(明治維新) 이후 서구의 기술과 문화가 일본에 유입되면서, 문학에서도 중국문화를 대신해 서구의 문화가 본격적으로 흡수되기 시작했다. 그 결과 소설이 일본 문학의 본격적이고 중심적인 장르로 떠오르게 되었다. 이와 관련해 문학에서 사용되는 언어가 서서히 문장체에서 구어체로 변환되는 움직임이 일어, 일본 최초의 언문일치 작품이 탄생했다. 후타바테이 시메이(二葉亭四迷)의 『부운(浮雲)』(뜬구름. 1887~89년)이 그것으로, 주인공인 우쓰미 분조(内海文三)는 근대적 자아를 자각하고 봉건적 체제속에서 고민하는 청년으로, 근대인의 내면 심리 묘사에 주력한 언문일치의 문체로 새로운 인물상을 조형하고 자유로이 표현했다는 점에서 근대문학의 선구적인 작품으로 일컬어진다.

이전 시대의 단카(短歌)나 하이쿠(俳句)도 이시카와 다쿠보쿠(石川啄木), 요사노 아키코(与謝野晶子), 마사오카 시키(正岡子規) 등의 활약에 힘입어 시의 주요 형식으로 여전히 건재했으나, 서구시의 영향을 받은 자유시도 적극적으로 수용되었다. 자유시에서 최초의 위대한 성과는 시마자키 도손(島崎藤村)의 시집 『와카나슈(若菜集)』(1897년)에서 나타났다. 일본 문학에 영향을 미친 문예사조는 초기에는 1890년대에 모리 오가이(森鴎外)에 의해 소개된 낭만주의와, [21]우에다 빈(上田敏)의 프랑스 번역시집 『해조음(海潮音)』(1905년)의 상징주의, 그리고 1905년부터 1910년에 전성기를 맞은 뒤, 후에 사소설(私小説)로 발전한 자연주의 등을 들 수 있다.

1950년대까지의 일본 문학계 특징의 하나는 동인지의 간행이다. 무샤노코지 사네아쓰(武者小路実篤), 시가 나오야(志賀直哉) 등을 포함한 인도주의적인 [22]시라카바파(白樺派) 작가들은 『시라카바(白樺)』(1910~23년)를 간행했고, 프롤레타리아 작가인 고바야시 다키지(小林多喜二), 사타 이네코(佐多稲子) 등의 작품은 마르크스주의 문예잡지 『[23]전기(戦旗)』(1928~31년) 등에 발표되었다. 또한 신문에 소설을 연재하는 것도 일반적인 문학 발표 방법으로 자리 잡아, 나쓰메 소세키(夏目漱石), 나가이 가후(永井荷風), 다니자키 준이치로(谷崎潤一郎), 가와바타 야스나리(川端康成) 등의 대표적인 소설가들도 신문소설을 많이 썼다.

5) 근·현대의 소설

일본 근·현대 소설의 출발은 서양 문학의 번역본이 본격적으로 소개되기 시작한 메이지시대(1868~1912년)라고 할 수 있다. 에도시대(1600~1868년)의 24희작(戯作)은 메이지시대 초기의 문체와 내용에 많은 영향을 미치고 있었는데, 이에 반발해 쓰보우치 쇼요(坪内逍遙)는 평론『소설신수(小説神髄)』(1885~86년)에서 일본어에 의한 근대소설의 이론과 방법론을 제시했다.

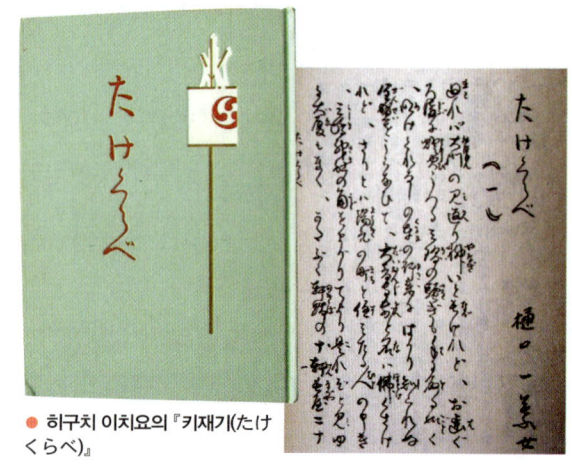
● 히구치 이치요의『키재기(たけくらべ)』

소설은 전통적으로 서민들의 오락작품의 하나로 간주되어 왔다. 당시 일본에 소개된 서구작품을 연구한 쓰보우치 쇼요는 그 결과를 통해 현대 생활의 실체를 묘사할 수 있는 새로운 문학작품과 순수예술표현으로서 소설을 확립할 필요성을 절감했다. 그는 현대 사회를 표현하는 방법으로서 사실주의 소설의 미덕을 주장했으며, 구어체 문장의 필요성과 순수문학에서 요구되는 다양성과 정확성을 표현할 수 있는 작가의 필요성을 강조했다.

이 같은 쓰보우치 쇼요의 이론과 지도에 의해 일본 최초의 근대소설이라고 불리는 후타바테이 시메이(二葉亭四迷)의『부운(浮雲)』이 탄생했다.『부운』은 일본 최초의 언문일치체 소설이라는 점과 급변하는 사회에 놓여진 주인공의 역경을 사실적으로 잘 드러냄과 동시에 그 미묘한 심리를 적확히 묘사했다는 점에서 의의를 찾아볼 수 있다.

이 작품이 발표된 후 10년 간 후타바테이의 현대풍 심리소설에 흥미와 이해를 나타낸 작가는 거의 없었다. 그러나 1890년대 들어, 저명한 문예잡지『25문학계(文學界)』(1893~98년)를 거점으로 하는 낭만주의를 지향하는 젊은 작가들이 후타바테이의 뒤를 잇는 작품 활동을 하게 되었다. 그 중 가장 인상적인 작품이 여류작가 히구치 이치요(樋口一葉)의『키재기(たけくらべ)』(1895~96년)이다.

같은『문학계』동인으로서 시마자키 도손(島崎藤村)도 주목할 만하다. 시마자키 도손은 낭만주의 시에서 한 개인의 인간성의 진실을 주장하는 사실주의 소설로 영역을 넓혀 나갔다. 그는 첫 소설『파계(破戒)』(1906년)에서 출생의 비밀을 숨기는 피차별 부락 출신의 교사가 인간으로서 자립하는 길은 비밀을 털어놓는 것이라고 깨닫는 모습을 그렸다.

현대 일본의 사실주의 소설을 완성시킨 것은 일본의 문호라 불리는 [26]나쓰메 소세키(夏目漱石)이다. 소세키의 일련의 소설들은 지금도 여전히 일본 중산층 사람들의 인생을 가장 면밀하게 검증한 작품으로 평가받고 있다. 그의 소설에 등장하는 대다수의 주인공들은 대학 교육을 받은 남성으로, 새로운 에고이즘(자기본위)에 상처받고 세상과의 단절을 날카롭게 인식한다. 후기소설 중에서도 특히 유명한『마음(心)』(1914년)은 한 여자를 동시에 사랑한 친구를 자살로 몰아갔던 죄책감에 시달려, 결국 주인공 자신도 죽음을 택한다는 내용이 그려져 있다.

  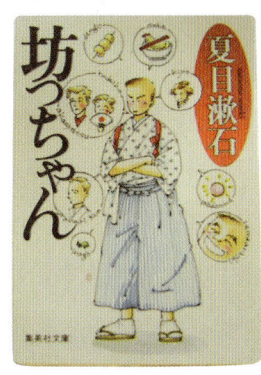

● 나쓰메 소세키 / 나쓰메 소세키의 구저택 / 나쓰메 소세키의『도련님(坊ちゃん)』

소세키와 더불어 이 시대를 대표하는 지식인의 한 사람으로 [27]모리 오가이(森鷗外)가 있다. 의사, 군의관, 총수, 독일연구가, 번역가, 평론가, 역사가, 작가 등 다양한 사회적 활동을 한 모리 오가이는 독일을 무대로 일본인을 주인공으로 한 로맨틱한 단편 세 작품을 발표하면서 주목받기 시작했다. 그 중에서도 특히 유명한『무희(舞姬)』(1890년)는 베를린에서의 젊은 일본인 유학생과 가난한 독일 무용수와의 운명적인 사랑을 수기 형식으로 그린 작품으로, 근대 문학의 선구적 작품으로 꼽힌다.

일본의 가장 대표적인 단편소설 작가라 일컬어지는 [28]아쿠타가와 류노스케(芥川龍之介) 역시 이 시기에 활동했다. 그는 재기발랄하고 유연한 상상력을 동원해 과거를 작품의 주요 배경으로 삼았다. 그에게 있어 과거는 이미 먼 시점의 일이었으므로 현재에서는 제공하지 못하는 자유를 제공할 수 있었다. 대표작『라쇼몬(羅生門)』(1915년)은 심리적 섬세함과 현대적 풍자를 그로테스크풍의 이질적 희열성과 결합시킨 완성도 높은 소설로 평가받고 있다.

● 아쿠타가와 류노스케(芥川龍之介)를 기념하기 위해 1935년에 제정된 아쿠타가와상(芥川賞)의 2008년 수상자 발표 기사

나가이 가후(永井荷風)는 근대 일본과 옛 일본에 대한 동경 사이에 내재하는 긴장을 묘사한 작가 중의 한 사람이다. 그는 여러 작품을 통해 사라져가는 도쿄의 창부(娼婦)의 세계를 면밀히 묘사해냄으로써 높이 평가받았다.

잘 다듬어진 단편소설로 유명한 시가 나오야(志賀直哉)는 유일한 장편심리소설 『암야행로(暗夜行路)』(1921~37년)를 발표해 명성을 얻었다. 현대 사회에서의 아이덴티티의 모색이 이 명작의 테마이다.

다니자키 준이치로(谷崎潤一郎)는 일본의 현대소설을 순수하면서도 오락성 넘치는 허구의 영역으로 한 걸음 더 접근시킨 작가였다. 초기 작품 『치인의 사랑(痴人の愛)』(1924~25년) 등을 통해 다니자키는 그때까지의 사실주의 소설 방식을 크게 뛰어넘어 불의, 방탕, 망상, 환상의 이야기를 소재로 삼았다.

제2차 세계대전이 패전으로 끝나자, 그 상실감과 혼란을 가장 비극적인 인생의 형태로 반영한 사람은 [29]다자이 오사무(太宰治)였다. 초기 작품은 그 자신의 상실과 방탕에 초점을 둔 것이었지만, 『사양(斜陽)』(1947년)과 자살 직전에 발표된 『인간실격(人間失格)』(1948년)에서 그의 혼란은 극적 상황에까지 다다랐다.

● 다자이 오사무(太宰治)의 자살 소식

전후의 모든 작가가 패전에 대해 다자이 오사무처럼 철저하게 부정적 반응을 보였던 것은 아니다. 이부세 마스지(井伏鱒二)는 토지의 감각에 집요하게 매달려 그것을 없애려고 하는 힘에 직면하면서 그 일체감을 유지하기 위한 투쟁에 초점을 맞추었다. 이것은 히로시마(広島)의 원폭 체험을 그린 『검은 비(黒い雨)』(1965~66년)에서 확연히 드러난다. 일반 시민의 일기를 통해 전개되는 이 소설의 위대한 점은 전율이 느껴질 정도의 세부적인 묘사 안에서도 인간성을 긍정하고 있다는 것이다.

사람과 토지의 연결은 노벨문학상 작가 [30]가와바타 야스나리(川端康成)의 작품에서 여실히 드러난다. 『설국(雪国)』(1935~48년)에서 야스나리는 등장인물 사이에 터무니없는 거리를 만들고, 가장 확고한 약속처럼 여겨졌던 인간 관계조차도 위협하는 친밀함에 대한 두려움을 표현했다.

패전 직후의 일본 소설을 패전 쇼크와 혼란만으

● 가와바타 야스나리(川端康成)의 노벨상 수상 소식

로 특징지을 수는 없다. 1945년 이후 문학계에 활기찬 재생의 움직임이 나타나기 시작했는데, 이 시기에 등장해 활동한 작가 그룹을 제1세대 전후작가라고 한다. 전쟁 전 마르크스주의에 심취해 있던 이들은 전후에는 자신들이 경험한 정치적·철학적·도덕적 국면의 모든 것을 검증할 수 있는 소설의 필요성을 주장했다.

● **가마쿠라(鎌倉) 문학관** 가마쿠라와 인연이 있는 문학자료와 나쓰메 소세키, 아쿠타가와 류노스케, 기와바타 야스나리, 요사노 아키코를 비롯한 3백명의 소설가, 가인, 평론가의 저서와 원고, 애장품 등을 수집·보존전시하고 있다.

노마 히로시(野間宏)는 『진공지대(真空地帯)』(1952년)에서 전시 중의 군대를 압제적인 전전(戰前) 사회질서의 확대관으로 보았다.

제2세대 전후작가는 1940년대 후반에 등장한 오오카 쇼헤이(大岡昇平), 아베 코보(安部公房), 미시마 유키오(三島由紀夫) 등이 대표적이다. 오오카 쇼헤이는 『야화(野火)』(1951년)에서 필리핀 전쟁의 마지막 국면을 배경으로 해, 전쟁을 통해 인간성의 극한을 경험한 고독한 일본병사를 그렸다. 아베 코보는 특징적인 카프카적 실존주의를 그린 [31]우의소설(寓意小説)을 주로 썼는데, 대표작으로 『모래의 여자(砂の女)』(1962년) 등이 있다. 미시마 유키오는 작품을 통해 넘치는 미의식과 외형에 집착하면서 내면은 공허하다고 보는 그의 전후 일본관을 제시했다. 『금

● **미시마 유키오(三島由紀夫) 문학관**

각사(金閣寺)』(1956년)에 등장한 인물과 동기가 복잡한 심리 검증 등의 면이 외국에서도 많은 독자를 끌어들였다.

1950년대를 전환점으로 등장한 제3세대 전후작가들은 [32]사소설(私小説)의 복권과 재건을 꾀했다. 고지마 노부오(小島信夫)는 『포옹가족(抱擁家族)』(1965년)에서 가족제도의 붕괴를 검증했고, 야스오카 쇼타로(安岡章太郎)는 『해변의 풍경(海辺の光景)』(1959년)에서 야유적인 원근법이라는 신선한 감각을 개인적인 소설에 담아서 화제가 되었다. 또한 엔도 슈사쿠(遠藤周作)는 제3세대에 속하면서 가톨릭 신자로서 기독교가 박해를 받은 17세기 초 일본을 배경으로 한 『침묵(沈黙)』(1966년)에서 배신, 비겁함, 순교의 문제를 추구했다.

1960년대 이후 일본의 작가들은 소설에 대한 다양한 시도와 더불어 실험적인 표현 방법을 모색해 오고 있다. 1994년에 노벨문학상을 수상한 오에 겐자부로(大江健三郎)는 뛰어난 작품

세계를 지닌 현대작가로서『개인적 체험(個人的な体験)』(1964년)이나『만엔 원년의 풋볼(万延元年のフットボール)』(1967년) 등의 작품에서 정치와 개인의 문제를 다루면서 표현의 형식과 방법을 끊임없이 실험하고 있다.

록 음악의 반항적인 세계를 경험하며 성장한 일본의 20세기 마지막 세대들은『한없이 투명에 가까운 블루(限りなく透明に近いブルー)』(1977년)의 33무라카미 류(村上龍)나『노르웨이의 숲(ノルウェイの森)』(상실의 시대. 1987년)의 34무라카미 하루키(村上春樹), 그리고『키친(キッチン)』(1987년)의 35요시모토 바나나(吉本バナナ)에 크게 공감하고 있으며, 이들 작가들은 한국 내에서도 많은 독자를 확보하고 있다.

2000년경을 전후해서 새롭게 등장한 소설 형태에 휴대소설(携帯小說)이라는 장르가 있다. 휴대 전화의 보급과 인터넷 접속 기능의 일반화에 의해 생겨난 것으로, 휴대 전화의 화면에 표시 가능한 글자 숫자가 100자 정도이므로 문장이 짧고 정황(情況) 묘사가 적으며 많은 회화문과 독백체로 이루어져 있는 것이 특징이다. 그리고 이 점이 휴대소설이 문학으로서 표현력이 결핍되어 있다는 비판을 받는 이유이기도 하다. 휴대소설은 주로 10대나 20대의 젊은이들에 의해 창작되고 읽혀지고 있으며, 작가와 독자 중에 여성의 비율이 높은 것이 특징이다. 2004년경부터 독자가 폭발적으로 늘어나, 휴대소설은 문학서의 연간 베스트셀러 가운데 2006년에는 미카(美嘉)의『연공(恋空) 上·下』, 차코(Chaco)의『천사가 준 것(天使がくれたもの)』, 요시(Yoshi)의『날개가 부러진 천사들(翼の折れた天使たち)』등이 올랐고, 2007년에는 미카(美嘉)의『연공(恋空) 上·下』, 메이(メイ)의『빨간 실(赤い糸)上·下』, 미카(美嘉)의『기미조라(君空)』, 린(凜)의『만일 그대가(もしもキミが)』, 이나모리 하루카(稲森遥香)의『순애(純愛)』가 들었으며, 그 중에는 100만을 넘는 베스트셀러도 포함되어 있다.

또한 1990년대 중후반 보이스 러브(일본제 영어-boy's love)라는 이름의 새로운 문학장르의 등장도 주목할만 현상이라고 할 수 있다. 보이스 러브는 남성, 특히 소년들 사이의 동성애를 제재로 한 소설이나 만화 등을 가르킨다. 작가나 편집자들 거의 대부분이 여성이고 독자들 대다수도 여성이다. 시장 규모는 이른바 오타쿠 시장으로 한정하면 약 215억엔(2012년)이고 기타 시장까지 포함하면 약 350억엔(2013년)에 이르는 것으로 알려져 있다. 일본을 대표하는 대중문화로서 국제적으로도 많이 알려져 있고 한국에서도 번역작품이 많이 소개되고 있다.

일본인이 좋아하는 작가 Best 10	
1위	시바 료타로(司馬遼太郎)
2위	마쓰모토 세이초(松本清張)
3위	나쓰메 소세키(夏目漱石)
4위	니시무라 교타로(西村京太郎)
5위	아카가와 지로(赤川次郎)
6위	이쓰키 히로유키(五木寛之)
7위	후지와라 슈헤이(藤沢周平)
8위	미야베 미유키(宮部みゆき)
9위	야마사키 도요코(山崎豊子)
10위	와타나베 쥰이치(渡辺淳一)

『日本人の好きなもの』
(NHK出版生活人新書. 2008)

주석

1. **마찰음과 파찰음** 자음의 조음방식. 폐강에서 나온 공기가 구강의 좁아진 어느 한 부분을 통과하면서 마찰을 일으켜 나는 소리를 마찰음이라고 하고, 파열음 직후에 마찰음이 이어져 나는 자음을 파찰음이라고 한다.

2. **만요슈(万葉集)** 일본에서 가장 오래된 가집(歌集)으로, 수록된 노래는 약 4,500여 수이다. 이 가집은 오래되었을 뿐만 아니라, 문학적으로 높이 평가되며, 일본 사상사 및 생활사 연구에도 귀중한 자료이다. 대체로 630년대부터 760년대까지 약 130년간에 걸쳐 천황에서부터 일반 서민에 이르기까지 다양한 계층의 노래가 수록되어 있다.

3. **이와이 슌지의 러브레터(ラブレター)** 이와이 슌지가 각본, 감독을 맡아 1995년에 제작된 멜로 영화. 편지를 통해 한 남자에 대한 추억을 공유하며 각자의 상처를 치유해 가는 두 여자의 이야기를 그린 작품으로 한국에서도 개봉되었다.

4. **만요가나(万葉仮名)** 만요슈(万葉集)에 수록된 노래의 표기법으로 한자의 음훈을 빌어 일본어의 음을 적은 글자. 우리나라의 이두(吏讀)와 사용 원리가 비슷하다.

5. **와카(和歌)** 일본 고유 형식의 시가(詩歌)의 총칭. 조카(長歌)·단카(短歌)·세도카(旋頭歌) 등이 있으며 고킨와카슈(古今和歌集) 이후 와카라 하면 단가를 가리키는 말로 정착하게 된다.

6. **고킨와카슈(古今和歌集)** 905년 천황의 칙명에 의해 만들어진 최초의 칙찬 와카집. 만요슈(万葉集) 이후의 노래 약 1,100여 수를 모아 놓았으며, 가풍(歌風)은 우미하고 섬세하며 동시에 와카에 공적(公的)인 성격을 부여하여 후세의 문학에 커다란 영향을 주었다.

7. **다케토리모노가타리(竹取物語)** 현존하는 최초의 모노가타리로서, 성립은 9세기 말에서 10세기 초반으로 추정되며, 작자는 미상. 가구야히메(かぐや姫)와 다섯 명의 귀공자 간의 구혼담을 그린 이야기로 현실과는 별개의 세계를 그린 것으로 낭만적이며 전기(傳記)적 성격이 강하다.

8. **이세모노가타리(伊勢物語)** 성립은 10세기 초반에서 중반경으로 추정된다. 약 125수의 와카(和歌)를 중심으로 뛰어난 서정의 세계를 그린 작품이다.

9. **겐지모노가타리(源氏物語)** 총 54첩으로 이루어져 있으며 주인공 히카루 겐지(光源氏)의 생애를 담은 전편과 그의 아들 가오루(薫の君)의 생애를 담은 후편으로 이루어져 있으나 전체를 3부로 나눈다. 모노가타리의 전통을 이으면서도 전기(傳記)에만 그치지 않고, 인간의 삶의 진실에 다가서는 작품이다.

10. **마쿠라노소시(枕草子)** 전 3권에 약 300편이 넘는 길고 짧은 여러 가지 문장을 모아 놓은 것으로, 10세기 말에 성립되었다. 이 작품은 명랑하고 청신(清新)한 젊음과 지적이고 직관적 정신을 생명으로 하는 「오카시(をかし)」가 그 기조를 이루고 있어 중고문학 중에서도 독자적인 위치를 차지하고 있는 수필집이다.

11. **소기(宗祇)** 1421~1502. 렌가시(連歌師). 유겐(幽玄: 마음에 깊이 스며드는 듯한 정취의 미(美)와 여정(余情)의 미, 유심(有心))을 이상으로 삼고, 렌가를 완성시켰다.

12. **군키모노가타리(軍記物語)** 중세문학 특색의 하나. 중세는 동란의 시대였으므로 이와 같은 시대상을 반영하여 수많은 싸움들을 이야기하는 작품들이 생겨났다. 이것이 이른바 군기(軍記)문학으로, 무상감과 비극적인 느낌을 주고 있는 점은 시대적 특색을 반영한 것이라고 할 수 있다.

13. **헤이케모노가타리(平家物語)** 중세 무사계급을 대표하는 겐페이(源平)의 양씨(両氏) 가운데, 한쪽 거두인 헤이케(平家) 일가의 번영에서부터 멸망까지를 당시의 시대 사상이던 무상관에 의해 묘사된 작품이다.

14. **방장기(方丈記)** 인생은 덧없는 것이란 것에서 시작하여, 인재와 천재를 통해 인생의 무상을 간결하고 청신한 문장으로 서술한 중세문학의 대표적인 수필.

15. **쓰레즈레구사(徒然草)** 성립 연대는 1313년에서 1331년경 사이로 추정된다. 화려한 궁을 떠나, 사색과 체험을 거듭한 작자의 넓은 인생관. 즉 불교적 무상관이나 유교적 윤리관, 도교적 인생관 등이 평담하고 우아한 화문으로 쓰여진 중세의 대표적인 수필이다.

16. **호색일대남(好色一代男)** 이하라 사이카쿠(井原西鶴)의 작품. 주인공 요노스케(世之介)의 애욕 편력의 일생을 그린 호색물(好色物)로서, 날카로운 관찰력으로 당시 조닌들의 향락생활을 주제로 하여 사람의 생(生)과 정(情)의 다양한 모습을 그린 작품이다. 당시 세간에 큰 호평을 받은 근세문학의 대표적인 작품.

17. **하이카이(俳諧)** 중세 말의 렌가에서 파생한 하이카이 렌가는 렌가회(連歌会)가 끝난 뒤 여흥으로 즐기던 것이었는데, 그것이 간단하고 평이해서 근세 초기 이후 널리 퍼지게 되었다. 그 당시 권위자였던 데이토쿠(貞徳)가 이들 광범위한 수용층을 조직, 확대시켜 하이카이를 독자적인 문체로서 확립시켜 놓았다.

18. **마쓰오 바쇼(松尾芭蕉)** 1644~94. 하이카이(俳諧)의 대표 작가로, 서민적이며 높은 예술성을 완성시켰다. 한적하고 고아한 작풍으로, 하이카이를 예술의 경지로까지 끌어올렸다.

19. **게이추(契沖)** 1640~1701. 문헌학적, 실증적인 고전연구의 방법을 확립하여 국학 성립의 기초를 닦은 국학자.

20. **가모노 마부치(賀茂真淵)** 1697~1769. 고전 연구를 통해 유교와 불교가 도래하기 이전의 고대 일본의 정신을 명확하게 하고자 한 것이 국학(國學)으로, 이 국학을 확립시킨 인물이다.

21. **우에다 빈(上田敏)** 상징시 운동의 선구적 작가. 번역시집『海潮音』은 그의 창작시로 여겨질 만큼 뛰어나다고 평가받고 있다.

22. **시라카바파(白樺派)**『시라카바(白樺)』(1910) 창간 동인에 의해 성립된 문학의 유파. 동인들 대부분이 부유한 상류계급 출신으로, 자신의 출생과 사회주의의 모순 사이에서 고민해 온 인물들이다. 개성을 강하게 살리며 존중하고, 신이상주의를 표방했으며 주관을 배제하는 자연주의파와 대립했다.

23. **전기(戦旗)** 1928년 마르크스주의 이론에 의한 예술운동의 통일체로서 전 일본무산자예술연맹(NAPF, 나프)이 결성되었는데, 그 기관지로서 발간되어, 활발한 논쟁과 창작이 전개되었고, 뛰어난 프롤레타리아 문학작품도 발표된 잡지이다.

24. **희작(戯作)** 근세 에도 말기부터 전통문학의 조류에 입각해 교묘하게 당시의 문명개화의 세태를 묘사한 통속소설로, 전대의 희작자(戯作者)에는 미치지 못하고, 세태의 표면 묘사에 그쳤다.

25. **문학계(文学界)** 1893~98. 기타무라 도코쿠(北村透谷) 등에 의해 창간된 문예지. 낭만주의(일본에서는 개성과 자아의 해방을 감성의 방면에서 추구한 문학 경향) 문학운동의 거점이 된 문예잡지이다.

26. **나쓰메 소세키(夏目漱石)** 소설가. 1900년 영국에 유학한 후 귀국하여 제1고등학교의 교사로 재직. 그 후 메이지의 대표적인 청춘소설인『산시로(三四郎)』(1908)와『그리고 나서(それから)』(1909),『문(門)』(1910)의 3부작에서 위선과 성실의 테마를 날카롭게 추구하여 방법상에서도 자연주의와는 차이를 둔다. 이 밖에도『마음(心)』(1914) 등 다양한 작품을 통해 근대인이 지닌 자아·이기주의를 예리하게 파헤치고 후세의 문학세대에 큰 영향을 끼친 일본 근대문학의 대표적인 작자이다.

27. **모리 오가이(森鴎外)** 군의관으로서 독일에 유학. 널리 문학과 철학, 예술에 걸친 신지식을 갖고 다방면에서 활약했다. 특히『무희(舞姫)』(1890년)는 베를린을 무대로 일본인 유학생과 가난한 무희의 슬픈 사랑을 수기 형식으로 쓴 작품으로, 근대문학의 선구적 작품이 되었다.

28. **아쿠타가와 류노스케(芥川龍之介)** 1892~1927. 나쓰메 소세키의 문하생으로 기쿠치 간(菊池寛), 구메 마사오(久米正雄) 등과 함께 제4차「新思潮」를 간행했다.『하나(鼻)』,『라쇼몬(羅生門)』등 일본의 고전설화를 리메이크한 작품으로 유명하다.

29. **다자이 오사무(太宰治)** 1909~48. 소설가. 자학적이고 해학적인 절묘한 이야기로 인간의 위선을 고발하는 작품을 차례로 발표했다. 전후에는 부라이파(無頼派) 문학의 기수로서 활약했다.

30. 가와바타 야스나리(川端康成) 1899~1972. 요코미쓰 리이치(横光利一) 등과 신감각파 운동을 전개. 마침내는 독자적인 미적 세계를 구축한다. 『이즈의 무희(伊豆の踊子)』, 『설국(雪国)』 등이 대표작이고, 노벨문학상을 수상했다.
31. 우의소설(寓意小説) 다른 사물에 빗대어 비유적인 뜻을 나타내거나 풍자한 소설.
32. 사소설(私小説) 작가 자신을 1인칭 주인공으로 하여, 자신의 체험이나 심경을 고백하는 형태로 표현하는 소설. 자연주의 경향의 작가들이 주로 썼다.
33. 무라카미 류(村上龍) 1952~. 『한없이 투명에 가까운 블루(限りなく透明に近いブルー)』로 1976년 군조(群像) 신인문학상 수상, 아쿠타가와상을 수상하며 데뷔 후 각박한 현대 사회를 비판한 『고인록카 베이비즈(コインロッカーベイビーズ)』 이외에도 다양한 작품으로 지지를 받고 있는 작가. 미디어 활동이나 영화 제작 등 폭넓게 활약하고 있다.
34. 무라카미 하루키(村上春樹) 1949~. 1979년 청춘의 낭만과 상실감을 그린 『바람의 노래를 들어라(風の歌を聴け)』로 군조(群像) 신인문학상을 수상하며 데뷔했다. 그 후 한국에서도 많은 인기를 얻고 있는 현대 일본 문학의 대표 작가.
35. 요시모토 바나나(吉本バナナ) 1964~. 1988년 『키친(キッチン)』으로 16회 이즈미 쿄카상(泉鏡花賞)을 받고 등단. 젊은 여성의 구어를 그대로 옮겨놓은 듯한 문체로 일상적이고 친밀감 있는 작품을 묘사해, 특히 젊은 여성들에게 많은 인기를 얻고 있는 현대 여류 작가이다.

참고문헌

『日本人の好きなもの』(NHK出版生活人新書. 2008)
『日本語の歴史 1~8』平凡社. 2006~08
『日本古典文学大事典』明治書院. 1998
『岩波講座日本文学史 1~17 別巻1』岩波書店. 1995~97
『日本文学の歴史 1~18』ドナルド・キーン著. 徳岡孝夫訳. 中央公論社. 1994~97
『岩波講座日本語 1~12 別巻1』岩波書店. 1992
『新潮日本文学辞典』新潮社. 1988
『日本古典文学大辞典 1~6』岩波書店. 1983
『現代日本文学大事典 1~6』講談社. 1977~78
『朝鮮文学史』金東旭. 日本放送出版協会. 1974
『朝鮮文学史』金思燁. 金沢文庫. 1973

06

일본의 전통 예능

1. 전통 연극과 예능
1) 노(能)
2) 가부키(歌舞伎)
3) 분라쿠(文楽)
4) 라쿠고(落語)
5) 만자이(漫才)

2. 일본의 예술과 공예
1) 꽃꽂이(生け花)
2) 다도(茶道)
3) 서도(書道)
4) 일본의 전통 회화와 우키요에(浮世絵)
5) 칠기(漆器)

노(能), 분라쿠(文楽), 가부키(歌舞伎), 교겐(狂言) 등 일본의 전통 연극과 예능을 대표하는 형식들은 내용과 의식면에서는 다른 점도 있지만, 고유의 전통과 외래문화가 융합되어 생겨난 것이라는 점에서 서로 강한 예술적 유대관계가 있다.

특히 고유의 전통과 외래문화의 융합이라는 점에서 한일 양국의 예능을 비교해보면, 일본의 예능에 나타나는 특징으로서 몇 개 장르의 예능은 빠른 시기에 상업화했다는 점과 일본 특유의 기능 계승 제도를 유지했다는 점을 들 수 있다. 궁중이나 사원에서의 예능, 또는 촌락민들 자신이 행하는 예능이나 유랑 예능인들이 각지를 순회하면서 행하는 예능에서 발생한 일본의 예능은, 에도시대에 들어와 가부키(歌舞伎)나 인형조루리(人形浄瑠璃)인 분라쿠(文楽) 등 상설극장에서 입장료를 받고 관객에게 보여주는 예능으로 자리 잡았다. 그 배경에는 에도(江戸)나 오사카(大阪) 등의 대도시의 형성과 이곳에 거주하는 경제력을 지닌 도시시민 조닌(町人)의 존재를 들 수 있다. 또한 여러 장르의 예능에서 그 기능을 가족간에 대대로 계승해가는 세습제도, 인기 있는 예명(藝名)을 일대(一代), 이대(二代)로 연속해서 계승해 가는 습명제도(襲名制度), 특정 인물이나 기능의 인정(認定)·제자의 관리 등을 행하는 이에모토 제도(家元制度)도 일본의 예능계에서 특이하게 발달한 제도이다.

한편 한국의 전통 예능에는 인형조루리(人形浄瑠璃)에 비견될 수 있는 꼭두각시놀음, 노(能)와 같이 가면을 쓰고 연기하는 봉산탈춤이나 회별신굿 탈놀이, 송파 산대놀이, 민속성악이라고 할 수 있는 판소리, 전국을 돌며 농악 등을 공연하는 남사당 등이 있고, 궁중행사에서는 전통적인 음악과 무용이 전해져 왔다. 그렇지만 일본의 경우와 같이 대도시에 상설공연장을 만들고 그곳을 근거지로 하는 전문적인 배우와 극단은 없었다. 이와 같은 일본 예능의 특징은 조선시대까지의 한국에서는 거의 찾아보기 어려운 것이라 할 수 있다.

이와 같이 한일 양국 예능의 상이성의 배경에는 근세 이후 양국의 도시 형성의 전개 과정과 사회 계층 형성 및 유교문화의 영향의 차이가 내재하고 있음을 간과할 수 없을 것이다.

1
전통 연극과 예능

일본의 연극은 오랜 역사를 지니고 있다. 특이한 것은 먼저 만들어진 연극 형태가 점차 발전하고 변화해서 현재의 연극이 이루어진 것이 아니라는 점이다. 과거의 것은 그 형태 그대로 전해지고, 한편에서는 그 형태에 새롭게 여러 요소가 가미되어 현재의 다양한 연극이 공존하게 된 것이다. 전통적인 연극으로서 14세기에 시작된 노

● 가가쿠(雅楽) 중국이나 한국에서 전래된 음악·무용으로, 주로 궁중에서 보존되어 오늘날까지 전해지고 있다.

(能), 17세기에 시작된 분라쿠(文楽)와 가부키(歌舞伎)가 있다. 현재도 이 연극 장르에 심취한 애호가들이 적지 않지만, 전체 일본인에 있어서는 소수라고 할 수 있다. 또한 전통적인 대중예능으로서 부가쿠(舞楽), 나니와부시(浪花節), 라쿠고(落語), 민요(民謠) 등을 들 수 있는데, 다수의 일본인들은 오히려 이 예능 분야에 심취하고 있다.

그 중 부가쿠(舞楽)는 궁중의식에 관련된 식전(式典)용 무용으로서 다른 것과 구별된다. 음악이 주가 되고 연극적인 요소를 최소한으로 하고 있다. 부가쿠에는 8세기에 널리 유행된 예술적, 구조적 원리가 적용되어 있다. 즉 중앙아시아, 인도, 한반도의 가무적인 요소가 중국에 의해 융합·동화되어 중국 문화와 함께 일본에 전래되었다.

● 노(能) 중세 이래 계승되어 온 시가와 춤을 동반하는 연극으로, 탈을 쓰고 연기하는 것이 많다. 표정이 없는 얼굴을 노멘(能面)과 같은 얼굴이라고 한다.

한편 그것과는 대조적으로 노(能), 교겐(狂言), 분라쿠(文楽), 가부키(歌舞伎)는 일본 국내에서 전개되는 정치와 사회 변화를 상징하는 고유 양식이다. 노와 교겐은 중국의 영향을 강하게 받았던 시대의 산물이며, 분라쿠와 가부키는 일본이 정치적으로 쇄국정치를 펴던 시대에 시작된 것이다.

1) 노(能)

　노(能)는 현존하는 최고의 직업 연극으로, 14세기에 생겨난 음악을 동반한 무용극이다. 노에는 다른 주된 현대 연극에서 잃어버린 것 즉, 본질적으로 불교의 존재관을 반영하는 의식적 기원이 담겨져 있다. 노는 비유적 묘사와 암시, 상징적인 표현에 역점을 둔 무대 방법을 통하여 현실 무상의 본질을 나타내려고 하고 있다.

　14세기 중반, 교토(京都)와 나라(奈良)에 거점을 둔 직업극단이 신사와 절의 보호 아래 극단을 결성하였다. 그들은 ¹간진노(勧進能)를 흥행시키고 종교적·상업적으로 금품을 모았다. ²덴가쿠(田楽)의 노를 상연하는 극단도 있었고 ³사루가쿠(猿楽)의 노를 상연하는 극단도 있었다. 양쪽 모두 공통적인 연극적 전통을 지니고 있어 당시 이 두 곳은 거의 구별이 없었다. 사루가쿠에서 출발해 기본적으로 현재와 같은 노의 형태로 변한 것은 무로마치시대(室町時代: 1338~1573년)의 천재적인 배우이자 각본가인 ⁴간아미(観阿弥)와 그의 아들 ⁵제아미(世阿弥)에 의해서다.

　1374년 간아미와 제아미 부자의 연기를 본 장군 아시카가 요시미쓰(足利義満)는 그 연기와 제아미에게 강한 인상을 받고 그 후 극단을 후원하게 된다. 간아미의 ⁶간제류(観世流)는 특출한 존재로서 인정받았고 현존하는 다른 세 극단, ⁷곤파루류(金春流), ⁸호쇼류(宝生流), ⁹곤고류(金剛流)도 간제류의 연기 양식을 받아들였다. 억제, 표현의 간소화, 주장보다도 암시라는 선(禅)의 예술 이념에 기초해 제아미는 많은 작품을 통해 내용과 연기, 연출을 완성했다. 연극의 모든 면에 관한 그의 생각은 일련의 평론에 기록되어 있으며 이것은 현재에도 노의 필수 이론서가 되고 있다.

　에도시대(江戸時代 : 1600~1868년)에 와서 노는 도쿠가와 막부의 공식적인 행사가 되었다. 2세기에 걸쳐 이어져온 노는 한층 체계화되었고 엄숙함에 있어서 제아미의 세련된 연기를 능가할 정도에까지 이르렀다.

　1867년, 도쿠가와 막부가 붕괴되고 막부의 지원이 중단되자 노는 일부 귀족계급의 지원을 받으며 살아남았다. 그러나 그 지원도 제2차 세계대전 종결과 함께 끊겨 일반 대중이 노의 유일한 후원자가 되었다. 오늘날 노는 소수이지만 열정적인 애호가들에 의해 꾸준히 지속되고 있다.

　노의 상연에 빠지지 않는 희극적인 막간 연극 교겐(狂言)은 전통적인 아시아의 변사들이 그러

● **나고야 노극장** 나고야는 에도시대부터 노가 번성했던 지역이다. 나고야성 옆에 세워진 노극장은 매월 정기공연이 열려 나고야 전통문화의 발신지가 되고 있다.

하듯이 인간의 약한 성격을 농담처럼 이야기하고 부부 싸움, 허풍장이 등을 야유하고 있다. 교겐의 배우는 진지한 연극 사이에 등장한다는 구성의 묘로 긴박감을 완화시키는 촉매 역할을 하고 있다.

2) 가부키(歌舞伎)

가부키(歌舞伎)는 노(能), 분라쿠(文楽)와 함께 일본의 주요 3대 고전연극의 하나이다. 가부키(歌舞伎)는 17세기 초에 한 극단이 상연하던 잡다한 여러 종류의 가요곡과 무용을 모아 새롭게 구성하면서 시작되었다. 겐로쿠시대(元禄時代: 1688~1704년)에 원숙한 연극으로서 최초의 황금기를 맞았고, 에도시대를 통해 가장 인기 있는 무대예술로서 번성하였다. 10쓰루야 난보쿠(鶴屋南北)와 11가와타케 모쿠아미(河竹黙阿弥)의 세련된 명작으로 가부키는 그 예술적 정점에 도달했다. 가부키는 연기, 무용, 음악의 장려한 융합에 의해 오늘날에는 양식, 색, 소리가 결합된 화려한 무대연출로 세계에서도 유수한 전통 연극의 하나로서 인정받고 있다.

● 가부키(歌舞伎)의 한 장면

가부키는 이즈모타이샤(出雲大社)의 무녀인 12오쿠니(阿国)가 1603년 교토의 가모가와(鴨川) 강가에서 대부분 여성으로 구성된 집단을 데리고 춤과 노골적인 촌극을 한 것이 그 시작이다. 오쿠니의 극단은 여러 지방에서 평판이 좋았으며 그 공연은 '일상탈피', '기이함·새로움'을 의미하는 가부키(歌舞伎)로 칭하게 되었다.

오쿠니가 넓힌 여자 가부키의 강한 매력은 주로 연극에서의 그 관능적인 춤과 정사 장면에 의한 것이었다. 그러나 기생을 겸한 이들 예술인들과 관객들이 빈번하게 말썽을 일으킴으로써 1629년 도쿠가와 막부는 여성이 가부키 무대에 오르는 것을 금지하였다. 따라서 그 후에 와카슈(若衆: 젊은 남성) 가부키(歌舞伎)가 큰 성공을 거두었지만, 여자 가부키의 경우와 마찬가지로 미소년의 배우가 여장을 했기 때문에 풍기를 문란시킨다고 하여 막부는 흥행을 엄하게 금지시켰다.

메이지유신(明治維新) 이후에 9대째인 이치카와 단주로(市川団十郎: 1838~1903년)와 5대째인 오노에 기쿠고로(尾上菊五郎: 1844~1903년) 등의 배우들은 고전 가부키의 보호를 강하게 주장했다. 만년에는 전통 가부키의 명작을 상연하기 위해 전력을 다했으며, 가부키를 계승

할 차세대 배우 양성에도 전념하였다.

제2차 세계대전 후에도 가부키의 인기는 계속되었고, 근현대 작가 다수의 작품과 함께 에도시대의 명작도 도쿄의 가부키자(歌舞伎座)와 국립극장(國立劇場)에서 계속 상연되고 있다. 그러나 흥행되는 작품은 상당히 적은 편이며 가부키자에서는 보통 인기 있는 막(幕)과 장(場)에 한해 무용극과 함께 상연하고 있고, 국립극장에서는 전막(全幕)이 상연되고 있다. 한 작품의 상연에 소요되는 평균 시간은 막간을 포함해 약 5시간 정도이다.

● 2013년 새롭게 준공된 도쿄의 가부키자(歌舞伎座)

3) 분라쿠(文楽)

● **분라쿠(文楽)** 인형조루리(人形浄瑠璃)라고도 한다. 샤미센의 반주와 더불어 다유(太夫)가 말하는 대사에 맞추어 머리와 오른손으로 인형을 조종하는 사람, 왼손으로 조종하는 사람, 발을 사용하는 사람 등 3명이 연출하는 경우가 많다.

분라쿠(文楽)는 가부키와 마찬가지로 에도시대에 도시에 사는 서민들 사이에서 생겨난 전통적인 예술 형식의 하나로, 일본의 직업적인 인형극이다. 분라쿠는 네 가지 요소로 이루어져 있는데, 머리 길이와 키의 비율이 3분의 2 정도인 인형, 조종자에 의한 인형의 움직임, 다유(太夫 : 노래하는 사람)의 이야기, 세 줄 샤미센(三味線)의 음악적이고 리드미컬한 연주이다. 또한 복잡한 움직임을 가능하게 하기 위해 주요 역할을 연기하는 인형은 세 명의 조종자가 공동으로 조작을 한다.

인형 조종자는 보통 검은 기모노를 입는다. 보좌역은 검은 두건을 머리에 써서 관객들에게는 '눈에 보이지 않는' 것으로 한다. 주조종자도 꽤 세밀한 감정 표현이 요구되는 장면에서는 다른 두 조정자와 마찬가지로 두건을 쓸 때도 있지만, 대개는 관객에게 얼굴을 보인 채 인형을 조종한다. 주조종자는 분라쿠의 세계에서는 스타와 같은 존재이다. 때로는 눈부신 하얀 비단의 기모노에 화려한 색조의 에도시대 무사의 예복 차림으로 연극 전체의 시각 효과를 위해 중요한 역할을 한다.

다유(太夫)는 혼자서 무대 위의 모든 인형을 대신해 남녀, 어린이의 대사를 읊는데, 낮은 성난 목소리에서 부드럽고 여성스러운 목소리까지 다양한 목소리를 낼 수 있어야 한다.

메이지시대 이후 서양의 연극 예술 형식이 일본에 들어와 독자적인 현대 연극으로 발전하면서 분라쿠에 대한 관심은 점점 줄어들었다. 제2차 세계대전 이후 일본인이 차츰 전통문화에서 벗어나기 시작하면서 분라쿠는 쇠퇴하기 시작했고, 1960년대 초에는 상업적으로 사라질 위기에 처했다. 분라쿠의 존속은 주로 정부의 지원과 도쿄의 국립극장, 오사카의 국립분라쿠극장의 설립으로 그 위기를 모면했다. 젊은이들 사이에서 전통문화에 대한 재평가가 이루어지고 있기 때문에 분라쿠의 인기는 서서히 회복되고 있지만 그 미래는 불투명하다.

4) 라쿠고(落語)

라쿠고(落語)는 해학적인 독백 형식을 지닌 대화 형식의 서민 예술이다. 라쿠고카(落語家 : 만담가)가 에피소드적인 이야기와 목소리, 얼굴 표정 등을 교묘하게 변화시켜 여러 등장인물을 표현하면서 이야기를 만들어 나간다.

라쿠고카는 무대 장치를 일체 사용하지 않는다. 유일한 반주 음악은 이야기의 장단을 맞추는 북과 샤미센, 대금이며, 그 짧은 연주가 라쿠고카의 등장과 퇴장을 알린다. 수수한 전통 기모노 차림의 라쿠고카는 무대 중앙으로 나와 관객 앞에서 유일한 소도구인 수건과 부채를 쥐고 방석에 정좌한다. 마지막까지 거기에 앉은 채 이야기를 전개하고, 예상하지 못한 결정적인 대사인 [13]오치(オチ)로 이야기를 매듭짓는다. 이러한 독특한 결말로 인해 라쿠고(落語)라 불리게 되었다.

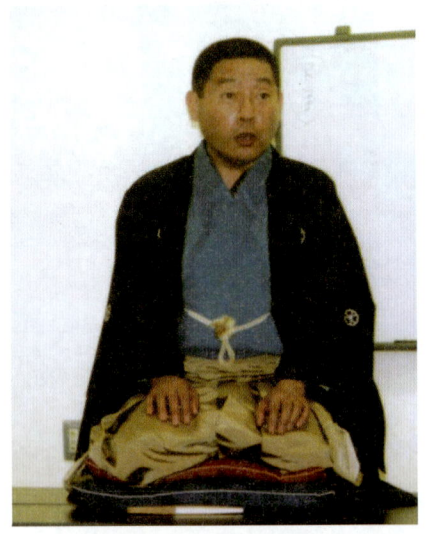

● 라쿠고(落語) 에도시대부터 있었던 한 사람에 의한 만담. 골계적(滑稽的)인 소재나 인정담을 1인 다역을 해나가며 재미있게 청중에게 들려준다.

라쿠고에서는 화자와 관객 사이의 상호 관계가 매우 중요하다. 고전 라쿠고의 상연 목록은 많지 않기 때문에, 라쿠고 애호가는 기본적인 줄거리를 몇 번이나 반복해서 듣는다. 관객들은 라쿠고카 스스로의 각색과 귀에 익은 스토리 연출을 즐기기 위해 오는 것이기 때문에 라쿠고카가 덧붙이는 세밀한 묘사 방법을 높이 평가한다. 특히 독자성이 요구되는 것은 본 줄거리에 들어가기 전의 도입 화제인 14마쿠라(枕)이다. 라쿠고는 인간의 온갖 결점을 조롱하는 연기 예술이기 때문에, 이야기의 줄거리보다도 그 등장인물의 성격 묘사에 중점을 둔다.

● 도쿄 신주쿠에 있는 요세(寄席) 스에히로테이(末広亭). 요세는 에도시대부터 내려온 화예(話芸)인 라쿠고나 만자이 등의 공연이 열리는 장소로, 지금은 도쿄에도 몇 곳밖에 남아 있지 않다.

5) 만자이(漫才)

만자이(漫才)는 두 명의 희극인이 말을 주고받으며 진행하는 해학적인 회화 무대 예술로서, 한국의 만담에 가깝다. 만자이의 기원은 나라시대(奈良時代 : 710~94년)이며 에도시대에 전국으로 확대되었다.

에도시대 말기 가설무대에서 공연하던 만자이는 20세기 초에는 특히 오사카에서 인기가 급속도로 높아졌다. 제2차 세계대전 후부터, 라디오와 텔레비전을 통해서 만자이의 인기는 계속되고 있다. 상대방에게 재치 넘치는 말로 응수하는 쪽을 '쓰코미(つっこみ)', 촌스럽고 진지한 분위기로 말하는 쪽을 '보케(ボケ)'라고 하는데, 이들 만자이 콤비의 대화는 대개 빠른 템포로 당시의 시사문제를 가볍게 다루거나, 가끔 엉뚱한 연상으로 화제가 재빨리 전환되는 것이 특징이다.

일본의 예술과 공예

1) 꽃꽂이(生け花)

일본의 꽃꽂이(生け花)는 전통적인 생활 예술로서 16세기경부터 시작되었다고 전해진다. 초기의 꽃꽂이는 자연 상태의 소재와 모습을 중시했는데, 점차 소재는 자연 그대로의 것을 사용하면서도 구성에 있어서는 이념적인 의미를 부여하기 시작했다. 즉 꽃꽂이의 기본이 되는 가지(枝)를 천(天), 지(地), 인(人)의 세 요소로 보고, 이것들이 조화를 이루는 대자연을 표현하고자 했다.

그러나 이러한 전통적인 꽃꽂이에 비해 제2차 세계대전 이후에는 생명이 없는 철 조각이나 석고, 유리 등도 소재로 활용해 그것들에 생동감을 부여하고 살아 있는 형태로서 표현하려는 전위적인 꽃꽂이가 등장했다. 현재 일본의 꽃꽂이 유파는 3천 개가 넘는 것으로 파악되고 있다.

꽃꽂이의 기본 기술로는 소재를 꽃병과 같은 틀에 정착시키는 방식과 필요 없는 곁가지를 잘라버리는 방식, 그리고 소재를 구부려 꽂는 방식, 휘어져 있는 가지를 펴는 방식 등 조형상의 기법이 있다. 이 밖에 줄기 안에 수포가 들어가는 것을 방지하기 위해 줄기를 물속에서 자른다든지, 줄기 자체를 불에 태우거나 약품처리를 하는 기법 등 식물의 생리적 변화를 활용한 방식들도 있다.

● 전통적인 꽃꽂이는 기본이 되는 가지를 하늘, 땅, 사람의 세 요소로 보고, 이것들이 조화를 이루는 대자연을 표현하고자 했다.

● 취미생활로서 많이 보급되고 있는 꽃꽂이

과거 일본에서는 결혼 전 신부수업의 하나로 꽃꽂이가 인기였지만, 오늘날에는 실내 장식의 중요한 요소로서, 또한 취미생활로서 많이 보급되고 있다. 그 밖에도 서구 방식의 플라워 디자인도 많이 유행하고 있다. 우리나라도 최근 꽃꽂이의 중요성이 인식되어 여러 분야에서 다양하게 활용되고 있는데, 대개 일본의 꽃꽂이 방식을 수용한 것이 많다.

2) 다도(茶道)

● 다도의 마음은 외형보다도 마음을 중시하고 스스로를 버리고 손님을 대접하는 것이다.

다도(茶道)는 일정한 작법(作法)에 따라 주객이 마음의 공감을 나누면서 차를 마시는 일본의 전통 예술이다. 그 근원은 중국과 한국에 있었지만 일본이 계승하여 예술의 경지에까지 이른 것으로 평가되고 있다. 일본의 다도는 16세기 후반 [15]센노리큐(千利休)에 의해 완성되었다. 다도에서는 맛차(抹茶)라는 분말 형태의 정제된 차를 다기에 넣어 뜨거운 물을 붓고 대나무로 된 막대로 저어서 거품을 내어 마신다.

다도의 예법에는 무사의 예법이나 노(能)의 영향이 나타나고 있는데, 이것은 일본의 전통적인 예의 작법에 강한 영향을 미쳤다. 모양보다도 마음을 중시하고 스스로를 버리고 손님을 대접하는 것이 다도의 마음이라고 되어 있다. 다도의 예법을 행하는 전용 공간인 다실(茶室), [16]로지(露地), 가이세키요리(懷石料理), 다도구(茶道具) 준비 등, 손님을 맞는 주인은 모든 것에 세심한 배려와 주의를 기울인다. 다도 자리에 처음 초대받았을 때는 다도의 예법을 미리 알아두어야 하는데, 손님으로서 무엇보다 중요한 것은 주인의 배려에 감사하는 마음이다.

현재 일본에서는 신부수업의 한 과정으로서 이 다도가 행해지고 있다. 단순히 차를 마신다는 일상 행위를 형식미를 수반한 일종의 예술적인 경지로까지 승화시킨 점에 일본 다도의 특색이 있다 하겠다. 이러한 일본 다도가 발전한 배경에는 녹차를 즐기는 일본인들의 취향이 있음을 간과할 수는 없을 것이다.

● 다도에 쓰이는 맛차(抹茶)

3) 서도(書道)

우리의 서예에 해당하는 일본의 서도(書道)는 한자와 가나문자(仮名文字)를 붓으로 씀으로써 정신적인 깊이와 아름다움을 표현하는 조형 예술이다. 한국, 중국, 일본에서 모두 하고 있는데, 특히 일본은 가나문자가 한자의 부수나 변을 따온 글자이기 때문에 서도를 행하는 데 있어 한자와 가나의 조화가 잘 이루어지는 것이 특색이다.

● **가키조메(書き初め)** 신춘휘호(新春揮毫). 예로부터 정월 초이튿날, 경사스러운 말이나 시가(詩歌) 등을 쓰는 풍습이 있다.

작품 감상은 운필묵색(運筆墨色)과 구성·배치 등의 표현미와 풍격과 의미의 내용미를 보는 것이지만, 서도는 쓰는 사람의 인격적 표현이므로 감상자에게 감동을 주는 것이 우선시된다. 지금도 서도는 일본의 초등 교육 과정과 학원 등에서 활발하게 이루어지고 있고, 붓을 사용하는 사람도 한국에 비해 월등히 많다. 명필가나 유명인사가 쓴 글이 일본 가정집에 걸려 있는 것은 우리와 비슷하다.

정월 초에 축하 문구나 좋은 내용의 전통 시가를 붓으로 쓰는 [17]**가키조메**(書き初め)는 현재에도 일본인들 사이에서 많이 행해지고 있다. 한글 전용의 문화가 자리를 잡아 한자와 점점 멀어져가는 우리의 풍토와는 비교가 되는 대목이다.

4) 일본의 전통 회화와 우키요에(浮世絵)

현대 일본의 회화는 서양화와 일본화로 구분된다. 일반 학교 교육에서는 대개 유화나 수채화와 같은 서양화를 많이 그리고, 전통 회화는 감상하는 수준에서 다루어지고 있다. 그러나 전통 회화는 일본 각 가정의 장식화로서 잘 어울리고 애호가도 많다.

일본화는 불교의 전래와 더불어 불화(佛畵)로서 시작되었는데, 10세기경부터 일본의 풍경이나 풍속을 묘사하

● **우키요에(浮世絵)** 에도시대를 대표하는 예술의 하나로 다색 인쇄판화. 우키요에가 유럽에 소개되어 고흐 등의 화가에게 영향을 주었다는 것은 유명한 사실이다.

게 되면서 이것을 [18]**야마토에**(大和絵)라고 불렀고 일본화의 기초가 확립된 것도 이 시기이다.

수묵화(水墨畵)는 선종(禪宗)과 함께 중국에서 들어왔는데, 15세기경에는 일본화로서 독자

적인 발달을 하게 되었다. 묵의 농담(濃淡)을 활용하고 간소하고 소박하며 암시적인 표현을 특징으로 하고 있다. 그 후 수묵화에 야마토에의 기법을 도입하는 등의 변천을 거쳐 근대 이후에는 유화의 영향을 받아 현대의 일본화에 이르렀다.

에도시대의 회화로 오늘날에도 폭넓게 감상되고 있고 해외에도 널리 알려진 것이 [19]우키요에(浮世絵)이다. 민중적 풍속화의 한 양식으로 [20]육필화(肉筆畵)로도 그려졌지만 특히 판화로서 널리 보급되었다. 그림의 내용으로는 전통 연극의 이모저모나 배우들의 다양한 모습, 미인화, 스모 선수들의 모습이 주 소재였으며, 역사적인 그림이나 풍경, 새나 꽃 그림도 있다.

18세기 중엽에는 스즈키 하루노부(鈴木春信)에 의해 다색쇄(多色刷) 판화가 창시되어 황금기를 맞았다. 우키요에 중에서는 춘화(春畵)가 널리 알려져 있어 '우키요에(浮世絵)' 하면 흔히 춘화를 떠올리지만 우키요에가 춘화만을 다룬 것은 아니다. 19세기 초에는 기타가와 우타마로(喜多川歌麿)가 미인의 상반신을 클로즈업해 여성의 아름다움을 우아하게 묘사함으로써 미인화를 완성시켰다. 이후에도 [21]가쓰시카 호쿠사이(葛飾北斎), [22]안도 히로시게(安藤広重) 등 저명한 화가들이 등장해 많은 작품을 남겼다. 또한 우키요에의 화법이 고흐, 고갱으로 대표되는 서양의 후기 인상파 화가들에 크게 영향을 미쳐 새로운 서양화의 사실 기법이 전개되었음은 주지의 사실이다.

5) 칠기(漆器)

칠기(漆器)는 한국을 비롯해 중국, 일본, 베트남, 태국 등지에서 만들어지고 있는데 특히 일본산이 유명하다. 칠기(漆器)는 영어로 「japan」이라고 하는데, 이것으로도 일본 칠기의 유명도를 가늠할 수 있을 것이다.

칠(漆)은 옻나무의 수피(樹皮) 안에서 배어나오는 점액이다. 이것을 정제하고 안료(顔料)를 가해 목기에 칠한 뒤, 적당한 습도에서 건조시키면 접착성과 부식 방지, 방

● 칠로 문양을 그리고 금속분을 뿌린 마키에(蒔絵). 사진은 스루가 마키에로 느티나무의 껍질을 이용한 칠기 표면에 금가루로 무늬를 놓은 것이다.

습성이 좋은 피막이 얻어진다. 통상적으로 얇게 바른 다음 건조시키는 것을 수회 반복한다. 일본에서 칠은 고대시대부터 이용되어 왔는데, 7세기 이후 중국의 기술을 도입해 상자나 식기, 가구, 불상, 건축 등의 미술 공예품으로 이용되고 있다.

칠기에 문양을 그리는 방법에는 여러 가지가 있다. 칠로 문양을 그리고 금속분인 색분을 뿌리는 마키에(蒔繪), 안료를 섞어 조합한 칠인 이로우루시(色漆)로 모양을 그리는 우루시에(漆繪), 빨간 칠을 여러 번 바른 바탕에 모양을 새기는 퇴주(堆朱)나 검정 칠을 두껍게 바르고 그 위에 모양을 새기는 퇴흑(堆黑), 칠면에 모양을 파서 금을 새겨 넣는 쟁금(沈金), 목조(木彫) 위에 붉은 칠이나 녹색 칠을 바른 가마쿠라보리(鎌倉彫), 조개껍질이나 금속판을 칠면에 박아 넣거나 붙인 나전(螺鈿)과 효몬(平文) 등이 있다. 현재는 [23]와지마누리(輪島塗)가 가장 유명하다.

주석

1. **간진노(勸進能)** ①권화를 위해 공연하는 노(能) ②노(能)의 상급 배우가 일생에 한 번만 허가받아 공연하는 특별 공연 ③관람료를 받고 보여 주는 노(能).
2. **덴가쿠(田楽)** 헤이안 중기부터 가마쿠라·무로마치시대에 걸쳐 행해진 예능. 본디 모내기 때의 가무음곡(歌舞音曲)이 예능화한 것.
3. **사루가쿠(猿楽)** 일본의 중고·중세에 행해진 민중 예능. 익살스런 흉내의 화예(話藝)를 중심으로 했다. 차츰 연극화되어 노(能)와 교겐(狂言)으로 나뉘었다.
4. **간아미(観阿弥)** 1333~84. 아들 제아미(世阿弥)와 함께 중세 무로마치시대 당시에 유행하던 덴가쿠(田楽), 엔넨(延年), 쿠세마이(曲舞) 등, 당시 유행하던 예능을 접목시켜 노가쿠(能楽)를 완성시켰다.
5. **제아미(世阿弥)** 1363년경~1443. 유겐(幽玄)의 미학을 추구하는 무겐노(夢幻能)를 확립했다. 이때부터 사루가쿠노(猿楽能)만을 노라고 불렀고 때로는 노가쿠(能楽)라고도 했다. 현재까지 이어지고 있는 고정된 무대 양식도 이때 정착했다.
6. **간제류(観世流)** 일본에서 노의 성립 당시부터 있었던 유파인 야마토를 계승해 내려온 간제류, 호쇼류, 곤파루류, 곤고류 등의 네 유파 중의 하나.
7. **곤파루류(金春流)** 일본에서 노의 성립 당시부터 있었던 유파인 야마토를 계승해 내려온 간제류, 호쇼류, 곤파루류, 곤고류 등의 네 유파 중의 하나.
8. **호쇼류(宝生流)** 일본에서 노의 성립 당시부터 있었던 유파인 야마토를 계승해 내려온 간제류, 호쇼류, 곤파루류, 곤고류 등의 네 유파 중의 하나.
9. **곤고류(金剛流)** 일본에서 노의 성립 당시부터 있었던 유파인 야마토를 계승해 내려온 간제류, 호쇼류, 곤파루류, 곤고류 등의 네 유파 중의 하나.
10. **쓰루야 난보쿠(鶴屋南北)** 19세기 초기 에도 가부키를 난숙시킨 가부키 작가.
11. **가와타케 모쿠아미(河竹黙阿弥)** 1816~93. 가부키 작가. 에도에서 태어났으며 본명은 요시무라 요시사부로(吉村芳三郎). 20세가 지나서 교겐(狂言)의 작자인 5세(世) 쓰루야 난보쿠(鶴屋南北)에 입문, 28세에 2세(世) 가와타케 신시치(河竹新七)라는 이름을 이어받아 교겐 작가의 제1인자가 되었다. 배우인 4세(世) 이치카와 고단지(市川小団次)와 제휴하여 많은 풍속물, 인정물을 집필했으며, 메이지시대에 들어와서는 풍속물, 시대물 외에 사실물(史實物), 개화물(開化物), 무용극(舞踊劇) 등을 썼다. 53년 동안 약 360편의 작품을 썼다.
12. **오쿠니(阿国)** 1603년 오쿠니(阿国)라는 무녀가 이즈모 지방에 있는 큰 신사의 순회 모금을 위해 각지를 돌아다니며 염불에 맞춰 춤을 추었는데, 이 춤이 가부키의 모태가 되었다.
13. **오치(オチ)** 라쿠고 등에서 끝마무리로 하는 우스갯소리(익살).
14. **마쿠라(枕)** 라쿠고 등에서 서두에 하는 짤막한 이야기.
15. **센노리큐(千利休)** 1522~91. 아즈치모모야마시대(安土桃山時代)의 다인(茶人). 오다 노부나가(織田信長), 도요토미 히데요시(豊臣秀吉)를 섬기며 총애를 받았으나, 히데요시에게 미움을 받게 되자 자결했다.
16. **로지(露地)** 다실로 통하는 뜰안의 통로. 다실 정원.
17. **가키조메(書き初め)** 신춘 휘호(新春揮毫). 예로부터 정월 초이튿날, 경사스러운 말이나 시가 등을 쓰는 풍습이 있다.
18. **야마토에(大和絵)** 일본화의 한 유파. 헤이안시대에 비롯된 가라에(唐絵)에서 벗어나 제재·수법이 일본풍인 그림.

19. **우키요에(浮世絵)** 에도시대에 성행한 풍속화. 주로 화류계 여성·연극 배우 등을 소재로 한다.
20. **육필화(肉筆畵)** 손으로 직접 쓴 글씨나 그림.
21. **가쓰시카 호쿠사이(葛飾北斎)** 1760~1849. 우키요에 화파에 속하는 탁월한 화가·판화가. 초기 작품으로는 풍경과 배우를 묘사한 1장짜리 판화, 육필화, 인사장이나 안내문 같은 인쇄물이 있는데, 이는 우키요에 예술의 모든 범위를 망라한 것이다. 나중에 그는 무사를 다룬 고전적 주제와 중국화의 전통적 주제에 전념했다. 1826~33년에 발표된 유명한 연작 판화 〈부옥 36경(富嶽三十六景)〉은 일본의 풍경 판화 역사에서 정점을 이루었다.
22. **안도 히로시게(安藤広重)** 1797~1858. 일본의 화가. 본명은 안도 도쿠타로(安藤德太郎). '우키요에' 유파에 속하는 채색 목판화의 마지막 대가 가운데 1인. 풍경화 구성에 대한 그의 천재성을 서양에서 맨 처음 인정한 것은 인상파와 후기 인상파 화가들이었다. 연작 판화 〈도카이도 53역참(東海道五十三次)〉(1833~34)은 그의 가장 훌륭한 업적이다.
23. **와지마누리(輪島塗)** 이시카와현(石川県) 와지마시(輪島市)에서 산출되는 칠기. 에도 중기에 특산물로서 일본 전국에 팔려 나가게 되었다.

참고문헌

『日本の伝統芸能 1~8』小峰書店. 1995
『朝鮮芸能史』李杜鉉. 東京大学出版会. 1990
『日本芸能史 1~7』芸能史研究会編. 法政大学出版局. 1981~90
『한국민족문화대백과사전』한국정신문화연구원. 1989
『邦楽百科辞典』音楽之友社. 1984
『アリランの歌』草野妙子. 白水社. 1984

07 일본인의 종교의식

1. 일본인은 과연 무종교인가

2. 일본의 주요 종교
  1) 신도(神道)
  2) 불교(仏教)
  3) 크리스트교
  4) 신흥종교

한일 양국 모두 토착신앙이 존재하고 그 뒤에 불교가 전래했으며 근세기에 들어와 크리스트교(가톨릭이 들어온 후 프로테스탄트교)가 전래했음은 주지의 사실이다. 그러나 양국의 종교관과 각 종교의 구체적인 상황을 살펴보면 적지 않은 차이가 있음을 알 수 있다.

일본의 토착신앙은 불교의 영향을 받으면서 신도로서 체계화되어 가정 내의 가미다나(神棚)부터 마을의 신사(神社), 황실의 조상을 숭배하는 이세신궁(伊勢神宮), 근대기에 국가에 의해 급조된 국가신도에 이르기까지 각 계층의 일본인의 생활 속에 자리잡고 있다. 이에 비해 한국의 토착신앙은 조선시대의 강력한 유교의 영향력과 일제강점기에 내세운 미신 타파 등 일본의 종교정책에 의해 위축되어 지금은 한국 민중들 안에 크게 뿌리 내리고 있다고 말하기 어려울 것이다. 또한 불교는 중국에서 주로 한국을 거쳐 일본으로 전래된 보편종교로서 신앙의 내용은 크게 다르지 않다. 그렇지만 한국의 종파가 참선을 강조하는 조계종(曹溪宗)을 중심으로 하고 있는데 비해 일본의 종파는 선종(禪宗), 염불을 강조하는 정토종(淨土宗) 등 다양한 특징을 지니고 있다. 또한 일본의 불교는 에도시대를 통해 단가제도(檀家制度)에 의해 각 가정과의 유대성이 강화된 반면, 불교가 주로 장례불교로서 형해화(形骸化)하는 폐해도 나타나게 되었다.

크리스트교의 전래도 일본은 15세기, 한국은 17세기인데, 일본의 경우는 스페인 등의 선교사가 직접 들어온 것이 특징이며, 양국 모두 국가에 의해 금지되고 신도들은 박해를 받았다. 그러나 현재 일본의 크리스트교 신자는 국민 전체의 2% 정도이고, 한국의 경우는 25%를 상회하고 있다.

이와 같이 양국의 토착신앙과 불교, 크리스트교에는 유사점과 상이점이 다양하게 존재하고 있고, 이러한 면이 지니는 의미를 일본 종교의 전개 양상을 통해 살펴보는 것은 양국 종교의 본질을 이해하는 중요한 단서가 될 것이다.

일본인은 과연 무종교인가

일본인 중에는 무종교를 표방하는 사람이 적지 않다. 그러나 이들이 종교를 부정한다거나 심각하게 생각한 후 자신이 무신론자라고 대답하는 사람은 극히 적다. 이것은 무엇을 의미하는가?

「당신은 믿고 있는 종교가 있습니까?」 (2000년, 2005년, JGSS, 단위: 명)		
	2000년	2005년
있다	274	249
특히 믿는 것은 없지만, 집안의 종교는 있다	723	507
없다	1,869	1,251
무응답	27	16
계	2,893	2,023

수년 전 일본의 한 조사에 따르면 자신의 종교를 묻는 질문에 무종교라고 답한 일본인은 70% 정도였고, 기묘하게도 그 70% 중 다시 75%가 그럼에도 불구하고 신앙은 중요하다고 대답했다. 결국 '개인적으로는 믿는 종교가 없지만 신앙은 중요하다'고 생각하는 사람이 50%를 넘는 셈이다. 이 사실은 많은 일본인들이 무종교라고 대답할 때에는 특정종파의 신자가 아님을 말하는 것으로, 기독교 등에서 말하는 무신론자를 의미하는 것은 아니다.

종교란 일반론으로 말하면 인간이 스스로의 유한성을 자각했을 때 그 활동을 개시하는, 인간에게 있어서 가장 기본적인 영위(營爲)라고 할 수 있다. 또한 종교의 본질은 필연적으로 인간의 존재와 세속을 부정하고 초월하려는 점에 있다고도 볼 수 있다. 이 점에 있어서는 한국인이나 일본인 모두 마찬가지일 것이다. 그럼에도 한국인과 일본인의 종교 의식에는 미묘한 차이가 있는 것처럼 보인다. 이러한 차이는 불교

● 도소신(道祖神) 무라(村, 마을)의 경계에 있으면서 악령이나 질병의 침입을 막고 마을을 지켜주는 민속신. 남녀 두 개의 모습으로 만들어진 것이 많다.

● 유시마성당(湯島聖堂) 에도시대 막부가 유학 연구를 위해 만든 공자묘(孔子廟). 에도시대의 무사들에게 있어 유학 지식은 지배층으로서 필요한 것이었지만, 과거제도는 없었고 유학자들의 지위도 조선과 달리 높지 않았다.

나 기독교와 같은 주요 교단 종교들이 들어오기 전에 존재했던 양국의 토속종교의 존재 양상과 그 이후의 전개 양상의 차이라고도 할 수 있다.

일본의 주요 종교는 크게 신도(神道), 불교(仏教), 크리스트교, 신흥종교 등으로 분류할 수 있다. 신도는 원시시대 이래 일본 민족의 생활 체험 가운데서 생성되고 형성되어 온 애니미즘적 자연종교로서 일본인들의 자연관이나 조상 숭배 사상의 핵심이라 할 수 있다. 또한 오랜 기간 동안 형성되어 오면서 불교와 유교의 영향을 받은 부분도 많다. 신도는 기본적으로 다신교이며, 모든 삼라만상은 신이 낳고 주관하며 모든 자연물에 신이 내려 있다고 믿는다.

● 시메나와(しめ縄)와 시데(紙垂) 시메나와는 종이를 잘라 만든 종이 조각인 시데를 엮은 줄로서, 신성한 건물이나 나무·돌 등에 장식해 그 안이 신성한 영역임을 나타낸다.

불교는 6세기 중엽 백제를 통해 전래되었다. 신도와 불교는 고대부터 서로 영향을 주고받으며 독특한 신불(神佛) 신앙을 탄생시켰다. 메이지시대 이전까지 신도와 불교는 별 구분 없이 상호 혼재된 의식을 사용했다. 신사에는 불단(佛壇)이 있었고 사찰에는 신전(神殿)이 있었다. 그래서 최근까지도 일본인 가정에는 신사에서 조상신을 모시는 가미다나(神棚)와 불교에서 조상신을 모시는 불단이 함께 있는 경우가 많다.

일반적으로 일본인들은 종교에 대해 관대한 경향을 보이는 한편, 동시에 여러 종교를 수용하는 모순적 양상을 띤다. 이것은 일본인이 종교에 관대하다기보다는 다신교적인 신도가 외국에서 들어온 종교에 관대하다는 것을 의미한다. 대다수의 일본인들은 출생이나 결혼 의식은 신도로 하고 장례는 불교식으로 치른다. 정월 초하루에는 신사에 가서 하쓰모데(初詣)를 올리고 오본(お盆)에는 절에 가서 참배하며, 크리스마스에는 아기 예수의 탄생을 축하하며 캐롤송을 부르는 것이다.

2015년 일본 문화청의 조사에 따르면 각 종교가 발표한 신도(信徒) 수는 신도(神道) 8,953만 명, 불교 8,872만 명, 크리스트교 193만 명, 기타 872만 명으로 되어 있다. 이 인구를 합하면 일본 인구의 2배에 달하는데, 이러한 예는 다른 나라에서 찾아보기 어렵다.

일본은 종교의 자유가 보장되고 국교를 인정하지 않는다. 특히 종교법인에는 많은 특혜와 예외가 인정된다. 또한 한국과는 달리 석가탄신일, 크리스마스를 휴일로 하고 있지 않다. 이에 따라 다양한 종파와 신흥종교들이 등장하고 있는 것도 일본이 처한 종교적 현실이라 할 수 있을 것이다.

종교별 신도 수 (2015년, 단위 : 만 명)	
신도	8,953
불교	8,872
크리스트교	193
기타	872

「日本国勢図会 2017/18」(矢野恒太記念会, 2017)

2

일본의 주요 종교

1) 신도(神道)

● **가시마신궁(鹿島神宮)** 이바라기현(茨城県) 가시마시(鹿嶋市)에 있는 신사로, 무예의 신인 다케치가즈치노카미(武甕槌神)가 수호신이다.

● 신사 안에서 신도의식을 행하고 있는 신관과 참배자들

　신도(神道)는 일본 고유의 자연종교이며 독특한 토착신앙으로, 자연에 대한 숭배심이 종교로 발전한 정령신앙 즉, 애니미즘(animism)의 일종이다. 초기에는 자연물과 자연현상을 신으로 삼았지만 점차 선조를 신으로 삼게 되었다. 신도라는 용어는 『일본서기(日本書紀)』(720년)에 처음 등장했는데, 이때는 종교 의식, 신(神), 신사(神社) 등을 의미했으나 12세기 후반 이후 특정종교를 표현하는 용어로 사용되기 시작했다. 신을 숭배하는 습관은 역사시대 이후부터 보인다. 야마토(大和)정권 시기에 왕족과 유력한 귀족들은 신도적 의식을 통해 권위와 정통성을 확보하게 되었고, 율령체제가 완비되고 황권이 확립된 나라시대와 헤이안시대에는 황실의 종교로서 자리 잡기 시작했다. 황실의 신도는 신화, 의식, 신관(神官), 신사를 통일적으로 완비했다. 8~9세기에 들어 신도와 불교 간에 상호 영향을 받아 좀 더 체계적인 교의와 의식 등이 완성되었다. 처음에는 뒤늦게 유입된 불교와 마찰을 빚기도 했으나 [1]신불습합(神佛習合)이 이루어지면서 신도와 불교를 동시에 믿을 수 있게 되었다.

　한편 에도시대에 유교가 전래되면서 신도는 불교의 영향에서 벗어나 주자학의 영향을 받으며 체계적인 교의가 정립되었다. 또한 국학운동의 영향으로 불교가 도래하기 전의 고대 일본의 문화와 신앙을 재인식하는 과정에서 신도의 교의는 재확립되었다. 메이지시대에는 배불(排佛)운동이 전개되면서 신불(神佛) 분리가 추진되었고, 신사신도(神社神道)는 국가의 제사를 맡게 되어 국가신도(國家神道)가 되었다. 신도가 통일된 종교로서 인식되기 시작한 것은 메이지 정부가 천황주권 국가시스템을 만들어 천황권을 절대화, 신격화한 메이지시대 이후부터이다. 이를 위해 메이지 정부는 천황의 조상신을 숭배한 신도를 전국적으로 조직화·국교화했다. 이로써 신사는 국가의 보호를 받게 되었고, 교육기관에서 신도의 교의가 교육되었다. 그러나 제2차 세계대전 이후, 국가신도(國家神道)는 폐지되고 지역의 신사가 중심이 된 신사신도(神社神道)만이 존속하게 되었다. 현재 각종 종교행사는 각 신사별로 이루어지고 있다.

● **오마모리(お守り)** 신사나 절에서 팔고 있는 부적으로 주로 집안화평·학업성취·교통안전 등에 대한 것이 많다.

신도에서 신을 모신 곳이 신사(神社)이다. 신사는 신도의식을 행하고 소원을 비는 목조의 사전(社殿)과 부속 건조물을 둘러싼 장소를 포함한다. 신사에서는 신도의식을 행하고, 도시부에서는 동일한 우지가미(氏神. 마을의 수호신)를 가진 사람들에게 공동체 의식을 부여한다. 그리고 농촌부에서

● **노기신사(乃木神社)** 도쿄 미나토구(港区)에 있는 신사로 러일전쟁에서 활약한 군인 노기 마레스케(乃木希典)가 제신(祭神)이다.

는 동일한 신에게 연결된다는 공통의 유대감을 강조해 동족의식을 확대시킨다. 신사 안의 본전(本殿)에는 신의 영이 살고 있다는 신체(神體)가 있다. 본전 앞에는 예배를 드리는 배전(拜殿)이 있어, 신관(神官)이 이곳에서 의식을 행하고 참배자는 예배한다. 참배자는 박수를 치고 배전 기둥에 매달려 있는 두꺼운 밧줄을 당겨 종을 울림으로써 본전에 모셔져 있는 신에게 자신의 존재를 알린다. 본전에는 신직자(神職者)에 한해서 올라갈 수 있는데, 특별한 의식이 있을 경우에는 참배자도 배전까지 올라갈 수 있다. 신사 입구에는 도리이(鳥居 : 입구에 세운 기둥 문)를 세워 본 건물이 신사임을 상징적으로 알렸다.

● **야스쿠니신사(靖国神社)** 도쿄 지요다구(千代田区)에 있는 신사로 메이지유신에 공로가 있는 사람이나 전쟁에서 사망한 군인들을 제신으로 하고 있다.

현재 일본 전역에 퍼져 있는 신사 수는 8만 5천개 이상이다. 그리고 그들 신사에서 섬기고 있는 신의 종류도 일본신화 속에 등장하는 '팔백 만의 신(八百萬の神)'이란 표현에서 짐작할 수 있듯이 무수히 많다. 수많은 신 중에는 역대 천황이나 도요토미 히데요시(豊臣秀吉), 이토 히로부미(伊藤博文) 등과 같이 실제로 존재했던 인물들도 있다.

대부분의 일본인들은 새해 벽두에 신사를 찾아가 새해 소망을 염원하는 하쓰모데(初詣)를 올린다. 또한 아이가 태어나면 신사에 등록을 하고, 결혼식을 할 때에는 신사에서 주관하는 혼례식을 따르는 경우가 많다. 최근에는 주로 호텔에서 결혼식을 올리는데, 그곳에서 간누시(神主)가 축사를 읽어 주기도 한다. 곳에 따라서는 현대적인 호텔 안에도 결혼식을 위해 자그마한 신사가 만들어져 있는 곳도 있다. 도시에서는 신사가 자취를 감춘 것처럼 보이지만 빌딩 옥상과 같은 뜻밖의 장소에 도리이(鳥居)가 서 있는 경우도 많다. 신도에는 특정한 교조(敎祖)나 교전(敎典)이 없다.

2) 불교(仏敎)

일본의 불교는 6세기 중엽 중국과 한반도를 거쳐 전해졌다. 일본에 전해진 불교는 여러 호족(豪族)들의 지지를 얻어 마침내 쇼토쿠태자(聖德太子)가 불교장려책을 쓰게 됨으로써 공식적인 지위를 굳혔다. 그리고 나라시대에는 중국 불교가 황금기를 이룬 때로, 그들의 여러 종지(宗旨 : 종파)가 차례로 건너와 삼론(三論)·법상(法相)·성실(成實)·구사(俱舍)·율(律)·화엄(華嚴) 등 주요 6종파가 성립되었다.

● 마을 안에 있는 절. 일본에서는 도시나 농촌 지역 어디를 가도 절을 볼 수 있다. 에도시대에 만들어진 단가제도(檀家制度)에 의해 주민통제의 수단으로 누구나 일정한 절(菩提寺)의 신자로 등록해야 했으며 이것을 통해 사원과 지역주민과의 유대성이 강화되었다.

헤이안시대에 이르러 불교는 천태(天台)·진언(眞言)의 2종이 중심이 되어 전개되었다. 천태종의 ²사이초(最澄), 진언종의 ³구카이(空海) 등은 당나라에 들어가 새로운 불법을 구한 개조(開祖)들이다. 나라시대에 성립한 6종파는 이들 2개 종파가 발전함에 따라 점차 그 세력을 잃어갔다. 특히 결정적으로 사이초가 개설하고 사망한 대승계단(大乘戒壇)이 국가의 공인을 얻음으로써 6종파가 몰락하기에 이르렀다. 또 헤이안 불교는 귀족들의 열성적인 귀의와 보호를 받아 귀족불교라 일컬어졌는데, 귀족들은 권세를 자랑하기 위해 조정을 본떠 절을 짓고 탑을 만드는 데 힘쓰는 한편, 기도(祈禱)와 법회를 자주 열었다. 이에 승려들은 귀족들과 깊은 관련을 맺게 되면서 세속적 권위와 결탁하게 되었고, 절은 귀족으로부터 기부 받은 토지를 지키기 위해 승병(僧兵)을 둠으로써 많은 폐단을 낳는 원인이 되었다.

일본 불교가 민중 속에 뿌리내리게 된 것은 가마쿠라시대이다. ⁴말법사상(末法思想)을 배경으로 일어난 정토종(淨土宗)은 아미타불의 명호를 외우는 일만이 정토왕생(淨土往生)의 정정업(正定業)이라고 설파하면서 급속히 교세를 넓혀나갔으나 기성종파의 반감을 사게 돼 박해를 받았다. 정토종을 확립한 겐쿠(源空:法然)의 문하에는 많은 인재가 모여 여러 종파로 분립되었는데, 그 중에서도 가장 주목할 만한 사람은 [5]정토진종(淨土眞宗)을 개설한 [6]신란(親鸞)이다. 그도 스승과 마찬가지로 유형에 처해졌으나, 그는 유형지에서 저술과 포교 활동에 주력했다. 한편 에이사이(榮西)와 도겐(道元) 등에 의해 중국에서 전래된 선종(禪宗)은 계율에 엄격한 수양의 교법으로서 무사 계급과 결부되어 발전해 나갔다. 가마쿠라 불교의 대미를 장식한 것은 [7]니치렌슈(日蓮宗)로, 니치렌슈는 처음에 [8]진언밀교(眞言密敎)를 배우고, 이어 천태(天台)를 배워 법

● 절의 부지 안에 있거나 지역에서 만든 공동묘지

화경의 진리를 깨달았다. 이 종파는 천태 이외의 종파를 부정하는 등 도전적인 언동 때문에 자주 법난(法難:박해)을 받았으나, 후에 민중들 사이에 교세가 널리 퍼져 지금은 진언종(眞言宗)과 나란히 대종파를 이루고 있다. 무로마치시대 이후 불교는 점차 쇠퇴일로를 걷다가 오다 노부나가(織田信長)와 도요토미 히데요시(豊臣秀吉)가 천하를 통일한 후에는 완전히 교세가 꺾였다. 또한 에도시대에는 정권의 도구로 타락했다.

침체되고 부패한 불교에 대해 비난·배척 운동이 자주 일어났으나, 메이지유신 이후 뜻있는 불제자들에 의해 혁신의 기운이 높아지고, 여러 종파의 부흥운동이 추진되면서 근대적 종교로서 불교가 발전하게 되었다.

12세기경까지 일본 불교는 귀족 중심의 종교였다. 그러나 13세기부터는 일반 민중들 사이에서도 번성했고, 동시에 무사계급들 사이에서는 선(禪)이 보급되었다. 이것들은 현재까지 이어져 일본 종교의 중심이 되었다. 특히 1613년에는 당시 확산되고 있던 가톨릭을 금지하고, 농민, 무사 등 신분에 관계없이 어느 절이든 단가(檀家:불교신자)로서 등록할 것을 강요했다. 이로써 단가 등록부는 당시의 호적 역할까지 하고 있었다. 이 때문에 오늘날까지도 대부분의 일본인은 어느 절의 단가로 되어 있어, 죽으면 불교식으로 장례를 치르게 된다.

이처럼 일본인의 생활은 불교와 밀접한 관계가 있다. 신도(信徒)가 아니더라도 절에 참배하고 장례를 불교식으로 행하며, 죽은 후에는 불교식 이름을 붙인다. 일본의 미술, 문학, 건축, 혹은 일본인

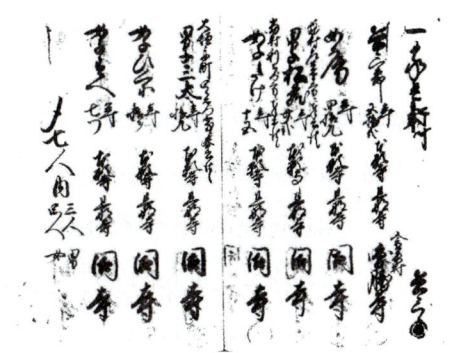

● **종문개장(宗門改帳)** 에도시대에 일가 구성원의 이름이나 연령, 속해 있는 절 등을 기재한 현재의 호적이나 주민등록과 같은 문서이다. (© 文春新書 『歷史人口學で見た日本』 より)

의 사상, 도덕 등 문화 전반에 걸쳐 불교의 영향이 매우 크다. 현재 일본의 절은 약 7만 5천 개에 달하며, 승려 수는 18만 명, 신도 수는 약 8,800만 명으로 추정된다.

3) 크리스트교

● 일본에 크리스트교를 전파한 프란시스 자비에르 동상

일본에 크리스트교가 처음 전래된 것은 1549년, 가톨릭 교파인 예수회의 프란시스 자비에르가 가고시마현(鹿兒島県)에 도래한 때이다. 초기에는 지배계층 가운데 서양 문물에 관심을 가진 일부가 가톨릭 포교에 호의적이었고, 17세기 초 전성기 때는 신자 수가 75만 명에 달했다. 그 수는 오늘날 일본 전체의 크리스트 교파의 신자 수에 육박하는 정도로, 당시의 인구가 현재의 6분의 1이었던 점을 감안하면 그 수가 어느 정도였는지를 미루어 짐작할 수 있다. 그 후에도 막부는 크리스트교의 종교 사상이 신분 질서와 봉건체제 유지에 유해하다고 판단해 차츰 억압하고 금지하기에 이르렀다. 신자들은 박해를 받았고, 1613년에는 외국인 선교사가 국외로 추방당하는 일이 발생했다. 크리스트교가 금지된 이후에도 일부 신자들은 비밀리에 신앙을 지켰지만, 발각되어 사형을 당한 이도 적지 않았다.

19세기 후반 구미(歐美)와 국교를 수립한 이후, 일본에는 또 다시 크리스트교 포교 활동이 활발해졌다. 1859년 이후에는 프로테스탄트 선교회가 미국에서 파견되었고 가톨릭 러시아도 포교 활동을 시작했다. 이들 외국인 선교사들은 일본에서 사회사업이나 교육사업에도 힘써 일본에 구미 문화를 도입하는 데 크게 공헌했다. 구미 문화의 중심을 이루는 크리스트교적 생활방식과 도덕규범 등도 함께 전해졌고, 현재의 일부일처제도가 그 한 예이다. 2015년 현재 일본의 크리스트교 신자 수는 가톨릭과 프로테스탄트를 합해 약 193만명이다.

일본에서의 크리스트교는 400년 이상의 역사를 자랑하고 있으나 한국과는 달리 일본 사회의 깊숙한 곳까지는 침투하지 못했다. 한국보다 훨씬 이른 시기에 서양의 문물을 받아들인 것에 비해서는 의외의 상황이라 할 수 있을 것이다. 그러한 이유를 몇 가지 면에서 살펴보면, 먼저 에도 막부의 쇄국정책에 의한 크리스트교 탄압 정책을 들 수 있다. 도쿠가와 이에야스는 전국 통일 이후, 계속해서 세력을 확장해 가는 크리스트교 세력에 위기감을 느껴 ⁹크리스트교 금제(キリスト教禁制)를 내렸다. 이와 관련해 규슈의 시마바라(島原)에서는 영주의 학정과 크리스트교에 대한 탄압에 대항한 ¹⁰시마바라의 난(島原の乱)이 일어났다. 4개월간의 반란은 막부군에 의해 진압되었고, 이후 크리스트교는 혹독한 탄압을 받게 되어, 약 250년간 사회적으로 금지를 당하게 되었다. 1640년에는 ¹¹종문인별장(宗門人別帳)이라는 제도를 통해 지위 고하를 막론하고 모든 일본인을 불교의 사원에 소속하게 했으며, 이러한 과정에서 크리스트교인을 색출하는 한 방법으로 ¹²후미에제도(踏絵制度)가 행해지기도 했다. 이러한 박해를 통해 20만 명이 넘는 크리스트교 신자들이 목숨을 잃었고, 박해를 피한 소수의 신자들은 '가쿠레 크리스천(隠れキリシタン)'이 되어 신분을 숨기고 살아야 했다.

미국의 페리 제독에 의해 문호가 개방된 후, 1859년에 미국의 개혁과 장로교회의 선교사들에 의해 일본에 대한 개신교의 선교활동이 다시 시작되어 성공회, 오순절교회, 루터교 등이 차례로 들어오게 되었다. 이후 30여 개의 교단이 생기는 등 메이지유신을 전후해 일본의 크리스트교 세력은 다시금 활기를 띠게 되었으나, 1941년 태평양전쟁 개전 이후 쇼와천황은 난립해 있던 교단을 하나로 통합해 일본 크리스트교단을 만들었다. 일본 크리스트교단은 천황 숭배와 신사 참배를 앞장 서서 하는 등 어용 종교화되어 침략전쟁을 위해 기도와 헌금운동을 벌였다. 제2차 세계대전이 끝난 후에 많은 교단이 일본 크리스트교단으로부터 탈퇴해 새롭게 조직을 정비하였고, 또 새로운 선교단체들이 많이 들어와 현재의 130여 개의 개신교 교단을 이루었다.

이러한 오랜 기간에 걸친 크리스트교 탄압에 의해 일반인들의 머리 속에는 크리스트교를 기피하는 인식이 자리 잡게 되었다. 또한 이런 인식은 에도시대의 현세 중시적인 삶의 방식과도 무관하지 않을 것이다. 선과 악, 천당과 지옥이라는 사후세계에 대한 두려움과 걱정보다는 돈과 쾌락, 어떠한 정신적 구속으로부터도 자유로운 현실의 삶을 향유하길 원했던 에도시대로부터 이어진 현세 긍정적인 조닌문화(町

● **후미에(踏絵)** 종이나 나무·금속에 예수와 성모 마리아를 그린 것으로 에도 막부가 크리스트 교도들을 색출하기 위해 이것을 밟게 했으며, 밟지 못하는 사람들은 크리스트교 신자로 단정했다.

● **오우라 천주당(大浦天主堂)** 1865년에 창건된 가톨릭 교회로 1597년에 도요토미 히데요시(豊臣秀吉)에 의해 처형된 26명의 성인을 추앙하고 있다. 일본에서 가장 오래된 크리스트교 건축물로 국보로 지정되어 있다.

● **토라피스트 수도원(トラピスト修道院)** 홋카이도(北海道) 하코다테시(函館市)에 있는 여수도원으로 1898년에 창설되었다.

人文化)는 스스로를 구속하는 크리스트교의 계율을 받아들이기 어려웠을 것이다.
にんぶんか

4) 신흥종교

　　일본의 신흥종교란 에도시대 말과 메이지유신기 이후에 성립한 새로운 종교를 말하는데, 구로즈미교(黒住教)·¹³덴리교(天理教)·¹⁴곤코교(金光教)·오모토교(大本教) 등을 들 수 있다. 이 종교들은 교조가 신내림을 받아 사람들의 질병을 치유하는 등의 행위를 통해 신자 수를 늘려가는 특색이 있으며 현세구원적인 성격이 강했다. 신흥종교들은 대개 정부로부터 공인을 받았지만, 오모토교의 경우는 국가 체제에 반대하는 종교로 인식되어 철저한 탄압을 받아 간부는 체포되고 시설은 파괴되었다.

　　제2차 세계대전 이후, 일본에는 신도, 불교, 크리스트교 이외에 새로운 종교가 활발히 등장했다. 메이지시대 이후 제2차 세계대전까지 일본의 종교계는 정부의 강력한 통제하에 있었으나, 제2차 세계대전 이후에 도시화·자유화의 진전 속에서 전통적인 종교 습관과 민간신앙의 영향력뿐만 아니라 지역사회 내의 인적 네트워크의 결속력도 약화되었다. 이러한 사회·종교적인 환경 변화 속에서 새로운 종교적 논리와 높은 카리스마를 지닌 종교 지도자가 등장하면서 다양한 종파의 신흥종교가 번창했다. 그 중 신도가 100만 명 이상되는 신흥종교의 활동은 주목할 만한 가치가 있다. 많은 신도를 거느린 불교와 일본 신도의 신자는 신자로서의 의식이 낮고 거의 종교활동을 하지 않지만, 신흥종교의 신자들은 신자로서의 의식이 높고 종교를 자기 생활로 여겨 적극적인 활동을 전개했다. 그 대표적인 종교가 덴리교(天理教)와 ¹⁵소카각카이(創価学会), 그리고 ¹⁶세이초노이에(生長の家) 등이다. 또한 요즘은 만 명도 채 되지 않는 미니종교가 많이 생겨나 성행하고 있다. 1995년의 옴 진리교 사건은 커다란 사회문제를 야기하기도 했다.

● 소카각카이 본부

　　신흥종교의 신자 수는 일본 전체 인구의 비율로 볼 때는 아주 극소수에 불과하지만, 종교에 몰입하는 정도는 다른 종교에 비해 높다는 특징이 있다. 흔히 신흥종교는 사회가 어수선하고 혼란스러울 때, 또는 전통문화가 외래문화에 위협을 받을 때 전통의 정신을 살리고, 분열되고 혼란스러운 정신세계를 한 곳으로 이끈다는 취지에서 일어나는 경우가 많다. 이러한 신흥종교는 크게 구신종교(舊新宗教)와 신신종교(新新宗教)로 나눌 수 있는데, 구신종교는 이전의 민간신앙을 비판하거나 부정하기보다는 그것을 보강·발전시키는 방법으로 교리나 의례가 만들어졌다. 민간신앙에서는 특히 조상 숭배를 중요시하는데, 덴리교(天理教)의 경우 어버이신인 천리왕명(天理王命)에 연결되어 있는 아들의식을 주창한다. 이 밖에 소카각카이(創価学会), 곤코교(金光教), [17]릿쇼코세이카이(立正佼成会) 등이 구신종교라 할 수 있고, 이들의 역사는 에도시대 말기로 거슬러 올라간다. 이들 구신종교의 특징으로서는 교조가 존재한다는 것이다. 교조가 있어 샤만적인 존재로 강력한 지도력을 발휘한다. 덴리교의 나카야마 미키(中山みき), 곤코교의 가와테 분지로(川手文次郎), 릿쇼코세이카이의 나가누마 묘코(長沼妙佼) 등이 있다. 이들은 대중사회, 관리사회에서 고독해지고 무력해지는 민중에게 정신적인 위안이 된다. 모든 종교의 특징이기도 하겠지만, 최하부조직에 10명 내외로 이루어지는 좌담회, 법좌 등이 있어 참가자들의 고민과 고통을 함께 나눈다.

　신신종교는 1970년대 이후에 난립하게 된 종교를 말한다. 신신종교는 영적 능력과 주술을 중시하며 교조와의 강력한 연대를 통해 유사 가족적으로 전개되는 비교적 소규모의 교단을 이루는 것이 특징이다. 구신종교는 이미 성장하여 제도권 속에서 그 나름대로 역할을 하고 있기 때문에 사회적으로 큰 문제를 일으키는 경우는 없으나, 흔히 옴 진리교로 대표되는 신신종교는 사회적인 물의를 일으키는 경우가 종종 있다. 그렇다고 해서 모든 신신종교를 사이비, 이단화하는 것은 문제가 있다. 소규모 집단 내에서 유사 가족성으로 연대되어 심리적 안정감을 얻고, 현대의 물질문명 사회 속에서 강력한 카리스마를 발휘하는 교조의 비합리적인 영적인 힘에 의지해 구원을 받으려는 사람들의 숫자가 점점 늘어나고 있다.

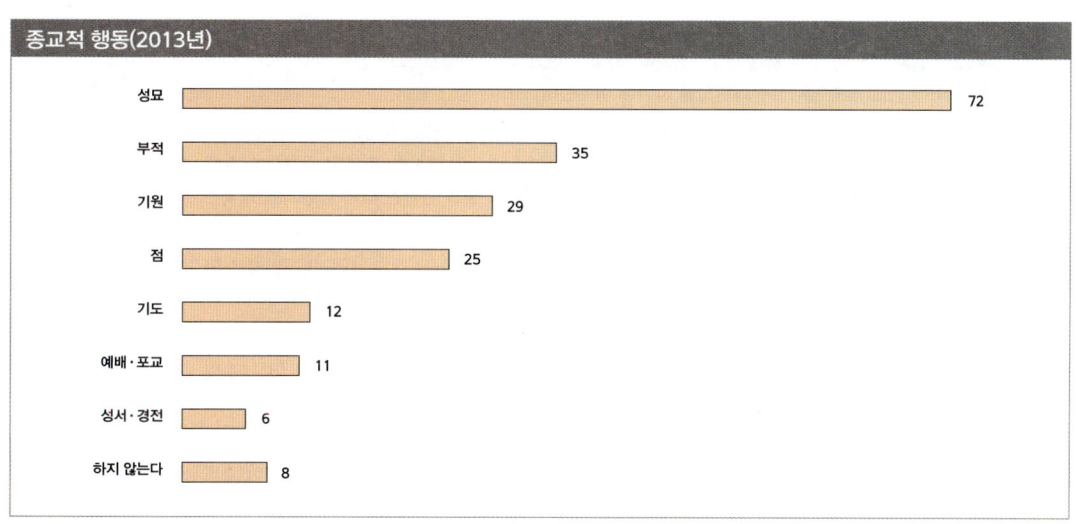

『現代日本人の意識構造 第八版』(NHKブックス, 2015)

주석

1. **신불습합(神佛習合)** 일본 고유의 종교인 신도(神道)와 외래 종교인 불교의 융합을 가리키는 말. 신도와 불교의 융합은 6세기 중엽 불교가 일본에 유입되면서 나타나기 시작했으며, 현재까지도 이어지고 있다. 흔히 가정에 신도의 가미다나(神棚)와 불교의 불단(佛壇)을 두고 있는 등 오늘날에도 일본인들의 종교 생활을 지배한다고 할 수 있다.

2. **사이초(最澄)** 766~821. 헤이안시대의 불교 승려로 일본 천태종의 개조(開祖)이다. 1년간 당나라에 머문 뒤 귀국해 천태종을 열었다. 일본 불교의 여러 종파를 통일하는 데 힘썼으나 실현하지 못하고 56세의 나이로 입적. 그러나 천태종은 그가 입적한 다음 해에 확고한 기초를 다져 명실상부한 일본 최초의 종단으로 자리 잡았다.

3. **구카이(空海)** 774~835. 일본 불교 진언종의 개조이다. 그가 일으킨 진언종은 밀교(密敎)를 받아들여 마음(정신)과 육체(물질)의 합일을 강조하고, 현세에서의 이익을 인정하여 당시 귀족들의 환영을 받았다. 62세에 입적.

4. **말법사상(末法思想)** 불교의 흐름이 시대에 따라서 달라진다고 보는 사상. 그 시기를 정법(正法), 상법(像法), 말법(末法)으로 나누고, 가장 어려운 때를 말법기라고 해서 논란의 대상으로 삼았다.

5. **정토진종(淨土眞宗)** 아미타불(阿彌陀佛) 및 그가 출현할 정토의 존재를 믿고, 죽은 후 그 정토에 태어나기를 바라는 대승불교의 일파.

6. **신란(親鸞)** 1173~1262. 가마쿠라시대의 승려로, 정토진종의 개조이다. 당시 말법사상을 배경으로 염불암송을 중시한 호네의 정토종이 등장해 교세를 넓히다가 기성종파의 박해를 받자, 그는 스승 호넨(法然)의 가르침을 발전시켜 새로이 정토진종을 열었다.

7. **니치렌슈(日蓮宗)** 천태종의 법화사상을 배우고, 우주의 통일적 진리와 그것의 인격화, 현실에의 구현을 강조했다. 개인뿐만 아니라 사회, 국가의 전체적 구제를 주장하며 독자적인 사상체계를 수립했다.

8. **진언밀교(眞言密敎)** 비밀불교 또는 밀의(密儀) 종교의 약칭. 일반의 불교를 현교(顯敎)라 하는 것에 대한 대칭어. 정통적인 밀교사상은 개체와 전체의 신비적 합일을 목표로 하며, 그 통찰을 전신적으로 파악하는 실천과 의례의 체계를 갖는다. 중국, 한국, 일본 등의 밀교는 토착신앙과 결합된 요소가 많았다.

9. **크리스트교 금제(キリスト教禁制)** 도요토미 히데요시(豊臣秀吉)는 나가사키(長崎)가 크리스트교의 영지가 되어 있는 것을 알고 금교정책을 추진했고, 에도 막부도 그 방침을 이어받아 1613년 전국에 금교(禁敎)를 선포, 대탄압을 하기에 이르렀다.

10. **시마바라의 난(島原の乱)** 1637~38. 히젠(肥前)의 시마바라반도(島原半島)와 히고(肥後)의 아마쿠사제도(天草諸島)의 농민이 크리스트교 신자와 결합해 일으킨 대반란. 막부의 금교정책에 대한 불만과 시마바라 영주의 가혹한 정치가 도화선이 되었다. 그 결과 금교는 더욱 강화되고 쇄국은 더욱 굳건해졌다.

11. **종문인별장(宗門人別帳)** 크리스트교에 대한 금제를 계기로 만들어진 장부. 사원이 개인별로 단가임을 증명하게 해 크리스트교의 근절을 꾀한 것.

12. **후미에제도(踏絵制度)** 막부가 크리스천을 적발하기 위해 사용한 방법. 혐의자에게 예수나 마리아의 그림을 끼어 넣은 판을 밟게 해 이를 꺼리거나 주저하는 자를 신자로서 체포했다. 1858년 일미통상조약 체결시까지 계속되었다.

13. **덴리교(天理敎)** 1838년 나카야마 미키(中山みき)가 나라현 덴리(天理)에서 개창한 교파신도(敎派神道)의 일종. 처음에는 현세 이익적인 내용으로 출발했으나, 기성종교의 압박에 대항하여 교의를 정비해, 자기 몸은 신에게서 빌린 것임을 알고 욕심을 버림으로써 질병 없는 평화세계에서 살 수 있다고 설법했다.

14. **곤코교(金光教)** 교파신도(教派神道)의 하나. 에도시대 말기 선진 농촌지대에서 발생한 민중적 구제를 목적으로 하는 신흥종교. 미신을 배제하고 부적을 부정하는 등 교의는 현실적이며 전진적이다. 1900년 공인되어 상업 번창, 현세 이익의 종교로서 널리 퍼지게 되었다.
15. **소카각카이(創価学会)** 법화계의 신흥종교로서 1930년 일련정종 계열의 교육 연구단체인 창가교육학회(創価教育学会)로 출발했다. 한국에서는 소위 남묘호렌게교(南無妙法蓮華教)라 불리는 종파이다.
16. **세이초노이에(生長の家)** 신도계통의 신흥종교. 다니구치 마사하루(谷口雅春：1893~1985)가 신시(神示)를 받았다 하여 1930년 창간한 개인잡지「生長の家」를 통해서 포교. 우주를 영원한 생명의 근원이라 파악하고 만교귀일(萬教歸一)과 천황 절대를 강조한다.
17. **릿쇼코세이카이(立正佼成会)** 법화계의 신종교. 1938년 나가누마 묘코(長沼妙佼)와 니와노 닛케(庭野日敬)가 만든 신흥종교. 태평양전쟁 후 릿쇼코세이카이(立正佼成会)로 개명. 개인의 인격 완성을 강조하고 불교의 현대화를 제창했다.

참고문헌

『日本国勢図会 17/18』矢野恒太記念会. 2017
『現代日本人の意識構造 第八版』(NHKブックス. 2015)
『천황제국가 비판』정형 옮김. 제이앤씨. 2007
『日本宗教史』末木文美士. 岩波新書. 2006
『인물로 보는 일본 불교사』김호성 옮김. 동국대학교출판부. 2005
『宗教は国家を超えられるか』阿満利麿. ちくま学芸文庫. 2005
『民衆宗教と国家神道』小沢浩. 山川出版社. 2004
『日本の神仏の辞典』大修館書店. 2001
『종교문화의 원리』정진홍. 서울대학교출판부. 2000
『일본인은 왜 종교가 없다고 말하는가』정형 옮김. 예문서원. 2000
『日本仏教史辞典』今泉淑夫編. 吉川弘文館. 1999
『일본의 정토사상』길희성. 민음사. 1999
『일본 신도사』박규태 옮김. 예문서원. 1998
『神仏習合』義江彰夫. 岩波新書. 1996
『日本仏教史』末木文美士. 新潮文庫. 1996
『新宗教事典』弘文堂. 1990
『한국민족문화대백과사전』한국정신문화연구원. 1989
『日本宗教事典』村上重良. 講談社学術文庫. 1988
『日本キリスト教歴史大事典』日本キリスト教歴史大事典編集委員会. 教文館. 1988
『韓国のキリスト教』柳東植. 東京大学出版会. 1987
『朝鮮仏教史』鎌田茂雄. 東京大学出版会. 1987
『神と仏－日本人の宗教観』山折哲雄. 講談社現代新書. 1983

08

일본의 의복과 주거문화

1. 일본의 의복문화
1) 시대에 따른 일본 의복의 변천
   – 고대의 의복 / 중세와 에도시대의 의복 / 현대의 의복
2) 일본 전통 의상의 주요 요소
   – 기모노(着物) / 오비(帶) / 게타(下駄)와 다비(足袋)

2. 일본의 주거문화
1) 일본의 주택문화
   – 일본 주택의 특징 / 현대 일본의 주택문화
2) 현대 일본의 주거 상황

한일 양국 모두 고대의 의복에 관한 자료가 적어 비교하기가 용이하지 않지만, 7~8세기에 만들어진 다카마쓰즈카 고분(高松塚古墳)에 그려진 벽화의 인물상과 고구려 고분 벽화의 인물상과의 유사성이 지적된 적이 있고 고대기에 양국 간에 이루어졌던 활발한 인적, 물적 교류를 감안해 보면, 양국 지배층의 의복은 상당히 유사했을 것으로 추정되고 있다.

그러나 고대 이후 양국의 의복은 점차 차이를 보이기 시작했고, 현재 일본의 와후쿠(和服)와 한복(韓服)의 경우처럼 양국의 의복은 아주 다양한 차이점을 갖고 있다. 한복이 저고리와 치마·바지와 같은 두 종류의 의복 형태가 기본인 것에 비해, 와후쿠는 복사뼈까지 늘어뜨린 기모노를 입기도 하고, 때에 따라서는 바지와 같은 하카마(袴)를 입는 것이 기본 복장이다. 또한 한복이 느슨하게 옷매무새를 가다듬는 데 비해, 와후쿠는 오비(帯)라고 하는 띠로 강하게 몸을 조여 입는다. 그렇기 때문에 한복을 입었을 때의 동작은 자유롭고 곡선적인데 비해 기모노를 입었을 때는 다소 부자유스럽고 직선적이라고 할 수 있다. 이러한 특색은 양국의 정좌(正座) 자세나 의식(儀式)에서의 동작, 전통 무용의 춤사위 등에도 반영되어 있다.

한편, 한일 양국의 주택 구조의 차이는 일본의 주택이 주로 고온다습한 여름 기후에 적합한 개방적 구조를 지니고 있는 것에 비해, 한국의 주택은 겨울의 추위를 이겨내기 위해 흙벽과 작은 창문 등 폐쇄적인 구조를 택하고 있는 것이라 할 수 있다. 또한 일본 주택은 다다미(畳)방 구조를 택하고 있지만, 한국 주택은 온돌방 구조로 이루어져 있다. 일본 주택은 2층이나 3층 형식의 구조가 일반적인데 비해 한국의 전통 주택은 2층 이상의 구조를 거의 찾아볼 수 없는데, 이는 무게로 인해 2층에는 온돌을 설치하기 어려웠기 때문일 것이다.

현대 주택의 경우 한국에서는 압도적으로 아파트를 선호하고 있는데 비해 일본에서는 단독주택을 선호하는 사람들이 많은 것도 흥미로운 현상이다.

일본의 의복문화

1) 시대에 따른 일본 의복의 변천

● **무녀복장(巫女服裝)** 무녀 즉, 미코(巫女)는 신사에서 신을 모시는 여성이다. 노래와 춤으로 신을 위로하거나 신사 내에서 여러 가지 일에 종사한다. 화려한 붉은 하카마(袴)를 입는다.

기모노(着物)는 헤이안시대 귀족들의 정장의 속옷이 점차 변화한 것으로 에도시대에 이르러 정장과 같은 복장이 되었고 현재는 일본 전통 의복의 대명사처럼 인식되고 있다. 기모노는 서양 의복(양복)에 대한 일본의 전통 의상이라는 의미에서 와후쿠(和服)라고도 한다. 현대 일본인들은 일상생활에서는 보통 양복을 입고 지내지만, 와후쿠는 정장이자 때로는 실내복으로 현재도 애용되고 있다.

　여성들이 입는 와후쿠는 기모노라는 이름으로 외국에 잘 알려진 의상이다. 그 중 가장 화려한 것은 신부가 입는 ¹우치카케(打掛)라는 예복이다. 비단 옷감에 금사(金絲)와 은사(銀絲)로 자수를 놓고 화조(花鳥)의 문양이 들어가 있는 것이 보통이다. 미혼 여성과 기혼 여성의 기모노는 모양과 색깔, 소매 길이 등으로 구분되고, 외출 목적 등에 의해서 달라지기도 한다. 대체적으로 여성들이 기모노를 입게 되는 것은 정월(正月), 성인식(成人式), 대학 졸업식, 결혼식과 피로연, 장례식 때로서 우리 한국보다 그 사용 빈도가 아주 높다.

　양복이 체형에 맞추어 만들어지는 것에 비해 기모노는 체형보다는 기쓰케(着付け) 즉, 옷매무새에 따라 몸에 맞추는 것이므로 입기가 쉽지 않다. 보통 때 양복을 입는 현대의 일본 여성들은 혼자서 기모노를 입는 것이 거의 불가능하다.

　현대 일본 남성들은 보통 때는 기모노를 거의 입지 않지만, 중년 이상의 남성들은 집에서 편히 쉴 경우 실내복으로 자주 입는다. 정장으로 입을 경우 ²하오리(羽織)와 ³하카마(袴)를 걸치게 된다. 또한 가장 편한 실내 복장으로 면으로 된 ⁴유카타(浴衣)가 있다. 이 옷은 특히 하절기에 실내 통풍이 잘 되는 곳에서 더위를 식히는 데 아주 적합하다.

고대의 의복　야요이시대에 들어서면서 양잠과 직물 짜기가 시작되었다. 그 후 해외에서 전해진 불교와 중국 정치 제도의 영향을 받은 쇼토쿠태자(聖徳太子 : 574~622년)는 수 왕조(隋王朝 : 589~618년)를 본따 귀족과 신하의 의복에 관한 규칙을 정했다. [5]다이호 율령(大宝律令 : 701년 제정), 요로 율령(養老律令 : 718년 제정, 757년 시행)에서는 당 왕조(唐王朝 : 618~907년)의 제복을 모방해 의복을 3종류로 새롭게 바꾸었다. 의식용인 예복(禮服), 조정 근무복인 조복(朝服), 노동용의 제복(制服)이 그것이다.

이후 대륙의 영향이 적어짐에 따라 의복 스타일은 간소해졌지만, 옷을 겹겹이 입는 방식에 대해 연구가 시작되었다. 남성 귀족의 예복인 소쿠타이(束帯)는 헐렁한 속바지(下袴)와 그 위에 입는 겉바지(表袴), 겹겹이 입는 길고 풍성한 겉옷(袍) 등으로 구성되어 있었다.

● 주니히토에(十二単) 헤이안시대의 여성 귀족의 정장

● 소쿠타이(束帯) 헤이안시대 무관 남성 귀족의 정장
(© 斎宮歴史博物館)

중세와 에도시대의 의복　가마쿠라 막부의 성립과 함께 조정의 위신이 쇠퇴하면서 무사의 딱딱한 의복이 호화스런 비단으로 바뀌었다. 고관은 헤이안시대의 정장인 소쿠타이(束帯)를 입고 있었지만, 약식 사냥복인 [6]가리기누(狩衣)와 [7]스이칸(水干)이 무사의 일상복이 되었다.

가마쿠라시대 초기, 여성의 정장은 [8]우치키(桂)에 하카마(袴)였지만, 나중에는 밑에 입고 있던 [9]고소데(小袖)를 하카마와 함께 입게 되었다. 무로마치시대에는 고소데 위에 우치카케(打掛)라는 것을 걸쳐 입으면 정장이었다. 이 옷차림은 현대에 전통 혼례에서 신부의 의상이 되었다.

16세기 후반, 강력한 무장이자 예술의 위

● 무사의 행렬을 재현한 이시카와현 가나자와현 햐쿠만고쿠 마쓰리(百万石祭り). 전투를 위한 복장인 요로이(鎧)를 입고 가부토(兜)를 썼다.

대한 후원자이기도 했던 오다 노부나가(織田信長)와 도요토미 히데요시(豊臣秀吉)는 대담하고 장식적인 것을 장려했다. 무사는 당시에도 계속해서 위 아래를 맞춘 ¹⁰가미시모(裃)를 착용하고 있었다. 상의는 소매가 없었지만 차츰 천이 딱딱해져 어깨가 솟아나게 되었다. 여기에 옷자락을 끄는 ¹¹나가바카마(長袴)를 갖춰 입은 형태가 에도시대 말기까지의 무사의 정장이었다.

도쿠가와(德川) 정권의 250년간은 유복한 도시 상인이 새로운 예술 표현을 지탱하였으며, 가부키자(歌舞伎座)나 유곽이 유행을 만들었다. 남녀 모두에게 기본 의복이 된 고소데는 ¹²유젠 염색(友禪染め)과 시보리 염색(絞り染め : 홀치기 염색)이 발달하면서 점점 더 화려해졌다.

에도시대의 남성은 고소데 위에 목에서 옷자락으로 일직선으로 옷깃이 붙은 풍성한 하오리(羽織)를 입는 경우도 많았다. 도쿠가와 막부는 에도시대 말기에 무사 계급의 복장 규칙을 새로 정했는데, 고소데와 길이가 복사뼈까지 내려오는 하카마(袴), 하오리(羽織)가 표준이 되었다.

현대의 의복 1868년 메이지유신(明治維新) 이후에 일본인의 의복은 서서히 서양화되었다. 군인, 경찰, 우체부 등 공무원은 양복을 입어야 한다는 정부의 방침에 따라 서양화가 진전되었고, 이윽고 학생도 서양식 제복을 입게 되었다. 제1차 세계대전까지는 대부분의 남성이 바지와 셔츠, 재킷을 입게 되었다.

일반적으로 여성이 양장을 입기까지는 남성보다 시간이 더 걸렸다. 제1차 세계대전 후에는 직장 여성과 교양 있는 여성들이 일상복으로서 양장을 입기 시작했다. 양복이 모든 사람들에게 표준화된 것은 제2차 세계대전 이후의 일이다.

2) 일본 전통 의상의 주요 요소

기모노(着物) 기모노(着物)라는 말은 일반적으로 일본의 전통 의상을 나타낸다. 하지만 경우에 따라서는 넓은 의미로 모든 의복을 가리키며, 또는 서양 의복에 대한 일본 고유의 옷을 나타내는 데 사용된다. 기모노의 원형인 고소데(小袖)는 나라시대부터 속옷으로 사용되어 16세기 중반부터는 일상적으로 착용하는 윗옷이 되었다. 고소데가 현재의 기모노의 모습이 된 것은 18세기 이후의 일이다. 현대에 일본인이 기모노를 입는 날은 주로 정월(正月), 시치고산(七五三), 성인식(成人式), 졸업식(卒業式), 결혼식(結婚式), 장례식(葬式) 등과 같은 행사나 의식 혹은 전통 예술에 참가하는 경우이다.

● 기모노(着物) 소매가 긴 옷은 미혼 여성의 정장으로 후리소데(振り袖)라고 한다.

기모노에는 안감이 없는 ¹³히토에(単)와 안감이 있는 ¹⁴아와세(袷), 면을 넣은 것 등이 있다. 6월부터 9월에는 히토에(単)를 입지만, 일상복으로는 목면에 형지(型紙)로 무늬를 박아 염색한 유카타(浴衣)를 입는 일이 많다. 그리고 외출복이나 예복으로는 비단으로 된 로(絽 : 올을 성기게 짠 견직물)나 샤(紗 : 얇고 성기게 짠 견직물), 조후(上布 : 품질 좋은 마직물) 등의 천이 이용된다.

10월부터 5월에 걸쳐서는 주로 비단이나 울 혼방을 입는다. 기모노 위에는 목면을 넣은 옷을 걸쳐 입거나 ¹⁵단젠(丹前)을 입는데, 단젠은 한겨울에 집에서 입는 옷이다.

남성의 예복은 검은 ¹⁶하부타에(羽二重)에 흰색으로 여러 곳에 가문(家紋)이 새겨져 있다. 여성의 예복으로는 여러 가지 색이 있는데, 결혼식에서 신부의 의상은 흰색 또는 빨간색 바탕에 화려한 자수나 금을 입힌 비단 기모노가 일반적이다. 기혼 여성은 경사스러운 일에는 수수한 색깔과 무늬의 기모노, 장례식에는 검은색 기모노를 입는다.

일반적으로 기모노를 입을 때에는 우선 다비(足袋 : 일본식 버선)를 신고, 그 다음에 위아래 속옷(半襦袢 : 裾除け)과 ¹⁷나가주반(長襦袢)을 입고 ¹⁸다테마키(伊達巻)로 단단하게 묶는다. 나가주반(長襦袢)에는 옷깃을 다는데, 흰색이 일반적이며 위에 입는 기모노의 옷깃보다 2cm 정도 보이도록 한다. 기모노를 입을 때는 스스로 보아 왼쪽의 섶을 오른쪽 섶위에 겹치게 한다.

오비(帯) 오비(帯)란 전통적인 기모노와 함께 착용하는 긴 장식 천을 말한다. 8세기 초까지는 상하가 이어진 풍성한 원피스형의 의복, 혹은 상의에 폭이 넓은 바지(남성)나 주름을 넣은 치마(여성)를 입고 가느다란 오비로 묶었다. 나라시대에 한반도와 중국으로부터 새로운 직물 기술이 전해짐에 따라 오비는 더욱 세련되어졌다. 헤이안시대

● 여성의 오비(帯)

에 남성용 오비에는 장식용 돌을 달았지만 조정의 여성은 오비를 사용하지 않았다. 오비는 15세기 말, 고소데(小袖)가 기본적인 복장으로 일반화될 때까지 사용되지 않았는데, 에도시대에 고소데를 하카마(袴) 없이 착용하게 되면서 오비의 중요성이 커졌다.

남성의 오비는 몇 세기가 지나도 거의 바뀌지 않았다. 현재 남성의 오비는 폭이 약 9cm 정도의 딱딱한 천으로 묶는 가쿠오비(角帯), 회색이나 검은색의 부드러운 비단으로 홀치기 염색한 헤코오비(へこ帯)가 사용된다. 헤코오비의 폭은 좁아도 50cm는 되며 감을 때에는 가늘게 접어서 묶거나 허리 쪽에 찔러 넣는다.

에도시대 초기에 여성의 오비는 폭이 약 30cm, 길이는 약 2m였지만 점차 조금씩 길어져 현

재와 같은 3~4m 정도가 되었다. 그 당시 여성의 오비는 보통 비단으로 만들어졌으며, 여자 아이나 미혼 여성은 뒤에서 묶고 기혼 여성은 앞에서 묶었다.

현재는 미혼, 기혼을 불문하고 뒤쪽에 사각 형태로 묶는다. 여성 오비의 종류는 계절과 장소에 따라 결정되는 것이 일반적인데, 정장용 오비는 금과 [19]쓰즈레오리(綴織), 일상용으로 착용하는 것은 [20]슈스(繻子)나 하부타에(羽二重)로 만들어진다. 오비는 기모노보다 중요한 요소로 여겨지며, 좋은 것은 가격이 기모노의 몇 배가 되는 것도 있다.

● 남성의 오비(帶)

게타(下駄)와 다비(足袋) 게타(下駄)는 기모노와 함께 착용하는 전통적인 일본의 신발이다. 보통 목재로 만들어지며, 신발 바닥에 하(歯)라고 하는 돌출된 두 개의 부분이 있어서 신발을 지면으로부터 보호한다. 또한 엄지발가락과 둘째 발가락 사이에 V자형의 고정 끈이 붙어 있는데, 보통은 검정색 고정 끈을 사용한다. 남성용은 목재를 거의 가공하지 않은 형태로 사용하며 오동나무 재질을 최고로 친다. 한편 여성용의 경우는 단순히 나무로 만들기도 하고 칠을 입히기도 한다. 고정 끈도 아름다운 비단이나 벨벳을 사용하기도 한다. 일본식 버선인 다비(足袋)를 신기도 하고 맨발로 착용하기도 하는데, 여름철과 같이 습도가 높은 시기에 적합하다.

● **게타(下駄·우)와 조리(草履·좌)** 게타는 목제로 평상복에 맞춰 신는 경우가 많고, 조리는 가죽제품으로 의례적인 장소에 갈 때 착용하는 경우가 많다.

다비는 엄지발가락과 둘째 발가락 사이가 나누어져 있는 일본식 버선이다. 둘째 발가락 사이가 벌어져 있기 때문에 게타를 착용하는 데 적합하다. 비단이나 면이 주로 사용되며, 남자들은 검은색이나 감청색을 많이 신고, 여성들은 정장을 입을 때에는 흰색, 일상복을 입을 때에는 색이 있는 것을 신는다.

2
일본의 주거문화

1) 일본의 주택문화

일본 주택의 특징 일본은 고온다습한 기후적 특성을 고려해서 개방적인 구조를 갖는 여름형 주택을 기본으로 짓는 특징이 있다. 창문을 많이 만들고 지붕을 높게 만들어 통풍에 주안을 두는 구조이기 때문에 추운 겨울에는 부적합한 주택 구조라 할 수 있다. 겨울철 비교적 온난한 기후를 보이는 일본에서는 여름철의 온도와 습도를 조절하는 것에 주택의 중점을 두었던 것이다.

● 시마네현 마쓰에시(島根県松江市)에 있는 무사의 전통 주택. 무사의 주택은 가문(家門)의 격식에 따라 규모가 다양하다.

또한 지진이 많이 일어나는 조건은 일본의 주택을 높지 않고, 철근 콘크리트 구조물보다 목

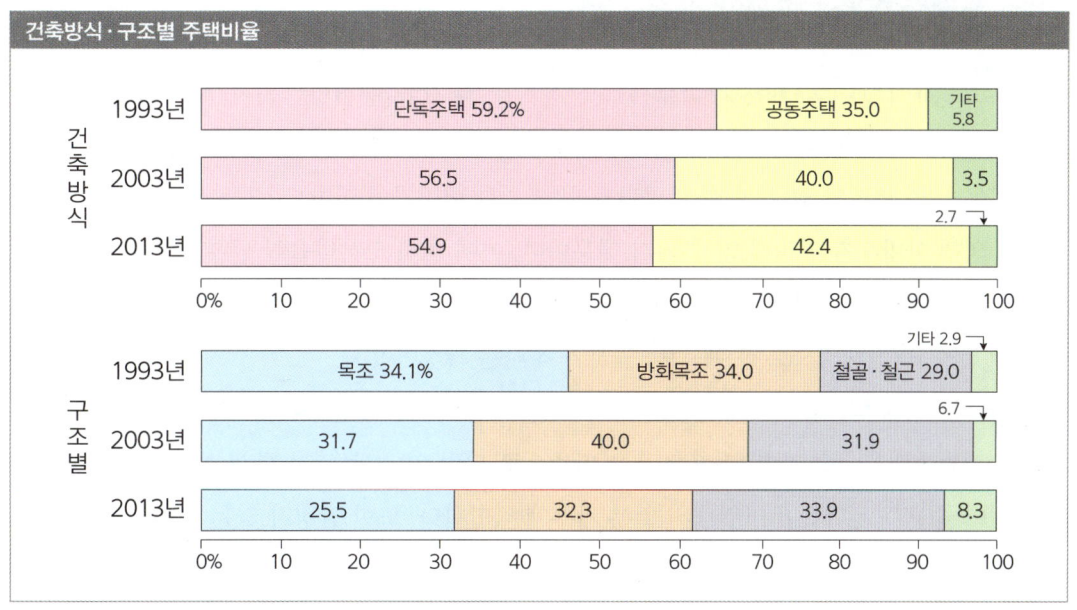

「日本国勢図会 2017/18」(矢野恒太記念会, 2017)

● 일본인들은 전통적으로 목조주택을 좋아한다.

조 건물로 많이 짓게 했다. 건물을 낮게 지을수록 지진에 무너질 확률이 낮고, 콘크리트보다는 목조건물이 흔들림에 훨씬 강하기 때문이다. 그러다보니 현재도 고층맨션을 제외한 일반주택은 대부분 목재를 사용해 짓는다. 하지만 그 때문에 일본의 많은 주택은 화재에 약하고, 공동주택의 경우는 방음 측면에서 몹시 취약하다. 한 예로 1995년 고베대지진 때 6천 명에 가까운 사망자 중에서 목조건물의 화재에 의한 인명 피해가 절반 이상을 차지했다. 또한 대학가의 오래된 목조 아파트에서는 이웃 간에 소음에 의한 피해와 그로 인한 마찰이 자주 일어난다. 옆집의 텔레비전 소리는 물론이고 심한 경우에는 전화로 대화하는 소리까지 전부 들릴 정도이다. 그러한 구조에 익숙치 않은 외국인이 소음으로 인한 마찰에 당황해 하는 경우가 종종 있다.

● 도야마현 고카야마의 갓쇼즈쿠리(合掌造り) 민가. 옛날에는 대가족이 주거했으므로 건물이 크다. 세계문화유산에 등록되어 있다.

일본의 오래된 민가의 주거 형태, 즉 주택 구조는 지역에 따라 다양한 형태를 나타낸다. 눈이 많이 내리는 추운 지방의 주거 형태와 고온다습한 아열대성 기후를 갖는 지역의 주거 형태는 뚜렷한 차이를 보인다. 예를 들어 눈이 많이 내리는 지역에서는 현관 입구에 눈을 털어내기 위한 공간을 배려한다든지, 실내의 온기가 빠져나가지 않도록 이중 출입문을 설치한다든지, 지붕의 경사도를 급하게 만들어 눈이 쌓이지 않도록 하는 등의 특징이 있다. 또한 비바람을 막기 위한 이중창인 아마도(雨戸)를 만들지 않는데, 결빙에 의해 아마도가 열리지 않게 되기 때문이다. 이에 비해 고온다습한 남부 지방에서는 태풍에 의한 비 피해를 최소화하기 위해 아마도를 만드는 것이 일반적이며, 온난한 기후를 고려해 창을 크게 만들고, 전체적으로 볼 때 주택 규모가 작다는 특징이 있다.

현대 일본의 주택문화　　현대 일본의 주거는 크게 아파트(맨션)와 단독주택으로 구분된다. 일본의 개인주택은 목조가 많고, 2층 혹은 단층으로 되어 있다. 목조는 화재에 약하지만 통풍이나 채광이 좋고 고온다습한 아열대의 일본 기후에 적합하다. 또한 안정감 있는 목재의 감촉이 일본인의 정서와도 맞는다. 그러나 최근에는 콘크리트나 철골조의 주택이 늘어나고 있으며 주택 형태도 서양식이 증가하는 추세이다.

패전 후 일본 경제는 세계에서 유례를 찾아볼 수 없을 정도로 고도성장을 이루었다. 다양한 기능이 도쿄(東京)로 집중되었는데, 이것은 경제 발전에 더해 극도의 효율성을 발휘한 시스템이었다고 평가받고 있다. 또한 이러한 전후의 경제 발전과 더불어 사람들의 생활은 급속히 안정을 되찾았으며, 의식주를 비롯한 생활 개선에 대한 여론 또한 높아졌다.

종래 일본 주택의 특징은 개방성에 있었다.

● 아파트가 편리하다고는 해도 일본인들은 단독주택을 선호한다. 집이 한 채 있던 땅에 상속세 문제 등으로 3~4채 이상의 소규모 단독주택을 짓는 예도 늘고 있다.

일본의 재래식 집은 기본적으로 기둥과 대들보로 만들어져 ²¹쇼지문(障子門)이나 널문 등이 벽의 기능을 대신했다. 따라서 이것을 걷어내면 안팎의 구분이 없어지고 하나로 연결된다. 그것은 사람이 많이 모이는 관혼상제 등 각종 행사에 아주 편리했다. 이러한 주택의 개방성은 바로 접객을 위한 것이며, 칸막이가 명확하지 않은 것은 주거 생활이 프라이버시 지향이 아니었음을 말해 준다. 따라서 전후 주택 양식에서는 개인 생활 중시, 특히 어린이 교육문제와 관련한 개인실의 중요성이 인식되기 시작했다. 또한 식생활을 중심으로 한 생활 전반의 편리성을 위해 공동 공간으로서의 다이닝 키친과 거실이 도입되었다. 이에 따라 생활 전체가 바닥 앉기식에서 의자 앉기식으로 바뀌면서 종래의 ²²다타미(畳)는 노인 취향의 방이나 응접실 공간으로서 별도로 존재하게 되었다.

중산층의 1주택당 마루의 평균 면적은 20세기 초에는 165m²였지만 그 이후에 점차 줄어들고 있다. 쇼와시대(昭和時代 : 1926~89년) 초기에 100m²였던 것이 1993년에는 더욱 줄어서 88m²가 되었다. 1980년대에는 땅값이 급등해 마루 면적을 축소하는 경향이 커졌다. 따라서 내 집을 마련하려는 사람들은 교외의 좁고 작은 주택(개발업자가 건축한 집)으로 이사할 수밖에 없

● 일본 전통주택의 다타미(畳)와 쇼지문(障子門)(좌) / 후스마(襖)(우)

었다. 현재 도쿄(東京), 오사카(大阪), 나고야(名古屋) 등의 대도시에서는 도심에서 2시간 이내에 통근이 가능한 지역에 건축된 주택을 쉽게 찾아볼 수 있다.

많은 일본인이 꿈꾸는 이상적인 주택은 높은 돌담이나 울타리 나무로 둘러싸인 작은 정원에 자가용을 주차할 수 있는 차고가 있는, 아담한 2층집이나 기와집이다. 일반적으로 이러한 집은 [23]모르타르를 바른 목조건물이다. 40세 전후의 샐러리맨이 지은 단독주택의 평균 마루 면적은 115.48m²이며 부엌, 다다미를 깐 방이 2개 또는 3개 정도, 카펫을 깔거나 또는 마루를 깐 응접실이 1개 또는 2개인 가옥 구조가 표준이다.

전통적인 일본 가옥은 마루를 통하기보다 방과 방으로 이동하는 경우가 많다. 방과 방은 쇼지(障子 : 장지)와 후스마(襖 : 맹장지)라는 문으로 구분되어 있는데, 다시 말해 용도가 정해져 있는 서양식의 방과 비교하면 좀 더 다양하게 사용할 수 있는 구조이다. 현대 주택에서는 대부분 마루, 쇼지와 후스마를 없애고 가구와 침대 등 서양식의 특징을 받아들였기 때문에 전통적인 일본 가옥에 비해 집안 구조를 확실히 구분해 개실화(個室化)하고 있다.

새로 짓는 단독주택의 80%는 서양식 화장실, 거실, 부엌이 있고 그 중에 현관은 60% 이상이 미닫이문보다 서양식 문으로 되어 있다. 새로 건축하는 주택의 90%가 전통적인 [24]도코노마(床の間)를 만들고 있는데, 이런 점을 볼 때 일본인은 일본식과 서양식을 절충한 스타일을 좋아한다는 것을 알 수 있다.

● 도코노마(床の間)

2) 현대 일본의 주거 상황

일본인들이 새로운 주거를 정할 때 우선 생각하는 것은 임대냐 매입이냐 하는 것이다. 취직이나 결혼을 하면서 부모로부터 집을 물려받는 것은 예외로 하면 일반적으로 도시의 임대주택(아파트, 맨션, 단독주택)에서 시작하는 경우가 많다. 예를 들어 도쿄의 경우 23개 구내에는 다양한 부동산 매물이 있는데, 특히 젊은 사람들이 자취를 시작할 때는 비교적 수월하게 아파트나 맨션을 빌릴 수 있다.

이에 반해 가족을 위한 임대주택은 극히 한정되어 있다. 1955년경까지는 23개구 내에도 단독주택을 임대하는 경우가 많았는데, 1965년 이후는 점차로 집세 수입이 높은 아파트나 맨션으로 바뀌어 현재는 아주 오래된 건물을 제외하고는 단독주택을 찾기란 매우 어렵다. 또 공간이 넓은 고급 맨션의 임대료는 터무니없이 비싸 서민들은 좀처럼 살 수 없다. 도쿄도에 사는 사람들의 주택 불만 조사를 살펴보면 '넓이와 방배치' 27.4%, '방음설계가 나빠 시끄럽다' 16.5%, '임대료' 12.2% 등에 불만을 가지고 있음을 알 수 있다.

일본의 보통 샐러리맨이 도쿄 23개 구에 쉽게 집을 살 수 없게 된 배경에는 1986~1987년경의 급격한 지가 상승요인이 있다. 도쿄권에서 집을 갖는 이들의 증가 경향은 1958~1973년에 걸쳐 급증해 그 후 1983년까지는 둔화되다가, 1983년부터 1988년에는 급격히 감소하고 있다. 이것을 인구 증가율로 보면, 종전 직후부터 도쿄권 내로 인구가 집중되기 시작했고, 1950년부터 23개 구의 인구 증가율이 낮아진 것과 대조적으로 주변 지역의 인구가 늘어났고, 1966년에 들어서서는 23개 구의 인구가 감

● 현대 일본 주택의 서양식 방

● **소규모 임대아파트** 학생이나 독신자들이 사는 저렴한 임대아파트

소했으나 1998년부터 다시 증가하기 시작했다. 이것은 거품경제 붕괴에 따른 지가의 하락과 고층아파트의 증가, 도심생활의 편리성 등에 의해 사람들이 교외로부터 도심으로 돌아오는 도심회귀현상에 의한 것이다.

다음으로 교외에서 토지를 장만한 일본인의 주택 상황을 보기로 하자. 한 조사에 따르면 이상적인 집이란 교외에 목조로 지은 2층 서양식 주택이라는 결과가 나왔다(1993년 조사). 또한 방 내부 장식에 있어서는 거실에 소파와 테이블, 침실에 침대를 두고 현관은 도어 등으로 인테리어를 하는 서양풍 지향이 강했다. 전체적으로 통일적이고 소프트한 서양풍 지향이라고 볼 수 있다. 그러나 이것은 어디까지나 이상이며 현실적으로는 그렇지 못하다. 예를 들면, 도쿄에서 일하는 샐러리맨에게 '집'이란 침실 기능을 하는 곳이라 해도 과언이 아니다. 또한 희망 자녀 수가 2.4명인데 반해, 실제는 1.53명이란 차이 역시 '주택문제'의 요인으로 들 수 있다. 즉 살고 있는 공간의 넓이에 만족하고 있는 사람이 적다는 것은 만족할 만한 크기의 집에 살기엔 경제적으로 어렵다는 것을 의미한다.

이처럼 특히 도쿄권에 집을 둔 사람들의 주거 공간은 다른 지역에 비해 좁을 뿐만 아니라 토

지 구입 가격도 비싸다. 일본 총무청 '주택 통계 조사 보고'(2003년)에 의하면 전국의 단독주택 1주택 당 토지 면적은 296m²이다. 그에 반해 도쿄도에서는 154m²이고, 도쿄와 이웃해 있는 가나가와현(神奈川県)은 197m²이다.

한편, 이런 집에서 일본인들은 어떤 식으로 직장에 다니고 있을까? 도쿄 도심부에 다니는 20~59세의 샐러리맨 및 20대 직장 여성을 대상으로 한 설문 조사를 보면, 편도 통근 시간이 평균 72분이란 결과가 나왔다. 도쿄권의 경우 통학·통근 시간이 편도 1시간 이내는, 50년 49.2%에서 60년 43.7%로 감소했고, 오히려 90분 이상 걸리는 경우는 15.8%에서 19.4%로 증가했다고 한다.

이런 점에서 평균적인 샐러리맨이 단독주택을 갖고 있다 해도, 어디까지나 종래 도심부로는 통근이 어려웠던 지역의 주택을 구입한 것이어서 신칸센(新幹線) 외에는 통근 수단이 없다. 통근에 신칸센을 이용하는 사람은 1985년도에는 2천 7백 14명이었는데, 2007년에는 4만 2천 24명으로 늘었다. 이처럼 신칸센 통근자가 급격히 증가하고 있는 것은 통근에 다소 시간이 걸리는 것을 감수하더라도 내 집을 갖고 싶어 하는 일본인의 마이홈에 대한 집착을 잘 보여주는 것이다.

일본인들은 왜 이렇게까지 내 집을 갖고자 집착하는 것일까? 그것은 전후 일본에서 '1세대 1주택 정책'이 일관적으로 추진되어 왔기 때문이다. 그래서 건축 부문은 더욱 발전했고, 기업도 이 정책을 적극적으로 지지해 왔다. 이렇게 해서 일본인들에게 집을 갖는다는 것은 인생의 커다란 의미 중 하나가 되었다. 한 예로, 진학이나 취직에 버금가는 목적 중 하나로 주택 소유가 신분의 상승을 뜻한다고 여기는 사람들이 많아졌다. 실제로 자택을 소유하면 신용카드가 간단히 발급된다. 다시 말해 집을 갖는다는 것이 목적화된 것이다. 이러한 현대 일본인의 주거와 주택에 관한 인식과 문화는 우리 한국의 주택문화에도 많은 점을 시사하고 있다고 하겠다.

● 일본 가정의 목욕탕은 보통 욕실과 화장실이 분리되어 있다.

1955년대부터 1960년대 초, 일본 최대의 도시 도쿄로 인구가 유입되면서 주택에 대한 수요가 상승했다. 이를 위해 생각해낸 것이 집합주택 건설이다. 그 추세로 1950년대 중반부터 일본 주택 공단이 개발·공급한 것이 ²⁵2DK 아파트이고, 이 집합주택은 ²⁶단지(団地)라는 새로운 용어를 낳았다. 이와 병행해 전후의 주택 사정으로 좁은 땅을 이용한 공동주택이 보급되었고, 이를 의미하는 영어

'apartment'에서 '아파트'란 단어가 생겨났다. 당시 이 말은 간사이(関西) 지방의 '문화주택'과 함께 신식 공동주택이란 의미를 가지고 있었다.

한편 아파트가 일반화됨에 따라 점차 단어가 가진 신선감·고급감이 떨어지게 되었다. 그래서 등장한 것이 맨션이다. 맨션은 1955년경 민간 부문에 등장한 새로운 형태의 집합주택인데, 당초에는 도시에 사는 고소득자를 대상으로 판매했다. 원래 '맨션'(mansion)은 영어로 호화 대저택을 의미하는 것이어서, 고급 아파트를 지칭하기에 안성맞춤이었다. 최근에는 속어적 표현으로 '만(万)션'이 아닌 '억(億)션'이란 말도 쓰고 있다.

● **부동산 중개소(不動産屋)** 일본 역시 부동산 매매나 임대 등의 경우 부동산 중개업소를 찾는 것이 일반적이다.

주석

1. **우치카케(打掛)** 원래는 궁중의 의식이 있을 때 무관이 예복 위에 걸치는 옷이나 무가(武家)의 부인 예복의 하나였다. 현대에는 혼례용 의복으로 입는다.
2. **하오리(羽織)** 일본 옷 위에 입는 짧은 남성용 겉옷으로 정장을 할 때 입는다.
3. **하카마(袴)** 겉에 입는 주름 잡힌 하의(下衣).
4. **유카타(浴衣)** 아래위에 걸쳐서 입는, 두루마기 모양의 긴 무명 홑옷. 옷고름이나 단추가 없고 허리띠를 두름.
5. **다이호 율령(大宝律令)** 7세기 후반경 중국율령을 모방한 다이호율령이라는 법률이 만들어져 천황을 중심으로 하는 중앙집권국가(율령국가)가 성립, 전국 지배 체제와 조세제도 등이 완성되었다. 권력이 있는 호족은 율령국가의 관리가 되었으며, 이 제도에 의해 지위나 부를 자손에게 물려 주게 되었다.
6. **가리기누(狩衣)** 옛날 귀족이 사냥할 때나 여행할 때 입었던 옷으로 후에 구게(公家)·무사들의 평상복이 되었으며, 에도시대에는 예복으로서 착용했다.
7. **스이칸(水干)** 풀을 먹이지 않고 널판지에 펴서 말린 비단. 혹은 가리기누의 하나로서 옛날 구게(公家)가 입던 옷.
8. **우치키(袿)** 헤이안시대 귀부인의 겹으로 된 웃옷의 한 가지. 또는 옛날 남자가 가리기누(狩衣)나 노시(直衣) 밑에 받쳐 입던 평상복.
9. **고소데(小袖)** 소매통이 좁은 평상복. 혹은 다이소데(大袖)에 받쳐 입던 소매통이 좁은 옷.
10. **가미시모(裃)** 에도시대의 무사의 예복으로 같은 빛깔의 가타기누(肩衣 : 상의)와 하카마(袴 : 하의)로 이루어졌다.
11. **나가바카마(長袴)** 옷자락이 길어 발을 덮고도 뒤로 끌리는 하카마(袴). 에도시대 무사들의 예복.
12. **유젠염색(友禅染め)** 견포(絹布) 등에 화조(花鳥)·초목·산수 등의 무늬를 염색한 것.
13. **히토에(単)** 홑옷을 뜻하며 여름 전후에 입는다. 겹겹이 입는 아와세(袷)에 대칭된다.
14. **아와세(袷)** 아와세기누(袷衣)는 겹옷으로, 근세시대에는 초여름, 초가을 무렵에 입었으나, 현재는 가을부터 초봄까지 사용한다.
15. **단젠(丹前)** 방한용으로 두툼하게 솜을 넣은 기모노의 겉옷. 에도시대 단젠부로(丹前風呂)라는 목욕탕에 다니는 손님의 풍속에서 생겨난 이름이라고 한다.
16. **하부타에(羽二重)** 얇고 반드럽고 광택이 나고 결이 고운 순백의 견직물의 한 가지.
17. **나가주반(長襦袢)** 일본옷의 겉옷과 같은 기장의 속옷. 여자용은 화려한 색상의 무늬가 있다.
18. **다테마키(伊達巻)** 일본 옷에서 부인용 큰띠 밑에 매는 좁은 띠.
19. **쓰즈레오리(綴織)** 갖가지 색실로 무늬를 엮어 짠 천.
20. **슈스(繻子)** 날실 혹은 씨실로 짠 부드럽고 광택이 있는 견직물.
21. **쇼지문(障子門)** 연이어 있는 방 또는 방과 마루 사이에 있는 미세기 문. 障子門 혹은 障紙門이라고도 한다. 주로 큰방이나 연이어 있는 방을 다양하게 쓰기 위해 둘로 나눌 때, 혹은 방과 마루 사이에 많이 설치한다. 그래서 집안에 큰 행사가 있거나 하여 필요할 때 두 공간을 터서 넓게 사용할 수 있다. 이때 장지문의 문턱은 낮게, 미닫이로 설치하는 게 일반적이다.
22. **다타미(畳)** 일본식 주택에서 짚으로 만든 판에 왕골이나 부들로 만든 돗자리를 붙인, 방바닥에 까는 재료. 한자로 첩(畳)이라 쓰며, 포개어 겹친다는 뜻이다.
23. **모르타르** 석회나 시멘트에 모래를 섞고 물로 갠 것. 주로 벽돌이나 석재 따위를 쌓는 데 쓰인다.

24. **도코노마(床の間)** 방의 상좌에 바닥을 약간 높여 만들어 놓은 곳. 꽃·족자 등으로 꾸며 놓는다.
25. **2DK 아파트** 여기서 「D」는 식당(dining room), 「K」는 주방(kitchen)을 뜻한다. 그리고 맨 앞의 「2」는 방의 갯수를 뜻한다. 즉, 「2DK」란 방이 두 개에, 식당과 주방이 달려 있는 주택 구조를 가리킨다.
26. **단지(団地)** 주택·공장 등 같은 종류의 건물이 계획적으로 집단을 이루어 세워져 있는 일정한 구역.

참고문헌

『日本国勢図会 17/18』矢野恒太記念会. 2017
『図説·近代日本住宅史新版』内田青藏·大川三雄·藤谷陽悦編. 鹿島出版会. 2008
『服装の歴史』高田倭男. 中公文庫. 2005
『知られざるきもの – 日本人の服飾はどこからきたか – 』戸田守亮. 奈良新聞社. 2004
『概説日本服飾史』小池三枝·吉村佳子·野口ひろみ. 光生館. 2000
『日本建築様式史』太田博太郎. 美術出版社. 1999
『日本服装史』佐藤泰子. 建帛社. 1997
『日本事情ハンドブック』水谷修 外. 大修館書店. 1995
『日本服飾史』谷田閲次·小池三枝. 光生館. 1989
『原色日本服飾史』井筒雅風. 光琳社出版. 1989
『図説日本住宅史新訂』太田博太郎. 彰国社. 1986
『日本人の生活文化事典』南博. 勁草書房. 1983
『韓国の服飾 – 服飾からみた日·韓比較文化論 – 』杉本正年. 文化出版局. 1983
『図説日本住宅の歴史』平井聖. 学芸出版社. 1980
『日本住宅の歴史』平井聖. NHKブックス. 1980

09 일본의 음식문화

1. 식생활의 변화
 1) 현대 일본의 식생활
 2) 생활양식의 변화
 3) 슈퍼마켓의 등장
 4) 인스턴트 식품의 등장

2. 식사문화
 1) 식사 습관
 2) 외식
 3) 연회

3. 식기

한일 양국은 모두 쌀밥을 주식으로 하고 국과 반찬을 함께 먹는 것이 전통적인 식사 방식이다. 조미료 중에도 된장(미소)이나 간장 등 유사한 것이 많고 식재료도 야채나 육류, 생선류 등 비슷한 소재를 많이 사용하고 있다. 그렇지만 자세히 살펴보면 다른 점도 많이 발견된다.

우선 기본 조미료인 된장(미소)과 간장의 제조법에서, 한국은 지금도 전통적인 방법에 따라 메주를 원료로 된장과 간장을 한 항아리에서 만들고 있는 가정이 많은데 비해, 일본은 에도시대(江戸時代)에 이미 미소(味噌)와 쇼유(醤油) 공장에서 대량 생산이 시작되어 현재는 가정에서 만드는 예는 거의 찾아볼 수 없다.

한국 음식의 조리법은 된장·간장·소금 등의 기본 조미료에 마늘, 생강, 고추가루, 고추장 등이 들어가 양념 맛이 복합적인 데 비해, 일본의 음식 맛은 기본 조미료에 설탕, 청주, 미린 등이 첨가되는 경우가 많고 한국 음식 맛에 비해 단조롭고 달작지근한 경우가 많다.

국물 맛을 낼 때의 재료도, 한국의 경우에는 쇠고기·돼지고기·닭고기 등의 고기살과 뼈, 다시마와 멸치 등 다양한데 비해, 일본의 재료는 가다랭이포(가쓰오부시), 다시마, 멸치, 마른 버섯 등이 주류이다.

한국 음식에서는 비빔밥과 같이 비벼 먹는 음식, 야채 등에 쌈을 싸서 먹는 음식 등 각 식재료를 함께 섞어 먹는 맛을 선호하는 데 비해, 일본의 음식문화에서는 식재료를 개별로 즐기는 경향이 강하다.

또한 한국의 식기로는 전통적인 사발이나 스테인리스제의 식기가 많이 사용되는 데 비해, 일본에서는 나무제품과 도자기 식기가 주류를 이루고 있고 젓가락도 목재가 일반적이다. 식기의 형태도 일본의 경우는 요리에 맞추어 크기, 모양, 색깔 등 다양한 종류가 선택되고 있는데, 한국의 경우는 일본과 비교해 그릇의 종류가 다양한 편은 아니다.

한국에서는 하나의 그릇 또는 냄비에 담긴 여러 요리를 각자가 수저를 사용해 직접 떠먹는 방식이 많은 데 비해, 일본에서는 식사 시작 때부터 개인별 음식이 준비되는 경우도 많다. 또한 한 그릇에 담긴 요리일 경우 일단 별도의 젓가락을 사용해 자신의 접시에 옮겨 먹는 것이 보통이다.

식생활의 변화

1) 현대 일본의 식생활

　전후(戰後) 경제 부흥에 성공한 일본은 식생활에도 많은 변화가 있었다. 한 예로, 전후 고도 성장기에 걸쳐 일본인들은 영양가가 높은 식품에 대한 지출이 많았는데, 1960년대에 147.4g에 불과하던 국민 1인당 하루 동물성 식품 섭취량(전국 평균)이 1973년에는 305.5g으로 늘어났다. 또한 소득 수준이 높아지면 가계 총지출에 대한 식비 비율이 낮아진다는 이른바 [1]엥겔 계수는 1955년 51.5%에서 1975년 33%로 낮아졌다. 이 20년간의 감소율은 1870년대부터 1920년대까지 50년간의 감소율에 필적하는 수준이다. 이와 함께 어린이 비만 문제가 대두되기 시작한 것도 이 시기부터이다. 일본 문부성(文部省)이 1969년에 발표한 〈비만 아동 전국 조사〉에 따르면 11세 남자 어린이의 4%, 14세 여자 어린이의 8%가 비만으로 조사되었다.

　일본인의 칼로리 섭취는 1973년에 정점에 달했으며, 전년 대비 국민 1인당 식비 지출 비율은 거의 변동이 없었다. 식생활에 대한 사람들의 관심도 조금씩 달라지기 시작해, 도쿄(東京)에는 세계의 산해진미가 소개되었고, TV나 라디오, 잡지 등에는 지면 가득 맛집 기사가 채워지는 등 식도락 붐이 일었다. 또한, 식도락도 일종의 패션이라는 의식이 널리 퍼져 화려하고 고급스러운 레스토랑에서 식사를 하고, 특별한 날이 아니더라도 일반 가정의 식탁에 스테이크나 회, 튀김 등이 오르게 되었다.

　한편 조미료가 많이 사용된 음식에 대한 반발로 주부들이 손수 음식을 만들거나 자연식품을 선호하는 경향이 높아졌다. 백화점에는 자연식품 코너가 등장하는 한편, 자연식품이 하나의 산업이 되어 생산자와 소비자 간의 산물 직거래(산지 직송) 방식이 큰 호응을 얻었다. 뿐만 아니라 유기농법의 무공해·저공해 야채를 생산한 사람의 실명과 산지를 기록해 판매하는 슈퍼마켓이 출현했다.

● 경제부흥 이후 먹거리에 대한 관심이 높아진 일본인들은 자연식품에 대한 선호도가 높아져 백화점은 물론 일반주택가에도 자연식품점이 등장했다.

2) 생활양식의 변화

전쟁 전, 일본의 부엌은 재래식이라는 면에서 한국과 별반 차이가 없었다. 그러나 1950년대 후반에 등장한 공단 주택의 2DK 아파트는 이러한 재래식 부엌에서 새로운 형태의 부엌으로 탈바꿈하는 전형이 되었다. 2DK 아파트는 새로운 형태의 부엌을 채택한 현대식 아파트로, '3대 신기(神器)'라고 불리던 냉장고, 세탁기, TV와 함께 일본 주부들의 동경의 대상이 되었다. 또한 '덴키가마(電気釜)'(전기밥솥)의 등장은 부엌의 근대화에 크게 기여해, 일본의 주부들은 밥 짓는 데 소요되는 노동과 시간의 부담으로부터 해방될 수 있었다.

주식으로 아침에 빵이 등장한 것도 이때부터이다. 여기에는 대도시로의 인구 집중, 노동자 가구의 급증, 주·식의 분리 등에서 오는 아침식사의 간편화라는 시대적 요구와 일본 정부의 분식 장려 정책이 일조를 했다. 이러한 시대 상황에 힘입어 토스터도 급속히 보급되었다.

이 시기의 또 하나의 큰 특징으로는 외식산업의 발달을 들 수 있다. 1970년대 들어, 미국에서 들어와 널리 보급된 햄버거, 프라이드치킨, 패밀리레스토랑 등이 급성장하는 한편, 체인점을 둔 외식산업은 그후로도 계속 늘어났다. 뿐만 아니라 도시락 체인점, 저녁 식사 재료를 조리 방법과 함께 배달해 주는 사업 등도 등장해, 매스컴에는 종종 도마와 칼이 없는 가정이 늘고 있다는 기사가 등장하기도 했다.

이러한 외식산업이 발달하게 된 데에는 독신 생활자의 수가 증가했다는 것 이외에도 급속한 다점포화를 가능하게 하는 ²프랜차이즈 시스템의 확립과 ³시스템 키친을 비롯한 공장 생산체제 등의 시스템화가 크게 기여했다. 1960년대 중반, 이들 시스템화의 도입으로 일본의 외식산업은 체인화의 형태로 발전해 나갔고, 그 결과 일본 샐러리맨의 점심은 대부분 도시락에서 외식으로 바뀌게 되었다.

3) 슈퍼마켓의 등장

1950년대 후반, 일본에 새로운 쇼핑 양식인 슈퍼마켓이 등장하게 된다. 1957년, 미국의 ⁴드럭스토어(drug store)를 모델로 한 다

일본인이 좋아하는 요리 Best 20	
1위	초밥(すし)
2위	회(刺身, さしみ)
3위	라면(ラーメン)
4위	된장국(みそ汁, しる)
5위	생선구이(焼き魚, やざかな)
6위	불고기·철판구이(焼き肉·鉄板焼き, やにくてっぱんやき)
7위	카레라이스(カレーライス)
8위	만두(ギョーザ)
9위	샐러드(サラダ)
10위	돼지고기를 넣은 된장국(豚汁, ぶたじる)
11위	쇠고기전골·샤브샤브(すき焼き·しゃぶしゃぶ, や)
12위	고기를 넣은 감자조림(肉じゃが, にく)
13위	양념을 한 어육·채소 등 여러 재료를 섞어서 지은 밥(五目ご飯, ごもくはん)
14위	메밀국수(そば)
15위	닭튀김(鶏のから揚げ, とりあ)
16위	우동·국수(うどん·きしめん)
17위	튀김(天ぷら, てん)
18위	채소 절임(漬物, つけもの)
19위	어묵(おでん)
20위	낫토(納豆, なっとう)

『日本人の好きなもの』(NHK出版生活人新書. 2008)

● 도쿄에 있는 다이에(ダイエー) 히몬야점(碑文谷店). 다이에는 1957년에 「주부의 가게 다이에(主婦の店ダイエー)」로서 오사카에서 출발했다. 소매업 매출 일본 제일이 되는 등 슈퍼마켓의 보급에 공헌했다.

이에(ダイエー)는 의약품을 중심으로 화장품, 캔, 조미료 등 대기업에서만 제조가 가능한 상품을 박리다매 방식으로 취급하였다. 이들이 내세운 박리다매 정책은 대성공을 거두었고, 이로써 슈퍼마켓은 일종의 붐을 형성하게 되었다. 그러나 1960년대 들어 셀프서비스점이 2천여 점을 초과하면서 동종업계 간의 경쟁은 더욱 치열해졌고, 대형 슈퍼마켓은 의류, 전기제품 등 일반상품으로까지 박리다매 방식을 확대해 나갔다.

슈퍼마켓이라는 새로운 소매 시스템은 대형 제조업체가 생산품을 대량으로 판매할 수 있는 유리한 유통 구조였다. 이에 매입 품목을 다점포에 대량으로 판매할 수 있는 경영 시스템이 요구되면서, 상품의 대량 유통을 용이하게 하는 규격화의 필요성이 제기되기에 이르렀다. 이로써 포장 혁명이 일어나, 야채나 생선·고기 등의 상품을 랩이 씌워진 팩으로 공급할 수 있게 되었고, 우유나 간장 등에도 종이팩 방식이 채용되었다. 그리고 1970년대에는 장바구니를 대신해 1회용 비닐봉지가 일반화되기에 이르렀다.

4) 인스턴트 식품의 등장

고도 경제성장기, 일본의 가장 전형적인 식품은 라면으로 대표되는 인스턴트 식품이다. 1958년 [5]닛신식품(日淸食品)이 치킨라면을 발매하면서 일본 내에 인스턴트 붐이 일었고, 이어 1960년에는 [6]모리나가제과(森永製菓)가 일본에서 처음으로 인스턴트 커피를 발매했다. 그리고 1971년에는 컵라면이 등장하면서 인스턴트 라면은 일본인의 국민식품이 되는 데 결정적 역할을 하였다. 그 밖에도 인스턴트 미소시루(일본식 된장국)·단팥죽·감자칩 등 인스턴트 식품 산업은 급성장하였는데, 이처럼 인스턴트 식품이 널리 보급된 가장 큰 이점은 무엇보다 간편하게 먹을 수 있다는 것이었다.

인스턴트 식품이 폭발적으로 유행한 뒤에는 필요시 해동시켜 조리하는 냉동식품이 널리 보급되었다. 냉동식품은 크로켓, 반 조리식품, 만두와 같이 기름에 튀기거나 굽거나 찌기만 하면 되는 가공 식품류가 주를 이루었다.

냉장고가 보급되기 전까지 고기나 생선, 야채 등은 매번 필요할 때마다 구입해야 하는 번거로움이 있었다. 그러나 1965년, 2도어 냉장고가 시판되면서 냉장고 보급률은 50%에 달해, 이때부터 가정의 식품 보존은 냉장고가 담당하게 되었다. 동시에 상온 보존이란 개념이 점차 희박해져, 된장이나 간장은 물론 잼이나 매실장아찌 등도 냉장고에 보관하게 되었다.

한편 전쟁 전부터 존재했던 캔 포장이 고온이나 가압의 살균에도 견딜 수 있는 플라스틱 포장으로 바뀌어 상품화되었다. 이것이 바로 데우기만 하면 된다는 의미의 7레토르트 식품(レトルト食品)인데, 이것은 발매 당시 '우리 아빠 최고 요리는 ○○카레'라는 광고가 히트하면서 레토르트 하면 당시 일본에서는 카레를 떠올리게 되었다. 냉동식품이나 레토르트 식품이 인기를 끈 이유는 역시 인스턴트 식품에서는 느낄 수 없는 진짜에 가까운 맛에 있다고 할 수 있다.

● **치킨라면** 1958년 세계 최초로 인스턴트 라면이 발매되었다. 닛신식품의 치킨라면이 그것으로, 지금도 시판 중이며, 오랜 인기를 끌고 있다.

● **컵라면** 1971년 세계 최초로 발매되었다. 그 후 우동, 소바, 야키소바, 스파게티 등 다양한 컵면이 발매되고 있다.

자연식품이나 건강식품에 대한 선호도도 높아지고, 손수 만든 음식이나 숯불구이 등의 방식이 인기를 끌게 된 것도 이때부터이다. 그러나 그러한 오리지널을 지향하는 한편, 일상의 식생활에서는 보존의 편리성과 재료 준비나 조리의 간편함을 추구했다. 따라서 판매도가 높은 것은 서구식의 슈퍼마켓에서 흔히 접할 수 있는 냉동식품이나 레토르트 식품이다.

2 식사문화

1) 식사 습관

일본의 전통적인 식사 습관은 조식과 석식 2회였으나 메이지시대 이후 19세기 말에 이르러 하루 3회로 정착되었다.

이 무렵의 식사 방식은 가족이 모두 모일 때까지 기다렸다가 가장이나 연장자가 먼저 젓가락을 들면 '잘 먹겠습니다(いただきます)'라고 말한 뒤 먹는 것이었다. 이것은 가족이 공동체임을 나타내는 것으로서 1940년대까지 대단히 엄격하게 지켜졌다.

● 전통적인 일본의 아침식사

식사 용구로는 전통적으로 상류계급에서는 다리가 달린 밥상이 사용되었고, 일반 가정에서는 개개인에게 정해진 네모난 상을 사용했다. 그리고 메이지시대에 들어서는 도시의 가정에서 밥상 대신 식탁이 사용되기 시작했다.

식사 분배는 주부의 몫으로, 이러한 주부의 역할을 '주걱권'이라고 하였다. 일반적으로 남존여비의 규범이 강하다고 하는 일본에서 주부의 자리는 의외로 강력한 면이 있었다. 이것은 남자가 식사와 같은 집안일에 간섭하는 것은 격이 떨어진다는 인식이 팽배해, 가정 내에서의 실질적인 책임과 권한을 주부가 맡게 된 것이다. 특히 상인집의 주부는 가계의 경제뿐만 아니라 고용인 관리나 가까운 사람들과의 교제를 책임지는 등 그 실질적인 지위가 상당히 높았다. 식사 시 가장(家長)의 자리는 가장 상석이었으며, 나머지 가족들도 각각의 자리가 정해져 있었다. 이는 가부장적 권위를 나타내는 중요한 의미를 지녔다. 뿐만 아니라 연회에서도 상석과 하석이 구분되어 있었는데, 이는 사회 질서를 상징하는 것으로, 전쟁 전까지 엄격히 지켜져 왔다.

이러한 식사 습관은 식사 내용이 근대화된 메이지시대에 들어서도 좀처럼 달라지지 않았다. 그러나 다이쇼시대(大正時代)와 쇼와시대(昭和時代)에 걸쳐 도시가 발달하고 핵가족이 늘어남에 따라 가정에도 시민 사회적인 양상이 차츰 침투해, 가족제도는 남아 있으나 실질적인 의미를 잃어갔다. 특히 전후, 이러한 식사 습관은 크게 붕괴되었고, 특히 뉴 패밀리라고 하는 신세대의 출현으로 명맥이 끊어지기에 이르렀다.

2) 외식

일본의 외식문화는 에도시대 때부터 발달하기 시작해 메이지시대에까지 이어졌다. 특히 도쿄(東京)나 오사카(大阪)와 같은 대도시를 중심으로 발달했는데, 그 중 가장 간편한 것이 포장마차나 소점포의 메밀국수 가게, 간이식당류였다. 또한 다방에서도 싸고 간편한 떡 등이 요깃거리로 나와 고용인이나 기술자, 하급무사, 여행자 등이 식사 대용이나 간식으로 이용했다. 이것이 메이지시대에 들어 학생과 군인, 노동자 등이 도

● 에도시대에 먹기 시작했던 니기리즈시(にぎり鮨)는 당시 일종의 패스트푸드였다. 예전 일본에는 손님이 왔을 경우 배달해서 먹거나 특별한 날에 먹는 고급요리였으나, 최근에는 회전초밥이 붐을 일으켜 저렴한 가격으로 먹을 수 있는 대중적인 음식이 되었다.

시로 유입되면서 샐러리맨의 도시락 대용으로 애용되었고, 또한 여행자의 증가로 한층 번창했다.

외식을 위한 전문요리점은 에도시대부터 등장하기 시작했다. 주로 소바(메밀국수)·덴푸라(튀김)·오뎅(어묵)·스시(초밥)·우나기(뱀장어) 등의 저렴한 요리점이었는데, 이것들이 점차 고급화되어 접대·향연용의 음식점으로 발전하였다. 또한, 메이지시대 이후에는 쇠고기전골, 서양요리, 중화요리, 활어요리, 향토요리, 두부나 게와 같은 특정 요리 전문점도 등장했다. 일반적으로 연회 등이 벌어지는 요릿집이라 불렸던 고급 요정에 기생이 출현하면서 이용자층도 상류층으로 제한되어 갔다.

1920년대 들어 도시의 인구가 증가하면서 이들을 대상으로 한 대중음식점이 급격히 발달하게 되었다. 이들 음식점은 서양식 구조를 도입하고 청결한 요리와 정가 표시 등을 했으며, 도시인의 기호에 맞게 일식, 중식, 양식의 메뉴를 갖추었다. 뿐만 아니라 신설된 백화점에

● 바로 만든 뜨거운 밥과 반찬을 제공하는 도시락은 값도 저렴하고 맛도 있어서 회사원들의 점심식사나 독신자들에게 인기가 많다. 호카벤(ホカ弁)은 따끈따끈한 도시락이라는 의미로 이런 어구가 들어간 체인점이 많다.

도 같은 종류의 식당을 만들었다. 이로 인해 외식 수요자는 더욱 늘어났고, 식사 이외에 연극, 영화, 쇼핑 등 식사에 편승된 레저를 즐기는 사람들도 증가했다.

일반 대중에 가장 인기 있는 메뉴는 카레라이스, 하이라이스, 돈가스, 크로켓 등 일식화된 양식이었다. 그리고 이때부터 런치라는 용어가 쓰이기 시작했다. 다양한 식사와 반찬을 선호하는 일본인의 입맛에 맞게 만들어진 일식을 서양화한 것이 런치였는데, 그 후 어린이런치, 중화런치, 일식런치도 생겨났다. 또 연극 막간에 먹을 수 있는 찬합요리인 마쿠노우치 도시락(幕の内弁当)이 있었다. 이 마쿠노우치 도시락은 일식요리점의 메뉴에도 추가되었는데, 특히 여행자가 늘어나면서 [8]에키벤(駅弁: 역에서 파는 도시락)이 인기를 끌게 되었다. 1920년대 중반에는 술을 판매하고 여

외식 업체 매출액 상위 20위(2015년)		
순위	사명	매출액(100만 엔)
1위	젠쇼 홀딩스	525,709
2위	스카이락	351,146
3위	코로와이드	234,138
4위	일본 맥도날드 홀딩스	189,473
5위	요시노야 홀딩스	185,738
6위	사이제리야	139,277
7위	로열 홀딩스	130,327
8위	와타미	128,246
9위	도토루·니치레스 홀딩스	124,796
10위	쿠라 코퍼레이션	105,306
11위	크리에이트 레스토랑쯔 홀딩스	103,271
12위	토리도루	95,587
13위	일본 KFC 홀딩스	88,180
14위	마츠야 푸드	83,947
15위	갓파 크리에이트	80,320
16위	오쇼 푸드 서비스	75,317
17위	모스 푸드 서비스	71,113
18위	다이쇼	70,765
19위	산마르크 홀딩스	66,056
20위	조이풀	62,880

〈フードビジネス総合研究所(fb-soken.com)〉

성 종업원이 손님과 어울리는 카페가 등장했다. 이것은 이름 그대로 커피숍이었는데, 후에 술과 여급의 서비스가 부가되면서 오히려 이것이 본류가 되었다.

전시하에서 쇠퇴의 길을 걸은 외식산업은 전쟁이 끝난 후 다시 성황을 이루게 되었다. 이때 등장한 것이 [9]스낵(スナック)이다. 소규모 점포로 운영된 스낵은 젊은이들이 좋아하는 가벼운 식사나 음료수를 제공하고 음악을 들려줌으로써 여유 있는 학생과 젊은 노동자들을 끌어들였다. 패스트푸드점(즉석요리점)도 이때 생겨났다. 스낵보다 싸고 간편하게 식사를 제공한 패스트푸드점은 전철을 이용하는 직장인들과 학생들이 늘어나면서 역 주변에 하나 둘씩 생겨나기 시작했다. 한편, 전후 서민 생활이 넉넉해지고, [10]마이홈주의가 확대됨에 따라 가족 단위의 외식이 늘어나 고급 레스토랑이나 대중식당의 소비가 증대되었다. 또한 레스토랑의 고급스러움과 대중식당의 저렴함을 동시에 추구한 패밀리 레스토랑이 크게 늘어났으며, 패밀리 레스토랑 스타일의 [11]드라이브 인이 근교에 많이 생겨났다.

이후 일본 경제의 거품시대와 붕괴를 거쳐 일본의 외식산업은 큰 변모를 보였다. 1991년에

84만 6,000점으로 절정을 맞은 음식점 수는 2006년에 72만 4,000점으로 감소했다. 그 기간에 술집 등은 증가했고 커피숍과 스시점은 감소했다. 이것은 소규모 개인경영의 영업점은 도태되고 대규모 체인점 형식의 영업점이 늘어난 것을 의미한다. 또한 거품붕괴 후의 디플레이션 경제 속에서 일본 국민들의 소비 억제로 인해 저가격 메뉴와 저가격 식당이 늘어났다. 2015년의 외식 산업 매상고 순위를 보면 1위 젠쇼 홀딩스, 2위 스카이락 3위 코로와이드 순으로 되어 있고 매상액은 각각 약 5,527억 엔, 약 3,511억 엔, 약 2,341억 엔이다. 일본의 외식업계에서는 앞에서 언급한 바와 같이 최근까지 저가격화가 진행되어 왔는데, 식재료, 인건비, 임대료 등의 비용증가에 의해 경영의 한계점에 도달했기 때문에 앞으로는 분산화와 다양화하는 소비에 대한 대응이 주요 생존 전략으로 될 것으로 보여진다.

3) 연회

일본의 연회는 지역공동체의 제사와 관련해 신에게 음식을 바치는 동시에 혈연, 지연 관계인 사람들이 모여 음식을 먹는, 즉 신과 사람이 함께 음식을 먹는다는 풍습에서 유래했다. 연회가 열리는 것은 관혼상제나 연중행사 때로, 이때에 한해서 평상시에 쓰이지 않는 술과, 생선 등의 많은 반찬이 제공된다. 또한 보통 때의 밥과는 다른 떡, 경단, 우동 등이 만들어진다.

● **가이세키 요리(会席料理)** 연회 등에서 코스 형식으로 제공되는 요리

이처럼 연회 때 특별한 음식을 많이 준비하는 것은 [12]하레(ハレ)와 게(ケ) 즉, 특별한 날과 평상시의 음식을 명확하게 구분한다는 의미였다. 서민에게는 일상이 가혹한 노

	일본인이 좋아하는 술 Best 18		
1위	맥주(ビール)	10위	스파클링 와인(スパークリングワイン)
2위	과실주(果実酒)	11위	브랜디(ブランデー)
3위	소주(焼酎)	12위	진(ジン)
4위	청주(清酒)	13위	아와모리(泡盛)
5위	와인(ワイン)	14위	소흥주(紹興酒)
6위	발포주(発泡酒)	15위	보드카(ウォッカ)
7위	칵테일(カクテル)	16위	탁주(どぶろく)
8위	사와(サワー)	17위	럼주(ラム)
9위	위스키(ウイスキー)	18위	셰리(스페인산 백포도주)(シェリー)

『日本人の好きなもの』(NHK出版生活人新書, 2008)

동이고 더욱이 변변치 못한 식사의 연속이므로 연회 때에는 마음껏 먹으며 욕구를 충족시켜, 평소의 고생과 억압되었던 마음을 해방시키는 것이다. 이 때문에 폭음, 폭식을 할 정도로 음식을 먹고, 누구나 함께 술을 마실 수 있었다. 그런 의미에서 하레와 게는 서민생활의 균형을 유지시키는 역할을 했다.

● 오세치요리(お節料理) 옻칠이 된 나무상자에 각종 요리를 넣어 먹는 정월 요리이다.

그러나 일본 경제가 고도성장을 달성한 오늘날, 일본인의 식사에서 하레와 게의 구분은 거의 찾아볼 수 없게 되었다. 쌀밥과 생선, 술, 고기 등 예전에는 하레의 날에만 먹을 수 있었던 음식을 지금은 매일 가볍게 즐길 수 있게 되었다. 매일의 식사가 하레의 식사가 되었다고 해도 좋을 정도이고, 하레의 식사는 정월의 [13]오세치요리(お節料理) 등에 그 자취가 남아 있을 뿐이다. 또한 도시를 중심으로 지역공동체가 붕괴하고 지역과의 유대가 사라져 개인과 가정을 중심으로 하는 생활이 되었기 때문에 지역사회나 혈연의 모임을 기피하는 사람들이 많아진 것이 현대 일본의 특징이라고 할 수 있다. 심한 경우에는 가정 안에서도 식구들이 한 사람씩 별도의 식사를 하는 이른바 고식현상(孤食現象)마저 나타나고 있는 데, 이러한 현상이 현대 일본만의 현상인 것인지 주목해 볼 필요가 있다.

3

식기

현재 일본의 전통 요리로서 인정받고 있는 음식이 완성된 에도시대(江戶時代 : 1603년~1867년)에는 일본식기의 발전도 정점에 달해, 현재와 거의 같은 형태의 식기가 사용되었다. 음식을 먹는 데 젓가락을 사용한 것이 식기의 발달에 큰 영향을 미쳤는데, 금속제 나이프나 포크와 달리 젓가락(箸)은 나무나 옻칠을 한 부드러운 재료로 되어 있어, 식기도 도자기뿐만 아니라 젓가락과 비슷한 재료로 만들어졌다. 주발은 국물을 마시거나 젓가락을 사용해서 건더기를 집을 수 있도록 발달했고, 접시는 젓가락 끝을 섬세하게 움직일 수 있기 때문에 다양한 형태와 크기로 발달했다. 또한 젓가락으로는 재료를 자를 수 없기 때문에 음식은 미리 작게 잘라서 각 접시에 담겨졌다. 이러한 이유로 일본 음식의 접시는 서양 음식에 비해 그 숫자가 꽤 많다.

한편, 일본 요리의 특징은 계절감을 중시하는 것인데, 식기는 계절감을 표현하는 중요한 수단이었다. 가령 여름철에는 유리나 대나무 용기가 적합하다. 즉 일본의 식기는 눈을 즐겁게 하고 식욕을 돋우기 위한 것으로, 요리와 그릇 사이에 미묘한 미적 밸런스를 중요시한다. 따라서 계절감을 나타내기 위한 정해진 디자인이나 모양이 있으며, 각 지방의 다양한 재질을 가진 식기를 어떻게 선택하고 조화시키는가가 요리인의 솜씨에 달려있다고 보았다.

일본의 전통 요리에는 가이세키요리(会席料理), 혼젠요리(本膳料理), 자카이세키요리(茶懐石料理)가 있다. 이 모든 요리의 기본은 '일즙삼채(一汁三菜)'이다. 가령 서양의 정찬에 해당하는 가이세키요리(연회나 집회용의 전형적인 요리)는 국, 생선회, 구이, 찜 등의 구성으로 되어 있고, 식사의 맨 마지막에 밥과 절임류(漬け物)가 나온다. 이러한 요리에 필요한 1인분의 식기 종류로는 젓가락, 국그릇, 생선회를 담은 접시와 간장용 접시, 구이 접시, 찜그릇, 밥그릇, 절임용 작은 접시 등이 있다. 또한 술이 나오는 경우에는 술잔과 술병이 추가된다. 식단 메뉴에 따라 가이세키요리의 종류는 5첩 반상, 7첩 반상, 혹은 11첩 반상이 되기도 한다. 면류(우동, 메밀국수), 생선회, 정식요리에는 모두 전용 식기가 따로 있다.

양식의 증가와 함께 일본에서도 서양 식기가 널리 사용되고 있다. 최근에는 양식과 일본 정식 양쪽에 모두 사용할 수 있는 식기가 늘고 있지만 밥그릇, 국그릇, 젓가락은 일본 정식의 기본이기 때문에 어느 가정에서나 모두 갖춰 놓고 있다. 대부분의 식기는 다섯 개가 한 조를 이루는데, 보통 밥그릇과 젓가락은 개인용을 가지고 있는 경우가 많다.

일본 요리는 모두 젓가락을 사용해서 먹는다. 국을 먹을 경우, 건더기는 젓가락으로 건져 먹고, 국물은 국그릇에 직접 입을 대고 마신다. 젓가락은 노송나무나 버드나무와 같이 가볍고 단단한 나무에 옻칠을 한 것이 일반적인데, 최근에는 대나무나 플라스틱 제품도 늘고 있다. 일반 가정에서는 개인용 젓가락을 사용하고, 식당에서는 와리바시(割り箸 : 일회용 나무젓가락)를 쓴다. 사이바시(菜箸)라는 대나무로 된 긴 젓가락은 조리용으로 많이 사용하고, 금속제에 손잡이 부분이 나무로 되어 있는 긴 젓가락은 튀김요리를 할 때 사용한다. 그리고 식사 중 젓가락을 사용하지 않을 때에는 도자기나 나무, 유리 등으로 된 하시오키(箸置き) 위에 얹어 놓는다.

● 젓가락과 젓가락을 올려 놓은 하시오키(箸置き)

세계의 미식(美食)이 모여 있는 도시 도쿄(東京)

2007년 11월, 유럽과 미국의 레스토랑 가이드로서 유명한 「미슐랭가이드」의 첫 번째 아시아 편인 『미슐랭가이드 東京 2008』이 발행되어 큰 화제가 되었다. 이 책에는 150개의 레스토랑이 소개되어 있는데, 그 중 60%가 일본 요리점이었고 나머지 40%가 프랑스 요리, 이탈리아 요리, 중국 요리 등의 외국 요리점이었다.

일본의 서양 요리나 중국 요리의 역사는 메이지시대(明治時代)에 시작되었다.

서양 요리의 경우, 처음에는 체류 외국인을 위한 고급식당이었는데, 얼마 후 요리를 일본인의 입맛에 맞고 저렴한 가격으로 바꾸어 가면서 그것이 양식(洋食)이라는 이름으로 보급되어 갔다.

중국 요리는 고베(神戸)나 나가사키(長崎), 요코하마(横浜) 등의 개항지에 중국인이 들어와 식당을 연 것이 시작으로, 요리를 일본인의 입맛에 맞게 개량해 가면서 일본 전국으로 퍼져 나갔다.

제2차 세계대전 후, 고도 경제 성장과 거품경제를 경험한 일본에서는 유럽이나 중국으로부터 직접 뛰어난 요리사를 초빙하거나 혹은 일본인이 요리의 본고장인 현지에 가서 요리를 배우는 등 현지의 맛을 그대로 재현하는 식당, 혹은 일본의 식재료나 조미료를 사용해 현지의 맛에 또 다른 맛을 모색하는 식당이 일본 전국 특히 도쿄에 많이 생겨났다. 이러한 식당들의 개업 배경에는 경제력을 지닌 많은 일본인들이 빈번히 해외여행을 다니면서 현지의 맛을 알게 되어, 도쿄의 외국 음식 전문식당의 고객이 되었다는 점이 있을 것이다. 또한 프랑스, 이탈리아, 중국 등 대표적인 외국 요리만이 아니고, 도쿄에는 기타 유럽국가들, 아프리카, 동남아시아, 남미 등 세계 각지의 요리를 제공하는 식당이 모여 있다. 도쿄에 체재하는 외국인들이 많다는 점도 이러한 식당의 성업의 원인이 되겠지만, 외국 문화의 수용과 소화 능력이 뛰어난 일본인들이기에 가능한 현상이라고도 볼 수 있을 것이다.

● 미슐랭가이드 도쿄 2017 표지

다양한 요리·구르메 만화

● 앙 도너츠   ● 어제 뭐 먹었어?   ● 쿠킹 파파

● 맛의 달인   ● 초밥왕   ● 신의 물방울

　일본의 만화에는 다양한 계층별로 이들을 위한 다양한 장르의 작품이 있는 것이 특징인데, 그 장르중 하나로 요리를 다룬 만화들이 있다. 한국에도 번역출판되어 있는 『맛의 달인(美味しんぼ)』, 『미스터 초밥왕(将太の寿司)』, 『신의 물방울(神の雫)』, 『아빠는 요리사(クッキングパパ)』 등이 그 예이다.

　일본에서는 다 열거할 수 없을 정도로 많은 요리 만화가 발표되고 있고 그 내용도 다양한데, 음식과 요리를 둘러싼 인간 드라마나 먹거리를 둘러싼 사회문제, 환경문제, 문화에 관한 화제 등이 중요 주제들이다. 그리고 스토리의 전개를 복잡하게 만들기 위해 단순히 요리를 하는 것으로 그치지 않고, 요리 과정에서 일어나는 갈등을 해결한다거나 요리의 질과 완성도를 경쟁한다는 에피소드도 많이 도입된다.

　예를 들면 20년 이상에 걸쳐 연재되어 1억 권 이상이 팔려 나간 『맛의 달인』의 경우, 주인공 야마오카(山岡)와 그의 아버지와의 갈등을 축으로 두 신문사를 배경으로 한 「궁극의 메뉴(究極のメニュー)」와 「지고의 메뉴(至高のメニュー)」의 대결을 통해 음식을 둘러싼 사회문제를 고발한다거나 등장인물들이 음식에 의해 애정을 확인하는 내용 등이 묘사되고 있다. 이 만화는 텔레비전의 애니메이션과 드라마로도 제작되었다. 또한 『맛의 달인』과 같이 다양한 요리가 등장하는 만화 외에 스시(『미스터 초밥왕』)나 라면, 카레라이스, 빵, 와인(『신의 물방울』) 등 특정 요리와 식자재를 주제로 한 만화들도 있다.

짬뽕-디아스포라의 요리

'디아스포라'라는 말은 본래 유태인이 고국 팔레스타인을 잃고 각지로 유랑하게 된 것을 의미했지만, 오늘날에는 넓은 의미로 자신들이 속해 있던 공동체에서 어쩔 수 없이 이산(離散)하게 된 사람들 및 그 후예들을 지칭하는 말로서 사용되고 있다. 노예무역에 의해 팔려나간 흑인들, 일제시대부터 오늘날까지 일본, 만주, 중앙아시아, 사할린, 미국 등으로 이주하게 된 한국인들, 19세기 후반부터 하층 노동자로서 세계 각지로 퍼져나간 중국인들이 그 예라고 할 수 있을 것이다. 그들은 이주와 더불어 자신들의 생활과 문화를 지켜가면서 이주지의 문화와 교류하고 상호 영향을 미치게 된다.

● 짬뽕(ちゃんぽん)

한국인들이 즐겨 먹는 중국 음식 중에 짬뽕이 있다. 그런데 일본에도 같은 이름의 짬뽕(ちゃんぽん)이 있다. 이 음식은 메이지시대(明治時代)에 나가사키(長崎)의 시카이로(四海楼)라는 중국음식점 주인(중국인)이 그곳에 와 있던 중국

● 시카이로(四海楼)

인 유학생들을 위해 고안해 낸 음식으로, 나가사키 향토음식으로 유명해져 지금은 일본 각지에서 즐길 수 있게 되어 중일 음식문화의 합작품으로 자리 잡았다. 일본의 짬뽕은 굵은 면에 고기, 어패류, 야채 등으로 볶은 스프를 사용하고 있는 데 우리와는 달리 전혀 맵지 않다.

한국의 짬뽕의 기원은 아직 정확하게 밝혀지지 않았는데, 나가사키 짬뽕이 전해진 것이라는 설도 있다. 우리의 짬뽕도 재료는 일본 것과 거의 비슷하다고 볼 수 있는데, 고춧가루를 대량으로 사용해 매운 맛을 내고 있다는 점이 다르지만 이전에는 우리의 짬뽕도 빨갛지 않고 매운 맛도 아니었다고 하니, 짬뽕이라는 같은 이름의 이 음식은 중국 화교들의 디아스포라와 연관이 있음은 쉽게 짐작할 수 있을 것이다.

같은 화교들이라고 해도, 한국의 화교는 산동성(山東省) 출신자들이 많고, 일본의 화교는 복건성(福建省)·광동성(廣東省) 등과 같은 중국 남부 출신자들이 많은 것이 특색이다. 짬뽕이 과연 같은 기원을 지니는 것인지 아니면 다른 기원이었지만 우연히 이름이 같아진 것인지 앞으로의 연구를 기다려야 하겠지만, 어떻든 중국에 기원을 둔 요리가 제각기 한국인과 일본인의 기호에 맞추어 변화해 오늘날과 같은 음식이 된 것은 흥미로운 음식문화의 이동과 변용이라고 볼 수 있다.

주석

1. **엥겔 계수** 가계의 총계에 대한 식비의 비율. 이 비율이 높을수록 생활 수준이 낮다.
2. **프랜차이즈 시스템** 상표 사용권 등의 권리, 혹은 경영의 노하우나 기술 지원을 해 주고 그 보증으로 프랜차이즈 권리 취득을 위한 계약금과 로열티를 받는 것을 말한다.
3. **시스템 키친** 조리 과정을 중앙에서 통제하고, 판매 조직에서는 간단한 2차 가공만을 해 판매하는 방법.
4. **드럭스토어(drug store)** 미국에서 시작된 것으로, 약품·일용잡화·잡지 등의 다양한 상품을 판매하는 매장.
5. **닛신식품(日清食品)** 1958년 창업과 동시에 세계 최초로 인스턴트 라면인 치킨라면을 개발·판매하고, 이후 컵라면 등을 개발한 일본의 대표적인 식품 회사.
6. **모리나가제과(森永製菓)** 창업 100년이 넘는 일본의 대표적인 제과 브랜드. 일본에 양과자를 보급한다는 취지로 창업한 이래, 캐러멜과 초콜릿 등의 과자류에서 선구적 역할을 해온 제과 회사.
7. **레토르트 식품(レトルト食品)** 즉석식품의 일종. 완전히 조리를 마친 식품을 폴리에스테르, 알루미늄, 폴리에틸렌 등의 재질로 된 겉봉 안에 넣고 증기 가마 안에서 가열, 살균하여 밀봉한 것.
8. **에키벤(駅弁)** 각 철도역에서 파는 도시락으로, 메이지 18년(1885년)에 우쓰노미야에서 판 주먹밥이 그 시초라고 전해진다. 각 지역의 특색 있는 먹거리로 만들어져 도쿄의 큰 백화점에서는 매년 전국의 에키벤 페스티벌을 개최할 정도로 일본인에게는 친근한 도시락이다.
9. **스낵(スナック)** 카운터 형식의 작은 경양식당. 원래는 간단한 식사와 음료·주류를 제공하는 곳이었으나, 요즘에는 주로 주류를 제공하는 스낵바로서 샐러리맨들이 애용하는 술집의 하나가 되었다.
10. **마이홈주의(マイホーム主義)** 가정 제일주의. 직장에서의 출세에 인생의 목표를 두지 않고, 가정의 행복에서 삶의 보람을 찾으려고 하는 소시민적 처세관.
11. **드라이브 인(ドライブイン)** 국도변에 있는 휴게소 식당.
12. **하레(ハレ)와 게(ケ)** 하레(ハレ)는 공식적인 자리·정식적인 것이라는 의미이고, 게(ケ)는 그와 대조적인 의미로 평상시, 보통 때를 뜻한다.
13. **오세치요리(お節料理)** 명절음식. 예전에는 설 등의 명절 때 장만하는 음식을 모두 일컬었으나, 요즘은 설음식만을 가리킨다.

참고문헌

『日本人の好きなもの』NHK出版生活人新書. 2008
『講座食の文化 1~7』石毛直道監修. 味の素食の文化センター. 1998~99
『全集日本の食文化 1~12』雄山閣. 1996~99
『変わりゆく日本人』野村総合研究所. 1998
『日本事情ハンドブック』水谷修 外. 大修館書店. 1995
『論集東アジアの食事文化』石毛直道編. 平凡社. 1985
『日本の食文化大系 1~21』東京書房社. 1983
『日本人の生活文化事典』南博. 勁草書房. 1983

10 일본의 성문화

1. 한일 양국인의 성의식의 격차
2. 종교와 문학 속의 성의식
3. 현대 일본인의 성의식

성욕(性欲)은 식욕(食欲) 등과 더불어 인간의 기본적인 본능의 하나로서 그 지향의 궁극적 이면에 자손을 번식시키기 위한 목적이 있음은 한일 간이라도 차이가 없을 것이다. 그러나 현재 양국의 성에 관한 문화에는 큰 차이가 있는 것으로 보여진다. 일본의 경우 고대 이래 문학작품에 성과 사랑에 관한 기술이 상당 부분을 차지하고 있으며 일본 문학의 주요 테마라고 할 수 있다.

한편 한국 문학의 경우는 남아 있는 문헌이 적기는 하지만, 고대가요에서는 『공무도하가(公無渡河歌)』, 『황조가(黃鳥歌)』, 『구지가(龜旨歌)』 등에 남녀 간의 사랑에 관한 표현이 나타나고 있고, 고려시대에는 『쌍화점(雙花店)』, 『이상곡(履霜曲)』, 『만전춘(滿殿春)』 등의 속요(俗謠)에서 성을 암시하는 표현이 등장하고 있다. 조선시대에는 유교적인 가치관이 강화되어 성에 관한 내용은 거의 찾아볼 수 없게 되었다. 그러나 민중들 사이에서는 가면극이나 굿과 같은 축제, 민간신앙 등에서 노골적인 성적 표현이 다수 나타나고 있다.

또한 문학작품 외에도 일본에서는 에도시대에 도시경제와 서민문화의 발달에 따라 매춘시설인 유곽(遊廓)이 본격적으로 등장했지만, 한국의 경우는 식민지시대에 일본의 유곽제도가 도입되기 전까지는 그러한 대규모의 시설은 존재하지 않았다. 현대에 이르기까지 한국인의 성의식은 조선시대의 유교문화의 영향으로 일본에 비해 외면적으로 보수적이고 소극적이라는 인상이 남아 있었지만, 정보, 문화 등의 세계화와 교류가 진전되고 있는 현재, 한일 양국인의 성에 관한 의식과 행동은 크게 변화하고 있고, 한국인의 성의식도 일본의 성문화 이상으로 더 개방적인 방향으로 나아갈 것인지 주목되고 있다.

1 한일 양국인의 성의식의 격차

한국인들은 일본인의 성의식을 문란하다고 보는 시각이 지배적인데 반해, 일본인들은 한국인의 성의식을 표리부동한 이중성으로 특징짓는 시각이 보편적이다. 이처럼 상반된 시각 차는 어디에서 기인하는 것일까?

우선적으로는 양국인의 정신세계를 지배해 온 종교적인 측면을 생각해 볼 수 있다. 한국인들은 성에 대한 표현을 자제하도록 엄격히 요구하는 유교의 영향으로 폐쇄적인 성의식을 지니게 된 반면, 일본인들은 있는 그대로를 드러내 놓고 자유분방한 성을 중시하는 신도(神道)와 불교의 영향으로 개방적인 성의식을 갖게 되었다고 할 수 있다.

한편 일부에서는 한국인에게 문란하게 보이는 현대 일본인들의 성의식이나 성행동을 고도로 발전한 서구 자본주의 문화의 산물로 파악하는 견해도 있다. 그러나 일본 역사를 거슬러 올라가 보면 그러한 일본의 성문화가 실은 오래 전부터 이어져 내려오는 일본인의 성의식과 깊이 관련되어 있음을 어렵지 않게 찾아볼 수 있다. 예컨대 16세기에 일본을 방문한 선교사 루이스 프로이스는 '일본 여성은 처녀의 순결을 전혀 중시하지 않는다'고 하여, 지금의 우리가 들어도 쉽게 동감하기 어려운 일본인, 특히 일본 여성의 성의식에 대해 놀라움을 표시했다. 나아가 일본 신화나 고대 일본의 문학작품 속에는 이보다 훨씬 더 적나라하고 자유분방한 일본인들의 성의식이 담겨 있다.

어느 사회든 인간의 본원적 모습을 간직했던 원시사회에서는 성의 표현이 지금보다 훨씬 자유로웠을 것이다. 그러나 문명의 발생과 함께 인간의 성적 본능은 억압당하기 시작했고, 그 후 인간의 성욕표현은 어느 시대, 어느 문화권에 살고 있는가에 따라서 다른 양상을 보였다. 따라서 억압된 인간의 성욕을 올바르게 이해하기 위해서는 사회 구성원들의 성에 대한 태도나 행동의 대부분이 시대적 상황의 영향 하에서 형성된 역사적 현상이라는 점을 직시해야 할 것이다.

일본의 대중문화가 개방된 이후, 일본 문화를 제대로 이해하기 위한 노력들이 우리 사회의 곳곳에서 일어나고 있는데, 우리에게 가장 왜곡되어 알려져 있는 것 중의 하나가 일본인들의 성의식인 듯하다.

2

종교와 문학 속의 성의식

　일본인의 성의식을 역사적으로 고찰하기 위한 자료로서 문학작품 이상으로 좋은 텍스트가 없다. 일찍이 그들의 문자를 가질 수 있었던 일본인들은 다른 어떤 수단보다 먼저 문학작품을 통해 성과 사랑에 대한 일본인 특유의 감각과 정서를 끊임없이 표현해 왔기 때문이다. 또한 신화시대나 고대 이래 문학작품만큼 제도나 이데올로기를 뛰어넘어 일본인의 성의식을 생생하게 전하는 경우가 없을 뿐더러, 세계 문학 중 일본 문학만큼 작품의 주제로서 남녀 간의 성과 사랑을 다루고 있는 예도 흔치 않기 때문이다.

　일본인에게 있어 성(性)이라는 테마는 아주 오래된 것이면서 또한 늘 새로운 과제이기도 하다. 남녀간의 사랑 그 자체가 바뀌었다고도 할 수 없고 성행위가 변화한 것도 아니다. 그러나 일본 민족이 국가를 형성하고 사회생활을 영위하게 되면서 사랑(愛)이나 성(性)도 각 시대의 종교, 도덕, 미의식, 법률, 사회제도 등의 규제로 인해 조금씩 그 모습이 달라지고 있다. 따라서 언뜻 보기에 개방적일 것 같은 일본인의 성의식을 파악하는 데 있어, 유사 이래 일본인들이 그것들을 어떻게 생각하고 대처해 왔는가를 전망하는 역사적 시점(視點)을 지니지 못한다면 단순한 현상 지적으로 끝나고 말 것이다.

● **곤세이사마(金精様)** 도호쿠 지방의 후케노유(ふけの湯) 온천에 있는 것으로, 손님이 봉납한 것이다. 곤세이(金精)란 남자의 성기를 본딴 것으로, 주로 자식을 바라는 부부나 순산을 바라는 여성이 참배하거나 봉납한다.

　일본인들이 성애에 관해 한국인에 비해 자유롭고 활달한 것의 이면에는 종교의 영향이 있음을 간과할 수 없다. 유럽의 기독교 국가에서는 간음을 금하는 엄한 계율이 성직자는 말할 것도 없고 일반 신자들에게도 똑같이 요구되어 왔다. 그렇기 때문에 유럽 작가들이 성애를 테마로 작품을 쓰려고 할 때, 도덕이나 제도 등의 현실적인 사회 질서와 대결하기에 앞서 먼저 간음을 금하는 신(神)과 대결하지 않을 수 없었다.

　이에 비해 일본의 종교인 불교의 여러 종파와 신도(神道)는 성애에 관해 아주 관용적이다. 아스카·나라시대(飛鳥·奈良時代 : 6세기 말~8세기 말)의 이른바 ¹난토로쿠슈(南都六宗)에도 물론 ²사음계(邪淫戒)를 포함한 계율이 있었다. 그리고 이어지는 헤이안시대(平安時代 : 8세기 말~12세기 말)에는 정교일치(政敎一致)로 타락해 버린 난토(南都)의 도시불교를 대신해 등장한 산악불교(山岳佛敎) 즉, 히에이잔(比叡山)의 천태종(天台宗)과 고야산(高野山)의 ³진언종(眞言宗)는 특히 엄격한 여인금제(女人禁制)의 조치를 취했다. 이로 인해 성인 남자가 대부분이었던 양 종파의 많은 승려들에게 여성 접촉이 금지된 대신 ⁴지고와카슈(稚兒若衆)라 불린 소년들을 성적(性的) 상대로 삼는 이른바 남색 행위(男色行爲)가 일상화되었다.

● 여성의 출입금지를 나타내는 결계석. 여성을 더러운 존재라고 여겨 절이나 신사 등에 여성의 출입을 막기 위해 세워졌다.

헤이안시대까지 여러 불교 종파의 승려들은 이런 식으로 일단 여자를 멀리함으로써 형식적으로는 사음계를 지켜 왔다. 그러나 사음계에서 구체적으로 지적하지 않은 남색 행위에 대해서는 자연스럽게 행했기 때문에 신자(信者)의 성애에 대해서는 관대할 수밖에 없었다. 즉 성애에 관해 선악을 가리지 않았을 뿐만 아니라 이는 모든 인간이 지니는 업(業)으로서 이것을 자각하지 못하면 마음이 안정될 수 없으니 '⁵번뇌즉보리 색즉시공(煩惱卽菩提、色卽是空)'이라는 식의 애매한 설교를 했던 것이다.

가마쿠라시대(鎌倉時代 : 1185~1333)에는 히에이잔(比叡山)에서 수행을 마치고 하산한 승려 신란(親鸞)이 ⁶번뇌구족(煩惱具足)의 몸임을 자각하고 용감하게도 대처육식(帶妻肉食)을 실천했다. 이에 비승(非僧)·비속(卑俗)·무계(無戒)의 중이 출현하게 되었고, 따라서 문도(門徒)가 많았던 정토진종(淨土眞宗)에서는 승려와 신도 양측 모두 성애에 관해 죄악감이 전혀 없는 것이 오히려 당연했다.

불교가 이런 식이니 일본 고유의 민족신앙인 신도는 이렇다 할 신의 가르침도 없이 성애에 관해서 너무도 노골적이다. 『고지키(古事記)』와 『니혼쇼키(日本書紀)』의 기록에 의하면, 일본의 여러 신들의 원조에 해당하는 이자나기노미코토(伊耶那岐命)가 천신(天神)의 명을 받아 세상을 만들어내려고 했을 때 여신(女神)인 이자나미노미코토(伊耶那美命)를 향해 "그대의 몸은 어떻게 되었는가?"라고 묻는다. 여신이 "내 몸은 이제 다 만들어진 것 같은데, 아직 덜 막힌 곳이 한 군데 있습니다"라고 말하자, "그러고 보니 내 몸에는 너무 튀어나온 부분이 한 군데 있으니 그대의 덜 막힌 곳에 내 것을 넣고 이 세상을 낳으면 어떨까?"라고 하니, 여신은 "그거 좋은 생각이군요"라고 답하고는 일본에서는 최초로 부부의 교합(交合)을 행해 많은 나라와 신을 만들어냈다고 되어 있다. 일본에서 지금도 음양석을 세워 놓고 참배를 하는 것은 이런 연유에서 기인한다.

이상과 같이 근대 이전 에도시대(江戶時代)까지 일본인에게 신도(神道)나 불교는 외경(畏敬)의 대상이라기보다는 친근한 후원자와 같은 존재였다. 사랑을 이루기 위해 신불전(神佛殿)에 백일기도를 한다든지, 기요미즈관음(清水觀音) 등을 매일 참배했던 것이다. 『호색일대남(好色一代男)』 둘째 권에서 14세의 주인공 요노스케(世之介)가 관음(觀音)을 참배하면서 "이런 소원을 말씀드리기 송구하오나 그녀는 언제쯤 나를 만나줄까요?"라고 기원하자, 그 말을

● 주인공의 호색생활을 그린 이하라 사이카쿠(井原西鶴)의 『호색일대남(好色一代男)』 (ⓒ 斎宮歷史博物館)

들은 하인이 "이번에도 한 번으로 끝내고 말 사랑을 기원하시는구나"라고 중얼대는 모습은 일상적이었다. 당시 일본의 수도인 에도(江戶)의 아사쿠사(淺草)에는 밀교사원(密敎寺院)인 세이텐구(聖天宮)가 있었는데, 그 본존(本尊)은 남녀가 끌어안고 있는 모습이었다. 이것이 부부 화합의 신으로서 인기가 있었던 것도 이와 같은 맥락인 것이다.

일본은 근세 이래 중국과 조선의 유교문화를 받아들였지만, 그것은 유교의 지배 이데올로기로서의 문화를 주로 수용한 것이었고 남녀 유별과 동성 결혼 불가, 일부종사 등의 성을 둘러싼 관습은 적극적으로 받아들이지 않았다. 이러한 일본인의 성의식은 2천년이 지난 현재에도 크게 변화했다고 보기 어렵다. 근대 이후 서양의 도덕과 제도를 적극적으로 받아들인 일본은 성의식 측면에 있어 늘 서양을 의식하고 서양의 기준에서 행동하려고 했던 근대 100년의 역사가 존재하지만, 그 바탕에는 2천년 이상 계속되어 온 일본인의 전통적 성의식이 여전히 뿌리 깊게 남아 있다고 보아야 할 것이다. 이 점은 중세시대까지 한국인의 성의식과 여러 면에서 공유되는 면이 없지 않지만, 근세 이후의 유교의 수용과 그 전개 과정에서 많은 상이점을 보여왔다고 할 수 있을 것이다.

현대 일본인의 성의식

현재 일본 사회는 성의 저연령화, 매매춘과 원조교제 등, 성을 둘러싼 여러 가지 문제에 직면해 있다. 성에 관한 인식과 행동이 세대에 따라 다양하게 나타난다는 것은 쉽게 상상할 수 있을 것이다. 예를 들면 40~60대의 중장년층보다는 16세~30대의 젊은층이 성에 대해 관대한 태도를 보이고 있으며, 현실적으로도 성에 대해 적극적이라고 할 수 있다. 그렇다고 해서 이것이 곧 '성의 개방화'가 진행되고 있는 것이라고

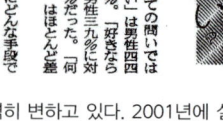

● 젊은이들의 성에 관한 의식이 급격히 변하고 있다. 2001년에 실시된 이 조사에서는 불륜도 긍정적으로 받아들이는 연애지상주의가 드러나고 있다.

단정지을 수만은 없다. 성에 대한 인식과 행동이 나이를 먹을수록 변화한다는 것은 어쩌면 자연스러운 현상일 수도 있기 때문이다. 예전에는 성에 대해 개방적이던 젊은이가 어른이 되어 보수적으로 변하는 것은 흔히 있을 수 있는 자연스러운 변화이기 때문이다. 여기서는 성에 대한 세대간의 일본인의 인식의 차이를 살펴보기로 하자.

혼전 성관계에 대해서는 젊은 세대가 관대하다. 중장년층에서는 혼전 성관계에 대해 비허용적인 태도를 보이고 있고, 더욱이 남자이냐 여자이냐에 따라 혼전에 성관계를 갖는 것에 대해 다른 태도를 보인다. 즉 젊은층이 남녀를 불문하고 그다지 대수롭지 않게 생각하는 것에 비해 중장년층은 부정적인 반응을 보이며, 게다가 남자는 그렇다 하더라도 여자는 혼전 성관계를 가져서는 안 된다는 비율이 높다. 그렇다면 먼저 현대의 일본인들은 성에 대해 어떠한 인식을 갖고 있는가부터 살펴보도록 하자.

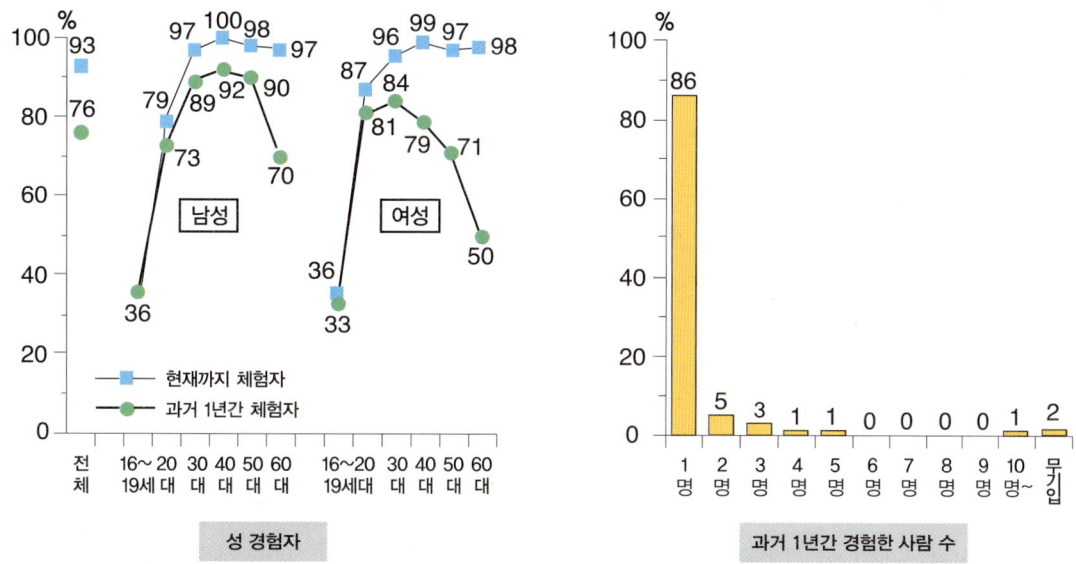

성 경험자 / 과거 1년간 경험한 사람 수

성생활의 의미 (단위 : %)		남성						여성					
	전체	16〜19세	20대	30대	40대	50대	60대	16〜19세	20대	30대	40대	50대	60대
애정표현	73	70	86	82	76	69	67	73	80	74	74	66	61
커뮤니케이션	47	30	48	57	51	47	25	40	68	62	56	37	26
정신적 안정	22	34	23	23	26	26	25	9	21	26	17	16	14
아이를 만들기 위한 행위	35	49	40	50	33	26	24	58	47	38	35	28	24
쾌락	29	40	55	53	47	41	31	27	19	20	15	10	6
스트레스 해소	12	11	11	16	19	20	23	4	5	7	7	9	8
의무	9	2	3	4	5	6	4	2	5	9	14	16	26
정복욕	3	4	6	3	5	4	8	4	1	0	1	0	2
불쾌·고통	2	0	0	1	1	0	1	2	3	5	4	4	6
자신과는 무관한 것	2	2	0	0	1	0	3	4	1	2	0	3	4
기타	1	2	1	1	1	0	1	0	0	1	1	0	1
무기입	3	4	1	1	1	1	4	4	1	2	1	6	5

『일본인의 성행동·성의식』(NHK출판. 2002년)의 조사에 따르면, '당신에게 있어서 성관계는 어떤 의미가 있습니까?'라는 질문에 대해 애정표현이라 답한 사람들이 성별과 세대를 불문하고 가장 많은 비율을 나타내고 있다. 그리고 어느 연령대를 보더라도 여성보다는 남성이 '쾌락' '스트레스 해소'라고 생각하는 경향이 강했으며, 이 두 가지 요소가 성관계 즉, sex에 대한 남녀 간의 인식차를 가장 두드러지게 하는 최대의 원인이라 보인다. '의무' '불쾌·고통' '자신과는 무관한 것'이라는 부정적인 사고는 30대에서부터 서서히 여성에게 많이 나타나고 있다. 그리고 결정적으로 남녀 간의 인식 차이를 확연히 보여주는 것이 '정복욕'이라는 것인데, 이것은 남성쪽에

서 압도적으로 높은 비율을 나타낸다. 이렇듯 성관계에 대한 인식은 연령이 높아짐에 따라 남녀간에 차이가 확연히 나타남을 알 수 있다.

실제로 성 경험자는 얼마나 존재하는지에 대해 '태어나서 지금까지 한 번이라도 성적 경험을 한 사람의 비율'과 '과거 1년간 한 번이라도 경험한 적이 있는 사람의 비율'을 그래프로 표시하면 다음과 같다.

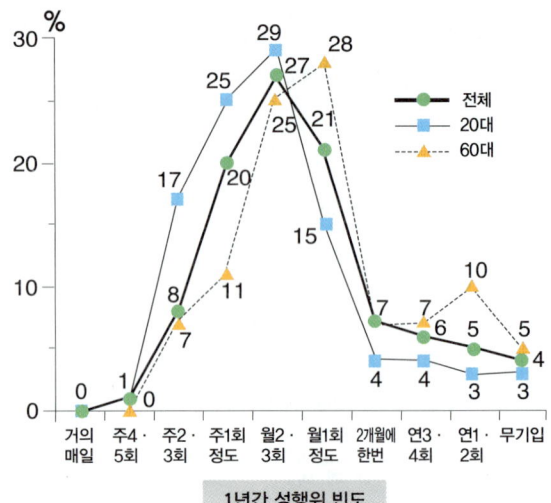

우선 지금까지의 성 경험자를 보면 남녀 모두 30대가 되면 거의 100%에 가까운 사람이 성 경험을 하고 있으며, 20대를 제외하면 남녀가 같은 비율을 나타내고 있다. 20대에서 여성의 비율이 높게 나타나고 있는데, 이것은 이 연령대의 기혼자가 여성 46%, 남성 26%라는 차이에서 기인된 수치이다. 과거 1년간 경험한 체험 비율은 20대를 제외하면 거의 모든 연령층에서 남성이 여성을 상회하고 있다. 또한 현재 화제가 되고 있는 저연령층과 고령층의 성관계는 16~19세에서는 남성이 36%, 여성이 33%, 60대에서는 남성이 70%, 여성이 50%의 연간 체험율을 나타내고 있다.

또한 과거 1년간의 경험한 사람 수에 대해 살펴보면, '1명'이 86%로 압도적으로 많고, '2명 이상'이라고 응답한 사람은 11%에 지나지 않는다. 이러한 비율을 계산해 보면 과거 1년간 1인이 경험한 상대는 평균 1.4인꼴이 된다. 그러면 1년간 성관계 횟수는 얼마나 될까? 한 달에 2~3회라고 응답한 사람이 가장 많았고(27%), 다음으로 한 달에 1회인 사람(21%), 일주일에 1회 정도인 사람(20%)의 순으로 나타나며, 일주일에 2~3회 이상인 사람이 8%, 반대로 한 달에 1회 미만인 사람도 전체의 18%를 차지했다.

다음으로 16세~30대의 젊은층과 40~60대의 중장년층의 각각의 세대별에 있어서 성에 대한 태도, 또는 성행동에 대해 그 특징을 살펴보기로 하자. 젊은층의 성에 대한 태도 중에서 눈에 띄는 것이 일탈적 행동에 대해 관용적이라는 것이다. '돈을 지불하고 성행위를 한다(매춘)'는 것에 대해 '개의치 않는다'라고 대답한 비율이 남성 젊은층 36.1%, 남성 중장년층 19.4%, 여성 젊은층 11.6%, 여성 중장년층 2.7%로 나타났다. 반면, 남성과 여성 각각의 혼전성교의 허용에 대해 젊은층에서는 거의 같은 비율로 차이가 없지만, 중장년층 남성은 남자에 대해 59.8%, 여자에 대해 46.3%, 중장년층 여성은 남자에 대해 40.1%, 여자에 대해 30.8%로, 남성에 비해 여성의 혼전성교를 허용하는 비율이 낮은 특징을 보인다.

첫 성교 경험에 대한 연령도 점점 낮아지고 있는데, 세대별로 보면 남성 젊은층 18.8세, 남성 중장년층 20.7세, 여성 젊은층 19.2세, 여성 중장년층 22.2세로 나타나며, 전체 평균 20.6세로 '성의 저연령화' 현상이 두드러지고 있다고 할 수 있다.

남색(男色)

남성의 동성애, 특히 소년을 상대로 하는 동성애를 말하는 것으로 한국의 성문화에서는 쉽게 찾아보기 어려운 일본 성문화의 하나이다. 고대의 남색에 관해서는 잘 알려져 있지 않지만, 중세시대에 들어와 무사계급이 정착되고 불교의 민중화가 이루어짐에 따라 무사와 승려계급 사이에서 남색이 행해졌다. 예를 들면 무로마치막부(室町幕府)의 쇼군(将軍) 아시카가 요시미쓰(足利義満)와 노(能)의 배우이며 작가였던 제아미(世阿弥)가 남색관계였던 것으로 전해진다. 그 이후에도 전국시대(戦国時代)의 무사들 세계에서 주군(主君)과 나이가 어린 신하 사이에 남색관계가 많이 이루어졌다. 무사가 무도(武道)를 숭상하고 여성을 멀리하게 된 것도 남색의 유행과 관련이 있었던 것으로 보인다. 근세 막부의 성립에 결정적인 역할을 한 오다 노부나가(織田信長)나 도쿠가와 막부의 쇼군 도쿠가와 이에미쓰(徳川家光), 도쿠가와 쓰나요시(徳川綱吉) 등도 남색으로 알려져 있다. 에도시대부터 오늘날까지 이어져 오는 무대예술인 가부키(歌舞伎)는 남성만으로 작품이 이루어지는 연극으로 미남배우들이 많이 등장하는데, 그들도 관객이었던 무사나 상인들의 남색의 상대였음은 잘 알려져 있다. 이처럼 일본에서는 남색에 관한 죄악감은 거의 없었으며 근대에 들어와서도 학생들이나 군대 내에서 남색은 드문 일이 아니었다. 현재도 관련 전문 잡지가 발행되고 있을 정도이다. 또한 남성들만 등장하는 가부키에 대해 1913년에 창립된 여성만이 출연하는 다카라즈카가극단(宝塚歌劇団)이 현재까지 여성들에게 인기를 모으고 있는 것도 흥미로운 일본 문화의 한 단면이라고 할 수 있을 것이다.

마쿠라에, 춘화(枕絵, 春畫)

춘화(春畫)는 남녀의 성행위를 묘사하는 그림으로 마쿠라에(枕絵)라고도 한다. 남녀의 성행위를 묘사한 그림은 오래 전부터 있었고, 에도시대에 우키요에(浮世絵) 형식으로 그려진 것이 유명한데 히시카와 모로노부(菱川師宣), 도리이 기요나가(鳥居清長), 기타가와 우타마로(喜多川歌麿), 가쓰시카 호쿠사이(葛飾北斎) 등의 저명한 우키요에시(浮世絵師)가 활약했다. 그 그림들은 남녀의 성행위 외에 동성애나 자위행위의 모습을 묘사한 것도 있다. 또한 성기(性器)를 익살스럽게 과장해서 표현한 작품도 있다. 우키요에(浮世絵)는 단순히 도락(道樂)에서 그치지 않고 결혼을 앞 둔 여성의 성교육용으로 활용되기도 했다. 성행위가 아닌 여성의 나체를 묘사한 것은 선정적인 그림이라는 의미로 아부나에(危な絵)라고 불렀다.

● 마쿠라에(枕絵)

유곽(遊廓)

유녀(遊女) 즉 매춘부를 일정 구역에 모아 놓고 매춘하는 것을 공적으로 인정한 장소를 말한다. 구루와(郭)·이로마치(色町)·유리(遊里)라고도 했다. 일본의 경우 고대로부터 매춘이 이루어졌는데, 나라시대(奈良時代)의 『만요슈(万葉集)』에 등장하는 우카레메(遊行女婦)가 대표적인 예이고, 중세에는 구구쓰메(傀儡女)와 시라뵤시(白拍子)와 같이 연회의 자리에서 노래와 춤을 추면서 손님들을 상대로 매춘을 하는 유녀, 또는 단순히 매춘을 목적으로 하는 쓰지기미(辻君)나 다치기미(立君) 등이 있었다. 유녀를 모아 본격적으로 유곽을 만든 것은 근세기의 권력자 도요토미 히데요시(豊臣秀吉)가 시초로 오사카(大阪)와 교토(京都)에 유곽이 탄생했다. 에도시대가 되자 유곽제도가 정비되어 에도(江戶)·교토(京都)·오사카(大阪)의 대도시를 비롯해 전국의 20개 이상의 도시에 유곽이 설치되었다. 그 이외에도 오카바쇼(岡場所)라는 매춘시설지역이 생겼고, 주요 가도(街道)의 역참(驛站)에는 메시모리온나(飯盛女)라는 매춘부가 있었다. 그런데 고급유곽에는 단순히 매춘만이 있었던 것이 아니다. 유곽에서 다유(太夫)라고 불렸던 최고급 유녀는 노래와 춤이 뛰어나고 높은 교양을 갖추어 무사와 귀족, 상층 상인들을 주 고객으로 하면서 마음에 들지 않는 사람은 상대하지 않을 정도로 위세가 당당했다. 한편 유곽은 문학작품의 소재가 되기도 했고, 유녀들의 의상이나 머리 스타일이 유행하는 등 유곽은 에도시대의 문화에 큰 영향을 주었다. 유곽제도는 메이지시대(明治時代)가 되어 폐지되었지만 실제로는 매춘지역으로 존속되었고, 1946년 공창제도폐지(公娼制度廢止), 1956년의 매춘방지법제정(賣春防止法制定)에 의해 매춘제도는 공식적으로 없어졌지만 새로운 형태와 방식으로 현재도 매춘 행위는 계속되고 있다.

● 옛 유곽을 재현한 도에이(東映) 영화촌의 유곽 세트

주석

1. 난토로쿠슈(南都六宗) 나라시대 때 흥성했던 불교의 종파. 삼론(三論), 성실(成實), 법상(法相), 구사(俱舍), 화엄(華嚴), 율(律)의 6종(六宗)을 말한다. 헤이안시대 이후에 성립된 제파(諸派)에 비해 신앙보다도 경전의 학문적 연구에 힘을 기울여 사원은 학문의 장소였으며 타종파의 많은 승려들도 참여했다. 나라시대 중기에 이르러 종교적 색채가 강화되어 종단을 구성하게 되었다.
2. 사음계(邪淫戒) 불교 용어. 오계(五戒) 중의 하나로, 부부가 아닌 자와의 성행위 혹은 부부라 하더라도 해서는 안 되는 성행위에 대한 계율. 오계(五戒)는 살생(殺生), 유도(愉盜), 사음(邪淫), 망어(妄語), 음주(飮酒)를 금하는 것을 말한다.
3. 진언종(眞言宗) 대승불교의 일파. 인도에서 시작되어 일본에는 헤이안 초기 승려 구카이(空海)가 당나라에 들어가 전수받은 후 귀국해 전래했다. 816년 고야산(高野山)에서 시작된 밀교(密敎), 밀장(密藏)의 대표적인 종파이다. '사람과 부처는 본래 같은 성질을 지니나 사람의 행위는 악의 방해를 받아 그 가치가 발휘되기 어려우므로 인간의 행위를 부처의 행위(三密)에 가깝게 함으로써 깨달음을 얻을 수 있다'고 하고 그 성취된 세계를 만다라(曼茶羅)라고 한다.
4. 지고와카슈(稚児若衆) 남색(男色)의 상대가 되는 소년들을 말한다.
5. 번뇌즉보리 색즉시공(煩惱卽菩提、色卽是空) 불변하는 고유의 존재가 없음을 이르는 반야심경에 나오는 불교의 가르침이다.
6. 번뇌구족(煩惱具足) 번뇌를 몸과 마음 모두에 지니고 있다는 뜻.

참고문헌

『日本売春史 – 遊行女婦からソープランドまで – 』小谷野敦. 新潮選書. 2007
『昭和平成ニッポン性風俗史 – 売買春の60年 – 』白川充. 展望社. 2007
『買売春と日本文学』岡野幸江・長谷川啓・渡辺澄子編. 東京堂出版. 2002
『日本人の性行動・性意識』NHK出版. 2002
『일본인의 사랑과 성』정형 옮김. 도서출판 소화. 2001
『戦後性風俗大系 – わが女神たち – 』広岡敬一. 朝日出版社. 2000
『日本女性史論集 9』総合女性史研究会編. 吉川弘文館. 1998
『性風俗史 1~3』雄山閣出版. 1989~90

11 일본의 정치와 경제

1. 일본의 정치
  1) 의원내각제
  2) 일본의 국회
  3) 관료제와 행정 시스템
  4) 정당 시스템

2. 일본의 경제
  1) 일본의 산업화
  2) 1990년대 일본 경제의 장기 침체와 향후의 과제
  3) 일본적 기업 경영 모델

한국과 일본은 의회민주주의국가이고, 자본주의 경제체제를 택하고 있다. 그러나 동일한 정치·경제체제를 취하고 있다고 하더라도 양국 간에는 특히 정치제도의 면에서 큰 차이가 있다. 한국이 대통령제의 공화국임에 비해 일본은 천황을 국가의 상징(원수)으로 하는 입헌군주제 국가라는 점이다. 또한 한국의 의회가 단원제(單院制)이고 대통령에게 권력이 집중되어 있는데 비해, 일본의 의회는 이원제(二院制)이고 의회에서 선출된 수상(首相)이 국정을 주도하는 의원내각제(議院內閣制)를 택하고 있는 점이 다르다고 할 수 있다.

일본의 정치

일본은 의원내각제(議院內閣制)를 채택하고 있어 행정수반인 내각총리대신, 즉 수상(首相)은 국회에서 선출된다. 국회는 ¹중의원(衆議院)과 ²참의원(參議院)으로 구성되는 양원제를 도입하고 있다. 국회는 국권의 최고기관이며 유일한 입법기관으로서 행정권과 사법권에 비해 상대적으로 우월한 지위를 점하고 있다. 메이지시대 이후 일본의 정치는 민주적 정당 정치를 지향해 오고 있다. 전후 일본의 정당 구조는 1960년대 후반 이후 기본적으로 다당제(多黨制)를 이루고 있다. 그러나 1955년 이후 보수정당인 자유민주당(自由民主黨)의 집권은 1993년부터 2년 5개월 정도를 제외하고 현재까지도 지속되고 있다.

1) 의원내각제

일본에 내각제가 처음 채택된 것은 메이지시대인 1885년이다. 현재의 내각제도는 1947년 현행 〈일본국헌법〉에 의해 규정되었다. 제2차 세계대전이 일어나기 전에는 내각은 국회에 책임을 지지 않았고, 국회는 내각총리대신(內閣總理大臣) 즉, 수상(首相)의 지명권과 내각불신임권을 갖지 못했으나, 현행 내각은 행정의 최고기관으로서 국회에 대

● 2002년부터 사용하기 시작한 총리대신 관저

해 책임을 지고 있다. 제2차 세계대전 후 행정권은 수상과 내각에만 부여되었고 천황은 행정에 관한 모든 권한을 상실한 채 상징적이고 의례적인 존재로 남았다. 수상은 각 성(省)의 국무대신(國務大臣)에 대한 임면권(任免權)을 가지고 있다. 그리고 내각은 국민의 투표로 선출된 국민의 대표에 대해 책임을 지는 것으로 명확히 규정하고 있다.

수상은 국회에서 선출되며, 일반적으로 국회 내 다수의석을 확보하고 있는 정당의 대표가 되는 경우가 많다. 국회를 구성하는 중의원(衆議院)과 참의원(參議院)은 각각 수상을 선출할 수 있으나, 만약 양원(兩院)에서 선출한 수상 후보가 다를 경우에는 중의원에서 선출된 후보가 수

상이 되도록 되어 있다. 이와 같이 선출된 수상은 천황에 의해 정식으로 임명된다. 수상은 내각을 대표하고 국회에 예산안 등의 의안을 제출하며, 중의원 해산권, 헌법 및 법률 시행에 필요한 정령(政令)을 제정할 권한을 갖는다. 수상의 법률적 권한은 강력하지만 주요 정책 결정은 집권당 내에서의 협의나 국회 내 정당간의 협의에 따르는 경우가 많다.

● 일본 최고재판소(最高裁判所)

1955년 이후 1993년까지 자유민주당(自由民主党, 약칭 자민당)이 장기집권하던 당시 수상이 된 자민당 총재는 정당 내 파벌 간의 세력 구도에서 선출되는 경우가 많았다. 이러한 경우 수상은 그 권한을 행사함에 있어서 소속 정당 내 파벌 구도로부터 자유로울 수 없었다. 1993년 이후 연립정권 시대의 수상은 정당 간의 역학 관계에 따라 지명되기도 했다. 이러한 이유로 제2차 세계대전 이후 일본의 수상제도 아래에서는 강력한 정치적 리더십을 기대하기란 어렵다는 지적이 자주 제기되었다.

내각의 권한은 행정권뿐만 아니라 사법권, 입법권과 관련해서도 존재한다. 사법권과 관련해서는 최고재판소 장관을 지명하고 기타 최고 재판관을 임명한다. 최고재판소가 제출한 지명 명부를 바탕으로 하급재판소의 재판관을 임명한다. 입법 관련 권한으로는 법률안 제출, 임시국회 소집, 헌법 조항과 국회에서 제정된 법률을 시행하기 위한 정령제정(政令制定) 등을 할 수 있다.

내각은 중의원이 내각불신임 결의를 가결하거나 또는 신임 결의안을 부결할 경우, 10일 이내에 총사직하거나 중의원을 해산하고 총선거(중의원 선거)를 실시할 수 있다. 과거 중의원에서 내각불신임 결의안이 의결된 사례는 세 차례 있었다. 내각이 이러한 총선거를 시행하면 총선거 후 국회가 최초 소집될 때 총사직해야 한다. 새 내각은 새 수상이 선출되거나 중의원의 총선거 후에 조각(組閣)된다. 그러나 내각은 실제 운영에 있어서 총선거나 신임 수상의 선출과 상관없이 자주 개조(改組)된다.

내각의 각료는 수상이 임명함으로써 결정된다. 1993년 이전까지 자민당이 단독 집권했던 시기의 각료는 수상이 자율적으로 임명하기보다 자민당 내 파벌의 의석 분포 비율에 준해 파벌별로 각료 수가 결정되기도 했다. 즉

● 일본 방위성(日本防衛省) 2007년부터 방위청에서 성(省)으로 승격했다.

파벌 간의 협의에 의해 각료가 임명되는 경우가 많았다. 각료로는 중의원 의원인 경우 5선 이상의 중진의원이 주로 임명되었고, 해당 관청 업무에 대한 전문성이나 책임 능력보다는 정치적 배려에 의해 결정되는 경우가 많았다. 일본 행정 시스템에서 고급 관료의 역할이 강조되는 원인의 하나는

일본의 행정조직(2017년 8월)

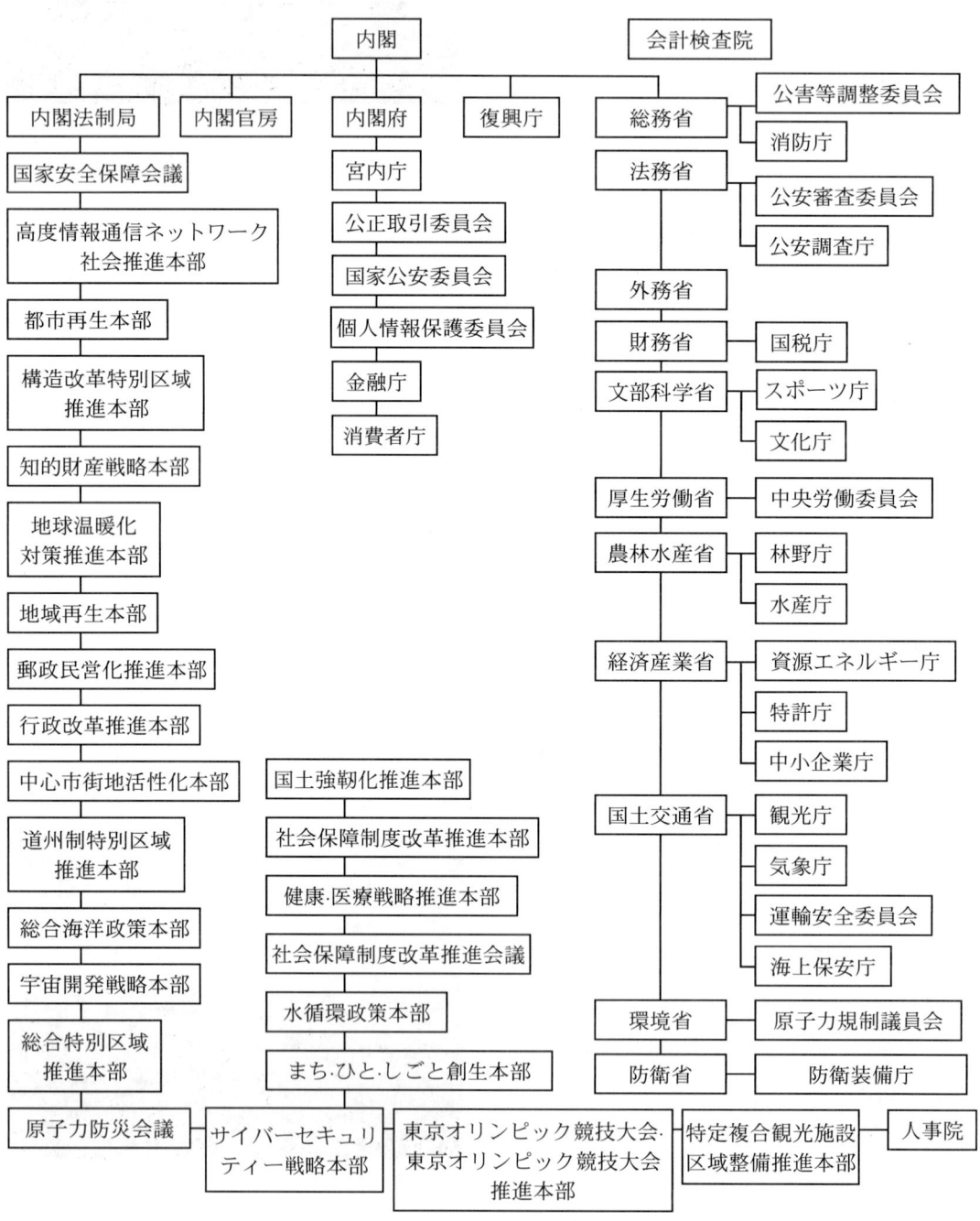

일본 각료들의 해당 업무에 대한 전문성 결여와 잦은 교체에 기인했다고 할 수 있다. 전후 각료의 평균 재임 기간은 11.6개월로 파악되기도 했다. 현행 헌법에서는 각료의 반수 이상을 국회의원 중에서 임명하도록 하고 있다. 그러나 실제로 임명된 각료는 국회의원들이 압도적으로 많다.

2017년 8월 현재 일본의 중앙 행정조직은 1부(府) 12성청(省庁)이다.

2) 일본의 국회

일본의 국회는 1947년 제정된 일본국헌법에서 국권의 최고기관이자 국가의 유일한 입법기관으로 규정하고 있다. 국회는 참의원(参議院)과 중의원(衆議院)의 양원제도(両院制度)로 구성되어 있는데, 양원은 입법권을 공유하고, 법률안은 양원에서 가결되었을 경우 법률로 될 수 있다. 양원제를 운영하지만 수상 지명, 국가 예산 의결, 국제조약 의결

● 국권의 최고기관인 국회의사당(国会議事堂)

에 있어서 양원의 의결 내용이 대립할 경우에는 중의원의 의결 내용이 참의원을 우선한다. 또한 출석의원 3분의 2 이상의 다수결로 중의원은 참의원의 의결을 번복할 수 있다.

국회 소집은 내각이 결정하고 천황에 의한 소집칙서(召集勅書)가 공포됨으로써 시행된다. 국회 활동은 상회(常會), 임시회, 특별회로 구분된다. 상회는 연 1회, 1월 중에 소집되며 새해년도 국가 예산과 이를 시행하는 데 필요한 법률안을 심의한다. 상회 회기는 150일로 규정되어 있다. 임시회는 재해 대책 등을 위한 수정 예산과 법률안 심의가 긴급히 필요할 경우 소집된다. 양원 중 어느 한쪽의 재적의원 4분의 1 이상의 요구가 있을 경우 내각은 임시회를 소집해야 한다.

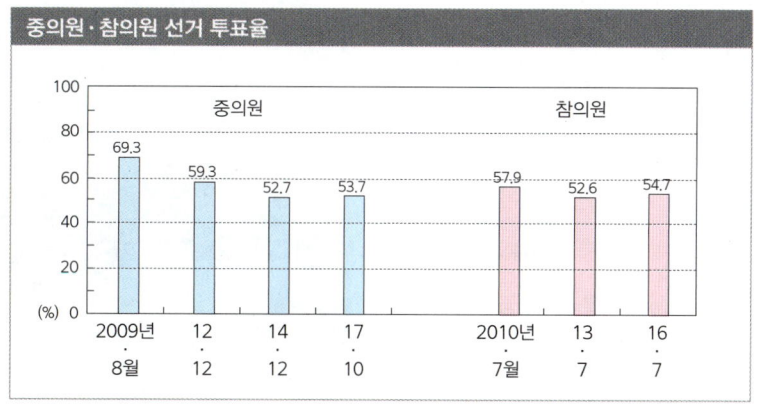

〈総務省(soumu.go.jp)〉

그리고 중의원 의원의 임기 만료에 따른 총선거와 중의원 선거가 치러진 뒤에는 반드시 임시회가 소집된다. 특별회는 내각의 총사퇴로 양원에서 수상 지명이 있었을 때 소집되는 회의이다. 임시회와 특별회의 회기는 국회에서 결정하도록 되어 있다.

중의원의 임기는 4년이 원칙이지만, 중의원의 조기해산이 빈번해 일반적으로 4년을 채우지 못하는 실정이다. 중의원의 정원은 2014년의 각 지역구 인구격차에 따른 조정에 의해 480인에서 475인(소선거구 295인, 비례대표 180인)으로 줄어들었다. 최근 2017년 9월 28일의 국회해산에 따른 제48회 중의원 총선은 같은 해 6월에 시행된 선거법개정에 따라 정수 465인(소선거구 289인, 비례대표 176인)으로 다시 축소되었다.

● 도쿄 세타가야구(世田谷区)의 구의회 선거포스터. 구의회의원, 시의회의원, 촌(村) 의회의원 등의 선거가 있다.

참의원 의원의 임기는 6년으로, 비구속명부식 비례대표제로 선출되는 전국구와 도도부현(都道府県) 단위로 구성되는 선거구별 선거를 통해 선출된다. 2002년 개정된 의원의 정원은 242명으로서 전국구 비례대표제에서 96명, 선거구별 투표에서 146명이 선출된다. 선거는 3년마다 실시되며 정원의 2분의 1씩 교체된다.

국회의 상임위원회는 중의원의 경우는 내각, 총무, 법무, 외무, 재무금융, 문부과학, 후생노동, 농림수산, 경제산업, 국토교통, 환경, 안전보장, 국가기본정책, 예산, 결산, 행정감시, 의원운영 및 징벌 등 17개로 구성되어 있다. 그리고 참의원의 경우 내각, 총무, 법무, 외교방위, 재정금융, 문교과학, 후생노동, 농림수산, 경제산업, 국토교통, 환경, 국가기본정책, 예산, 결산, 행정감시, 의원운영, 징벌 등의 17개로 구성되어 있다.

3) 관료제와 행정 시스템

일본의 근대적 관료제는 메이지 정부에 의해 독일이 통일되기 전인 프러시아의 행정조직을 기반으로 성립되었다. 메이지 정부는 강력한 중앙집권식 국정 운영과 부국강병 정책에 필요한 전문적 관료제를 운영했다. [3]천황주권제에 따라 관료는 국민의 공복(公僕)

● 도쿄 가스미가세키(霞ヶ関) 관청가 국회의사당, 황거(皇居), 정부청사 등이 있다. 강력한 권한을 지닌 관료들이 일본 정치를 움직이고 있다.

이기보다 천황에 절대 충성하는 관리였으며, 국민 위에 군림하는 존재였다. 1930년대 후반 이후 일본의 관료들은 일본 군국주의 체제에 적극 참여했다. 2차 세계대전 후 현행 [4]평화헌법에서 관료의 지위는 국민의 공복으로 전환되었다. 관료의 정치 중립성이 보장되었고, 50년대 중반 이후 고도 경제 성장이 지속되면서 일본 관료의 업무 능력과 전문성은 일본 국민들로부터 높은 신뢰를 받았다. 그러나 전쟁이 발발하기 전의 국가 중심, 중앙집권적 관료주의의 전통은 전후에도 계속되었다.

일본의 관료제는 국가공무원, 지방자치체의 지방공무원, 공공기업체의 직원 등으로 채용되고 있다. 공무원은 수상과 내각에 대해 책임을 진다. 공무원의 대다수에게는 노동쟁의권과 단체교섭권이 인정되지 않는다. 국가공무원은 1948년 국가 행정 조직법에서 정한 성(省)과 성에 준하는 기관인 부(府), 청(庁), 위원회 등의 4개의 행정기관에서 임명된 공무원을 의미한다.

일본 총무성(総務省) 통계에 따르면 2001년 1월 기준으로 일본의 공무원수는 국가공무원은 84만 명, 지방공무원은 316만 8천 명 정도이다. 또한 공기업에 해당하는 특수행정법인 및 특수법인의 직원은 2002년 1월 기준으로 27만 8천 명 수준이다. 특수법인 직원까지 포함한 전체 공무원수는 428만 명 정도로, 인구 1000명당 군인을 제외한 공무원수는 34명 수준이다. 이러한 전체 인구 대비 공무원 비율은 서구 산업국과 비교하면 2분의 1 내지 3분의 1 정도로 낮은 것이다.

일본의 국가공무원은 총무성(総務省)과 인사원(人事院)의 감독을 받는다. 필기와 면접시험을 통해 국가공무원으로 채용되면 통상적으로 동일 성청(省庁)에서 종신 근무한다. 승진은 연공서열이 원칙이며, 국장이나 차관 등의 최고위직까지 승진한 경우는 2~3년 재직 후 퇴직한다. 퇴직은 보통 51~55세 정도에 이루어진다. 대부분의 퇴직 공무원은 관행적으로 근무했던 성청이 감독하는 공공 기업체(특수행정법인 또는 특수법인)나 민간 기업에 재취직한다. 이를 [5]아마쿠다리(天下り)라고 한다. 예외적으로 퇴직 공무원은 정계에 진출하기도 하는데, 제2차 세계대전 이후 국무대신의 20% 전후가 관료 출신인 것으로 분석되고 있다. 관료들은 퇴직할 때까지 동일 성청에서 근무하는 관계로 자기가 속한 성청과 부서에 대한 충성심은 매우 강하다. 또한 일본 관료들은 동일성청 내에서도 부서간의 경쟁이 치열하기 때문에 성청 내 횡적인 커뮤니케이션과 업무 협조가 곤란한 경우도 많다.

일본의 정책 결정 과정에서 중앙 성청 관료들의 역할은 매우 중요하다. 일본의 의원내각제 아래에서 내각의 개조가 수시로 이루어지고, 각료들 대부분이 현직 국회의원이기 때문에 해당 성청에 대한 각료들의 업무 장악력과 관료들에 대한 통제력은 매우 낮다. 따라서 관료에 대한 각료들의 업무 의존도는 높고, 관료의 재량권 또한 높다. 그러나 1990년대 들어 관료의 부정부패 사례, 낙하산식 인사 관행과 같은 관료 집단의 이기주의적 폐해, 행정 규제 완화 및 개혁 정책에 대한 관료들의 배타적이고 수구적인 자세가 부각되면서 관료들에 대한 국민들의 신뢰는 점차 낮아지고 있다.

일본 정부는 2000년 12월 1일 내각의 결정으로 행정개혁대강(行政改革大綱)을 확정해 21세기 국가와 지방의 행정 체제의 경쟁력과 능력 향상을 단계적이고 체계적으로 추진해 나가고 있다. 그 개혁 방향을 보면, 내각 기능의 강화, 성청의 재편, 민간 능력의 활용, 행정 정보의 철저한 공개와 투명성 높은 행정의 실현, 행정 업무의 전자화를 통한 행정 서비스 수준 향상 등이다. 일본 정부는 이러한 과제들을 2005년까지 분야별로 단계적으로 시행하였다.

4) 정당 시스템

● 자유민주당(自由民主党) 본부 자유민주당(자민당)은 제2차 세계대전 이후 현재까지 집권당으로서 거의 대부분의 총리대신을 배출해왔다.

일본의 근대적 정당 시스템은 1870년대 자유민권운동을 주도했던 세력들에 의해 최초로 결성되었다. 1890년 국회가 개원되면서 내각은 근대적인 정당 간의 정권 교체로 이루어졌다. 천황 주권이 인정되는 군주제였지만, 일정 수준의 민주적 정당정치는 1930년대 말 군국주의 정권이 득세하기 전까지 계속되었다.

제2차 세계대전 이후에도 정당의 난립과 이합집산은 계속되었다. 1955년 10월, 우파와 좌파로 분열되었던 일본사회당(日本社会党)은 재통합되어 진보계 정당 세력을 대표했다. 진보계 정당의 결합에 위협을 느낀 보수 진영은 그해 11월 자유당과 민주당이 통합해 자유민주당(自由民主党)을 출범시켰다. 이로써 진보계를 대표하는 일본사회당과 보수계를 대표하는 자민당이 일본 정당의 대립 구도를 완성하면서 소위 '55년 체제'를 이루게 된다. 자민당은 1955년 이후 국회 양원에서 과반수 의석을 차지하며 1993년까지 장기집권을 이어나갔다. 이 시기의 자민당은 의회 내 절대 과반수 의석을 차지했고, 일본사회당은 자민당 의석의 2분의 1 수준을 유지했는데, 이러한 일본의 정당 시스템을 1.5정당 시스템이라고도 한다. 자민당은 연합군에 의해 강제된 1947년의 일본 헌법을

● 우익단체는 자신들의 주장이나 군가를 차량 스피커를 통해 울려대면서 시내를 자주 행진한다. 많은 우익단체가 있는데 그 주장은 북방 영토 반환, 천황제 수호 등이다.

개정하고 경찰력을 확대하면서, 1960년 미일안전보장조약을 개정해 미일 동맹 관계를 강화하는 정책을 지지했다. 이에 반해 일본사회당은 현행 헌법과 미일안전보장조약의 개정에 반대하고 미일 동맹 관계를 거부했다. 1964년에는 중도노선을 지향하는 공명당(公明党)이 탄생했고, 1970년에는 일본사회당의 우파가 탈당해 민사당(民社党)이 창당되었다. 이때부터 일본의 정당 시스템은 기존의 일본공산당을 포함해 다당제(多党制) 정당 시스템이 형성되었다. 1970년대까지 자민당은 집권 정당으로서 경제 발전 및 기업 위주의 정책에 치중했다. 이에 주택문제, 공해와 오염문제, 지가(地價) 급등문제가 제기되었다. 1970년대 이후 자민당 정치인들의 독직(瀆職) 사건이 빈발하면서 자민당에 대한 일반 국민들의 지지가 감소했다. 한편 일본사회당은 미일안전보장조약의 현실적 필요성을 부인했고, 각종 정책 대안 능력에 있어서도 신뢰를 얻지 못했다. 다만 자민당의 독주를 견제하고 현행 평화헌법을 수호하는 역할만이 기대되었을 뿐이다. 1980년대 후반 이후에는 자민당의 정치 부패와 금권 정치에 대해 비판 여론이 높아졌고, 국민들의 정치 개혁 요구 또한 거세졌다. 정치 개혁의 추진을 둘러싸고 자민당은 분열하여 결국, 1993년 총선 결과 과반수 의석을 확보하는 데 실패했다. 또한 일본사회당은 1980년대 말부터 사회주의 체제 국가들의 몰락과 냉전 체제가 해체되는 과정에서도 경직된 사회주의적 정강 정책을 유지하여, 그 결과 국민들의 정치적 지지를 상실해 갔다. 1993년 총선 결과 일본공산당을 제외하고 자민당에 반대하는 정당들이 결집해 비자민 연립정권(非自民聯立政權)을 구성해 집권에 성공한다. 결국 1955년 이후 장기집권에 성공했던 자유민주당 정권은 붕괴하고, 제1야당의 지위를 유지해 온 사회당도 몰락했다. 이로써 '55년 체제'의 보수-진보 정당 체제의 대립 구도는 막을 내렸다. 일본사회당은 결국 1996년 사민당(社民党)으로 당명을 바꾸고 군소정당으로 전락했다.

1993년 이후, 일본의 정당 시스템은 정권 구성을 둘러싸고 정당간의 이합집산이 계속되었다. 또한 비자민(非自民) 연립정권도 정당 간 정강정책의 차이와 정당 엘리트 사이의 대립으로 1994년 6월 붕괴했다. 그 후 일본의 정당 시스템은 자민당을 중심으로 한 군소 중도 및 보수 계열의 정당들이 연립정권을 이어가고 있다. 이에 반해 혁신 또는 진보적 정당세력은 사민당과 일본 공산당으로 축소되어 일본의 정당 시스템에서 정치 성향의 보수화는 강화되고 있다.

이러한 성향은 특히 2014년 자민당과 공명당 양당이 압승을 거둔 참의원 선거 이후 계속되어 왔다. 70의석대로 줄어든 민주당(民主党)은 세력 확대를 위해 2016년 유신의 당(維新の党)과 합병해 민진당(民進党)으로 재출발했으나, 야당공투를 둘러싸고 노선 대립이 첨예해져 2017년에는 입헌민주당(立憲民主党)으로 분립하며 사실상 당은 해체되었다. 2017년의 중의원 총선거는 자민당, 공명당의 여당 압승으로 끝났고 민진당의 해체로 2017년 현재 자민당, 공명당, 희망의당, 입헌민주당, 공산당, 사민당, 무소속 등의 정당체제가 진행 중이다.

제48회 중의원선거 당파별 당선자 수(2017년 10월 22일)			
정당명	선거구	비례구	총 당선자 수
자유민주당(自由民主党)	218	66	284
입헌민주당(立憲民主党)	18	37	55
희망의당(希望の党)	18	32	50
공명당(公明党)	8	21	29
공산당(共産党)	1	11	12
일본유신회(日本維新の会)	3	8	11
사회민주당(社民党)	1	1	2
기타	22	0	22
합계	289	176	465

「朝日新聞」

일본의 경제

1) 일본의 산업화

제2차 세계대전 이후 일본은 미국의 경제 지원에 힘입어 산업화가 진행되었다. 제2차 세계대전 이후 미국은 유럽에서 구소련과의 냉전 대립이 격화됨에 따라 아시아에서의 자국의 이익을 위해 패전국 일본을 서방 진영의 국가로 편입시키는 것이 절대적으로 필요했다. 이를 위해서는 일본의 공산화를 막아야 했고, 공산화의 위험을 없애기 위해 사회 안정을 확보하는 것이 무엇보다 시급했다. 사회 안정을 확보하기 위한 필수 조건은 경제적 안정 내지 자립이었다. 이에 미국은 일본에 대한 경제 지원을 확대해 나갔고, 동시에 일본의 경제적 자립

● 1950년 6월 26일자 아사히신문은 6.25 한국전쟁에 대한 기사로 가득 차 있다. 이 전쟁으로 일본은 경제부흥의 계기를 만들었다.

을 추진해 아시아의 반공의 보루가 되길 희망했다.

　1950년 한국전쟁이 발발하면서 일본 경제는 탄력을 받았다. 전쟁 특수로 인해 해외 수출은 급격히 증가했고, 초긴축 재정 정책하에서 유효 수요 부족 현상은 일거에 해소되었다. 또한 기업의 합리화와 수익성도 대폭 개선되었다. 1950년 말, 광공업 생산은 1949년에 비해 23% 증가했고, 1950년대 중반에는 2.4배로 확대되었다. 이에 힘입어 일본의 외환 보유고는 1949년 말 2억 불이던 것이 1951년 말에는 9억 4천만 불로 급증했다. 또한 일본 정부는 긴축 재정을 지속해 물가 하락과 국내 소비 진작, 수출 확대를 추진했다. 그 결과 국내 고용도 확대되어 1950년대 후반부터 일본 경제는 고도성장기를 맞이하게 된다.

전후 일본의 경제 성장률 추이	
기간	평균성장률(%)
1951-1955	9.0
1956-1960	9.0
1961-1965	9.1
1966-1970	10.9
1971-1975	4.5
1976-1980	4.3
1981-1985	3.4
1986-1990	4.8
1991-1995	1.4
1996-2000	1.0
2001-2005	1.2
2006-2010	0.0
2011-2016	1.0

　1955년부터 1970년까지 15년간, 일본 경제는 연평균 성장률 9.6%에 이를 정도로 기적에 가까운 성장을 이룩했으며, 민간 기업의 설비 투자 신장률은 13.4%에 달했다. 이러한 경제의 고도 성장은 일본인들의 소득 향상과 소비 신장을 불러왔고, 이러한 소비 신장은 기업의 생산 활동 규모를 확대하고 기술 개발을 유도했다. 민간 기업의 설비 투자 증가율을 보면 1956년 39.1%, 1957년 21.5%, 1959년 32.5%, 1960년 39.6%로 경이적인 신장을 보였으며, 1955~1965년의 10년간 평균투자 증가율은 16.7%에 달했다.

2) 1990년대 일본 경제의 장기 침체와 향후의 과제

　1980년대 일본의 경제는 서구 산업국가들이 저성장과 실업 및 인플레이션 등의 경제 문제로 어려움을 겪을 때 4~5%대의 안정적 성장을 지속했다. 그러나 1985년 '[6]플라자 합의' 이후 급격한 엔화 상승과 국내 금리 하락으로 [7]버블경제가 초래되었다.

　미국의 주도로 이루어진 플라자 합의는 선진 5개국(미, 일, 독, 영, 프)이 미국의 수출 경쟁력을 높이고 무역수지 적자를 개선하기 위해 달러 가치의 하락과 기타 4개국의 통화 가치를 10~12% 상승시키기로 합의한 회의였다. 이로 인해 일본의 엔화 가치는 플라자 합의 전날 1달러=242엔에서, 1985년 말에는 1달러=200엔, 1988년 초에는 1달러=128엔까지 급격히 상승했다. 엔화가치 상승으로 일본 국내 수출 산업과 제조업의 경쟁력을 지원하기 위해 일본은행은 1987년 2월까지 시중 은행에 대한 정책금리를 2.5%까지 낮춰 시중금리의 하락을 거듭 유도했다. 이로 인해 환리스크를 크게 떠안은 미국 채권 등의 투자 자금이 국내 시장에 유입되었고, 일본의 주식과 부동산은 급등했다. 일본 국내의 주식 및 부동산 가격의 급등은 개인과 기업의 수익 증대와 담보 가치 및 자산 가치의 증대로 이어져 금융 기관에 의한 융자도 급증해 버블경기가 발생했다. 버블경기는 1986년 11월부터 1991년 2월까지 확대되었는데, 1989년 12월 29일 닛케이 평균주가(日経平均株價)는 38,915엔 87전으로 사상 최고치에 달했다. 그러나 1990년대 들어 실물경제가 후퇴하면서 실물경제보다 훨씬 많은 금융 거래를 동반했던 버블경제는 붕괴했다. 닛케이 평균 주가를 보면 1991년 2월부터 급락해 1998년 10월 9일에는 12,879엔 97전에 달해, 1989년 최고치보다 67% 정도 하락했다. 도심 부동산 가격 또한 버블 시기의 3분의 1 이하로까지 떨어졌다. 그후 일본 경제는 침체를 거듭해 2000년대에 들어서도 계속적인 경기 침체를 맞았고, 2003년 4월 28일에는 거품경제 붕괴 후 가장 낮은 7607엔에 달했다.

● 일본은행(日本銀行) 본점 일본은행은 일본의 중앙은행이다. 은행의 은행이며, 정부의 은행으로서 기능하고 있다.

● 도쿄증권거래소

　1990년대 이후 일본 경제가 장기 침체를 지속한 이유를 살펴보면 제조업과 같은 실물경제의 장기 침체, 일본 정부의 금융 및 재정정책과 산업정책의 실패, 일본 정부의 재정 적자의 악화를 들 수 있다.

　'잃어버린 10년'이라고 불리는 거품경제 붕괴 후의 장기불황은 2002년부터 회복 국면에 들어섰다. 이것은 2000년대에 들어와 BRICs(브라질·러시아·인도·중국)등의 경제 발전에 의해 수출이 늘어난 것과 규제 완화에 의해 경제가 활성화된 것, 공적 자금 투입을 통한 금융기관의 불량채권 해소, 민간 기업의 과도한 설비 투자와 고용, 부채가 해소된 것 등에 의한 것이었다.

일본 경제의 주요 지표 국제 비교(2015년)				
	GDP 1인당 (달러)	GNP (달러)	실업률 (%)	인구 (천 명)
일본	34,522	35,828	3.3	127,095
미국	56,054	57,481	5.3	321,774
독일	41,686	42,594	4.6	80,689
프랑스	36,304	36,894	10.4	64,395
영국	44,162	43,292	5.3	64,716
이탈리아	30,462	30,313	11.9	59,798
캐나다	43,206	42,542	6.9	35,940
스페인	25,865	25,847	22.1	46,122
한국	27,397	27,524	3.6	50,293
중국	8,109	8,119	4.1	1,376,049

『世界の統計 2017』(日本総務省統計局, 2017)

경제성장률 비교(단위 : %)											
구분	2005	2006	2007	2008	2009	2010	2011	2012	2013	2014	2015
일본	1.7	1.4	1.7	−1.1	−5.4	4.2	−0.1	1.5	2.0	0.3	1.2
미국	3.3	2.7	1.8	−0.3	−2.8	2.5	1.6	2.2	1.7	2.4	2.6
독일	0.7	3.7	3.3	1.1	−5.6	4.1	3.7	0.5	0.5	1.6	1.7
프랑스	1.6	2.4	2.4	0.2	−2.6	2.0	2.1	0.2	0.6	0.6	1.3
영국	3.0	2.5	2.6	−0.6	−4.3	1.9	1.5	1.3	1.9	3.1	2.2
이탈리아	0.9	2.0	1.5	−1.1	−5.5	1.7	0.6	−2.8	−1.7	0.1	0.7
캐나다	3.2	2.6	2.1	1.0	−2.9	3.1	3.1	1.7	2.5	2.6	0.9
스페인	3.7	4.2	3.8	1.1	−3.6	0.0	−1.0	−2.9	−1.7	1.4	3.2
한국	3.9	5.2	5.5	2.8	0.7	6.5	3.7	2.3	2.9	3.3	2.6
중국	11.4	12.7	14.2	9.7	9.4	10.6	9.5	7.9	7.8	7.3	6.9

『世界の統計 2017』(日本総務省統計局, 2017)

　　2007년에 미국발로 시작된 세계금융위기로 인해 일본경제의 불경기는 더 심화되었고 새롭게 '잃어버린 20년'이라는 표현이 등장했다. 무역의존이라는 일본경제의 체질적 문제, 산업의 해외 이전, 저출산과 고령화 등으로 일본의 내수규모는 점차 축소되는 경향을 보였다. 20세기말까지 일본의 국내총생산은 세계 2의 경제대국이라고 불릴 정도였으나 2010년 일본의 GDP는 중국에 2위 자리를 넘겨주고 세계 3위로 후퇴했다.

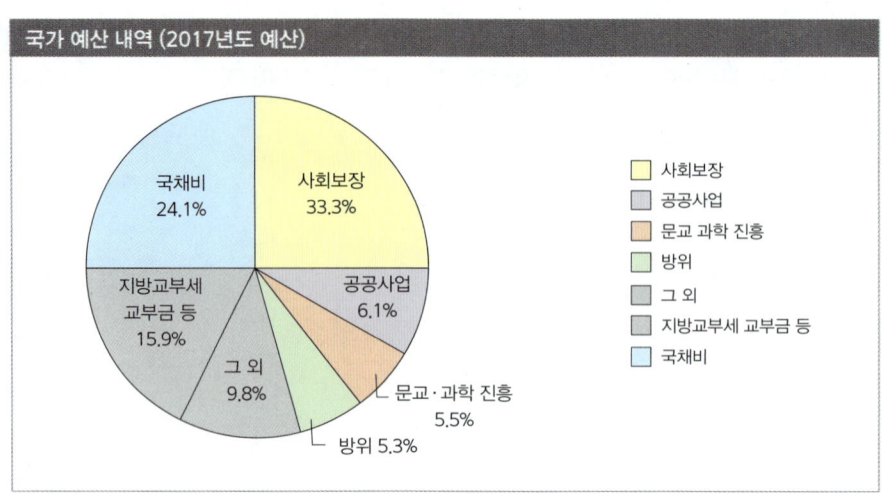

「2017年度予算及び財政投融資計画の説明」(財務省. 2017)

주요 나라의 국방 지출(회계연도) (단위 : 억달러)						
	국방 지출 총액			국민 1인당 지출액(달러) (2016)	GDP에 대한 비율(%) (2016년)	정규병력(천명) (2017)
	2014	2015	2016			
미국	6,035	5,896	6,045	1,866	3.3	1,347
중국	1,311	1,424	1,450	105	1.3	2,183
사우디아라비아	808	819	569	2,021	8.9	227
영국	616	584	525	815	1.9	152
인도	465	448	511	40	2.2	1,395
일본	461	411	473	374	1.0	247
프랑스	521	466	472	706	1.9	203
러시아	645	519	466	328	3.7	831
독일	431	366	383	474	1.1	177
한국	339	332	338	663	2.4	630
오스트레일리아	239	226	242	1,052	1.9	58
브라질	310	237	235	114	1.3	335
이탈리아	245	215	223	360	1.2	175
세계 합계	12,426	11,943	11,932	8,918	(평균)2.5	7,960

「日本国勢図会2017/18」(矢野恒太記念会. 2017)

3) 일본적 기업 경영 모델

일본 기업 경영의 대표적 특징은 가족주의적 경영에 따른 노사관계의 안정이다. 일본 대기업의 대부분은 소유와 경영이 분리되어 있고, 노동조합은 기업별로 결성되어 있다. 또한 회사의 경영 책임자들은 회사 직원이며, 최고 경영자도 평사원으로 시작해 승진한 경우가 대부분이다. 그렇기 때문에 노사 간의 대결 구도와 갈등 구조는 자본가 대 노동자라는 계급적 대립 구도와는 다른 특성을 갖는다.

1970년대 후반부터 일본 사회는 후기 산업 사회로 탈바꿈한다. 이 시기의 근로자 또는 노동자들은 높은 임금 수준과 생활 수준에 만족해 투쟁적이고 적극적인 노조 활동은 감소한 것이 특징이다. 그 결과 1980년대 이후 안정적인 경제 성장의 환경 속에서 안정적인 노사관계를 유지했다.

한편 일본 기업 경영의 또 하나의 특징은 연공서열적인 인사 관리와 임금 체계를 들 수 있다. 1950년대 후반 고도 성장이 시작되면서 노동시장은 완전고용 형태가 되었다. 대기업을 중심으로 고용 인력을 안정적으로 확보하기 위해 근로자에게 유리한 연공서열적인 인사 관리와 임금 체계가 도입되었고, [8]종신고용제가 도입되었다. 이러한 제도는 중도퇴직자나 이직자에게는 불리해 장기근속을 유도했고, 애사심과 소속감을 고취시켰다. 또한 가족주의적 경영방침에 따라 폭 넓은 사내 복리후생제도가 도입되었다. 사택이 제공되고, 각종 보너스와 수당제도, 휴양 및 체육시설이 확충되었다. 일본 근로자들은 기업이 제공하는 종신고용과 다양한 복리후생제도를 통해 개인의 국민복지 수준을 향상시켜 갈 수 있었다. 이러한 측면들은 서구 산업국가의 근로자들은 누릴 수 없는 혜택이었다.

그러나 거품경제 붕괴 후의 장기불황기부터 경기회복기에 걸쳐 노사관계는 재정립되었고, 종신고용제는 붕괴되기 시작해 계약사원, 파견사원 등의 비정규직 고용이 대폭 늘어나 노동시장의 유동화가 진행되었다. 또한 실업률은 계속 상승했고 경제격차는 확대되었다.

주석

1. 중의원(衆議院) 임기는 4년, 법률안, 예산안의 선의권(先議權), 의결권(議決權)을 갖고 있으며, 조약의 승인, 내각총리대신의 지명 등에 관해 참의원(參議院)보다 우위에 있다. 명실공히 국정의 중심을 맡고 있으며, 해산제도가 있다.
2. 참의원(參議院) 중의원의 해산 중에 긴급한 필요사항이 발생할 경우, 국회의 기능을 대행한다. 해산제도는 없다.
3. 천황주권제 구(舊) 헌법에서의 주권자는 천황이었다.
4. 평화헌법 제2차 세계대전 후 미국은 맥아더 사령부의 주도로 일본의 재무장 해제와 재군비 방지를 위해 평화헌법을 개정해 신(新) 헌법이 실행되었다. 이 신 헌법은 주권자를 국민으로 규정하고 있으나, 제1조에서 천황은 일본국의 상징이며 일본 국민 통치의 상징이라고 명기하고 있다. 이 밖에도 '인간의 기본권 존중'과 '전쟁의 포기'가 명기되어 있다.
5. 아마쿠다리(天下り) 국가공무원이 퇴직 후 민간기업이나 특수법인에 좋은 조건으로 재취업하는 것을 가리킨다. 한국에서는 '낙하산 인사'를 의미하는 말로 쓰이기도 한다.
6. 플라자 합의 1985년에 뉴욕의 플라자호텔에서 개최된 선진 5개국 재무장관회의에서는 미국의 무역적자를 축소시키기 위해 각국의 협조 개입에 의한 달러 가치 조정과 일본 등의 흑자국의 내수 확대 등이 합의되었다.
7. 버블경제 낮은 공정 금리로 인해 일어난 지가·주가의 폭등과 그 결과로 개인의 활발한 소비 활동으로 유지되었던 실태경제(實態經濟)와는 다른 거품 경기가 유발된 것을 가리킨다.
8. 종신고용제 통상 정년퇴직 시까지의 장기 고용 관계를 전제로 한 고용 형태.

참고문헌

『日本国勢図会 17/18』矢野恒太記念会. 2017
『2017年度予算及び財政投融資計画の説明』財務省. 2017
『世界の統計 2017』日本総務省統計局. 2017
『朝日新聞』(2017. 10. 22)
『最新日本経済入門 第3版』小峰隆夫. 日本評論社. 2008
『戦後日本経済史』野口悠紀雄. 新潮社. 2008
『近現代日本経済史要覧』三和良一・原朗編. 東京大学出版会. 2007
『現代日本経済新版』橋本寿朗・長谷川信・宮島英昭. 有斐閣. 2006
『戦後政治史新版』石川真澄. 岩波新書. 2004
『概説日本経済史』三和良一. 東京大学出版会. 2002
『戦後日本政治史』田中浩. 講談社学術文庫. 1996
『日本経済史 1~8』岩波書店. 1988~90

12 일본의 미디어

1. 일본의 신문

2. 일본의 방송
   1) 일본의 방송사
   2) 일본의 TV

3. 일본의 출판

한일 양국의 신문·방송·출판 등의 미디어를 비교해 보면 몇 가지 특징이 나타나고 있다. 신문의 경우, 일본의 주요 신문은 하루에 조간과 석간을 모두 발행하고 있고, 한국의 경우는 조간의 1회 발행이 일반적이다. 최근 한국에서는 무가지(無價紙) 신문이 몇 종류 발행되고 있으나 일본에서는 거의 찾아볼 수 없다.

한국의 신문사는 신문의 내용을 인터넷 사이트에 대부분 그대로 올리지만, 일본은 주요 기사의 요약 정도가 실리는 것이 일반적이다. 또한 한국의 오마이뉴스와 같은 인터넷 신문의 비중은 미미한 수준이다.

방송의 경우, 일본은 도쿄·오사카 등의 대도시에서는 지상파 방송이 많고 특히 도쿄의 경우에는 7개의 채널이 방송되고 있다. 또한 일본의 NHK(일본방송공사)는 KBS와 마찬가지로 공영방송인데, 상업광고는 일체 하지 않고 오로지 수신료만으로 운영되고 있다.

출판의 경우, 일본은 잡지왕국이라고 할 정도로 잡지의 발행이 활발하고 그 중에서도 만화잡지가 큰 비중을 차지하고 있다. 특히 청소년, 소녀, 성인 등 독자를 대상별로 세분한 다양한 잡지가 출판되고 있다. 만화가 문화의 한 장르로서 일본 국민들에게 크게 인정받고 있는 것이다. 한편 출판 불황, 온라인 서점의 발달, 동네 서점의 쇠퇴 등은 한일 양국에 공통적으로 나타나는 현상이라고 할 수 있을 것이다.

일본의 신문

일본의 신문에는 전국지와 각 지방지가 있다. 전국지로는 [1]요미우리신문(読売新聞)을 비롯해, [2]아사히신문(朝日新聞), 마이니치신문(毎日新聞), 산케이신문(産經新聞), 니혼케이자이신문(日本経済新聞)의 5가지가 있다. 이들 신문들은 국내외에 지국을 두어 독자적인 취재 활동을 벌인다. 이 때문에 2개 통신사인 교도통신(共同通信)과 지지통신(時事通信)은 지방지 이외에도 전국지의 보조적인 역할을 수행하고 있다.

일본의 신문 산업을 주도하는 것은 조·석간을 동시에 발행하고 있는 앞의 5개의 전국 신문이다. 각 신문의 사설이나 정치, 경제, 문화면 등의 논조에서 나타나는 전통적인 특징은 상대적으로 보아 아사히신문이 진보적, 마이니치신문은 중도 온건, 요미우리신문은 보수적, 산케이신문은 보수 우익적, 니혼게이자이신문은 보수적이라고 평가되고 있다. 이 외에도 스포츠 신문 등의 다양한 오락신문이 있다.

일본신문협회의 통계에 따르면 2016년 일간신문의 발행부수는 4,328만부로 1세대당 0.78부였고 인구 1,000명당 신문 발행부수는 약 426부였다. 최대 발행부수의 신문은 요미우리신문으로 판매부수는 1,000만부를 넘고 있는 것으로 알려져 있는데, 2011년부터 점차 부수가 줄어들고 있다. 그 다음으로 판매부수가 많은 신문은 아사히신문이고 마이니치신문, 니혼게이자이신문, 산케이신문 등의 순이다.

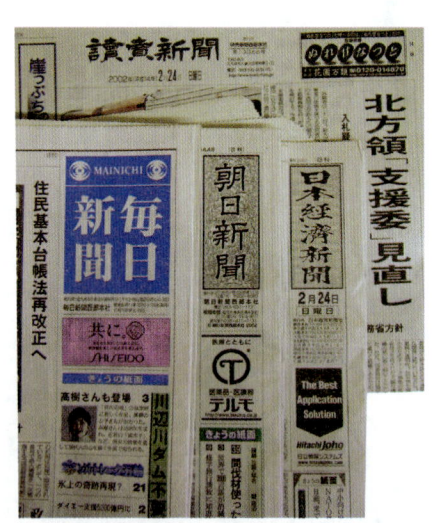

● 일본의 대표적인 일간지들

● 일본의 대표적인 신문사인 요미우리신문사와 아사히신문사

세계 신문 발행 부수(유료 일간지, 2015)	
국명	발행 부수(천부)
인도	296,303
중국[1]	116,321
일본	44,247
미국[2]	40,420
독일	15,786
인도네시아	10,994
한국[1]	10,929
영국	8,626
브라질	7,633
프랑스	6,163
터키	4,580
캐나다	3,859
이탈리아	2,998
말레이시아	2,858

「世界の統計 2017」(日本総務省統計局, 2017) 1)은 2012년, 2)는 2014년 자료임

2

일본의 방송

1) 일본의 방송사

● 일본 공영 방송사인 NHK와 도쿄 오다이바(お台場)에 있는 후지텔레비전(フジテレビ)

　일본의 방송은 1926년 체신성(逓信省, 현재의 郵政省)이 일본방송협회(³NHK)를 설립하면서 출발했다. 1950년까지는 국가가 직접 관할한 NHK가 방송 사업을 독점하고 있었으나, 전후 일본의 민주화와 더불어 NHK는 공영 방송이 되었고 민간 방송이 만들어지기 시작했다. 일본 최초의 텔레비전 방송은 1953년 NHK 도쿄 방송국에서 시작되었다.

　현재 일본의 방송제도는 공영 방송인 NHK와 다수의 민간 방송사로 이루어져 있다. 특수법인인 NHK는 국영기업이나 공기업은 아니지만, 사기업과는 달리 NHK의 활동은 정부와 국회의 규제를 받도록 되어 있다. NHK의 프로그램 내용을 포함한 중요사항을 결정하고 NHK 회장과 중역을 임명하는 기관은 운영위원회로, 이 운영위원회의 위원은 국회의 승인을 얻어 총리가 임명한다.

　NHK를 비롯해 여러 민간 방송사들은 전국에 독자적인 네트워크를 갖추고 있는데, 1995년을 기준으로 일본 전국 민영방송 텔레비전 네트워크와 주요 방송국은 다음의 5개이다.

> **〈전국 민영 네트워크와 주요 방송국〉**
>
> JNN : 도쿄TV(東京放送, TBS), 28국
> NNN : 니혼TV(日本テレビ放送網, NTV), 30국
> FNS : 후지TV(フジテレビジョン), 28국
> ANN : 아사히TV(全国朝日放送), 26국
> TXN : TV 도쿄(テレビ東京), 6국

네트워크의 중심은 뉴스지만 일반 프로그램도 이 네트워크를 통해 전국 각지에 전달된다. NHK의 운영 재원은 시청자들의 수신료, 정부 보조금, 각종 수입 등으로 충당하는데, 그 중 수신료가 전체의 98%를 차지하고 있다. 한편 민간 방송국은 텔레비전 광고를 통해 거액의 수익을 올리고 있다. 1975년부터는 텔레비전 방송국에 지불된 광고비가 신문사의 광고 수익을 초과했고, 이후 텔레비전은 일본 광고 매체의 수위를 지키고 있다.

2) 일본의 TV

TV의 기능은 신속한 뉴스의 전달과 보도, 다양한 생활정보 제공과 오락성에 있다고 할 수 있다. 일본의 각 방송국에서 가장 중점을 두고 역량을 기울이고 있는 부분은 뉴스 제작에 있다고 해도 과언이 아니다. 실제로 공영 방송국인 NHK에서는 거의 24시간 짧게는 10분에서 길게는 1시간에 가깝게 매시간 뉴스를 전달하고 있다. 이에 비해 민영 방송국에서는 매시간 뉴스를 전달하지는 않지만 아침, 점심, 저녁의 각 시간대에 다양한 계층을 대상으로 하는 뉴스를 제공하고 있다. 우리가 흔히 뉴스하면 떠올리는 딱딱하고 경직된 사건·사고 중심의 보도가 아니라 생활 전반을 다룬 정보 버라이어티 성격이 강한 뉴스 제작에 심혈을 기울이고 있다. 또한 시간대에 따라 TV를 시청하는 계층이 달라지므로 시간대에 따른 프로그램의 차별화를 통한 시청률 높이기 싸움이 치열하다. 예를 들어 아침 시간대에는 출근 전의 샐러리맨을 대상으로 주로 전날의 사건·사고를 비롯해 지방 소식과 교통 정보, 일기예보를 중심으로 뉴스가 만들어진다. 그리고 낮 시

인기 TV프로그램 장르 BEST 15	
1위	뉴스
2위	드라마
3위	일기예보
4위	버라이어티
5위	가요·음악
6위	스포츠
7위	퀴즈·게임
8위	일반교양(자연·역사·기행·과학 등)
9위	영화
10위	라쿠고·만담 등의 예능
11위	정치·경제·사회
12위	와이드쇼(가십거리)
13위	생활·실용
14위	애니메이션
15위	학습·어학·취미 등의 강좌

『日本人の好きなもの』
(NHK出版生活人新書, 2008)

간대에는 주 시청자가 주부이므로 딱딱한 정치나 사건·사고를 다루더라도 주부들이 관심을 끌 만한 사건의 뒷이야기나 세세한 부분을 주부들의 눈높이에 맞춰 제작하며 연예·예능에 관한 정보를 많이 다룬다. 밤 시간의 뉴스는 하루를 마감하는 종합적인 성격으로 제작되며, 하루 중 가장 심혈을 기울이는 뉴스로 각 방송국의 경쟁이 치열하다. NHK를 비롯해 민영 방송국의 9시 이후의 뉴스는 시작 시간이 각각 달라 시청자들은 다양한 시간대의 뉴스를 즐길 수 있다. 또한 한두 명의 뉴스 진행자에 의한 일방적인 내용 전달이 아니라 다방면의 전문가들을 패널리스트로 기용함으로써 다양한 시각과 견해를 접할 수 있다.

일본의 드라마는 소재면에서 매우 다양하다. 예를 들면 선생님과 제자의 사랑이나 자유연애, 만화에서나 등장할 법한 황당무계한 내용 등이 소재로 등장하기도 한다. 이는 다원화된 사회를 배경으로 한 다양한 삶의 방식이 공존한다는 데에도 그 원인이 있으며, 상대적으로 표현의 자유가 보장돼 있어 아주 특별한 경우를 제외하고 방송위원회의 제재를 받지 않는다. 실제로 일본 드라마에는 우리나라에서는 상상도 할 수 없는 장면들이 여과 없이 그대로 노출된다. 그 중에서도 우리가 가장 충격적으로 받아들일 수 있는 것은 성적 표현에 있어 매우 자유롭다는 것이다. 전라의 입욕 장면이나 정사 장면, 상반신 노출 등 성적인 표현에 있어서 매우 대담하고 직접적인 표현들이 허용되고 있다. 이는 성에 대한 가치관이나 인식의 차이에서 오는 현상이라고도 할 수 있겠으나 성에 대한 표현의 자유성을 엿볼 수 있다.

일본은 2011년 7월 지상파 텔레비전 방송을 기존의 아날로그·디지털 방송의 혼재상태에서 완전한 디지털 방송으로 전환할 예정이었다. 그러나 동일본대지진(東日本大震災)의 영향으로 연기되었고, 2012년 이와테(岩手), 미야기(宮城), 후쿠시마(福島) 3현의 지상파 방송의 통상 프로그램이 종료되면서 일본 TV 방송의 지상 디지털화가 완료되었다.

일본의 출판

일본의 출판계는 1996년을 전후로 해서 출판 건수, 발행 부수, 판매 금액 등이 감소하는 출판 불황의 상황에 있는데, 2006년의 경우 약 4,000개의 출판사에 의한 서적 출판 건수는 7만 7,074건, 발행 부수는 14억 3,603만 권, 실질 총 매출액은 1조 95억 엔이었고, 잡지는 4,540건, 41억 1,503만 권, 1조 2,533억 엔이었다.

출판 불황의 원인으로서는 경기 후퇴에 의한 소비수용의 감소, 저출산고령화(少子高齢化)의 진전에 따른 독자층의 감소 외에 독서 인구의 감소, 인터넷이나 휴대 전화의 비용 지출에 따른 서적 구입 비용의 감소, 만화다방의 출현, 도서관 이용의 증대 등을 들 수 있다.

서적 발행 건수 상위 출판사(2016년)		
	신문명	발행 부수
1	가도카와쇼텐(角川書店)	4,229
2	고단샤(講談社)	1,886
3	다카라지마샤(宝島社)	1,237
4	붕게샤(文芸社)	923
5	쇼각칸(小学館)	896
6	슈에샤(集英社)	805
7	각켄플러스(学研プラス)	783
8	하퍼콜린스 재팬(ハーパーコリンス·ジャパン)	712
9	PHP겐큐죠(PHP研究所)	654
10	가와데쇼보신샤(河出書房新社)	617

「出版年鑑 2017」(出版ニュース社. 2017)

서적의 특색으로서 ①개개의 출판물이 다른 서적으로 대체할 수 없는 내용을 담고 있고 ②종류가 아주 많고(현재 유통되고 있는 서적 종류는 약 60만 권), ③신간 발행 건수의 증가 등(신간 서적만으로 연간 약 8만 건, 1일에 200건 이상)을 들 수 있으며, 그러한 특색에 부합하는 판매

● **진보초(神保町)** 도쿄 지요다구(千代田区)에 있는 세계 최대규모의 고서점가

● **북오프** 비교적 최근에 출판된 문고본이나 만화 등을 주로 판매하는 대표적인 신고서점(新古書店)

방법으로서 재판제도(再販制度)와 위탁판매제도(委託販賣制度) 등이 이루어져 왔다. 재판제도(再販制度)란 출판사가 개개의 출판물의 정가를 정해 서점에서 정가 판매가 가능한 제도로서 독점금지법에서 예외적으로 인정되고 있는데, 이는 출판물의 가격 인하 경쟁을 방지하고 전문서나 개성적인 출판물의 존재를 보증한다는 의미가 담겨져 있다. 또한 위탁판매제도(委託販賣制度)란 출판사가 도매회사를 통해 일정 기간을 정해 놓고 출판물을 위탁하고 그 기간 내에 팔리는 서적의 대금을 받고 재고품은 반품할 수 있는 판매 시스템을 말한다. 일본의 출판물 대부분이 이 시스템을 이용하고 있다. 서점으로서는 재고에 대한 리스크가 적고 다양한 종류의 서적을 판매할 수 있는 시스템이라고 볼 수 있다. 재판제도와 위탁판매제도, 전국의 각 지역에 분포된 서점에 의해 유지되어 온 일본의 출판계는 사회 구조의 변화와 IT산업의 발달에 따른 불황에 직면해 현재 큰 전환기를 맞고 있다. 재판제도나 위탁판매제도가 출판사와 서점을 보호해 온 면이 있지만, 그것이 역으로 서적의 높은 가격 유지나 서점의 판매 노력 부족이라는 면을 초래한 것도 부인할 수 없는 사실이다.

● [4] 고단샤(講談社) 대형출판사. 잡지, 만화, 단행본, 문고본, 신서(新書) 등 다양한 서적을 출판하고 있다.

한편, 신간 서적은 일반 서점에서, 희귀본이나 전문서는 고서점에서 구해 볼 수 있다. 특히 도쿄의 진보초(神保町)에 있는 고서점가는 세계 최대 규모로 알려져 있다. 또한 일본 서점의 세계에서 새롭게 출현한 것이 북오프 등과 같은 신고서점(新古書店)이라고 불리는 새로운 형태의 서점이다. 신고서점은 주로 대량 출판의 만화나 문고판 등과 같이 비교적 최근에 나온 서적을 주로 취급하고, 서적 가격의 반액이나 100엔 균일 등의 방식으로 판매하고 있어서 크게 인기를 모으고 있다. 또한 인터넷상의 서점이나 옥션에서의 신간 서적과 고서의 구입도 증가하고 있다. 매장 면적이 좁고 판매하는 서적의 종류가 적은 동네의 서점은 대형서점·신고서점의 증가, 편의점에서의 잡지 판매 등에 의해 폐업이 속출하고 있는데, 2001년의 20,939점 폐업에서 2008년에는 16,404점으로 다소 감소하고 있다.

서적·잡지의 부분별 발행 건수(2016년)							
서적(7만 8113건)							
사회과학	문학	예술	기술	자연과학	역사	아동서	철학
14,805	13,381	12,911	7,988	6,711	4,749	4,871	4,215
잡지(3589건)							
문학·문예	공학·공업	의학·위생	체육·스포츠	가정학	교통·통신	소년·소녀	경제·통계
68	387	438	202	227	134	152	128

「出版年鑑 2017」(出版ニュース社, 2017)

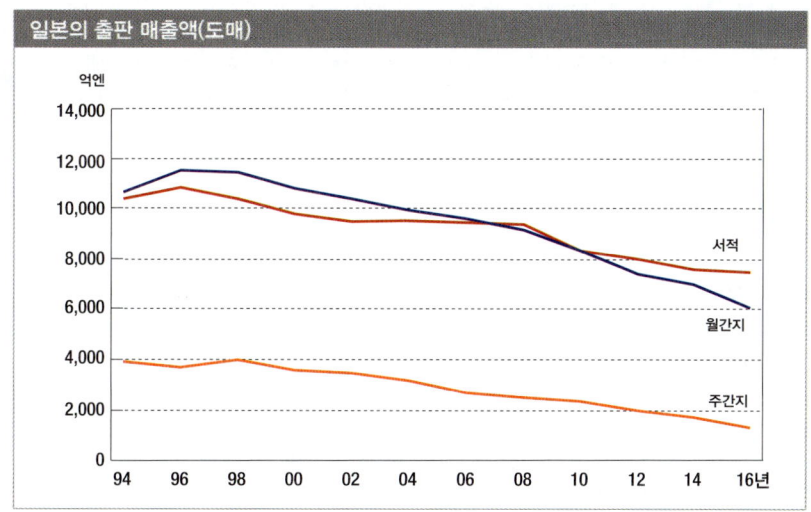

「2017出版指標年報」(全国出版協会, 2017)

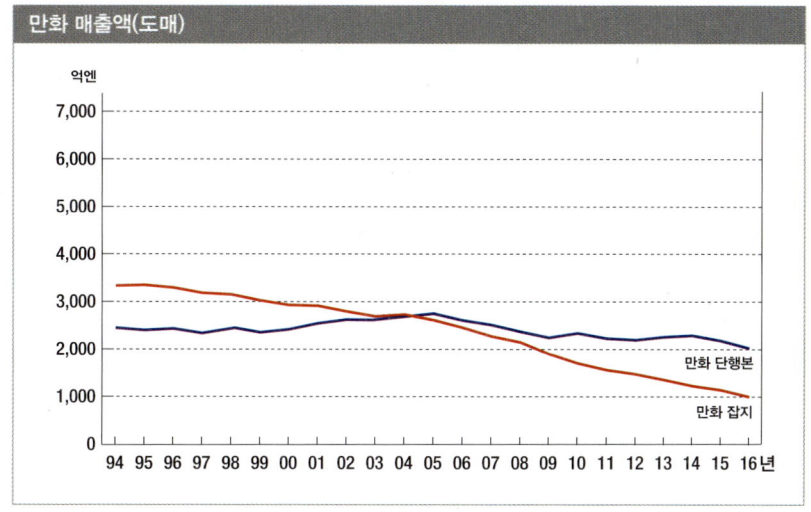

「2017出版指標年報」(全国出版協会, 2017)

주석

1. <u>요미우리신문(読売新聞)</u> 일본의 대표하는 신문 중의 하나. 1874년 창간. 일본 최초로 신문소설란을 만들어 고다 로한(幸田露伴), 오자키 고요(尾崎紅葉) 등 많은 유명 작가의 작품을 발표해 문학신문으로서 알려졌다. 그 뒤 충실한 일반뉴스와 스포츠·취미·오락기사의 강화 등을 통해 지면을 대폭 쇄신해 3대 신문(『아사히신문(朝日新聞)』, 『마이니치신문(毎日新聞)』, 『요미우리신문(読売新聞)』)의 하나로 자리잡았다. 상업신문으로서 세계 최대의 발행부수를 지니고 있다.

2. <u>아사히신문(朝日新聞)</u> 일본을 대표하는 신문 중의 하나. 1879년 오사카에서 창간. 초기에는 신문소설과 통속기사를 내세웠으나 점차 보도본위의 신문으로 자리잡았다. 1907년에 근대 일본의 문호로 알려진 나쓰메 소세키(夏目漱石)가 입사해 작품을 발표했다. 다이쇼시대(大正時代)에는 다이쇼 데모크라시운동을 주도했고, 군축운동과 보통선거운동에 힘을 기울이면서 군벌·관료의 내각을 공격했다. 아사히신문의 반권력적인 자세는 군부와 우익의 미움을 사 1936년의 2·26사건 때는 반란군의 공격을 받기도 했다. 현재에도 가장 권위 있는 신문으로 평가되고 있다.

3. <u>NHK</u> 일본방송협회 즉 니혼호소쿄카이(日本放送協会)의 약칭. 일본 유일의 공공방송사업체. 1925년에 도쿄방송국(東京放送局)으로 발족해 일본 최초의 라디오방송을 개시했다. 1926년에 일본방송협회(日本放送協会)가 되었고, 1950년에 방송법에 의거한 특수법인이 되었다. 공공복지를 위해 전국에서 수신가능하도록 의무화되었고 재원은 수신료로만 충당하며 광고방송 등의 영리사업은 금지되어 있다.

4. <u>고단샤(講談社)</u> 1909년에 노마 세이지(野間清治)가 창립한 출판사. 「재미있고 도움이 되는 내용」을 내세워 『쇼넨구라부(少年倶楽部)』, 『현대(現代)』, 『킹(キング)』 등의 잡지를 발행해 한때는 일본 전 잡지의 7할을 점했다. 특히 『킹』은 새로운 대중종합지로서 큰 성공을 거두었다. 그 뒤 서적출판도 시작해 1946년에는 『군조(群像)』를 창간함으로써 순수문학 분야에도 진출했다. 또한 만화잡지 『쇼넨마가진(少年マガジン)』을 발행하는 등 새로운 대중문화의 동향에도 잘 대응하면서 다양한 분야에서 출판활동을 전개하고 있다.

참고문헌

『世界の統計 2017』日本総務省統計局. 2017
『出版年鑑 2017』出版ニュース社. 2017
『2017出版指標年報』全国出版協会. 2017
『NHK年鑑 2008』日本放送出版協会. 2008
『日本民間放送年鑑 2008』コーケン出版. 2008
『インターネット白書 2008』インプレスＲ＆Ｄ. 2008
『日本人の好きなもの』NHK出版生活人新書. 2008
『出版界はどうなるのか‐ここ10年の構造変化を検証する‐』出版教育研究所編. 日本エディタースクール出版部. 2002
『消える本屋‐出版流通に何が起きているか‐』山田淳夫. アルメディア. 1996

13
일본 문화 키워드

1. 행사·풍속·습관

가구라(神楽) | 결혼식(結婚式) | 고리야쿠(御利益) | 기온 마쓰리(祇園祭) | 단오의 셋쿠(端午の節句) |
도리이(鳥居)·고마이누(狛犬) | 마쓰리(祭り) | 미야마이리(宮参り) | 미코시(御輿) |
복중 문안인사(暑中見舞い)·연하장(年賀状) | 본(盆, 盂蘭盆会) | 불꽃놀이(花火) |
불단(佛壇)·가미다나(神棚) | 사자무(獅子舞) | 성인식(成人式)과 성인의 날(成人の日) | 세쓰분(節分) |
쇼진오토시(精進落とし) | 시치고산(七五三) | 액년(厄年) | 에마(絵馬) |
오미쿠지(おみくじ)·오마모리(お守り)·오후다(お札) | 오소레잔(恐山) | 이나리신앙(稲荷信仰) |
이세신궁(伊勢神宮) | 장의(葬儀) | 정월(正月) | 주겐(中元)·세이보(歳暮) | 지장(地藏) | 칠석(七夕) |
히나 마쓰리(ひな祭り) | 하나미(花見)·쓰키미(月見)·단풍놀이(紅葉狩り) | 회갑(還暦)

2. 현대 일본과 정신세계

가문(家紋) | 경축일(祝日) | 골든 위크(ゴールデンウィーク) | 공양(供養) | 교과서 재판(教科書裁判) |
국가(國歌) | 국기(國旗) | 국조(國鳥) | 국호(國號) | 국화(國花) |
네마와시(根回し)·혼네(本音)·다테마에(建て前) | 노렌(暖簾) | 놀이(遊び) | 달마(達磨) |
덴구(天狗)·갓파(河童) | 도박 | 마네키네코(招き猫) | 모노노아와레(もののあわれ) | 무도(武道) | 무상(無常) |
부부별성(夫婦別姓) | 사비(寂) | 성(姓) | 스모(相撲) | 이키(粋)·스이(粋) | 야구·축구 | 여행 | 영화 |
오카시라쓰키(尾頭つき) | 온(恩)·기리(義理)·닌조(人情) | 온천 | 와비(侘) | 이에모토(家元) |
일관교육(一貫教育) | 일본인론(日本人論) | 전별(餞別)·미야게(みやげ) |
정년이혼(定年離婚)·숙년이혼(熟年離婚) | 주신구라(忠臣蔵) | 천황(天皇)과 원호(元號) | 풍류(風流) |
하쓰유메(初夢) | 하지(恥)·세켄테이(世間体) | 호간비이키(判官贔屓) | 후지산(富士山)

이 과는 머리말의 집필 의도에서 밝힌 바와 같이, 초판의 2과 일본의 연중행사와 전통의식, 5과 일본과 일본인, 13과 일본인의 미의식, 15과 일본의 가족과 성씨, 16과 일본의 교육의 다섯 과를 삭제하는 대신 그 내용을 더욱 보완하고, 이것을 〈일본 문화 키워드〉라는 한 과로 정리해 주제별로 재편집한 것이다. 또한 초판 15과 일본의 가족과 성씨, 16과 일본의 교육의 경우는 한국 문화의 내용과 개별적 특질에서 큰 차이를 보이지 않는 면이 많아서 개정판에서는 별도의 과로 다루지 않기로 했다. 따라서 이상과 같은 점을 감안해 앞에서 언급한 각 문화 영역의 내용을 보완하는 의미에서 주요 키워드로 분류해 가나다순의 사전적인 구성체제로 편집함으로써 주제에 대한 접근성과 이해도를 높이려는 것이 이 과의 집필 의도이다.

1

행사·풍속·습관

1) 가구라(神楽)

가구라(神楽)는 신에게 제사 지낼 때 연주하는 일본 고유의 무악(舞樂)으로, 가구라 노래를 부르면서 춤을 춘다. 궁중에서 행해지는 미카구라(御神楽)와 민간에서 행해지는 사토카구라(里神楽)가 있다. 사토카구라는 신관(神官)이나 무녀(巫女), 수험자(修驗者), 또는 일반인들에 의해 행해지는 것이고, 가구라는 제례 석상에서 신을 모셔 놓고 오곡풍요와 인간들의 건강을 기원하기 위해 신을 기쁘게 해드린 뒤 다시 신을 보내드리는 순서로 진행된다.

● **요카구라(夜神楽)** 미야자키현 다카치호 지방에 전해내려오는 가구라(神楽)로, 벼농사가 끝난 11월부터 다음 해 2월에 걸쳐 이 지방의 각지에서 주민들이 민가에 모여 마쓰리(祭り)를 펼친다. 강림한 신들이 주민과 함께 밤을 즐기는 행사이다.

2) 결혼식(結婚式)

● **전통 결혼식** 전통 의상인 와후쿠(和服)를 입고 진행된다.

결혼식(結婚式)은 관혼상제 중의 하나로 일본인의 통과의례 중에서 가장 중요하다고 할 수 있다. 거주지의 관공서에 혼인서류를 제출하면 새로운 호적이 만들어지면서 공식적으로 혼인이 성립하게 된다. 그러나 일본에서는 아직도 사회적으로 공식적인 인지를 얻기 위해 비싼 의상이나 성대한 피로연을 동반하는 값비싼 결혼식을 올리는 경우가 많다.

오늘날의 전통 결혼식의 형태는 메이지시대(明治時代 : 1868~1912년)에 확립되었다. 지방에 따라 다르지만 대개 다음과 같은 순서로 진행된다.

우선, 결혼식 날짜는 고대 중국이나 일본의 점성술을 기초로 해서 불길한 날을 피해서 잡는다. 전통적인 결혼의식은 식 전날에 시작되는데, 신부는 이날 씨족 신이나 절에 참배하고 부모님을 비롯해 가까운 사람들과 송별 잔치를 연다. 그리고 결혼식 당일의 예식은 주로 신랑 집에서 거행된다. 신부가 신랑 집으로 가기 위해 집을 나설 때는 정식으로 흰 옷차림을 하는데, 이때 흰색은 부모와의 출생의 인연이 소멸되는 것을 뜻한다. 신랑 집에 도착하면 신부는 화려한 옷으로 갈아입고, 머리에는 '질투의 뿔'을 억제하

● 호텔 내에 마련된 전통 결혼식장

거나 감춘다는 뜻으로 면이나 비단으로 된 ¹쓰노카쿠시(角隠し)를 쓰고 등장한다. 신랑은 가문(家紋)이 그려진 기모노(着物)와 하카마(袴:주름잡힌 하의)를 입는다.

전통적인 결혼식은 기본적으로 지방 관습과 개인적인 취향에 따라 정해진 세속의 의식이다. 오늘날도 마찬가지지만, 신앙이나 종교와 특별한 관계가 없더라도 종교적인 의식을 받아들일 때가 많았다. 1900년에 황태자(후의 다이쇼천황)가 신도(神道)로 혼례의식을 치르자, 일반에도 신도 결혼식이 유행하게 되어 불교식보다 일반적이 되었다. 최근에는 기독교식의 결혼식도 유행하고 있다. 또 최근에는 종교색을 배제한 이른바 ²인전결혼식(人前結婚式)도 늘어나고 있다.

주로 집에서 하던 결혼식은 신사나 절로 바뀌었고, 제2차 세계대전 이후에는 호텔이나 레스토랑, 교회, 신사나 기독교 예식을 준비하는 전문 결혼식장 등에서 거행하는 스타일로 변모했다. 결혼식 후에 신부가 친척이나 친구에게 선물을 가지고 친정집으로 돌아가는 사토가에리(里帰り)의 관습도 거의 사라져, 오늘날 대부분의 신혼부부는 1주일 정도의 신혼여행을 떠난다. 아직도 부모가 비용을 나눠 부담하는 성대한 결혼식이 일반적이기는 하지만, 당사자의 희망을 최대한 반영한 개성적인 결혼식도 서서히 늘어나고 있다.

3) 고리야쿠(御利益)

신사·사찰의 특정 제신(祭神)·불상(佛像)에 참배함으로써 얻어지는 현실적인 이익이나 행운을 말한다. 각 신사나 사찰이 선전하는 고리야쿠(御利益)에 끌려 참배하는 사람들이 많다. 예를 들면 도쿄의 유시마신사(湯島神社, 湯島天神), 교토의 기타노텐만구(北野天満宮), 후쿠오카(福岡)의 다자이후텐만구(太宰府天満宮) 등 스가와라노 미치자네(菅原道真)를 제신(祭神)으로 하는 신사는 스가와라노 미치자네가 헤이안시대(平安時代)의 저명한 학자였기 때문에 학문 성취에 고리야쿠가 있다고 내세우고 있어 많은 수험생들이 찾고 있다. 그 밖에도 연애 성취, 사업 번창, 순산, 결혼, 교통안전 등 다양한 고리야쿠가 있다.

4) 기온 마쓰리(祇園祭)

교토 기온(祇園)에서 7월에 열리는 야사카신사(八坂神社)의 마쓰리로, 도쿄의 간다마쓰리(神田祭), 오사카의 텐진마쓰리(天神祭)와 함께 일본 삼대 마쓰리로 꼽힌다. 9~10세기에 역병(疫病)으로 죽은 사람의 영혼을 달래기 위해 시작한 것이 기원이라고 한다. 호화로운 장식의 야마보코(山鉾)라고 불리우는 다시(山車)가 시내를 행진한다. 오래된 가옥이나 유서가 있는 상점(老舖) 등에서는 길가에 면한 방 외측에 병풍 등의 미술품을 걸어 놓고 통행인들에게 보여 준다. 오랜 역사를 지니는 기온 마쓰리(祇園祭)는 마치슈(町衆)라고 불렸던 교토 시민의 긍지와 재력을 보여 주는 마쓰리이다. 한편 일본 여러 지역에서 교토의 기온 마쓰리를 모방한 유사 기온 마쓰리가 행해지고 있다.

● 기온 마쓰리(祇園祭)

5) 단오의 셋쿠(端午の節句)

5월 5일에 지내는 남자 아이들의 마쓰리로 남자아이의 건강과 성장을 기원하는 의미에서 실내에는 갑옷과 같은 무구(武具)와 무사인형 등을 장식하고, 정원에는 천으로 만든 여러 색의 잉어모형인 고이노보리(鯉のぼり)를 높게 세워 바람에 나부끼게 한다. 또한 상무(尚武)의 이미지를 지닌 창포(菖蒲) 물에 목욕을 하고, 일본식 찹쌀떡인 지마키(粽)나 떡갈나무 잎에 싼 찰떡인 가시와모치(柏餅)를 먹는다. 고이노보리는 중국 황하의 급류를 거슬러 올라간 잉어가 용이 되었다는 고사에서 유래한 것으로 남자아이들의 입신출세를 기원하는 의미가 담겨 있다.

● 고이노보리(鯉のぼり) 5월 5일 단오절에 천으로 만든 잉어들을 높은 대에 매달아 장식한다. 원래는 남자 아이들의 축제였고, 잉어는 입신출세를 상징한다.

6) 도리이(鳥居)·고마이누(狛犬)

도리이(鳥居)는 신사의 경계 영역을 표시하는 문이다. 나무나 돌, 구리나 철 등으로 만들어진다. 가나가와현(神奈川県) 아시노코(芦ノ湖)의 하코네신사(箱根神社)나 히로시마현(広島県) 세토나이카이(瀬戸内海)의 이쓰쿠시마신사(厳島神社)와

● 도리이(鳥居)와 고마이누(狛犬)

같이 수중에 도리이를 세운 곳도 있다. 도리이의 기원에 관해 한국의 솟대나 홍살문과의 관련을 지적하는 설도 있다.

고마이누(狛犬)는 신사나 사찰 본당 정면 앞에 좌우에 놓여져 있는 사자를 닮은 짐승의 상으로서 고려견(高麗犬)이라고 적혀 있기도 한다. 고마이누는 해당 신사나 사찰에 사악한 것이 들어오는 것을 막는 역할을 한다고 믿어지고 있다.

7) 마쓰리(祭り)

● 일본 각지에서 벌어지는 다양한 마쓰리

일본의 마쓰리(祭り)는 신(神)의 강림에 임해 신을 받들고 신에게 봉사하는 것에서 유래했기 때문에 일본 고유의 신앙인 신도(神道)와 분리해서 생각할 수 없다. 예로부터 일본의 신은 산이나 바다 저편에서 왕림하는 것이라 여겨졌는데, 마쓰리에서 신사(神社)에 상주하지 않는 신을 맞이하기 위해서는 강림의 증표가 필요했다. 이런 이유로 마쓰리 때에는 반드시 ³사카키(榊 : 비쭈기나무)나 고헤이(御幣)를 세우고, 신이 강림한 곳에는 그 표시로써 금줄을 쳤다. 마쓰리의 대표적인 상징인 다시(山車 : 축제 때 끌고 다니는 장식을 한 수레)는 신을 제장(祭場)으로 영접하기 위한 교통수단이었다. 일본의 저명한 민속학자 ⁴야나기타 구니오(柳田国男)에 따르면, 현재와 같은 화려한 다시(山車)는 교토(京都)의 기온 마쓰리(祇園祭)가 최초라고 한다.

제례(祭禮)는 마쓰리의 의식 일반을 가리키는 것으로, 마쓰리 제례는 지역공동체 전체의 행사일 뿐만 아니라 화려한 분위기를 연출하기 때문에 많은 사람들이 모여든다. 또한 이러한 제례의 모습은 매우 다양하고 동일본(東日本. 간토 지방)과 서일본(西日本. 간사이 지방) 지역 간에도 차이가 많다.

　마쓰리는 그것을 실행하는 일정한 집단의 존재를 전제로 한다. 일본의 시골이나 도시에서도 흔히 크고 작은 신사(神社)를 볼 수 있는데, 각 신사마다 모시고 있는 신이 다르다. 그 고장과 깊은 관련이 있는 신이나 신체(神體)를 모시고 있는 경우가 많다. 또한 씨족(氏族)의 선조를 선조신(先祖神)으로 모시는 신사가 있는데, 이 선조신을 우지가미(氏神)라고 한다. 그러한 우지가미를 모시는 신사에 있어서 그 지역의 구성원은 신사의 성원이며 우지코(氏子)라고 불린다.

　마쓰리는 보통 신도(神道)의 대표인 간누시(神主)와 우지코(氏子) 집단에서 선발된 소규모 집단으로 구성되는 제례 조직에 의해 지휘를 받는다.

마쓰리의 3요소 ✳

모노이미(物忌)
마쓰리 참가자가 일정 기간 음식을 삼가고 재계(齋戒)하는 것으로, '게'(ケ : 속세)를 떠나 '하레'(ハレ : 마쓰리의 성역)에 들어가기 위한 예비 과정이라고 볼 수 있다. 근대에 이르러 이러한 의식은 상당히 간소해졌으나 옛날에는 모노이미(物忌)를 하지 않고는 마쓰리에 참가할 수 없었다.

구모쓰(供物)
마쓰리의 또 하나의 중요한 요소는 신에게 바치는 구모쓰(供物 : 공물)이다. 멥쌀, 찹쌀, 니혼슈(日本酒 : 쌀로 빚은 술), 김, 야채, 과일 등을 바친다. 일본에서는 마쓰리를 위해 희생물(산 제물)을 바치는 경우는 없다.

나오라이(直会)
마쓰리 참가자가 예식 장소에서 공물로 바친 음식을 신들과 함께 먹는 것으로, 마쓰리의 본질적인 요소의 하나이다. 본래는 마쓰리에서 신과 인간이 같이 음식을 먹는 행위를 통해 더욱 친밀해지고 신의 수호를 얻을 수 있다고 믿었다. 현재는 마쓰리의 의식을 통해 일상 생활에서의 구성원들의 단합을 공고히 하는 연회로서의 성격이 강해지고 있다.

8) 미야마이리(宮参り)

　태어난 아기가 처음으로 지역을 수호하는 신사의 제신(祭神)인 우지가미(氏神)를 참배하는 행사로, 생후 30일 전후에 하는 것이 보통이다. 우지가미에게 아이가 마을 구성원이 되는 것을 허락받는 의례로서, 미야마이리(宮参り)가 끝나면 신사의 구성원인 우지코(氏子)가 되는 것이다. 이 행사 때 먹으로 아이의 이마에 한자 견(犬)이나 ×표시를 그려 넣어 건강을 기원하는 풍습이 있다.

9) 미코시(御輿)

한자로 神輿라고 표기하기도 한다. 신령(神靈)이 내려앉는 가마로, 신사의 마쓰리 때 신자들이 메고 행진을 한다. 일반적으로 가마를 운반하기 위해 만든 두개의 나무틀 위에 신전(神殿)을 본뜬 작은 구조물이 실려 있다. 미코시는 신사의 신도인 우지코(氏子) 중에서 젊은 남성이 지는 경우가 많지만, 여성이나 어린이들이 지는 미코시도 있

● 미코시(御輿)

다. 미코시를 지는 방식은 일반적으로는 가마를 지고 일정 지역을 순회하는 것이지만 격하게 흔들며 진행한다든지, 여러 미코시들이 서로 부딪치는 행위를 한다든지, 혹은 바다에 뛰어드는 퍼포먼스를 하는 등 다양한 형태가 있다. 미코시를 지는 사람들은 「왓쇼이, 왓쇼이」, 「세이야, 세이야」라는 구호를 외치며 행진을 하는데 한국어의 "왔어 왔어"에서 유래한다는 설도 있다.

10) 복중 문안인사(暑中見舞い)·연하장(年賀状)

특별한 시기를 맞아 보내는 계절 안부의 인사장이다.

복중 문안인사(暑中見舞い)는 7월 20일부터 8월 8일 사이의 복중 기간에 평소에 잘 만나지 못하는 지인이나 손윗분들에게 보내는 인사장을 말한다. 일반적으로 「복중에 문안인사를 드립니다(暑中お見舞い申し上げます)」라는 인사말로 복중의 건강을 기원하는 편지를 보낸다.

연하장(年賀状)은 어린이부터 노인들까지 거의 누구나 주고받고 있는 일본 국민의 연말의례 인사장이라고 할 수 있다. 이를 위해 일

● 연하장(年賀状)

본의 우체국(郵便局)은 추첨번호가 인쇄된 엽서 연하장을 발행하고 있다. 많은 일본인들은 12월 중 새해에 해당하는 동물의 그림이 인쇄된 엽서 연하장에 「새해 복 많이 받으세요(明けましておめでとうございます)」, 「근하신년(謹賀新年)」 등의 인사말을 적어 신년을 축하하는 편지를 보낸다. 우편국은 각 가정별로 연하장만을 별도로 모아 1월 1일 아침에 배달해 주는 서비스를 한다.

11) 본(盆, 盂蘭盆会)

전통적으로 7월(지역에 따라서는 8월) 13~15일에 열리는 불교행사로 조상의 명복을 빈다.

우라본(盂蘭盆) 또는 오본(お盆)이라고도 한다. 일반적으로 조상의 영을 맞이하기 위해 불단 앞에 ⁵쇼료다나(精霊棚)를 마련하고, 승려를 집으로 불러 불경을 읽게 한다. 조상의 영을 맞이하는 준비로서 벌초를 하고 조상을 위해 집까지 길을 만들며, 짚으로 말이나 소 등의 탈것을 만든다. 13일에 불을 피우는 ⁶무카에비(迎え火)와 16일의 ⁷오쿠리비(送り火)는 묘에서 집까지의 길을 비추기 위한 것이다.

● 우라본에(盂蘭盆会)에는 조상을 맞기 위해 불을 피우는 행사를 한다.

12) 불꽃놀이(花火)

일본에 불꽃놀이(花火)가 전래된 것은 1543년에 포르투갈인에 의해 철포(鉄砲)가 전해진 무렵으로 알려져 있고, 1613년에는 도쿠가와 이에야스(徳川家康)가 에도 성내에서 불꽃놀이를 구경했다는 기록이 남아 있다. 오늘날과 같은 대규모 불꽃놀이 행사가 시작된 것은 전국적인 기근과 에도에서의 전염병 유행 등으로 다수의 희생자가 발생해, 이들을 위한 위령제가 열리게 된 것이 계기였다. 1733년에 에도의 스미다가와(隅田川)에서 열린 료고쿠(両国)의 불꽃놀이 대회가 그 시초로서, 이 대회는 스미다가와 강가에서 여름 피서기에 특별허가를 받은 상점들의 영업이 시작되는 첫날에 맞춰 열리게 되었고, 이후 에도의 명물로서 오늘날까지 계속되고 있다. 현재는 주로 하절기에 전국 각지에서 불꽃놀이 대회가 열린다.

● **불꽃놀이(花火)** 일본 여름의 풍물시(風物詩). 여름이 되면 일본 전역에서 다양한 불꽃놀이 축제가 벌어진다.

13) 불단(佛壇)·가미다나(神棚)

불단(佛壇)은 가정 내에 불상을 안치하고 부처를 섬기면서 동시에 세상을 뜬 가족의 위패를 같이 모셔 선조공양(先祖供養)을 하는 제단을 말한다. 에도시대에 막부의 정책인 ⁸사청제도(寺請制度)에 따라 각 가정은 의무적으로 일정 사찰을 보리사(菩提寺)로 정하고 그 절의 단가(檀家) 즉 신도로 등록해야 했다. 이에 따라 각 가정에 불단을 설치하고 아침과 저녁에 참배를 하게 되었고, 선조의 기일에는 승려를 불러 공양을 하는 관습

● 불단(佛壇)

이 정착되었다. 그리고 매일 꽃이나 차, 물 등을 올리고 향을 피우거나 종을 울려 선조의 영을 위로하게 된 것이다.

가미다나(神棚)는 각 가정에서 신을 모시기 위해 만든 단으로, 방 높은 곳에 남향 혹은 동향 쪽으로 만들었다. 가미다나에는 이세신궁(伊勢神宮)이나 우지가미(氏神) 혹은 친근한 신사의 표시물을 모시고, 사카키(榊)나 등불을 장식하기도 한다. 불

● 가미다나(神棚)

교의 부처와 신도의 신(神)은 같다고 하는 신불혼효사상(神佛混淆思想)이 이어져 온 일본에서는 같은 집 안에 불단과 가미다나가 공존하는 것에 위화감을 느끼지 않는다.

14) 사자무(獅子舞)

사자무(獅子舞)는 일본어로는 '시시마이'라고 한다. 나무 등으로 만든 사자의 머리 혹은 사슴이나 멧돼지의 머리를 뒤집어쓰고 춤을 추는 민속예능으로, 두 사람이 머리와 꼬리 부분을 분담해서 춤을 추거나 혼자서 허리에 동여맨 북을 치면서 춤을 추기도 한다. 사자무는 마쓰리나 본(盆), 정월(正月), 기우제 등에서 행해지며, 가도즈케(門付け)라고 해

● 사자무(獅子舞)

서 여러 집들을 돌면서 문전에서 춤을 추고 사례를 받기도 한다.

15) 성인식(成人式)과 성인의 날(成人の日)

성인의 날(成人の日)은 경축일의 하나이다. 어른이 되었음을 자각하고 앞으로 스스로 인생을 헤쳐나가고자 하는 젊은이들을 축하하고 격려하는 날로서, 1948년에 제정되어 1월 15일을 성인의 날로 정하고 축하해 왔으나 2000년부터 1월 두 번째 월요일로 변경되었다. 전국 각 지방자치단체에서는 이날 20세가 되는 젊은이들을 초대해 성인식을 치르는 곳이 많다. 고대 이래 지역·계층·성별에 따라 12세에서 18세 정도의 연령에 달했을 때 성인식(成人式)이 행해졌고, 귀족이나 무사의 남성들의 성인식은 특별히 겐푸쿠(元服)라고 불렸다. 성인이 된 사람은 귀족의 경우 관(冠)을 쓰고, 무사의 경우는 [9]에보시(烏帽子)를 처음으로 쓰는 의식을 행했다. 근세기가 되고 나서 무사의 성인식은 이마 언저리의 머리카락을 반달모양으로 미는 의식이 일반화되었고, 그 날부터 유아명을 정식 이름으로 바꾸었다.

16) 세쓰분(節分)

2월 3일 또는 4일에 행해지는 세쓰분(節分)은 귀신을 쫓아내는 전통행사이다. 귀신을 쫓아내기 위해 마메마키(豆まき : 콩 뿌리기)를 하는데, 이때는 "귀신은 밖으로, 복은 집안으로(鬼は外、福は内)"라고 외친다. 집 안팎에 콩(일반적으로 대두)을 뿌리고, 가족 모두가 자기 나이만큼 콩을 세어 먹는 습관이 있다.

● 세쓰분(節分)

17) 쇼진오토시(精進落とし)

신사나 사찰을 참배한 후 참배객이 매춘시설에 들러 매춘하는 것을 말한다. 에도시대에 교통이나 정보·경제의 발달에 따라 각 지역에는 전국적으로 참배객이 많이 찾아 오는 유명 신사와 사찰이 다수 등장했다. 그리고 이 지역 주변에는 참배객을 위한 숙박·음식·유흥 등을 제공하는 시설이 모인 몬젠마치(門前町)가 크게 번창했다. 여기에는 남성들에게 매춘을 제공하는 시설이 많았고 참배 후에 매춘을 하고 즐기는 것을 쇼진오토시(精進落とし)라고 불렀다. 쇼진(精進)이란 불교의 수행이나 신앙을 위해 행동을 근신하고 몸을 청결히 유지하는 것을 말한다. 쇼진오토시는 즉 속세계(俗世界)에서 성역(聖域)인 신앙세계에 들어갔다가 육체를 다시 속세계로 돌아가게 하기 위한 통과의례인 것인데, 이 의례를 유녀와의 매춘으로 삼은 것이다. 예를 들면 절정기에는 연간 수백만 명이 찾았다고 하는 이세신궁의 후루이치(古市)라는 몬젠마치에는 70개 정도의 유곽에 1,000명이 넘는 유녀들로 연일 북적였다고 한다.

18) 시치고산(七五三)

시치고산(七五三)은 3세, 5세, 7세가 되는 어린이들의 성장을 축하하기 위해 신사나 절을 참배하는 행사로서 11월 15일에 행해진다. 에도시대에 3세가 되는 여자아이가 처음으로 머리를 따는 가미오키(髪置), 5세의 남자아이가 처음으로 하카마(袴)를 입는 하카마기(袴着), 7세의 여자아이가 처음으로 어른 복장을 하는 오비토키(帯解き) 등의 행사에서 유래했

● 시치고산(七五三)

다고 전해진다. 현재는 전통적인 일본 복장 외에도 서양식 정장을 하고 참배하는 어린이들도 많이 찾아볼 수 있다. 이 날에는 지토세아메(千歳飴)라고 하는 홍백색의 엿을 먹으며 행사를 즐긴다.

19) 액년(厄年)

액(厄)이란 사람의 건강이나 생활의 안정을 해치는 요인으로 여겨지는 재난이나 화(禍)를 말한다. 그 액이 일어나는 해에 해당되어 근신하면서 지내야 하는 해를 액년(厄年)이라고 한다. 액회(厄回り), 연기(年忌)라고도 한다. 일반적으로 남성은 우리 나이로 25세, 42세, 61세이고 여성은 19세, 33세, 37세가 액년이다. 특히 남성의 42세와 여성의 33세는 대액(大厄)이 들어 재난이나 화를 입을 가능성이 높기 때문에 주의해야 한다고 한다. 액년에 해당하는 사람은 액을 면해주는 효능이 있다고 하는 액막이대사(厄除け大師) 등과 같은 사찰과 신사를 참배해 신불의 가호로 액을 면하는 액막이 행사를 하는 관습이 있다.

● 액막이(厄除け)

20) 에마(絵馬)

에마(絵馬)는 신사나 사찰에 기원을 하고 기원이 이루어졌을 때 그 사례로서 봉납하는 그림이 그려진 현판을 말한다. 원래는 신사나 사찰에 살아 있는 말을 봉납하는 대신 말의 그림이 그려진 현판을 봉납하는 것이었는데, 점차 말 외에 신불, 마쓰리의 모습, 선박, 동물, 와카(和歌)의 명인들의 그림 등이 그려지게 되었다. 지금도 수험생의 합격이나 결혼 성취 등을 기원하는 에마를 많이 볼 수 있다.

● 에마(絵馬)

21) 오미쿠지(おみくじ)・오마모리(お守り)・오후다(お札)

● 오미쿠지(おみくじ)

오미쿠지(おみくじ)는 신사나 사찰에서 길흉을 점치기 위해 행하는 제비뽑기를 말한다. 번호가 적힌 가는 막대기를 뽑아 그 번호에 상당하는 제비를 선택하는 방법과 직접 제비를 뽑는 방법 등이 있다. 오미쿠지에는 운세의 등급이 대길(大吉)・길(吉)・중길(中吉)・소길(小吉)・흉(凶) 등으로 되어 있고, 결혼운, 학업운, 금전운, 건강운 등의 개별 항목에 관해 문장으로 설명되어 있다. 뽑은 오미쿠지 혹은 그 중 흉(凶)으로 나온 오미쿠지를 경내의 나뭇가지에 매어두고 가기도 한다.

● 오마모리(お守り)

오마모리(お守り)는 부적의 일종으로 신사나 사찰에서 받은 천으로 된 작은 주머니로 안에는 신의 이름이나 주문이 적힌 것이 들어 있다. 오마모리는 신체나 휴대품, 자동차 등에 부착하고 다니는 것이 일반적이다. 오마모리의 내용은 학업 성취, 가내 안전, 교통 안전, 사업 번창 등 다양하다.

오후다(お札)는 신사나 사찰에서 받은 종이나 나무에 쓰여진 부적으로 집에 갖고와 종이로 된 것은 실내 출입구 등에 붙여 놓고, 나무의 경우는 가미다나에 모시는 것이 보통이다.

22) 오소레잔(恐山)

아오모리현(青森県) 무쓰시(むつ市)에 있는 화산으로 히에이잔(比叡山)·고야산(高野山)과 더불어 일본 삼대 영산(日本三大霊山)이라고 불린다. 오소레잔(恐山)은 죽은 자가 모이는 산으로 알려져 7월의 대제(大祭)에는 참배객과 관광객들이 많이 찾아온다. 이 때에는 「이타코(いたこ)」라고 하는 장님 무녀가 죽은 자의 말을 전하는 자리가 벌어져 참배인이 죽은 자와 말을 나누며 눈물을 흘리는 모습을 볼 수 있다.

● 오소레잔(恐山)

23) 이나리신앙(稲荷信仰)

● 이나리신사(稲荷神社)의 여우상

교토시의 후시미이나리타이샤(伏見稲荷大社)를 중심으로 하는 신앙이다. 일본 전국에 약 3만 개 이상의 이나리신사(稲荷神社)가 있으며, 이 외에도 개인 집의 정원이나 기업 건물 안에서 이나리신을 모시고 있는 경우도 많다. 본래는 농경의 신으로 믿어졌지만 점차 상업 번창의 신, 집을 지키는 신으로서 서민의 신앙으로 자리 잡게 되었다. 서민들 사이에서는 오이나리산(お稲荷さん)이나 오이나리사마(お稲荷さま)라는 친근한 호칭으로 불리고 있다. 이나리신의 사자(使者)가 여우라고 하는 민간신앙에 의해 이나리신사에는 여우상이 놓여져 있는 것이 보통이다. 또한 여우가 좋아한다는 유부가 이나리신사에 공양되기도 한다.

24) 이세신궁(伊勢神宮)

미에현(三重県) 이세시(伊勢市)에 있는 신사로 고타이신궁(皇大神宮, 内宮)과 도요우케타이신궁(豊受大神宮, 外宮)으로 되어 있다. 고타이신궁에는 황실의 조상신인 아마테라스오미카미(天照大神)를, 도요우케타이신궁에는 오곡의 신인 도요우케오미카미(豊受大神)를 모시고 있어서 고대 이래 각별히 지위가 높은 신사로 여겨져 왔다. 고대에는 천황 이외에는 기도를 할 수 없는 신궁이었는데, 가마쿠라시대(鎌倉時代) 이후 일반인들의 참배도 많아졌고 특히 에도시대에 들어오면서 일생에 한 번은 이세신궁(伊勢神宮)에 참배해야 한다

● 이세신궁(伊勢神宮) 내궁

는 풍습이 생겨나 부모나 주인의 허락 없이 갑자기 이세신궁 참배여행에 나서는 것이 유행했다. 수십 년에 한 번은 연간 수백만 명이 이세신궁을 참배하는 오카게마이리(お陰参り) 등과 같은 열광적인 참배소동이 일어나기도 했다. 이세신궁의 건물은 690년 이래 20년 간격으로 다시 재건축하게 되어 있는데, 그것을 식년천궁(式年遷宮)이라고 한다. 같은 건물을 동서 2개소의 부지에서 돌아가면서 20년마다 재건축함으로써 이세신궁의 건물은 원형 그대로 오늘날까지 존속되어 올 수 있었다고 한다. 최근의 식년천궁은 제62회로서 지난 2013년에 이루어졌고, 비용은 약 550억 엔(한화 약 5000억 원)이 소요되었다.

25) 장의(葬儀)

일본 장례식의 약 77.5%(2014년 현재)는 불교식으로 치러진다. 사망하면 유해는 따뜻한 물로 씻고(湯潅), 가족이 손수 흰 교카타비라(経帷子 : 수의)나 생전에 좋아했던 옷을 입힌다. 최근에는 유해를 씻고 닦는 일은 의사나 간호사가 하고, 옷을 입히는 것은 장의사가 하는 등 장례식의 전 과정을 장의업자에게 맡기는 경우가 많아졌다. 유해는 머리가 북쪽으로 향하게 하

● 장례식장

고 베개 없이 눕힌 다음 흰 천으로 덮는다. 그리고 스님이 옆에서 경을 읊고 고인에게 가이묘(戒名 : 사후의 불교식 이름)를 부여한다. 그 후 유해는 칠이 되지 않은 목재관에 안치된다.

장례기간 동안에는 검은 테두리의 흰 종이에 쓰여진 기추(忌中 : 상중, 기중)라는 표시를 대

문 또는 현관에 붙이고, 쓰야(通夜: 밤샘) 또는 한쓰야(半通夜)를 한다. 가벼운 음식이 준비되고 조문객은 고덴(香典: 조의금)을 전한다. 쓰야 다음 날 불교식이나 신도식의 장례식이 집이나 절 또는 장례식장에서 치러진다.

화장 후에 뼈는 납골항아리(骨壷)에 넣어져 매장되기 전까지 집에 있는 불단에 안치되고, 49일까지 7일마다 납골항아리가 놓여진 제단 옆에서 의식을 올린다. 그 동안에 가족은 조문객에게 고덴의 약 반액에 상당하는 고덴가에시(香典返し)를 보내 사의(謝意)를 표한다. 그리고 나서 납골항아리는 묘지에 안장된다.

26) 정월(正月)

일본어로는 쇼가쓰라고 하는데, 일본의 연중 행사 중에서 가장 중요하고 경사스러운 행사이다. 지방에 따라 관습은 다르지만, 사람들은 집을 장식하고 가족이 다 함께 모여 축하한다. 신사나 절을 참배하며 정초 인사를 하기 위해 친척이나 친구의 집을 방문하기도 한다. 공식적으로 정월은 1월 1일부터 3일까지이고, 이때 모든 관공서와 대부분의 회사는 휴일이다.

● 가도마쓰(門松) 정월에 집 현관 앞에 세우며, 이 나무에 신이 내려온다고 여겼다.

쇼가쓰를 위한 준비는 원래 새해를 주관하는 신 즉, 도시가미(年神)를 맞이하기 위한 것이었다. 준비는 12월 13일의 대청소에서 시작되지만, 최근에는 대청소를 연말에 하는 경우가 많다. 그리고 나서 전통적인 방식에 따라 집을 장식한다. 우선 시데(紙垂: 흰 종이)를 드리운 시메나와(注連縄: 금줄)를 현관에 치는데, 이것은

● 하쓰모데(初詣)

도시가미의 일시적인 거주를 위한 경계선이며 악령의 침입을 막는다고 한다. 그리고 문에는 행운을 가져오는 요리시로(依代: 신령이 깃드는 물건)인 가도마쓰(門松: 장식 소나무)를 세운다. 도시가미에게 바치기 위해 도시다나(年棚)라는 특별히 제작된 선반에 가가미모치(鏡餅: 동글납작하고 하얀 찰떡)나 쌀로 빚은 술, 곶감과 같은 여러 종류의 공물을 가지런히 쌓아 놓는다. 정월 전야는 오미소카(大晦日: 섣달 그믐날)라 하며, 이때는 많은 사람들이 절을 방문해 백팔번뇌를 씻기 위해 제야의 종소리에 귀를 기울인다. 이날 [10]도시코시소바(年越しそば)를 먹는데, 이

는 오랫동안 가족의 행운이 계속되길 기원하는 관습이다.

정월 초하루(元日)에는 가족과 함께 보내고 절이나 신사에 하쓰모데(初詣 : 첫 참배)를 하러 간다. 궁중에서는 1월 1일 새벽 또는 이른 아침에 천황이 ¹¹시호하이(四方拜) 의식을 집행하고, 동서남북 네 방위의 여러 신 및 황실의 능을 참배하고 천하태평을 기원한다. 1월 2일에는 일반인들이 축하의 말이나 글을 올리러 궁성을 방문한다. 설 연휴 2일, 3일에는 친구나 업무 관계의 지인을 방문해 인사를 교환하고, 니혼슈(日本酒)인 ¹²도소(とそ)를 마신다. 하쓰모데(初詣)란 정월에 처음으로 절이나 신사에 참배하는 것으로, 참배자는 가족의 행운을 기원한다. 자기 집에서 그 해에 가장 좋다고 여겨지는 에호(惠方 : 방향)의 절이나 신사에 참배하는 관습에서 에호마이리(惠方参り)라고도 불렸다. 오늘날에는 방향에 관계없이 유명한 절이나 신사에 참배하러 가는 경우가 많다. 하쓰모데는 오미소카(大晦日)의 심야에 시작되고 해마다 많은 사람이 참배한다.

27) 주겐(中元)·세이보(歲暮)

주겐(中元)은 원래 중국의 도교의 용어로서 7월 15일을 뜻하는데, 일본에 전래되고 나서 불교의 본(盆) 행사와 결부되어 조상을 공양함과 더불어 친척이나 지인들에게 공물을 보내는 관습으로 정착되었다. 현재는 거래처나 신세를 진 분들에게 선물을 보내는 행위나 또는 그 선물을 뜻하는 용어가 되었다.

세이보(歲暮)는 문자 그대로 연말을 의미하는 말로서, 주겐과 마찬가지로 12월 하순에 거래처나 신세를 진 분들에게 선물을 보내는 행위나 또는 그 선물을 뜻한다. 본래는 직접 방문해서 선물을 전달했지만, 현재는 백화점이나 상점 등에서 주겐 혹은 세이보라고 적힌 선물을 배달하는 경우가 일반적이다.

28) 지장(地藏)

지장(地藏)은 불교의 보살 중의 하나로서 지장보살(地藏菩薩)의 줄인 말이다. 사람이 죽은 후에 성불을 하지 못하고 지옥(地獄)·아귀(餓鬼)·축생(畜生)·아수라(阿修羅)·인(人)·천(天)의 육도(六道)를 배회하며 윤회할 때 지켜주는 것이 지장이라고 하는 지장신앙을 말한다. 특히 지장이 어린이들을 지켜 준다고 믿어졌으

● **지장(地藏)** 어린이를 보호해주는 부처라고 해서 일본에서는 서민에게 가장 친숙한 불상이다.

며, 부모보다 먼저 죽은 어린 자식이 사자(死者)의 세계에서 괴로워할 때 지장이 구해준다는 민간신앙이 크게 퍼져나가게 되어, 어려서 죽은 아이를 위해 부모가 지장상(地藏像)을 건립하는 경우가 많다. 이 때문에 일본에서는 어린 아이의 빨간 턱받이를 한 지장상을 도처에서 발견할 수 있다.

29) 칠석(七夕)

우리의 칠석과 유사하다. 7월 7일 혹은 8월 7일에 갖는 별축제 행사이다. 견우성(牽牛星)과 직녀성(織女星)의 부부가 1년에 한 번 7월 7일에만 만날 수 있다는 중국의 칠석전설에 그 유래가 있다. 어린이들이 평소의 희망하는 내용을 적은 오색(五色) 종이를 조릿대에 매달고 기원한다. 미야기현(宮城縣) 센다이시(仙台市), 가나가와현(神奈川縣) 히라쓰카시(平塚市) 등 각지의 상점가에서 화려한 칠석 장식 속에서 칠석 마쓰리(七夕祭)가 열려 많은 관광객이 찾고 있다.

● **칠석(七夕)** 칠석제의 화려한 장식

30) 히나 마쓰리(ひな祭り)

3월 3일에 열리는 여자아이의 마쓰리로, 가정에서는 히나단(ひな壇)에 13히나인형(ひな人形)을 장식하고, 가족이 14히시모치(菱餅)를 먹거나 누룩과 술로 만든 시로자케(白酒 : 희고 걸쭉한 단술)를 마시고 식사를 하며 축하한다. 히나인형의 기원은 주문을 외워서 부정을 씻기 위해 사용한 가타시로(形代 : 재앙을 쫓는 종이 인형)와 헤이안시대의 여자아이의 장난감이었던 종이 인형이 결합된 것으로 보인다. 조시노셋쿠(上巳の節句), 모모노셋쿠(桃の節句), 산가쓰셋쿠(三月節句)라고도 한다.

● 히나단(ひな壇)

● **나가시비나(流し雛)** 히나마쓰리의 기원(起源)으로 추정되는 행사로 재액(災厄)을 물리치기 위해 인형을 사람 대신 강이나 바다로 떠내려 보낸다.

31) 하나미(花見)·쓰키미(月見)·단풍놀이(紅葉狩り)

하나미(花見)란 꽃, 특히 벚꽃을 구경하면서 야외에서 음식을 먹고 즐기는 것을 말한다. 봄에 가장 인기 있는 행사 중의 하나로, 지역에 따라서는 옛날부터 음력으로 정해진 날에 꽃구경을 하는 곳도 있다. 꽃구경은 오래 전부터 문학·무용·미술의 중요한 테마가 되고 있다. 현대에는

● 하나미(花見)

라디오나 텔레비전에서 각지의 벚꽃이 피는 시기를 예상해 정기적으로 방송해 주고 있다. 꽃구경 명소로는 나라(奈良)의 요시노야마(吉野山)와 도쿄의 우에노공원(上野公園)이 유명하다.

쓰키미(月見)는 음력 8월 15일(十五夜)과 9월 13일(十三夜)의 달을 감상(鑑賞)하는 행사이다. 중국의 풍습이 전래된 것으로 헤이안시대(平安時代)에 궁중에서 시작되었으며, 에도시대에는 민간에서도 즐기게 되었다. 이 날은 갈대와 가을 풀 등을 꽃꽂이 식으로 장식한 단 위에 경단(だんご)·청콩(枝豆)·토란·밤·감 등을 올려 놓고 달을 감상한다. 고치시(高知市)의 가쓰라하마(桂浜)나 도쿄의 구단자카(九段坂) 등과 같은 달구경의 명소를 일본 전국에서 찾아볼 수 있다.

단풍놀이(紅葉狩り)는 문자 그대로 단풍을 즐기는 행사이다. 일본의 고대시가집인『만요슈(万葉集)』에 이미 단풍놀이를 소재로 하는 시가가 만들어졌고, 나라시대(奈良時代)에는 궁정이나 귀족들이 단풍을 감상하는 단풍모임이 열렸던 기록이 남아 있다. 또한 헤이안시대의 대표적인 소설『겐지모노가타리(源氏物語)』에도 단풍을 감상하는 장면이 등장한다. 에도시대 이후 단풍놀이는 서민들까지도 즐기는 문화가 정착되었고, 현재는 북쪽의 홋카이도에서 남쪽의 규슈까지 점차 남하해 가는 단풍의 정보를 텔레비전 뉴스나 신문에서 보도하고 있다.

32) 회갑(還曆)

회갑(還曆)은 나이 61세(만 60세)를 축하하는 의례이다. 태어난 지 60년이 되어, 다시 태어난 해와 같은 띠의 해가 되는 것을 기념하는 것이다. 혼케가에리(本卦還り) 또는 화갑(華甲)이라고도 하며, 우리의 회갑을 말한다. 이날 친족이나 친지들이 붉은색의 두건이나 소매 없는 웃옷을 선물하기도 한다. 붉은색은 악귀를 쫓는 효험이 있다고 전해진다.

현대 일본과 정신세계

1) 가문(家紋)

● 가문(家紋)

● 천황가를 상징하는 국화문장(菊紋章)

가문(家紋)은 집안마다 정해져 있는 문장(紋章)을 말한다. 헤이안시대(平安時代)에 구게(公家) 즉, 귀족들이 의복이나 우차(牛車)에 문양(文樣)을 새겨 넣은 것이 시초로 전해진다. 가마쿠라시대(鎌倉時代)에는 무사가 일족의 단결을 과시하고 전투시에 적과의 구별을 위해 깃발에 독자의 문양을 새기면서 일반화되기 시작했다. 전투가 사라진 에도시대에는 복장이나 생활도구 등에 가문을 표시했으며 서민들 사이에도 퍼지기 시작했다. 현재 가문(家紋)은 남성의 하오리하카마(羽織袴), 여성의 도메소데(留袖)나 상복(喪服)과 같이 결혼식이나 장례식 등의 의례적 복장에 들어가거나 묘석에 새겨지는 경우가 대부분이다. 16개 꽃잎의 국화문양(十六弁八重表菊紋)은 천황과 황실을 나타내는 문장이다.

2) 경축일(祝日)

2009년 현재, 일본은 '국민의 축일에 관한 법률'에 의해 15개의 국경일이 정해져 있다. 15개의 국경일은 다음과 같다.

1월 1일: 간지쓰(元日). 정월 초하루. 쇼가쓰라고도 한다.

1월 두 번째 월요일: 성인의 날(成人の日). 만 20세가 된 남녀를 축하한다.

2월 11일: 건국기념일(建国記念の日). 전설상의 초대천황인 진무천황(神武天皇)의 즉위를 기념하는 국가주의적 경축일이다.

3월 21일경: 춘분(春分の日). 성묘를 하는 날로 친척이 모두 모인다. [15]히간에(彼岸会)의 가운데 날에 해당한다.

4월 29일: 쇼와의 날(昭和の日). 쇼와천황(昭和天皇)의 생일로, 격동의 세월을 지나 부흥을 이룬 쇼와시대를 돌아보기 위해 제정되었다.

5월 3일: 헌법기념일(憲法記念日). 1947년의 일본국헌법(日本國憲法)의 시행을 기념하는 날이다.

5월 4일: 숲의 날(みどりの日). 자연을 즐기고 그 은혜에 감사하며 풍요로운 마음을 키우는 것을 목적으로 제정되었다.

5월 5일: 어린이날(こどもの日). 어린이의 건강과 행복을 기원한다. 예로부터 단오절(端午の節句)로 축하하고 있다.

7월 세 번째 월요일: 바다의 날(海の日). 바다의 은혜에 감사하고 해양국 일본의 번영을 기원한다.

8월 11일: 산의 날(山の日). 산과 친숙해지는 기회를 통해 산의 은혜에 감사하는 날이다.

9월 세 번째 월요일: 경로의 날(敬老の日). 노인을 공경하고 장수를 축하한다. 노인복지법의 제정을 기념해 1966년에 제정되었다.

9월 23일경: 추분(秋分の日). 성묘를 하는 날로 친척이 모두 모인다. 히간에(彼岸会)의 가운데 날에 해당된다.

10월 두 번째 월요일: 체육의 날(体育の日). 운동을 가까이하고 건강한 심신을 북돋운다. 1964년 10월 10일부터 24일까지 개최된 도쿄올림픽을 기념해 제정되었다.

11월 3일: 문화의 날(文化の日). 일본국헌법(日本國憲法)에 명문화된 평화와 자유의 애호를 문화활동에 의해 촉진한다.

11월 23일: 근로감사의 날(労働感謝の日). 근로를 존중하고 생산을 축하하며 국민 상호간에 감사한다.

12월 23일: 천황탄생일(天皇誕生日). 아키히토(明仁) 헤이세이(平成)천황의 생일을 축하한다.

3) 골든 위크(ゴールデンウィーク)

일본은 4월 하순부터 5월 상순에 걸쳐 약 1주일간의 긴 연휴가 있는데 이를 골든 위크(ゴールデンウィーク)라고 한다. 대형연휴, 황금주간, 혹은 GW라고도 말한다. 골든 위크는 4월 29일부터 시작된다. 이 날은 쇼와천황(昭和天皇)의 생일을 기념한 쇼와의 날(昭和の日)로 경축일이다. 이어지는 5월 3일은 헌법기념일(憲法記念日), 5월 4일은 숲의 날(みどりの日), 5월 5일 어린이날(こどもの日)의 3일 연휴가 있고, 여기에 토요일과 일요일이 겹쳐져 골든 위크라는 대형연휴가 되는 것이다. 이 기간에 많은 일본인들이 국내 여행 혹은 한국 등의 해외여행에 나서기도 한다.

4) 공양(供養)

공양(供養)은 본래 佛·法(佛의 가르침)·僧(佛의 교단)에 음식 등의 공물(供物)을 바치는 것을 의미했는데, 점차 의미가 확대되어 현재 일본에서는 죽은 자나 선조의 명복을 기원하는 추선공양(追善供養)을 뜻한다. 또한 일부 사찰이나 신사에서는 사용하지 않게 된 인형 등을 소각하는 인형공양(人形供養), 오래 사용한 바늘을 두부나 곤약에 꽂아 보관함으로써 제봉기술의 기술 향상을 바라는 바늘공양(針供養) 등 무생물에 대한 공양도 이루어지고 있다.

5) 교과서 재판(教科書裁判)

1965년 6월 12일, 고교 일본사 교과서의 집필자 이에나가 사부로(家永三郎)가 문부성의 교과서 검정은 헌법에서 언론·출판의 자유를 침해하는 것을 금하는 검열에 해당하는 것이라며 그 위헌성을 지적하고, 나라를 상대로 제소한 것에서 시작되었다. 재판에서는 1970년 검정 불합격의 취소를 명령, 교사의 학문·교육의 자유를 인정했다. 이에나가 사부로는 일본의 역사학자로서 일본의 역사 교과서에 난징대학살(南京大虐殺)의 올바른 실상을 싣고자 30여 년간 투쟁해 1970년 승소했다. 그 후 일본의 극우파에게 많은 위협을 받았으며 2003년 사망했다.

6) 국가(國歌)

기미가요(君が代)는 오랫동안 일본의 국가(國歌)처럼 불려져 왔다. 노래의 내용은 '천황의 치세는 천대 팔천대 계속되기를. 작은 돌이 바위가 되고, 다시 거기에 이끼가 낄 때까지 영원하기를(君が代は千代に八千代にさざれ石のいわおとなりて苔のむすまで)'이라는 것으로, 이 가사(歌詞)는 10세기 초에 편찬된 일본의 고전시가집『고킨와카슈(古今和歌集)』에 나오는 작자 미상의 고대 시가에서 가져온 것이다. 그리고 곡(曲)은 메이지시대(明治時代)에 만들어졌다. 기미가요는 관례적으로 국가 제창시에 부르고 있는데, 정식 국가로 제정된 것은 1999년의 일이다.

● 기미가요(君が代) 헤이안시대 이래 귀인이나 연장자의 만수무강을 기원했던 시가를 가사로 해서 메이지시대에 곡을 붙여 사실상 일본의 국가로서 사용되어 왔다.

7) 국기(國旗)

붉은 원의 모습으로 잘 알려진 일본의 국기(國旗)는 일장기(日章旗) 혹은 히노마루(日の丸)

라고 한다. 여기에는 태양의 깃발이라는 의미가 담겨져 있다. 아주 오래 전부터 신사(神社)의 깃발로 이용되어 오다가 16세기경부터 일본을 상징하는 깃발로 선박 등에 게양되었다. 그리고 1870년에는 '해가 떠오르는 나라'라는 국호와 의미상으로도 일치한다고 해서 상선에 게양하는 국기로 제정되었다. 이후 제2차 세계대전까지 일본의 국기로 사용되어 왔으나, 패전 후 일본 군국주의의 상징이었다는 이유로 국가(國歌)에 해당하는 기미가요(君が代)와 함께 일장기(日章旗)를 인정하지 않으려는 움직임이 활발히 일어났다. 그러나 최근에는 대체적으로 일장기와 기미가요를 국가의 상징으로 인정하려는 경향이 강해지고 있는 가운데 지난 1999년 8월 일장기와 기미가요를 국기와 국가로 정하는 법률이 통과되었다.

8) 국조(國鳥)

일본의 국조(國鳥)는 꿩(きじ)이다. 꿩은 일본의 신화나 설화 등에 자주 등장해 일본인들에게 가장 전통적이고 친숙한 새로 자리 잡았다. 그러나 꿩이 국조로 지정된 것은 1947년의 일이므로 그리 오래된 것은 아니다. 덧붙여 일본 축구협회에서는 세발 달린 까마귀를 심볼로서 채용하고 있는데, 세발 달린 까마귀는 신화 속에 등장하는 야타가라스(八咫烏)로 초대천황인 진무천황(神武天皇)이 야마토로 진격할 때 길 안내를 했다고 전해진다.

9) 국호(國號)

일본인은 자국을 닛폰(にっぽん) 혹은 니혼(にほん)이라고 한다. 이것은 7세기 초 고대국가의 주역이었던 쇼토쿠태자(聖德太子 : 574~622)가 중국에 보낸 국서에서 자신의 나라를 가리켜 '해가 떠오르는 나라'라고 표현한 것에서 유래했다고 전해진다. 그 의미를 본따 한자로 표기한 것이 '日本'이고, 이때부터 '닛폰'과 '니혼'이라고 발음한 것이 현재까지 쓰이고 있다. '닛폰'과 '니혼'을 구분하는 명확한 기준은 없지만, 일반적으로 국제 스포츠 대회나 우표 등 공식적인 명칭으로서는 닛폰(NIPPON)이라고 한다. 지금의 Japan이라는 영어 명칭의 유래에는 두 가지 설이 있는데, 하나는 중국 북부지방에서 일본국을 Jiepenkuo라고 부르던 것을 포르투갈인들이 Zipangu 혹은 Jipangu로 들었다는 설과, 또 하나는 중국 남부지방에서 일본을 Yatpun이라고 부르던 것을 네덜란드인들이 Japan이라고 들었다는 설이 있다.

10) 국화(國花)

일본에는 법률로 정해진 국화는 없으나, 벚꽃(桜)은 아주 오래 전부터 일본을 대표하는 꽃으로 여겨져 왔다. 벚꽃은 일찍이 일본 신화에도 등장했고, 필 때는 일제히 화려하게 피었다가 질

때는 눈이 내리듯 순식간에 지는 모습이 일본 무사들의 전통적인 인생관에 비유되기도 하면서 일본인에게 가장 친숙한 꽃으로 뿌리내렸다. 일본 각지에는 수많은 벚꽃 명소가 있고, 봄철에 벚꽃이 활짝 피면 그 나무 아래서 음료와 음식을 먹으며 한때를 즐기는 하나미(花見)는 봄철의 가장 큰 행사이기도 하다. 한국의 선비들은 전통적으로 매화를 좋아했지만, 지금도 한국 곳곳에 벚꽃 명소가 남아 있는 것은 일제시대 일본인들의 취향과 무관하지 않을 것이다. 벚꽃 이외에도 일본 황실의 문장(紋章)이 국화(菊)로 되어 있는 점에서 국화도 일본을 대표하는 꽃으로 여겨지기도 한다.

11) 네마와시(根回し)·혼네(本音)·다테마에(建て前)

네마와시(根回し)란 동의를 얻어내기 위한 일본인들의 사전 작업 내지는 행위를 의미한다. 예를 들면 정식 토의나 투표가 실시되기 전에 유력자의 지지를 얻어내거나 동의를 얻기 위해 사전에 공작하는 것을 가리킨다. 일본 사회는 일반적으로 집단의 결정을 기본으로 움직이기 때문에 회의 등에서 만장일치를 끌어내기 위해서는 이 네마와시가 아주 중요한 요소로 작용한다. 이것은 대립이 표면화되는 것을 피하는 데 도움이 되기도 한다. 따라서 정식 결의 사항의 대부분은 이미 사전에 결정된 사항을 확인하는 일종의 통과의례에 지나지 않는다. '그렇다면 왜 회의를 하는가?'라는 비판의 소리에 직면할 수 있는 것이 바로 이 '네마와시'의 정신이다.

한편 혼네(本音)는 개인의 본심을 가리킨다. 이에 반해 다테마에(建前)는 사회적인 규범에 의거한 의견을 나타내는 것으로, 일단 이 두 정신구조는 대립되는 것으로 파악할 수 있다. 일본인은 자기 의견을 피력함에 있어 이 두 가지를 구별해 사용하는 데 익숙하기 때문에 상황 변화에 따라 이것을 수시로 활용한다. 예를 들면 공식 회의 석상에서는 상사의 의견이나 회사 방침에 따르는 듯한 '다테마에'적인 의견을 피력한 사람이 회의가 끝난 후 동료들과 술을 마시는 비공식적인 자리에서는 상사나 회사를 비판하는 '혼네'의 의견을 밝히는 것은 일본인들에게서 흔히 볼 수 있는 모습이다. 이러한 일본인들의 이중적 자세는 전체의 조화를 위해 개인이 존재한다는 의미에서는 미덕으로 받아들일 수 있으나, 개인 위주의 삶을 솔직히 살아갈 것을 기본으로 삼는 사회에서는 이해하기 어려운 정신구조로 볼 수 있다.

12) 노렌(暖簾)

상점의 출입구에 내걸어 놓은 천을 말한다. 또한 민가에서도 방 입구에 내걸기도 한다. 원래는 가게 안을 들여다 보지 못하게 하거나 바람이나 햇볕을 막기 위한 용도였는데, 점차 상점의 이름이나 마크를 새긴 노렌(暖簾)이 상점을 상징하는 용도로 바뀌었다. 그 때문에 「노렌을 과시

하다(のれんを誇る)」(상점의 역사·품격을 자랑하다), 「노렌을 지키다(のれんを守る)」(사업이나 전통을 지켜 나가다), 「노렌에 걸린 문제다(のれんにかかわる)」(상점의 신용이 걸린 문제다)와 같은 말들이 만들어졌고, 상점을 폐업하는 것을 「노렌을 내리다(のれんを下ろす)」, 오래 근무한 종업원이 독립해서 같은 상점명으로 영업하게 하는 것을 「노렌을 나누다(のれんを分ける)」라

● 노렌(暖簾)을 건 점포

는 표현을 한다. 또한 노렌이 상점에 내걸려 있으면 영업 중임을 나타내는 것이고, 노렌이 치워져 있으면 영업이 종료되었음을 나타낸다.

13) 놀이(遊び)

일본의 어린이들이 전통적으로 즐겨 하는 놀이에는 죽마(竹馬), 공기놀이(お手玉), 팽이, 연날리기, 구슬놀이, 딱지놀이, 그림 맞추기, 실뜨기 등이 있다.

죽마(竹馬)는 두개의 대막대기에 각각 발걸이를 붙인 놀이기구이고, 딱지놀이는 일본어로 가루타(カルタ)라고 하는데, 일본의 전통시가인 와카(和歌)나 속담 등이 적힌 수십 장의 카드를 하나하나 읽어가면서 그에 대응하는 수십 장의 시가나 그림을 빠른 시간 안에 찾아내는 놀이이다. 그 외의 놀이는 대체적으로 우리의 전통적인 어린이 놀이와 유사하다.

● 이로하가루타(伊呂波ガルタ)

14) 달마(達磨)

선종의 시조 달마대사(達磨大師)가 좌선 수행 중인 모습의 인형을 말하는데 일본어로는 다루마라고 한다. 손발이 없고 붉은 옷을 입고 있다. 사업 번창, 개운출세(開運出世)의 효능이 있다고 전해진다. 달마인형에는 눈이 그려지지 않은 것이 많은데, 무언가 기원한 것이 이루어지면 그때 가서 눈을 그려 넣는 관습이 있다. 연초에 각지에서 여러 가지 크기나 종류의 달마를 파는 시장이 열린다.

● 다루마(達磨)

15) 덴구(天狗)·갓파(河童)

일본 각지에는 여러 가지 요괴전설이 남아 있는데, 그 중에서 가장 친근한 것으로 산의 요괴인 덴구(天狗)와 강이나 연못·늪·바다의 요괴인 갓파(河童)가 있다. 덴구는 빨간 머리와 큰 코에 산사람인 야마부시(山伏) 차림을 하고 하네우치와(羽団扇)라고 하는 부채를 사용해 자유자재로 하늘을 날아다닌다. 덴구전설이 태어

● 덴구(天狗)

난 배경에는 평지에서 농경생활을 하는 사람들이 산 속 생활을 하는 사람들을 별세계에 사는 사람들이라고 두려워했던 것을 들 수 있다. 그래서 산 속에서의 괴이현상을 덴구의 행위라고 생각하거나 어린이가 없어지면 덴구에게 유괴되었다고 생각하곤 했다. 덴구가 산악불교의 수행자인 야마부시의 복장을 하고 있는 것은 산 속에서 혹독한 수행을 하고 있는 야마부시를 평지 사람들이 외경(畏敬)적 존재로 보았기 때문이고, 빨갛고 큰 코에는 산 속에 사는 독수리나 매와 같은 조류의 이미지가 중첩되어 있는 것이다.

갓파(河童)는 청색과 회색의 몸에 머리 위에 물을 담은 접시가 얹어 있고 손에는 갈퀴가 붙어 있다. 장난치는 것을 좋아해 사람들과 씨름을 하거나 사람이나 말을 물 속으로 끌어들이기도 한다. 갓파가 좋아하는 음식은 오이라고 하는데, 이를 빗대어 일본의 초밥집에서는 오이조각을 김으로 말은 초밥을 갓파마키(かっぱ巻き)라고 부른다.

16) 도박

일본의 도박은 지방자치단체 등이 주관해서 이루어지고 있는 공영도박과 파칭코·마작 등의 도박성이 강한 게임 등이 있다. 공영도박에는 경마·경륜(競輪)·경정(競艇)과 복권, 축구복권 등이 있다.

17) 마네키네코(招き猫)

한쪽 다리를 위로 올리고 있는 모습을 한 고양이 상(像)을 말한다. 사람을 부르고 있는 모습과 흡사하기 때문에 손짓하는 고양이라는 의미로 마테키네코(招き猫)라는 이름이 붙여졌다. 손님이나 행복, 돈을 불러 모으는 행운의 장식품으로 여겨져 음식점 등에 놓여 있는 경우가 많다. 마네키네코의 유래에 관해서는 몇 가지의 설이 있다. 그 중 하나는 에도시대 히코네번(彦根藩)

의 영주가 사냥에서 돌아오는 길에 고토쿠지(豪德寺)라는 절 앞을 지나가고 있었을 때, 그 절에서 키우는 고양이가 부르는 듯한 손짓을 하고 있었기에 절에 들러 휴식을 취했더니 때마침 엄청난 폭우가 쏟아져 비를 피할 수 있었다는 고사(故事)이다. 마네키네코는 현재도 인기가 있어서 외국인에게 보내는 기념품이나 휴대폰 장식 등으로도 사용된다. 일본에서 고양이를 키웠다는 기록은 아주 오래되었는데, 헤이안시대의 귀족이 고양이를 애완동물로 키우고 있었음은 당대의 대표적인 고전소설 『겐지모노가타리(源氏物語)』등에도 묘사되고 있다.

● 마네키네코(招き猫)

18) 모노노아와레(もののあわれ)

모노노아와레(もののあわれ)는 헤이안시대에 만들어진 문학 및 미학의 이념이다. 그 중심에 자연과 인생의 여러 상황에서 나타나는 순간적인 아름다움에 대한 깊고 애절한 이해가 존재하고 따라서 애조(哀調)의 색을 내포한 경우가 많다. 그러나 경우에 따라서는 감탄이나

● 『겐지모노가타리』 에마키에서

외경(畏敬), 때로는 기쁨을 동반하기도 한다. 모토오리 노리나가(本居宣長)의 저서에 의해 문학 비평 용어로서 부활했다.

모토오리 노리나가의 견해에 따르면 모노노아와레는 인간과 자연의 가장 깊은 부분에서 일어나는 순화된 숭고한 감정이다. 이 말은 이론적으로는 인간의 감정 모두를 함축할 정도의 넓은 의미를 지니며 또한 사람의 마음을 충분히 이해할 수 있다는 인간적 가치를 표현하고 있는데, 실제로는 주로 인생의 덧없음과 그 아름다움을 이해할 수 있는 감성에 넘치는 마음을 표현하는 데 사용되는 경향이 있다. 일본 고전문학 작품들 중에서 특히 일본인들이 전 세계에 자랑하고 있는 헤이안시대의 소설 『겐지모노가타리(源氏物語)』의 미적 세계도 바로 이 모노노아와레 정신으로 이어지는 것이라 할 수 있다.

19) 무도(武道)

　　현재 일본에서 행해지고 있는 주요 무도에는 유도(柔道), 검도(劍道), 가라테(空手), 나기나타(なぎなた), 궁도(弓道) 등이 있다.

　　유도(柔道)는 1882년에 가노 지고로(嘉納治五郎)가 일본 고유의 무기를 사용하지 않는 격투술인 유술(柔術)을 스포츠화해 유도(柔道)라고 이름 붙인 것으로, 일본 국내에 그치지 않고 적극적인 해외 진출에 의해 점차 세계화되기 시작했다. 1964년 도쿄올림픽에서 남자 유도가 정식종목으로 채택되었고, 1992년에는 여자 유도도 정식종목이 되어 유도는 세계의 스포츠로서 그 위치를 확립했다. 이러한 유도의 글로벌화와 더불어 유도를 무도(武道)의 일환으로 보고자 하는 일본과 스포츠의 하나로 생각하는 여러 외국들 간에 룰 문제를 둘러싸고 자주 의견의 차이가 나타나고 있는 것도 글로벌화에 따른 흥미로운 현상이라고 할 수 있다.

　　검도(劍道)는 무사가 도검(刀劍)을 사용해 자신을 지키고 적을 공격하는 기술의 연마에서 시작된 것으로 초기에는 아주 실전적인 형태였다. 에도시대가 되면서 무사로서 필수적인 기술이 됨과 동시에 정신적인 요소도 강조되기 시작했다. 또한 보호복과 죽도 등의 도구도 개발되었다. 메이지시대에 무사계급이 없어지면서 검도도 잠시 쇠퇴했지만, 그 후 스포츠로 변화하면서 학교 교육에서 이것을 도입하게 되는 등 점차 무도로서 자리잡게 되었다.

　　가라테(空手)는 손과 발의 동작을 중심으로 하는 무술이다. 중국의 권법(拳法)이 오키나와(沖繩)에 전래된 뒤 재래의 무술과 융합해 발전한 것으로 1920년대에 일본 본토에 소개되어 본격적으로 정착되었다.

　　나기나타(なぎなた)는 긴 나무봉 끝에 칼을 장착한 무기로서 헤이안시대(794~1192)부터 사용되었는데 창과 철포의 발달로 쇠퇴하기 시작했고, 에도시대에는 무사계급의 여자들의 호신용구가 되었다. 근대에는 여자의 스포츠로 정착되어 오늘에 이르고 있다.

　　궁도(弓道)는 일본의 전통적인 활과 시위를 사용하는 무술로 무사의 주요 무술의 하나였다. 메이지시대에 무사계급이 없어지면서 쇠퇴했으나, 학교 체육에서 다시 실시하게 되어 스포츠로 발전했다. 일본의 활은 길이가 220cm로서 비교적 긴 것이 특징이다.

　　이 외에 일본의 무도에는 합기도(合氣道), 이아이도(居合道), 인술(忍術) 등이 있다.

20) 무상(無常)

　　무상(無常)은 한국어에서와 마찬가지로 일체의 모든 사물은 생겨나고 없어지며 변화함으로써 항상 움직이고 있다는 교의(敎義)를 나타내는 불교용어이다. '제행무상(諸行無常)'(만물은 덧없는 것)은 [16]불교의 삼법인(三法印) 즉, 3가지 근본적인 가르침의 하나이다. 일본인은 전통적으로 사물의 변화에 민감해 무상관은 일본문학의 주요 테마가 되어 왔다.

21) 부부별성(夫婦別姓)

일본 법무성(法務省)은 1996년 민법 개정 요강을 확정했다. 특히 가족법과 관련해 여성계로부터 자주 지적된 여성의 사회적 불이익을 개선하는 내용을 포함했다. 예를 들어 여성의 재혼 금지 기간을 이혼 후 6개월에서 100일로 단축하고, 부부는 동일 성씨를 선택하도록 한 내용을 개정해 부부가 각각의 성을 선택할 수 있도록 허용했다. 이혼으로 재산 분할 시 각

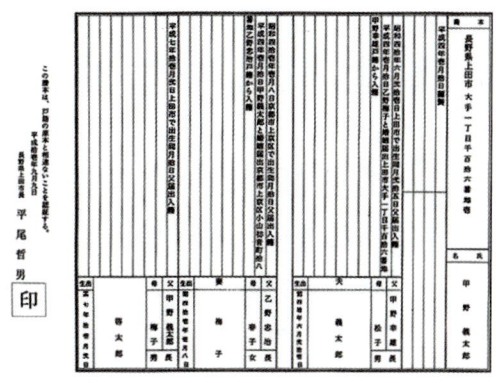

● 일본의 현대 호적

일본인의 결혼 후 성(姓)에 대한 생각

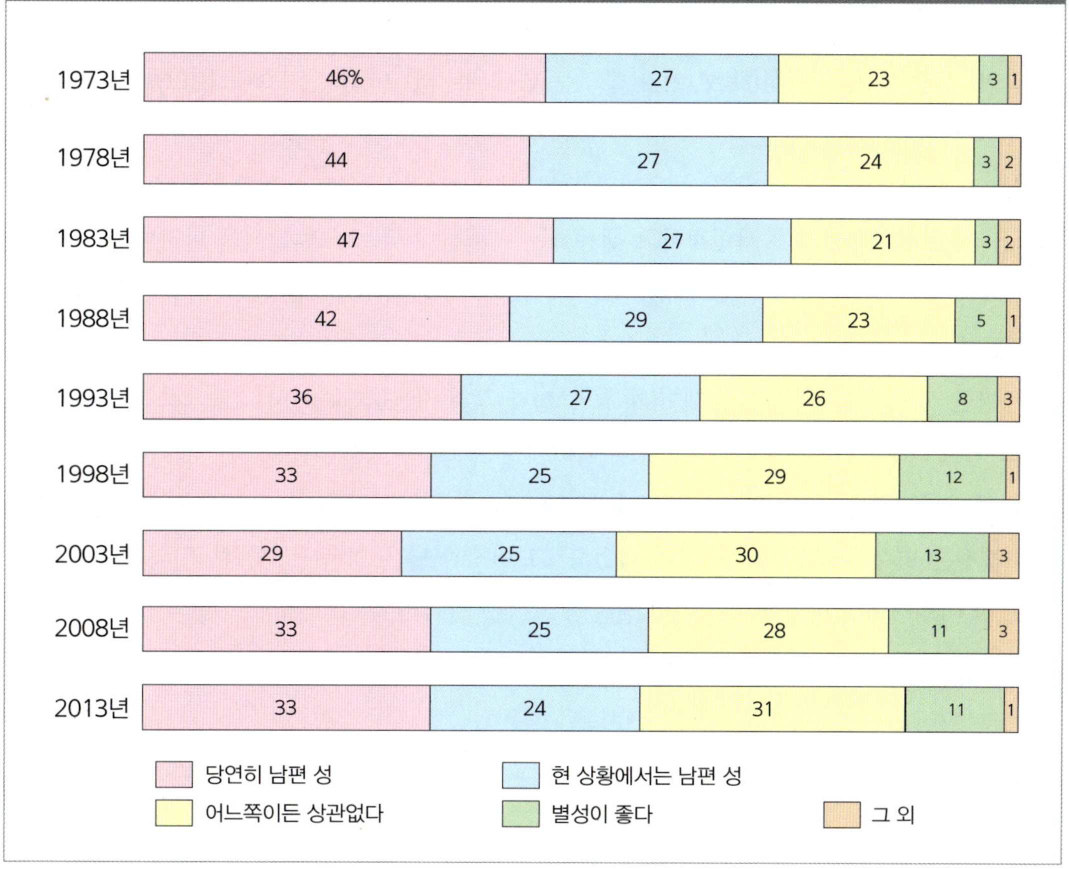

연도	당연히 남편 성	현 상황에서는 남편 성	어느쪽이든 상관없다	별성이 좋다	그 외
1973년	46%	27	23	3	1
1978년	44	27	24	3	2
1983년	47	27	21	3	2
1988년	42	29	23	5	1
1993년	36	27	26	8	3
1998년	33	25	29	12	1
2003년	29	25	30	13	3
2008년	33	25	28	11	3
2013년	33	24	31	11	1

『現代日本人の意識構造 第八版』(NHKブックス, 2015)

자 기여한 부분이 명확하지 않을 때는 부부가 동등하게 2분의 1씩 인정받도록 규정했고, 5년 이상 별거 시에는 자동이혼으로 인정하며, 적출자와 비적출자 사이의 재산상의 법적 상속분 차별을 철폐하였다.

특히 현행 민법에서 규정하고 있는 부부동성제(夫婦同姓制)에 대한 개선 요구는 여성의 개인 인권과 존엄성, 남녀 평등의 관점에서 계속되어 왔다. 여성들이 활발한 사회 활동을 한 후 결혼을 하면 98% 정도가 부인이 남편의 성을 따른다. 이런 경우 여성은 성씨가 바뀌게 되어 직장생활과 사회적인 대인 관계에서 여러 가지 부담과 불편을 겪게 된다. 이러한 사회적 부담과 불편을 여성에게만 지우는 것은 여성의 사회적 지위의 차별을 상징하는 것이라고 주장했다. 그리고 재혼 가정의 경우, 현행 민법에서는 현(現) 남편의 성이 전(前) 남편과 다를 경우, 부인측 자녀의 성은 또 한 번 바뀌게 된다. 자녀들의 성씨 변경은 자녀 교육에 심각한 장애 요인으로 작용하였다. 재혼이 보편화되고 있는 일본 사회에서 이런 측면에서도 부부동일성씨제를 개정하려는 주장이 설득력을 얻고 있다.

22) 사비(寂)

사비(寂)는 일본의 시성(詩聖)이라 불리는 근세의 가인 마쓰오 바쇼(松尾芭蕉 : 1644~94년)와 그 문하인들의 근세시 즉, 하이카이(俳諧)의 시적 이념이다. 그러나 사비의 개념이나 단어 자체는 그 이전부터 존재해 왔다. 늙음이나 고독, 체념, 정적 등의 요소가 혼합된 중세 일본의 미의식을 지향하면서 동시에 서민적이고 생동하는 근세시대의 문화의 특색을 나타내고 있다. 다도의 미적 개념인 와비(侘)와 동의어로 사용되기도 하고 '와비(侘)·사비(寂)'로 병기해서 사용되기도 한다.

저명한 시인 [17]후지와라노 슌제이(藤原俊成)가 그의 가론(歌論)에서 처음으로 이 말을 썼는데, 그 의미로서 해변의 서리 내린 볏짚의 이미지를 예로 들어 고독과 황량한 정조(情調)를 강조했다. 제아미(世阿弥 : 1363~1443년)나 [18]신케이(心敬) 등과 같은 중세의 예술인들에 의해 사비의 정신은 더욱 황량한 것으로 추구되었고, 그 미적 이념은 더욱 [19]고담(枯淡)의 정취를 획득했다. 이 미의식의 본바탕에는 인간의 실존적 고독을 인식하고 그 고독에 몸을 맡김으로써 아름다움을 찾아내고자 했던 중세 일본의 불교신자 특유의 우주관이 깔려 있었다.

23) 성(姓)

일본 성씨 Best 20					
1	사토(佐藤)	약 1,887,000	2	스즈키(鈴木)	약 1,806,000
3	다카하시(高橋)	약 1,421,000	4	다나카(田中)	약 1,343,000
5	이토(伊藤)	약 1,081,000	6	와타나베(渡辺)	약 1,070,000
7	야마모토(山本)	약 1,057,000	8	나카무라(中村)	약 1,051,000
9	고바야시(小林)	약 1,034,000	10	가토(加藤)	약 892,000
11	요시다(吉田)	약 835,000	12	야마다(山田)	약 819,000
13	사사키(佐々木)	약 679,000	14	야마구치(山口)	약 647,000
15	마쓰모토(松本)	약 631,000	16	이노우에(井上)	약 617,000
17	기무라(木村)	약 579,000	18	하야시(林)	약 548,000
19	사이토(斎藤)	약 546,000	20	시미즈(清水)	약 535,000

〈名字由来net(myoji-yurai.net)〉

24) 스모(相撲)

도효(土俵)라고 불리는 원형의 씨름판 위에서 샅바인 마와시(まわし)만을 걸치고 경기를 하는 씨름경기로서 일본의 국기(國技)이다. 오곡풍요를 기원하는 농경의례에 기원이 있는 스모(相撲)는 궁중의 의례가 되었고 무사의 무술로도 정착되었다. 에도시대에는 직업적인 스모집단이 만들어져 에도·오사카·교토 등에서 사찰·신사의 건립이나 수리 비용을 충당하기 위한 스모 시합이 열렸고, 메이지시대 이후에는 본격적인 시합으로 발전했다. 현재는 일본스모협회(日本相撲協会) 아래 각 헤야(部屋)라고 불리는 여러 조직의 리키시(力士), 즉 선수들이 도쿄, 나고야, 오사카, 후쿠오카 등을 순회하며 연 6회 각 15일간의 시합을 벌인다. 최상위의 리키시는 요코즈나(橫綱)라고 부른다. 일본의 국기로서 최고의 인기를 모으고 있는 스모선수들 중에는 일본인 외에 몽골인, 한국인, 불가리아인 선수들의 활약도 두드러져 스모 분야에도 국제화가 진행되고 있다.

25) 이키(粋)·스이(粋)

이키(粋)와 스이(粋)는 에도시대 도시의 서민계급이 지니고 있던 미적, 윤리적 이념이라고 할 수 있다. 스이(粋)의 개념은 17세기 후반, 오사카(大阪)에서 유행했고, 이키(粋)는 19세기 초 에도에서 유행했다. 미학적으로는 두 개념 모두 관능성을 기조로 한 도회적이고 세련된 도시 상인들 취향의 미적 양식이다. 윤리적으로는 부자들이 돈에 집착하지 않고 성적 쾌락을 즐기지만 결코 성욕에 탐닉하지 않으며, 세속의 삶의 번잡함을 알면서도 정작 그것에 휘말리지 않는 인간의 정취 있는 삶의 방식을 이상(理想)으로 삼고 있다. 사람의 감정에 대해 공감하는 마음을 강조

하는 점에서 헤이안(平安) 왕조의 궁정인들의 미의 이념인 [20]아와레(あわれ)와도 비슷한 이념이지만 보다 더 서민적이라는 점에서 다르다고 할 수 있다.

스이는 현대 일본어에서는 보통 粹라고 표기하지만 당시에는 酸, 推, 水, 帥와 같은 별도의 한자로 표기되기도 했다. 이 개념은 이런 모든 의미들을 복합적으로 함축하고 있었다. 즉 인생의 쓴 경험을 통해 타인의 고통을 이해할 수 있고 스스로는 여러 상황에 대해 형태 없는 물과 같이 순응해 당대의 취미나 유행을 앞서가는 인간의 언어 행위나 처신을 나타내는 말이었다.

이키는 본래 '意気'를 의미했는데 뒤에 '위세가 좋다'나 '기운이 좋다' 등의 의미로 변화했고, 위세가 좋은 사람의 이야기 분위기나 태도, 복장 등을 말할 때도 사용되었다. 이키가 에도 서민의 이상을 표현하게 되면서 오사카의 스이에 영향을 받아 때로는 거의 같은 의미로 사용되기도 했을 정도로 두 단어의 차이는 근소했다. 미적 개념으로서의 이키로 표현되는 미(美)에는 스이 정도의 화려함은 없고, 또한 이키에는 스이를 조금 상회하는 관능적인 아름다움이 있는 것으로 볼 수 있다. 여성 특히 고상하고 멋진 성적 매력을 갖춘 화류계의 여성을 표현하는 데 종종 사용되기도 했다.

26) 야구·축구

일본에서도 야구와 축구는 가장 인기 있는 스포츠이다.

야구는 1871년에 미국인 교사가 도쿄대학 학생들에게 가르친 것이 시초라고 전해지고 있다. 그 뒤 야구는 학생들 사이에 퍼져나가 고등학교와 대학교에 팀이 만들어져 시합이 벌어지게 되었다. 1915년에 중등학교 야구대회(현재의 고교야구), 1925년에 도쿄 6대학 야구리그, 1927년에 전국 도시대항(사회인야구)이 시작되었다. 프로야구가 시작된 것은 1935년으로 현재의 요미우리 자이언츠, 한신 타이거즈, 주니치 드래건즈 등의 팀들이 창단되어, 다음 해인 1936년부터 공식적인 시합이 시작되었다. 현재의 프로야구는 센트럴 리그와 퍼시픽 리그의 2리그제로 운영되고 있다. 센트럴 리그에는 요미우리 자이언츠(読売ジャイアンツ. 東京), 도쿄 야쿠르트 스와로즈(東京ヤクルトスワローズ. 東京), 요코하마 DeNA 베이스터즈(横浜DeNAベイスターズ. 横浜), 주니치 드래건즈(中日ドラゴンズ. 名古屋), 한신 타이거즈(阪神タイガース. 西宮), 히로시마 도요 카프(広島東洋カープ. 広島)의 6구단, 퍼시픽 리그에는 홋카이도 닛폰햄 파이터스(北海道日本ハムファイターズ. 札幌), 도호쿠 라쿠텐 골든이글스(東北楽天ゴールデンイーグルス. 仙台), 사이타마 세이부 라이언즈(埼玉西武ライオンズ. 所沢), 지바 롯데 마린즈(千葉ロッテマリーンズ. 千葉), 오릭스·버팔로스(オリックス·バファローズ. 大阪), 후쿠오카 소프트뱅크 호크스(福岡ソフトバンクホークス. 福岡)의 6구단이 있다.

고교야구는 춘계의 선발고등학교 야구대회와 하계의 전국고등학교 야구선수권대회의 2대 행사가 대표적이며, 각 지역을 대표하는 팀이 출장하기 때문에 해당 지역사람들의 응원 열기가 뜨겁다.

대학야구에서는 도쿄대학(東京大学), 와세다대학(早稲田大学), 게이오대학(慶応大学), 릿쿄대학(立教大学), 메이지대학(明治大学), 호세대학(法政大学)이 참가하는 도쿄6대학대회가 유명하다.

축구는 1873년에 영국인에 의해 소개되었다고 전해진다. 그 뒤 대학생과 고등학생을 중심으로 퍼져나가 1921년부터 전일본선수권대회가 시작되었고, 1929년에는 FIFA에 가입했다. 1968년의 멕시코 올림픽에서 동메달을 획득한 바 있고, 1993년에 일본프로축구리그(J리그)가 발족, 10팀으로 시작되었는데 현재는 J1, J2, J3의 3부로 나뉘어 총 54개 팀이 시합을 벌이고 있다. 월드컵에는 1998년의 프랑스대회에 처음 참가했고, 2002년 한일공동개최 월드컵에서는 16강까지 진출한 바 있다.

27) 여행

일본에서 일반인들이 여행을 하게 된 것은 에도시대(1603~1867) 중기 이후로서, 신앙생활의 연장으로서 이세신궁(伊勢神宮) 등 각지의 사찰이나 신사 등의 명소를 찾는 집단여행이 유행하게 되었다. 이를 계기로 도로나 숙박시설이 정비되었고, 각종 명소를 소개하는 책자나 여행안내서가 출판되는 등 서민의 여행은 점차 편리해졌다. 근대기가 되면서 이러한 여행은 관광여행, 수학여행으로 발전해 갔다. 그리고 일본인의 여행이 본격적으로 대중화하는 계기가 된 것은 1960년대부터 시작된 고도 경제 성장과 1964년에 개최된 도쿄올림픽, 1970년에 열렸던 오사카 만국박람회였다. 이 이벤트를 보기 위한 전국적인 이동이 일본인들의 본격적인 여행 체험이었다고 할 수 있다. 여행 수단도 철도 수송으로는 한계에 달해 관광버스, 자가용차, 비행기에 의한 여행이 늘어났다. 또한 1964년에는 해외여행이 자유화됨에 따라 항공회사나 여행업자의 패키지 투어가 등장했

일본인이 좋아하는 여행 장르 Best 20	
1위	온천
2위	가족 여행
3위	자연 풍경 감상
4위	드라이브
5위	하나미·단풍놀이
6위	식도락
7위	자유 여행
8위	기차 여행
9위	쇼핑
10위	유명지 돌기
11위	유원지·테마파크 돌기
12위	절과 신사 돌기
13위	1박 여행
14위	버스 여행
15위	미술관·박물관 돌기
16위	당일치기 여행
17위	투어 여행
18위	조개 캐기·포도 따기·밤 줍기 등
19위	마쓰리 구경
20위	도시 구경

「日本人の好きなもの」(NHK出版生活人新書, 2008)

다. 또한 해외여행자 수가 급증해 2007년에는 1,700만 명 이상이 해외여행에 나섰고, 국내여행자 수는 5,000만 명을 넘었다. 일본인 해외여행자들의 주요 방문지는 아시아, 북미, 유럽 등이고 1위는 중국, 2위는 한국, 3위는 하와이 등이다.

28) 영화

일본에 처음으로 영화가 소개된 것은 1896년으로 에디슨이 발명한 키네트스코프였다. 그 뒤 바로 일본인도 영화 제작을 시작해 1912년에 영화제작회사 닛카츠(日活)가 탄생했다. 초기의 영화는 시대극이나 현대극 모두 무대연극을 그대로 재현하는 것과 다름이 없을 정도로 화면의 움직임이 적었지만, 영화 특유의 독자적인 표현을 지니는 영화가 만들어지게 되었다. 그 뒤 영화는 토키 영화(발성영화)로 변하면서 많은 작품이 만들어졌고, 1930년대 이후 중일전쟁, 태평양전쟁이 이어지면서 일본 정부의 간섭도 강화되어 영화는 전의를 고양하는 군국주의적인 내용으로 변해갔다.

패전 후 일본 영화는 다시 발전기를 맞아 구로사와 아키라(黒澤明), 미조구치 겐지(溝口健二), 오즈 야스지로(小津安二郎) 등과 같은 감독들이 활약을 했고 베네치아영화제, 칸느영화제에서 수상을 받는 수준에 도달했다. 그러나 연간 500편을 넘는 작품을 제작하고 12억 명에 가까운 관객을 동원한 영화도 1950년대를 피크로 텔레비전의 출현 등에 의해 쇠퇴하기 시작해 2007년의 영화 공개 편수는 810편(일본 영화 407편, 외국 영화 403편)이었고, 영화 관객 동원수는 1억 6,319만 명을 기록했다. 또한 1950년대까지 일본 영화와 외국 영화 배급의 수입 비율은 8대 2로 일본 영화가 우위를 점했지만, 그 비율은 점차 역전되어 90년대에는 4대 6이 되었다. 다시 2000년대에 들어와 일본 영화가 만회하여 2006년에는 21년만에 일본 영화가 외국 영화를 상회하게 되었다.

29) 오카시라쓰키(尾頭つき)

오카시라쓰키(尾頭つき)란 머리부터 꼬리끝까지 통째로 한 마리의 도미를 가르킨다. 도미는 결혼식이나 생일잔치에 등장하거나 또는 마쓰리날 신에게 봉납하는 생선이다. 일본어로「타이(たい)」라고 발음하는 도미는 축하한다는 의미의「메데타이(めでたい)」라는 어구와 통한다는 점에서 축하용 요리로 사용되었다는 설이 있지만, 본래는 도미의 붉은색과 모

● 도미의 오카시라쓰키(尾頭つき)

습, 맛 등을 선호한 것에서 유래된 것으로 보는 것이 타당할 것이다. 마쓰리에 자주 등장하는 또 하나의 음식에 붉은색 밥인 세키한(赤飯)이 있다. 세키한은 찹쌀과 팥을 섞어 찐 밥이다. 세키한이 이처럼 사용되는 것은 흰 쌀밥이 일반화되기 전에 적미(赤米)나 혹은 팥을 섞은 밥을 먹었던 습관이 이후에 의례적으로 남아 있게 된 것으로 보여진다.

30) 온(恩)·기리(義理)·닌조(人情)

온(恩)이란 호의를 받았을 때 느끼는 깊은 감사의 마음으로, 그와 동시에 상당 부분 부담으로 느끼고 있는 마음도 혼재되어 있는 정신구조를 가리킨다. 우리의 '은혜'와는 다소 거리가 있는 뉘앙스이다. 사람들은 보통 자신을 사랑해 주고 키워 준 부모님이나 다양한 편의와 호의를 베풀어준 고용주, 그리고 친절하게 지도해 준 선생님에게 은혜를 느끼는 법이다. 이러한 점은 일본인들도 마찬가지인데, 일본에서는 이럴 경우 은혜를 입은 사람들에게 어떤 형태로든 존경심과 충성심을 표시해야 한다고 생각한다. 신세를 진 사람들에게 때가 되면 선물을 보내는 일본인들의 습관은 바로 이와 같은 사정에서 나온 것으로 보인다. 그런데 신세를 졌으니 갚아야 한다고 느끼는 정도가 거의 사회규범 내지는 의무감의 경지에 와 있는 것이 일본인들의 온(恩)이 지니는 정신구조라고 볼 수 있다. 또한 이 개념에 진실한 인간적인 유대감과 교류가 바탕이 되어 있다고는 볼 수 없는 점이 한국어의 은혜와 비교될 수 있을 것이다.

일본어의 '기리(義理)' 역시 한국어의 '의리(義理)'와는 뉘앙스가 다르다. 기리는 어떤 특별한 관계에 있는 사람들에 대해 해야만 하는 의무에 가까운 개념이다. 인간관계에서의 기리는 온에 보답할 것을 요구한다. 예를 들면 은혜를 베풀어 준 사람에게 반드시 답례를 해야 함을 말한다. 봉건시대 무사들에게 있어 기리라는 것은 주군(主君) 즉, 영주로부터 받은 영지나 [21]가록(家祿)과 같은 은혜에 대해 목숨을 바쳐서라도 주군을 섬기는 것을 말한다. 즉, 조선시대 선비들의 의리, 말 그대로 의롭고 이치에 맞는 의리의 개념에 비해 일본의 기리는 계약적인 성격이 짙고, 이것이 그대로 사회규범이 된 것이다.

일본인들에게 닌조(人情)는 부모 자식 간이나 연인과 같은 인간관계에서 상대에 대해 자연스럽게 느끼는 감정을 말한다. 즉 사랑, 연민, 동정, 슬픔 등을 가리킨다. 일반적으로는 닌조가 사회적인 기리와 대립 관계에 있는 것은 아니지만, 봉건시대의 일본에서는 때로는 기리와 닌조가 대립하는 경우가 종종 있었다. 주군의 자식을 구하기 위해 자기 자식의 생명을 희생시켰던 무사의 이야기나, 혹은 신분이 다른 계층 간의 결혼을 용납하지 않는 사회제도 때문에 이루어질 수 없는 사랑을 위해 자살을 하는 연인들의 일화가 많이 전해지고 있는데, 바로 이 부분을 일본인들은 기리와 닌조의 대립과 갈등으로 받아들이고 있다. 이러한 경우 닌조를 희생하고 기리를 내세우는 것이 일본인들의 전통적 정신세계의 지향점이라고 할 수 있다.

31) 온천

일본은 화산국(火山國)이기 때문에 홋카이도(北海道)에서 오키나와(沖縄)까지 전국에 걸쳐 온천이 분포되어 있고, 그 수는 3,100개소를 넘고 있다. 온천은 부상이나 질병을 치

● 노천온천(좌)과 오래된 목조건물의 온천여관(우)

유하는 데 효능이 있는 것으로 알려져, 에도시대부터 온천은 농한기의 농민들이 농작업에 의한 부상이나 피로를 치유하는 데 이용되었고 그들이 장기적으로 체재하는 시설이 온천지역으로 정비되었다. 그러나 점차 장기체재는 단기체재로 변화되어 오늘날에는 온천을 찾는 사람들 중에는 숙박을 하지 않고 당일 중에 귀가하는 사람들도 많다. 일본 환경성의 통계에 따르면 2015년 현재 일본의 온천 숙박 총 이용 수는 1억 3,206만 명으로 전년도에 비해 3% 증가한 수치를 보이고 있고 앞으로도 점차 증가할 것으로 예상된다.

32) 와비(侘)

와비(侘)는 세속적인 만사에서 해방된 한적함 안에서 정취 있는 생활의 기쁨을 내세우는 일본인 특유의 미학적, 윤리적 개념이다. 중세 일본의 은자(隱者)들의 전통에서 시작되었는데, 꾸밈 없는 간소한 아름다움과 속세를 초월하려는 은둔과 자적(自適)의 정신을 강조한다. 다도 미학의 중심을 이루는 것으로, 근세 일본의 전통시가인 [22]하이쿠(俳句) 등에도 나타나고 있다. 또한 그 정신은 풍류(風流)나 사비(寂)와도 상통하는 면이 있다.

와비는 일본어 동사 '와부(侘ぶ)'(낙담하다)나 형용사 '와비시(侘びし)'(고독하다)가 그 어원으로, 원래는 곤경에 처해 있는 사람의 고통을 표현하는 말이었다. 그러나 가마쿠라시대와 무로마치시대의 수행자적인 지식인들에 의해 보다 긍정적인 개념을 나타내는 것으로 바뀌어 갔다. 즉, 가난이나 고독을 물질적, 정서적 근심사로부터의 해방으로 파악하고 표면적인 아름다움이 없는 곳에 새로우면서 한 단계 차원을 달리하는 고도의 아름다움을 추구하려고 했던 것이다. 이와 같은 새로운 미의식의 양성에 힘을 기울인 것은 특히 다도의 달인들이었다. 그 중에서도 센노리큐(千利休 : 1522~1591)는 다도에 선(禪)의 정신을 도입함으로써 다도의 예술성을 높이고

자 했고, 청빈함 속에서 풍요로움과 간소함을 통해 아름다움을 추구하는 중요성을 강조했다. 현대 일본 재벌 총수들의 검소한 전통이 화제가 되고 있는데, 이는 바로 와비(詫び)의 정신이 현대에도 여전히 살아 있는 것으로 그만큼 일본인들에게는 친숙한 미적 이념이라고 볼 수 있다.

33) 이에모토(家元)

꽃꽂이, 다도, 무용, 노(能), 교겐(狂言) 등과 같은 고전예능 분야에서 각 유파(流派)의 전통이나 가르침을 전수하고 있는 집안이나 그 지위에 있는 사람을 말한다. 종가(宗家)라고도 한다. 이에모토(家元)는 계층적 조직인 제자들의 최상위 위치에 있으면서 예명(藝名)의 명명권(命名權)이나 면허장의 발행권을 지니고 있으며 그 지위는 세습되는 경우가 많았다. 이에모토가 유파를 관리하고 기술을 전수해 가는 시스템을 이에모토제도라고 하는데, 그 시작은 헤이안시대 귀족사회 가운데서 일본의 전통음악인 아악(雅樂)이나 고전시가인 와카(和歌) 등의 기예를 전문적으로 다루는 가문이 만들어진 것에서 찾을 수 있다. 가마쿠라시대(鎌倉時代)에는 무예를 전문으로 하는 가문이 나타났고, 무로마치시대(室町時代)에는 노(能), 교겐(狂言), 향도(香道), 다도(茶道) 등 여러 분야에서 유파와 이에모토가 성립했다. 이에모토제도가 확립된 것은 에도시대(江戶時代)인데, 그 배경으로 에도를 비롯한 전국의 도시에 부유한 상인계급이 형성됨에 따라 이들이 각종 예능의 수요자가 된 것을 들 수 있다. 이에모토제도는 전통의 계승과 유파의 결속 등의 면에서 유효한 제도라고 할 수 있으나 반면에 유파의 폐쇄성, 불투명한 자금 상납 시스템 등의 폐해도 지니고 있다.

34) 일관교육(一貫敎育)

사립대학 부속 중·고등학교는 그 대학에 진학하는데 일정 부분 우선권이 주어져 입학 경쟁이 치열하다. 그 중에는 유치원이나 초등학교까지 부속으로 되어 있는 곳도 있다. 또한 도쿄나 간사이 지방에서는 사립 중고교 일관교육을 실천하는 학교도 많아 대학 진학 성적이 좋은 학교는 중학교 입시에서 치열한 경쟁을 하게 된다.

35) 일본인론(日本人論)

일본인론(日本人論)이라는 것은 말 그대로 과거에서부터 현재에 이르기까지의 일본인의 아이덴티티(정체성)를 밝혀내려는 것이다. 지금까지 일본인 자신은 물론 외국인의 시각에 이르기까지 여러 분야에서 다양한 방법론에 의한 일본인론이 제시되어 왔다. 일본인론은 주로 근·현대 일본인의 행동양식 및 생활양식의 특질을 밝혀내는 것으로서 일본문화론의 논리를 규명하는 것이 주안점이었다. 메이지시대 이후 일본 문화는 일본이 근대화되는데 큰 역할을 해 왔다. 그리고 그 근대화를 원활히 수행할 수 있었던 중요한 요인의 하나로 일본인의 집단주의가 자주 거론되어 왔다. 이는 서구형 근대사회가 개인주의를 바탕으로 성장해 온 것과는 사뭇 대조적이라고 할 수 있다.

서양의 근대사상을 체계적으로 일본에 소개한 일본 최초의 사상가는 ²³후쿠자와 유키치(福沢諭吉)이다. 후쿠자와는 『문명론의 개략(文明論之概略)』(1875)에서 자신의 문명론을 '중심발달론(衆心發達論)'이라 칭하며, 민중정신의 발달이 곧 문명의 발달이라고 주장했다. 메이지시대 말기에는 나쓰메 소세키(夏目漱石 : 1867~1916)가 일본의 근대화를 위기상황으로 보고 일본은 착실하게 문명개화의 길을 걸어야 한다고 주장했다. 즉 자기본위가 아닌 서구의 외압에 의한 급격한 개화, 소위 근대화에 대해서는 비판적인 시각을 취했다.

● 후쿠자와 유키치(福沢諭吉)

제2차 세계대전이 발발하기 이전의 일본문화론은 대부분 주관적이고 국가의식이 강한 국수주의적 경향을 보였다. 그 중 와쓰지 데쓰로(和辻哲郎 : 1889~1960)는 『풍토(風土)』(1929)에서 마르크스주의를 비판했고, 표면상의 생활양식이 바뀌더라도 성격은 쉽게 변하지 않으며, 오랜 세월에 걸쳐 형성된 일본 민족의 성격은 풍토와 깊은 관련이 있다고 지적했다. 와쓰지는 일본인의 국민성을 '조용한 격정과 희생적 전투심'이라고 규정하고, 그것이 가족적 결합, 황실을 종교시하는 가족국가의 형성에 크게 기여했다고 주장했다.

제2차 세계대전 이후에는 이러한 국수주의적 문화론을 대신해 과학적 연구에 의한 일본인론이 등장하기 시작했는데, 그 시작은 미국의 문화인류학자 루스 베네딕트(Ruth Benedict)의 저서 『국화와 칼(菊と刀)』(1948년)이다. 그는 일본 문화의 특징을 크게 '집단주의(集團主義)'와 '²⁴수치의 문화(恥の文化)'라고 주장했다. 그 이후 집단주의는 일본의 근대화와 현재의 경제 성장을 이끌어낸 기본 요인이라고 평가되어 왔다. 베네딕트는 한번도 일본에 가 본 적이 없음에도 불구하고 『국화와 칼』에서 일본인의 정신세계와 문화의 전체상을 생생하게 그려냈는데, 그 방법은 문화상대주의에 따른 것이었다고 할 수 있다. 그 후로도 많은 일본문화론이 등장했는데, 대체로 일본인의 아이덴티티를 외국 또는 이문화(異文化)와 비교하면서 그 의미를 강조한 것이 주류를 이

● 『국화와 칼(菊と刀)』 표지

루었다. 그 결과 전체적으로 일본인의 아이덴티티를 강화하고 합리화시키는 이데올로기로서 작용하고 있다는 비판이 제기되기도 했으며, 중국, 한국 등 동아시아의 다른 국가들과 공통된 문화를 일본만의 것으로 잘못 인식해 서술하는 오류를 범하기도 했다.

36) 전별(餞別)·미야게(みやげ)

전별(餞別)이란 일과 관련해 먼 곳으로 부임하거나 여행하는 사람에게 그를 격려하고 아쉬움을 표하기 위해 전해주는 금전이나 선물 등을 말하고, 미야게(みやげ)는 여행지에서 구입하여 가족이나 친지, 이웃 사람들에게 선물로 전하는 여행지의 산물(産物) 또는 아는 사람의 집을 방문할 때 가지고 가는 선물을 말한다. 전별은 현금을 주는 것이 일반적이고 여행시의 미야게는 여행지의 명물이나 특산품, 예를 들면 과자 등의 식품이나 소박한 공예품이 많다.

37) 정년이혼(定年離婚)·숙년이혼(熟年離婚)

1990년대 이후 일본 사회에서 결혼 기간이 30년 이상 경과한 장년·노년층의 이혼이 사회문제가 되었다. 장기적인 경기 침체로 실직과 부채 등에 따른 가정의 경제 상황 악화로 부부가 이혼에 이르는 사례도 많지만, 남성 우월적인 가정 생활에서 남편의 멸시와 비인격적인 처우에 인내의 한계를 느껴 이혼에 이르는 사례도 많은 것으로 분석된다. 남편이 정년을 맞아 연금을 수령할 자격을 얻게 되면 그 이후 이혼한 배우자에게도 남편의 직장 연금을 공동으로 수령할 수 있는 자격이 인정된다.

38) 주신구라(忠臣蔵)

1702년에 구 아코번(舊赤穂藩)의 무사 46인이 주군의 원수를 갚은 사건을 제재로 한 조루리(浄瑠璃)와 가부키(歌舞伎) 등의 작품을 말한다. 사건은 1701년 교토에서 에도성에 온 천황사절의 접대역이었던 아코번(赤穂藩)의 영주인 아사노 나가노리(浅野長矩)가 지도역(指導役)인 기라 요시나카(吉良義央)에게 칼로 부상을 입힌 것으로 시작되었다. 칼부림을

● 주신구라의 주인공들이 주군인 아사노 나가노리(浅野長矩)와 함께 묻혀 있는 도쿄 미나토구(港区)의 센가쿠지(泉岳寺). 주신구라 팬들의 참배가 끊이지 않는다.

한 이유는 명확하게 밝혀지지 않았지만 아사노 나가노리는 에도성 안에서 무기를 지참할 수 없다는 법을 위반했다는 등의 죄목으로 바로 자결할복에 처해짐으로써 아사노가(浅野家)는 단절

되었다. 그러나 상대측인 기라 요시나카에게는 아무런 처벌도 주어지지 않았다. 사건 다음 해인 1702년, 아사노가의 단절로 주군이 없는 낭인(浪人)이 된 가신들 중 46인이 기라 요시나카의 저택을 습격해 기라의 목을 베어 주군의 묘에 바치는 복수극을 행한 사건이 일어났다. 46인의 처리를 놓고 막부 내에서는 충의의 행위인가 아니면 현행법을 위반한 범죄인가 라는 논쟁이 벌어졌는데, 결국 전원 할복이라는 사형선고가 내려졌다. 그들의 행위는 서민들 사이에 큰 공감을 불러 일으켜 그들은 아코의사(赤穂義士)라고 불려지게 되었고, 사건을 제재로 한 작품이 많이 만들어졌다. 이 작품은 현재에도 매년 영화와 텔레비전 드라마로 만들어지고 있는 등 일본의 대표적인 국민극이라고 할 수 있다.

39) 천황(天皇)과 원호(元號)

천황(天皇)이라는 칭호는 7세기 전후에 일본 통치자에 대해 처음 사용된 이래 지금에 이르기까지 일본의 군주(君主)를 가리키는 칭호로 사용되고 있다. 여자 천황도 있었으나 기본적으로는 남계 중심으로 유지되어 왔다. 천황은 명목상으로는 지배자로서 간주되어 왔으나, 역사적으로 보면 일본 고유의 종교인 신도(神道)의 최고 사제로서 그 역할이 강조되었을 뿐, 정치 권력의 상당 부분은 실무진에게 맡겨져 왔던 것이 특징이다.

그러나 메이지시대(明治時代)에 들어 왕정복고(王政復古)라는 슬로건 아래 천황이 정치 권력의 중심에 들어서 군국주의(軍國主義)의 상징으로서 태평양전쟁을 일으켜 패전을 맞은 것은 잘 알려진 사실이다. 패전 후 천황의 지위는 전후(戰後) 일본 헌법에 의해 일본 및 국민 통합의 상징으로 규정되었다. 천황에게는 정치적인 권한이 주어지지 않았으며, 헌법으로 정해진 국가 의식에서 의례적인 역할을 하도록 했다. 주요 임무로는 정부관계의 서류에 서명, 날인하는 것 외에 국회를 소집하거나 국무대신의 취임을 승인하고 공식 만찬회 등을 열어 외국 사절을 접대하는 것 등이 있다.

한편 일본 최초의 공식 원호(元號, 年號라고도 함)는 645년(大化 1년)이라는 설이 있으나, 이것을 의심하는 설도 있다. 701년(大宝 1년) 이후부터는 연속해서 오늘날까지 이어지고 있으나 예전에는 천황 1대에 몇 개의 원호가 사용된 경우도 있었다. 그러다 메이지시대 이후 일세일원(一世一元)이 되었고, 원호를 따 메이지천황(明治天皇), 다이쇼천황(大正天皇), 쇼와천황(昭和天皇)이라고 부르고 있다. 쇼와천황이 사망하고 현재의 아키히토천황(明仁天皇)이 대를 이은 1989년부터 현재의 원호인 헤이세이(平成) 1년이 시작되었다.

현행 일본의 황실전범 제1조에는 "황위는 황통에 속하는 남계(男系)의 남자가 이것을 계승한다"라고 정해져 있다. 2006년 41년 만에 황태자의 남동생에게서 아들이 태어났지만 황태자에게는 이에 앞서 태어난 딸이 있기 때문에 여성 천황이나 여계 천황을 인정하자는 움직임도 나타나고 있다. 그러나 그럼에도 황실전범의 규정이 바뀔 지는 명확하지 않은 상황이다.

40) 풍류(風流)

일본어로 후류로 발음하는 풍류(風流)는 교양 있고 세련된 인간의 우아한 취향 내지는 그러한 인간이 지니는 예술 작품 등을 지칭하는 말로, 한국어의 '풍류(風流)'와 어원이 같고 뜻도 비슷하다. 원래는 좋은 행동과 작법을 의미하는 중국어로서 8세기경에 일본에 전해졌다. 처음에는 심미적인 의미로 궁정인들의 세련된 행동양식을 의미했는데, 훗날 우아한 아름다움이나 취향, 예술성이 있는 사물에 관해 사용되기 시작했다. 비슷한 뜻으로 풍아(風雅)라는 말이 있는데, 풍류(風流) 쪽이 시가뿐만 아니라 모든 예술 전반에 폭 넓게 사용되고 있다.

12세기가 되면서 일본인들은 풍류의 의미를 두 가지로 해석하기 시작했다. 하나는 대중예술에서 나타나는 보다 세속적이고 화려한 아름다움을 풍류라고 보았고, 또 하나는 정원이나 꽃꽂이, 건축, 중국의 서경시(敍景詩) 등에 나타나는 아름다움 안에서 풍류를 발견하고자 했다. 이 후자의 흐름이 무로마치시대에 다도(茶道)를 만들어내기도 했다.

근대에는 작가 [25]고다 로한(幸田露伴)이 쓴 단편소설 『풍류불(風流仏)』(1899년)에서 '風流'라는 이름으로 사랑과 예술, 종교의 통합을 달성하려고 시도했다. 또한 나쓰메 소세키(夏目漱石)는 『풀베개(草枕)』(1906년)에서 풍류에 정과 인간성을 쏟아 넣음으로써 이 개념을 되살리고자 했다.

41) 하쓰유메(初夢)

신년 1월 1일이나 2일에 처음으로 꾸게 되는 첫꿈을 말한다. 하쓰유메(初夢)의 내용에 따라 그 해의 길흉을 점쳤다. 좋은 꿈을 꾸기 위해서는 베개 밑에 보물선 그림을 넣고 자면 된다는 속설이 있다. 또 이 첫 꿈에 나타나서 좋은 것으로는 「후지산, 매, 가지」의 순이라고 한다.

42) 하지(恥) · 세켄테이(世間体)

미국의 문화인류학자 루스 베네딕트(Ruth Benedict)는 그의 대표적인 저서 『국화와 칼(菊と刀)』(1946년)에서 일본의 문화는 전형적인 하지(恥) 즉, 수치심을 생각하는 문화라고 단정지었다. 그녀의 이 하지(恥) 이론은 일본인의 대인관계를 둘러싼 다양한 모습들을 너무 단순화시킨 면은 있지만, 여전히 유효한 일본인의 정신세계를 잘 나타내는 키워드이다. 이 하지 문화에 속한 사람들은 타인의 비판, 조소, 반대 등을 피하기 위한 행동 기준을 세우고 있어서 자신의 나

쁜 행위가 타인들의 눈에 드러나지 않는 한 그 사람은 수치를 느낄 필요가 없다고 생각하고 있다.

세켄테이(世間体)는 세상 사람들의 눈에 자신이 어떻게 보이는가를 중시하는 일본인의 정신 구조를 말하는 것으로, 하지의 감각과 밀접한 관계가 있다. 루스 베네딕트는 일본인은 죄를 범하는 자체보다 그것으로 명예를 더럽히는 것을 더 두려워한다고 보았다. 세상 사람들이 나쁘게 보지 않을까 하는 걱정, 즉 타인을 의식하는 행위와 사고가 세켄테이의 기조를 이루고 있다는 것이다. 공중도덕에 반하는 행위를 하지 않는 일본인의 심리 안에는 바로 이러한 세켄테이의 의식이 자리하고 있다는 것으로, 행위 그 자체에 대한 선악의 판단이 우선이 아니라는 지적은 여전히 논란거리로 남아 있다.

43) 호간비이키(判官贔屓)

약자를 동정하거나 편드는 심정을 말한다. 헤이안시대 말기의 무장 미나모토노 요시쓰네(源義経)의 일화에서 유래되었다. 미나모토노 요시쓰네는 가마쿠라막부(鎌倉幕府)를 세운 미나모토노 요리토모(源頼朝)의 이복동생으로 적인 다이라씨(平氏) 타도에 큰 공헌을 했다. 그러나 내부의 대립과 교토의 황실에 의한 이간공작에 의해 요리토모에게 밉보이게 되었고 결국 요리토모에게 공격을 당해 자살했다. 요시쓰네의 비극적인 이야기는

● **요시쓰네 사당(義経堂)** 이와테현(岩手県) 히라이즈미초(平泉町)에 있는 비극의 무사 미나모토노 요시쓰네(源義経)를 제신으로 모시는 사당

가부키와 조루리의 여러 작품으로 만들어졌고, 형에게 충성을 다했지만 몰락하고 마는 비극의 주인공에게 공감하는 일본인들에게 인기작품이 되었다. 호간(判官)은 관직명으로 요시쓰네를 가르키는 것이고 히이키(贔屓)는 편든다는 뜻인데, 이렇게 약자와 불행한 사람에게 동정심을 표하는 것을 호간비이키(判官贔屓)라고 말하게 되었다.

44) 후지산(富士山)

후지산(富士山)은 일본에서 가장 높은 산으로 해발 3,776m에 달한다. 18세기 초에 큰 분화(噴火)가 일어난 뒤로 그 이후에는 분화 활동을 하지 않고 있다. 원추형 모양을 하고 있으며 차지하는 지역이 매우 광활하다. 정상 부근은 1년 내내 거의 눈이 쌓여 있으며 그 모습이 아름답기로 유명하다. 또한 맑은 날에는 100km 이상 떨어진 도쿄지역에서도 그 모습을 선명하게 볼 수

있다. 일본인들은 오랫동안 후지산을 전통적인 일본의 모습으로 간직해 왔고 그런 의미에서 일본의 상징이라고 할 수 있을 것이다.

● 일본을 대표하는 후지산(富士山). 주위에 큰 산이 없는 단독 봉우리라서 먼 지역에서도 쉽게 관망할 수 있다.

주석

1. **쓰노카쿠시(角隠し)** 일본 전통 결혼식에서 신부가 머리에 쓰는 흰 천. 겉은 흰색 비단, 속은 빨간색 비단으로 되어 있다.
2. **인전결혼식(人前結婚式)** 친척이나 친구, 지인 등을 증인으로 하여 행해지는 결혼식. 종래의 종교에 따른 의식이나 관습을 따르지 않고, 새로운 형식으로 올리는 결혼식을 말한다.
3. **사카키(榊)와 고헤이(御幣)** 사카키(榊)는 그 가지를 신전에 바치는 신성한 나무이며, 고헤이(御幣)는 신전에 올리거나 신관이 불제에 쓰는 막대기 끝에 흰 종이나 천을 끼운 것이다.
4. **야나기타 구니오(柳田国男)** 1875~1962. 일본의 근대 민속학자. 민화나 전승을 통해 민속학을 연구했다.
5. **쇼료다나(精霊棚)** 우라본 기간에 제물을 올려 정령을 모시기 위해 임시로 만든 선반.
6. **무카에비(迎え火)** 우라본 행사의 첫날인 음력 7월 13일 저녁에 조상의 혼백을 맞기 위해 문 앞에 피우는 불. 마, 보리짚, 소나무 등을 태운다.
7. **오쿠리비(送り火)** 우라본 마지막날(음력 7월 16일) 밤, 저승으로 돌아가는 조상의 영혼을 위해 문 앞에 피우는 불.
8. **사청제도(寺請制度)** 일반 서민들이 사원에 단가(檀家) 즉, 신도로 등록하고 사적(寺籍)이 곧 호적(戸籍)과 같은 효력을 갖게 함으로써, 모든 민중을 불교에 귀의하게 했던 제도이다. 에도시대 중기에 확립되었다.
9. **에보시(烏帽子)** 까마귀(烏)의 깃털처럼 검게 칠한 모자란 뜻으로, 성인식을 치르는 남자가 쓰는 모자.
10. **도시코시소바(年越しそば)** 운수가 가늘고 길어지라는 의미로 섣달 그믐날 밤이나 세쓰분(節分) 밤에 먹는 메밀국수.
11. **시호하이(四方拝)** 정월 초하룻날 아침에 거행되는 궁중행사. 천황이 사방의 신에게 국태민안·풍년을 기원하는 의식이다.
12. **도소(とそ)** 불로장수에 효험이 있다고 하여 설날에 축하주로 마시는 술.
13. **히나인형(ひな人形)** 히나 마쓰리에 진열하는 인형. 옛날의 왕·왕비를 중심으로 좌우대신·궁녀·음악 반주자 등을 상징하는 일본 고유의 옷을 입힌 인형.
14. **히시모치(菱餅)** 홍·백·녹의 3색 떡을 마름모꼴로 잘라 포갠 것. 히나 마쓰리에 차려 놓음.
15. **히간에(彼岸会)** 춘분·추분을 중심으로 한 7일간 행하는 법회.
16. **불교의 삼법인(三法印)** 불교의 세 가지 근본 교의(敎義). 제행무상인(諸行無常印), 제법무아인(諸法無我印), 열반적정인(涅槃寂靜印)을 가리킨다. 인(印)이란 인신(印信)·표장(標章)의 뜻으로 일정 불변하는 진리를 가리키는 표지이다.
17. **후지와라노 슌제이(藤原俊成)** 1114~1204. 좌우 두 편으로 나누어 시가 짓기 대결을 벌여, 그 우열을 가리는 우타아와세(歌合)의 심판이었다. 육백번우타아와세(六百番歌合)와 시가에 대한 이론서인 『고라이후테이쇼(古来風体抄)』를 남겨 헤이안시대 말기와 가마쿠라시대 초기에 걸친 과도기 와카의 변천을 보여 주었다.
18. **신케이(心敬)** 1406~75. 무로마치시대의 렌가시(連歌師).
19. **고담(枯淡)의 정취** 글·그림·글씨·인품 따위가 속되지 아니하고 아취가 있음.
20. **아와레(あわれ)** 아름다움에 대한 예민한 감수성.
21. **가록(家祿)** 집안 대대로 물려가며 받았던 봉록(俸祿).
22. **하이쿠(俳句)** 5·7·5의 3구 17음절로 된 일본 고유의 단시(短詩). 계절의 정취를 느낄 수 있는 계

어(季語)를 꼭 넣어야 하는 규칙이 있다.
23. 후쿠자와 유키치(福沢諭吉) 1834~1901. 교육가. 계몽사상가. 게이오기주쿠(慶応義塾)대학의 창립자. 실학을 장려하고, 부국강병을 주장하여 자본주의 발달의 사상적 근거를 마련했으며, 「서양사정」, 「학문의 권장」 등을 통해 국민의 교육과 계몽에 많은 영향을 끼쳤다. 그러나 철저한 국수주의자로서 아시아를 경시하는 '탈아론'을 주장하기도 했다.
24. 수치의 문화(恥の文化) 루스 베네딕트는 『국화와 칼』에서 일본인의 특징을 집단주의·수치의 문화라는 개념으로 결론지었는데, 도덕적 기준을 죄의 내면적 자각(죄의 문화)에 두고 자신을 다스려 가는 서구의 문화에 대해, 일본의 문화는 주위 사람들을 의식하면서 타인의 비판을 기준으로 삼는 수치의 문화라고 했다.
25. 고다 로한(幸田露伴) 마치 우리나라의 신소설과 같이 다소 구어체적인 문체와 권선징악적 주제를 다룬 그의 작품으로는 『풍류불(風流佛)』(1889), 『오층탑(五重塔)』(1891) 등이 있는데, 예도(藝道)에 정진하는 남성상을 그린 것이다.

참고문헌

『現代日本人の意識構造 第八版』NHKブックス. 2015
『日本人の好きなもの』NHK出版生活人新書. 2008
『日本のしきたりがよくわかる本』PHP研究所. 2007
『日本の風俗起源がよくわかる本』大和書房. 2007
『日本の伝統文化・芸能事典』汐文社. 2006
『日本-その姿と心-』学生社. 2006
『対訳 日本事典』講談社インターナショナル. 1998
『日本のすべて』三省堂. 1996
『日本風俗史事典』弘文堂. 1994
『日本民俗事典』弘文堂. 1994
『日本文化を英語で紹介する事典』杉浦洋一・J.K.Gillespie. ナツメ社. 1993
『日本文化を英語で説明する辞典』有斐閣. 1987
『The日本-日本が見える・日本が読める大事典』講談社. 1986
『日本人の生活文化事典』南博. 勁草書房. 1983
『日本年中行事辞典』角川書店. 1978

부록

일본사 연표

색인

일본사 연표

기원전

350년경	규슈(九州) 북부에 대륙으로부터 벼농사·금속기가 전해짐.
300년경	벼농사가 확대됨.
300년경	야요이(弥生) 토기가 제작됨.
	다카유카소코(高床倉庫)가 제작됨.
250년경	서일본에 요시노가리(吉野ヶ里) 등의 환호(環濠)가 설치된 집락 성립.
200년경	동검(銅劍), 동투겁창(銅矛), 동경(銅鏡), 동종방울(銅鐸)이 제작됨.
100년경	왜국(倭國)은 100여 개의 나라로 분열됨(『한서(漢書)』).

기원전

57년	왜의 나노코쿠(奴国) 왕이 후한에 조공을 하고 금인(金印)을 받음(『후한서(後漢書)』).
107년	왜의 국왕이 후한에 노예를 헌상함(『후한서』).
	규슈(九州)를 중심으로 철기가 확대됨.
147년	왜국이 크게 혼란에 빠져 소국이 서로 싸움(『후한서』).
189년	야마타이국(邪馬台国)에 히미코(卑弥呼)가 여왕이 됨(『위지(魏志)』).
239년	히미코(卑弥呼)가 위나라에 사신을 보냄(『위지』).
	긴키(近畿) 지방에 동종거울(銅鐸) 문화권, 서일본에 청동제 무기형제기(武器形祭器) 문화권이 생김.
	전방후원분(前方後圓墳)이 만들어지기 시작함.
404년	왜군이 고구려와 싸워 패함(광개토왕비문).
478년	왜왕 무(武)가 송에 사신을 보냄(『송서(宋書)』).
	한반도 도래인이 선진문화를 전함.
	유교 전파. 북큐슈의 고분석실에 벽화 그려짐.
527년	규슈(九州)의 호족 이와이의 난(磐井の乱) 발생(~528년).
538년	백제에서 불교가 전파됨(552년이라는 설도 있음).
562년	신라가 가야를 멸함.
593년	쇼토쿠(聖德)태자가 스이코(推古)천황의 섭정이 됨.
593년	사천왕사(四天王寺) 건립됨.
603년	관위 12계 제도 제정.
603년	고류지(広隆寺) 건립.
604년	17조 헌법 제정.
607년	오노노 이모코(小野妹子) 등을 수나라에 보냄(견수사, ~894년).
607년	호류지(法隆寺) 건립.
630년	제1회 견당사 보냄.
645년	나카노 오에(中大兄) 황자·나카토미노 가마타리(中臣鎌足) 등이 소가씨(蘇我氏)를 쓰러뜨림. 다이카개신(大化改新) 시작됨.
652년	반전수수법(班田收受法) 시행.
663년	백촌강(白村江) 전투에서 일본이 나당 연합군에게 패함.
670년	전국적으로 호적(庚午年籍) 제정.
672년	진신의 난(壬申の乱) 발생. 다음 해 덴무(天武)천황 즉위.
694년	후지와라쿄(藤原京)로 수도를 옮김.
701년	다이호(大宝) 율령 제정, 율령국가 완성.
	다카마쓰즈카(高松塚) 고분·벽화 만들어짐.

710년	헤이조쿄(平城京)로 수도를 옮김.
712년	오노야스마로(太安万侶) 등이 『고지키(古事記)』 작성.
720년	도네리신노(舎人親王) 등이 『니혼쇼키(日本書紀)』 작성.
724년	다가조(多賀城)가 축조됨.
743년	간전영년사재법(墾田永年私財法) 제정.
	쇼무(聖武)천황이 도다이지 대불(東大寺大佛) 조립에 관한 조례를 냄.
754년	간진(鑑真)이 계율을 전함.
	오토모노 야카모치(大伴家持) 등이 『만요슈(万葉集)』 편집.
	쇼소인(正倉院)이 생김.
784년	간무(桓武)천황, 나가오카쿄(長岡京)로 천도.
794년	간무천황, 헤이안쿄(平安京)로 천도.
801년	사카노우에노 다무라마로(坂上田村麻呂)가 에조(蝦夷)를 평정함.
805년	사이초(最澄)가 천태종을 전함.
806년	구카이(空海)가 진언종을 전함.
866년	후지와라노 요시후사(藤原良房)가 섭정(摂政)이 됨(섭관정치의 개시).
887년	후지와라노 모토쓰네(藤原基経)가 간파쿠(関白)가 됨.
894년	견당사(遣唐使)를 정지시킴, 가나문자가 보급됨.
905년	기노쓰라유키(紀貫之) 등이 『고킨와카슈(古今和歌集)』 편찬.
935년	다이라노 마사카도의 난(平将門の乱) 발생(~940년).
939년	후지와라노 스미토모의 난(藤原純友の乱) 발생(~941년).
1016년	후지와라노 미치나가(藤原道長)가 섭정이 됨.
	무라사키 시키부(紫式部)가 『겐지모노가타리(源氏物語)』를 씀.
1052년	말법(末法) 원년, 말법사상(末法思想)이 유행함.
1053년	뵤도인(平等院)의 호오도(鳳凰堂)가 건립됨.
1086년	시라카와조코(白河上皇)의 원정(院政) 시작.
1105년	후지와라 기요히라(藤原清衡)가 주손지(中尊寺, 이와테현) 건립.
1156년	호겐의 난(保元の乱) 발생.
1159년	다이지의 난(平治の乱) 발생.
1167년	다이라노 기요모리(平清盛)가 태정대신(太政大臣)이 됨.
1175년	호넨(法然)이 정토종(浄土宗)을 엶.
1180년	미나모토노 요리마사(源頼政), 미나모토노 요리토모(源頼朝), 미나모토노 요시나카(源義仲)가 거병함.
1185년	단노우라(壇ノ浦) 전투에서 다이라씨(平氏)가 멸망함.
1185년	미나모토노 요리토모(源頼朝)가 슈고(守護)·지토(地頭)를 둠. 무가정치 시작.
1191년	에이사이(栄西)가 임제종(臨済宗)을 전함.
1192년	미나모토노 요리토모(源頼朝)가 정이대장군(征夷大将軍)이 되어 가마쿠라(鎌倉) 막부를 엶.
	신 불교(가마쿠라 불교)가 확대됨.
1203년	미나모토노 사네토모(源実朝)가 3대 쇼군이 되어 호조 도키마사(北条時政)가 집권(執権)이 됨.
1219년	미나모토노 요리토모(源頼朝)가 쓰루가오카하치만구(鶴岡八幡宮)에서 암살됨.
	미나모토씨(源氏) 단절됨.
1221년	조큐의 난(承久の乱) 발생. 난(乱) 후, 교토에 육파라탐제(六波羅探題)를 둠.
1224년	신란(親鸞)이 정토진종(浄土真宗)을 엶.
1227년	도겐(道元)이 조동종(曹洞宗)을 전함.
1232년	호조 야스토키(北条泰時)가 조에이 시키모쿠(貞永式目)를 제정.
1253년	니치렌(日蓮)이 니치렌슈(日蓮宗)를 엶.
1268년	고려의 사신이 후비라이의 국서를 가지고 다자이후(太宰府)에 옴.
1274년	분에이의 역(文永の役). 원·고려군이 침공함-원구(元寇).
1276년	원의 습격을 막기 위해 하카타(博多)에 석루를 축조함.
1281년	고안의 역(弘安の役). 원·고려·강남군이 재차 침공함-원구.

1297년	막부가 에이닌의 덕치령(永仁の德政令)을 내림.
1333년	아시카가 다카우지(足利尊氏)·닛타 요시사다(新田義貞)가 거병, 가마쿠라 막부 멸망.
1334년	고다이고(後醍醐)천황이 겐무신정(建武新政) 시작.
1335년	아시카가 다카우지(足利尊氏)가 거병함.
1336년	아시카가 다카우지가 고묘(光明)천황을 옹립(북조), 고다이고(後醍醐)천황은 요시노(吉野. 나라현)로 옮김.
	남북조의 대립.
1338년	아시카가 다카우지가 정이대장군이 되어 무로마치 막부(室町幕府)를 엶.
1369년	명(明)이 왜구의 단속을 요구함.
1392년	남북조가 합일됨.
1397년	아시카가 요시미쓰(足利義滿)가 긴카쿠지(金閣寺) 건립.
1404년	일명 감합무역(日明勘合貿易) 시작.
	간아미(観阿弥)와 제아미(世阿弥)가 노가쿠(能楽)를 대성시킴.
1428년	쇼초(正長)의 도잇키(土一揆:농민 봉기) 발생.
1429년	쇼씨(尚氏)가 오키나와본도(沖縄本島)를 통일하고 류큐(琉球)왕국을 세움.
1457년	코샤마인(아이누민족)이 와진(和人)과 싸움.
	전국시대 시작.
1467년	오닌의 난(応仁の乱) 발생(~77년).
1485년	야마시로(山城 , 교토부)의 구니잇키(国一揆) 발생.
1488년	가가(加賀:이시카와현)의 잇코키(一向一揆:종교문제로 봉기가 일어남) 발생.
1489년	아시카가 요시마사(足利義政)가 긴카쿠지(銀閣寺) 건립.
1526년	이마가와씨(今川氏)가 분국법(이마가와가나 목록(今川仮名目録)) 제정.
1543년	포르투갈인이 다네가시마(種子島)에 표착하고, 총포를 전달함.
	유럽인의 내항이 시작됨.
1549년	예수회 선교사 프란시스코 자비에르가 내일(來日), 크리스트교를 전달함.
	남만(南蛮) 무역으로 나가사키(長崎)·히라도(平戸:나가사키현), 사카이(堺:오사카부) 등의 도시가 번영함.
1560년	오케하자마(桶狭間) 전투에서 오다 노부나가(織田信長)가 이마가와 요시모토(今川義元)를 침.
1569년	오다 노부나가가 교토에서 크리스트교 포교를 허용함.
1571년	오다 노부나가가 히에이잔(比叡山) 엔랴쿠지(延暦寺)를 방화함.
1573년	오다 노부나가가 쇼군 아시카가 요시아키(足利義昭)를 교토에서 추방하고, 무로마치(室町) 막부가 멸망함.
1575년	나가시노(長篠) 전투에서 오다 노부나가·도쿠가와 이에야스 연합군이 총포군을 조직, 다케다 가쓰요리(武田勝頼)를 침.
1576년	오다 노부나가가 아즈치조(安土城)를 축조함.
1582년	혼노지의 변(本能寺の変), 오다 노부나가가 아케치 미치히데(明智光秀)에게 공격을 받고 자해함.
	야마자키(山崎) 전투에서 도요토미 히데요시(豊臣秀吉)가 아케치 미쓰히데(明智光秀)를 제압함.
1583년	도요토미 히데요시가 오사카성(大阪城)을 축성하기 시작(85년에 완성).
1585년	도요토미 히데요시가 간파쿠(関白)의 지위에 오름.
1587년	도요토미 히데요시가 시마즈씨(島津氏)를 치고 규슈를 평정함.
	도요토미 히데요시가 크리스트교를 금지하고 선교사의 국외 추방을 명함.
1590년	도요토미 히데요시가 호조씨(北条氏)를 멸망시키고 전국을 통일함.
1592년	분로쿠의 역(文禄の役), 히데요시(秀吉)가 조선에 출병함(~96년).
	주인선(朱印船) 제도 제정.
1597년	게이초의 역(慶長の役), 도요토미 히데요시가 재차 조선으로 출병함.
1598년	도요토미 히데요시가 병사하고, 조선에서 일본군 철퇴.
1600년	세키가하라(関ヶ原) 전투 발생.
1603년	도쿠가와 이에야스(徳川家康)가 정이대장군이 됨.
1604년	도쿠가와 이에야스가 무역선에 주인장(朱印状)을 줌.
1607년	조선 사절이 처음으로 에도(江戸)에 옴(통신사의 시초).
1609년	시마즈씨(島津氏)가 류큐(琉球)로 출병함.

1612년	막부 직할령에서 크리스트교를 금지함.
1615년	오사카노진(大阪の陣), 도요토미씨(豊臣氏) 멸망함.
	무가제법도(武家諸法度)·금중병공가제법도(禁中並公家諸法度)를 제정.
	막번 체제 확립.
1635년	해외도항과 귀국을 금지시킴.
	참근교대제(參勤交代制) 제정.
1637년	시마바라의 난(島原の乱) 발생.
	고닌구미(5人組) 제도 제정.
	유학이 활성화됨.
1639년	포르투갈선의 내항을 금지시킴(쇄국 완성).
1641년	네덜란드 상관(商館)을 히라도(平戶)에서 나가사키(長崎)의 데지마(出島)로 옮김.
1649년	게이안 오후레가키(慶安御触書) 제정.
1657년	메이레키(明曆) 화재로 에도조(江戶城) 덴슈카쿠(天守閣) 소실됨.
1673년	미쓰이 다카이(三井高利)가 에도(江戶)와 교토(京都)에 에치고야(越後屋) 포목점 개점.
1685년	도쿠가와 쓰네요시(德川綱吉)가 살생금지령 제정(~1709년).
1688년	이하라 사이가쿠(井原西鶴) 「닛폰에이타이구라(日本永代蔵)」 간행.
1689년	나가사키(長崎)에 도진야시키(唐人屋敷)가 세워짐.
1709년	아라이 하쿠세키(新井白石)가 등용됨(쇼토쿠(正德)의 치(治), ~16년).
1716년	도쿠가와 요시무네(德川吉宗)가 8대 쇼군(將軍)이 됨. 교호(享保)의 개혁.
	데라코야(寺子屋)가 확대됨.
1720년	한역양서(漢譯洋書) 수입을 허용함.
1742년	공사방어정서(公事方御定書) 제정.
	햐쿠쇼잇키(百姓一揆)·농민 봉기 잦아짐.
1772년	다누마 오키쓰구(田沼意次)가 로추(老中)로 취임하여 많은 가부나카마(株仲間:동업 조합)를 허용.
	도이야세이 가내공업(問屋制家內工業)이 확대됨.
1782년	덴메이(天明)의 대기근 발생(~87년).
1787년	마쓰다이라 사다노부(松平定信)가 로추(老中)로 취임(간세(寬政)의 개혁, ~93년).
1792년	러시아 사절 락스만이 네무로(根室)에 내항함.
1798년	곤도 주조(近藤重蔵)·모가미 도쿠나이(最上德內)가 에토로후토(択捉島)를 탐험.
1804년	러시아 사절 레자노프가 나가사키(長崎)에 내항해서 통상 요구.
1808년	마미야 린조(間宮林蔵)가 가라후토(樺太)를 탐험(다음 해, 마미야(間宮) 해협 발견).
	영국군함 페튼호가 나가사키(長崎)에 침입함.
1821년	이노 다다타카(伊能忠敬) 「대일본연해여지전도(大日本沿海輿地全図)」 작성.
1823년	시볼트가 내일(來日)함. 다음 해, 나루타키주쿠(鳴滝塾)를 엶.
1825년	막부가 외국선 추방령(打払令)을 내림.
1829년	전년의 시볼트 사건으로 시볼트를 국외로 추방하기로 함.
1833년	덴포(天保)의 대기근 발생(~39년).
1837년	오시오헤이하치로의 난(大塩平八郎の乱) 발생.
1838년	초슈번(長州藩)이 번정개혁을 단행함.
	공장제 수공업이 확대됨.
1839년	반샤(蛮社)의 옥(獄), 다카노 초에이(高野長英)·와타나베 가잔(渡辺華山) 등이 처벌됨.
1841년	미즈노 다다쿠니(水野忠邦)가 덴포개혁(天保改革)을 시작.
	가부나카마(株仲間 : 동업 조합) 해산.
1843년	귀농령 실시.
1853년	페리가 우라가(浦賀)에 내항해 개국을 요청함.
1854년	페리가 재차 내항, 일미화친조약(日米和親條約)을 체결함.
1858년	이이 나오스케(井伊直弼)가 다이로(大老)가 됨.
	일미수호통상조약 체결.

1859년	안세이노 다이고쿠(安政の大獄)에 의해 요시다 쇼인(吉田松陰)·하시모토 사나이(橋本左内) 등이 처형됨.
	존황양이(尊皇攘夷) 운동이 활발해짐.
1860년	사쿠라다몬가이의 변(桜田門外の変)으로 이이 나오스케가 암살됨.
1864년	제1차 조슈(長州) 전쟁.
	4개국 연합함대가 시모노세키(下関)를 포격.
1866년	사초(薩長) 동맹 성립.
	제2차 조슈(長州) 전쟁.
1867년	15대 쇼군(将軍) 도쿠가와 요시노부(徳川慶喜)가 대정봉환(大政奉還) 왕정복고 대호령(大号令).
	메이지유신(明治維新).
1868년	무진(戊辰) 전쟁(~69년).
	5개조 서문(誓文). 오방(五榜)의 게시.
	메이지(明治)라고 개원함.
	신불분리령이 제기됨.
1869년	도쿄(東京)로 천도.
	판적봉환(版籍奉還).
	에조치(蝦夷地)를 홋카이도(北海道)로 개칭.
1870년	평민에게 성씨 사용 허가.
	최초의 일간지 「요코하마 마이니치신문(横浜毎日新聞)」 창간.
1871년	우편제도 창설.
	신화조례(新貨條例) 제정.
	폐번치현(廃藩置県).
	일청(日清) 수호조약 체결.
	해방령 포고.
	이와쿠라(岩倉) 사절단 출범.
1872년	전답영구매매금지령 해제. 토지권 교부를 통달.
	학제(學制) 발포.
	태양력 채용.
1873년	징병령 공포. 지조개정(地租改正) 실시.
1874년	이타가키 다이스케(板垣退助) 등 「민선의원설립 건백서(民選議院設立の建白書)」를 제안.
	사가의 난(佐賀の乱) 발생.
	이타가키 다이시스케(板垣退助) 등 입지사(立志社) 결성.
	대만(臺灣) 출병.
1875년	러시아와 가라후토(樺太)·치시마(千島) 교환조약 체결.
	강화도사건.
1877년	서남(西南) 전쟁 발생.
1879년	류큐번(琉球藩)을 오키나와현(沖縄県)이라고 함(류큐(琉球) 처분).
	「아사히신문(朝日新聞)」 창간.
1880년	국회기성동맹(國会期成同盟) 공포.
1881년	국회개설 칙유.
	이타가키 다이스케(板垣退助) 등 자유당을 결성.
1882년	오쿠마 시게노부(大隈重信) 등 입헌개진당(立憲改進党)을 결성.
	일본은행 개업.
1883년	로쿠메이칸(鹿鳴館) 완성됨.
1884년	자유당이 해산됨.
1885년	내각제도를 시행(초대 총리대신에 이토 히로부미(伊藤博文).
1886년	노르망튼(Normanton)호 사건 발생.
1887년	보안조례(保安條例) 공포.
1889년	대일본제국헌법 발포(입헌정치의 시작).

1890년	제1회 중의원의원 총선거.
	제1회 제국의회 개최.
	교육칙어 발포.
1891년	다나카 쇼조(田中正造)가 아시오(足尾) 광독(鑛毒) 사건 질문서를 의회에 제출.
	오쓰(大津) 사건 발생.
1894년	일영(日英) 통상항해조약 체결(영사재판권 철폐).
	청일전쟁(~95년) 발생.
1895년	시모노세키(下関) 조약 체결.
	삼국간섭(러·불·독).
	대만총독부 설치.
1896년	오쿠마 시게노부(大隈重信) 등 진보당 결성.
1897년	다카노 후사타로(高野房太郎) 등 노동조합기성회 결성.
1898년	헌정당 결성.
	제1차 오쿠마(大隈) 내각(첫 정당 내각 성립).
1899년	홋카이도(北海道) 원주민 보호법 제정.
1901년	야하타(八幡) 제철소 조업.
	사회민주당 결성(바로 금지).
1902년	일영(日英) 동맹 체결(~23년).
1904년	러일전쟁 발생(~05년).
1905년	포츠머스조약을 체결함.
	한국(조선)통감부를 설치.
	히비야(日比谷) 화공사건 발생.
1910년	대역(大逆) 사건 발생.
	한국 합병. 조선총독부 설치.
1911년	미일신통상항해조약을 조인(관세 자주권 회복).
1912년	제1차 호헌(護憲)운동(다음 해, 가쓰라 다로(桂太郎) 내각 총사직).
	스즈키 분지(鈴木文治) 등 우애회(友愛会) 결성.
1914년	독일에 선전포고, 제1차 세계대전에 참전함.
	도쿄역(東京駅) 완성.
1915년	중국에 21개조의 요구를 제안함.
1916년	공장법이 시행됨.
1918년	시베리아 출병(~22년).
	하라 다카시(原敬) 내각 성립(본격적인 정당내각 성립).
1919년	베르사유조약에 서명.
	우애회(友愛会)가 대일본노동총동맹으로 개칭.
1920년	국제연맹에 가입.
	제1회 메이데이 개최. 이 무렵 노동쟁의가 활발해짐.
1921년	워싱턴회의에서 4개국 조약에 조인.
1922년	워싱턴 해군군축조약·9개국 조약에 조인.
	전국수평사(全國水平社)·일본농민조합·일본공산당 결성.
1923년	간토(関東)대지진 발생.
1924년	제2차 호헌(護憲)운동. 가토 다카아키(加藤高明) 호헌 3파 내각 성립.
1925년	치안유지법·보통선거법을 공포함.
	라디오방송이 시작됨.
1927년	금융공황 발생.
	우에노(上野)~아사쿠사(浅草) 사이에 지하철이 개통.
1930년	런던 해군군축조약에 조인함.
	홋카이도(北海道) 아이누협회 설립.

	세계대공황이 일본에 미침.
1931년	만주사변이 발생함.
	일본 영화 첫 토키(talkie; 발성영화)가 탄생함.
1932년	만주국을 세움.
	5·15사건이 발생함.
1933년	국제연맹을 탈퇴함.
1934년	워싱턴 해군군축조약을 폐기함.
1936년	런던 해군군축회의를 탈퇴.
	2·26사건이 발생함.
1937년	루거우차오(盧溝橋)사건이 발생하고, 일중(日中)전쟁이 시작함(~45년).
	일독이(日独伊) 삼국방공협정을 체결함.
1938년	국가총동원법을 공포함.
1939년	노몬한(Nomonhan)사건이 발생함.
1940년	프랑스령 북부 인도차이나 진주. 일독이(日独伊) 삼국동맹 체결함.
	대정익찬회(大政翼贊会)·대일본산업보국회 결성.
1941년	일소중립조약 체결. 프랑스령 남부 인도차이나 진주. 하와이 진주만을 기습하고, 태평양전쟁이 시작됨.
	소학교를 국민학교로 개칭.
1942년	미드웨이 해전에서 패배.
1943년	학도 출진(學徒出陣)이 시작됨.
1944년	학동소개(學童疎開)가 시작됨. 미군이 사이판섬을 점령함.
	군사교련이 강화됨.
1945년	학도 동원을 위해 학교 수업을 1년간 정지함.
	도쿄(東京) 대공습. 미군이 오키나와(沖縄)에 상륙.
	히로시마(広島)·나가사키(長崎)에 원자폭탄이 투하됨.
	소련이 일본에 선전포고. 포츠담 선언을 수락하고 항복함.
	국제연합군(UN) 최고사령관 맥아더가 아쓰기(厚木)에 도착.
	치안유지법 폐지.
	재벌 해체. 농지개혁(~50년).
	노동조합법 제정.
	선거법 개정(여성에게 선거권).
1946년	천황의 인간선언.
	군국주의자의 공직추방령. 극동국제군사재판(도쿄재판) 개시(~48년).
	일본국헌법 공포.
1947년	2·1 총파업 중지 지령.
	교육기본법·학교교육법 공포.
	노동기준법·독점금지법·지방자치법 제정.
	형법·민법 개정.
1949년	단일 환시세(1달러=360엔) 설정.
1950년	경찰 예비대 설치. 교육·보도계에서 적색분자(공산당) 추방이 일어남.
	한국전쟁(~53년)으로 특수를 누림.
1951년	요시다 시게루(吉田茂) 수상이 샌프란시스코 평화조약·미일안전보장 조약에 조인.
1953년	아마미(奄美) 군도 일본에 복귀.
	TV방송 시작.
1954년	제5 후쿠류마루(福竜丸) 수소 폭탄 피해.
	방위청·자위대 발족.
1956년	일소공동선언에 조인. 국제연합에 가맹.
1960년	미일신안전보장조약에 조인.
	텔레비전 컬러 방송 개시.
1964년	경제협력개발기구(OECD)에 가맹.

	도쿄(東京) 올림픽 개최.
	도카이도(東海道) 신칸센 개통.
1965년	한일기본조약에 조인(調印).
1967년	공해대책기본법 제정.
	사토 에이사쿠(佐藤栄作) 수상이 국회에서 비핵 삼원칙 답변.
1968년	오가사와라(小笠原) 제도가 일본 복귀.
1969년	동화대책사업 특별조치법 제정.
	도메이(東名) 고속도로 개통.
1970년	오사카(大阪)에서 만국박람회 개최.
1972년	오키나와(沖縄)가 일본 복귀.
	삿포로(札幌) 동계올림픽 개최.
	다카마쓰즈카(高松塚) 고분벽화 발견됨.
	중일공동성명에 조인.
1973년	석유 위기 발생.
1976년	록히드 사건으로 다나카 가쿠에이(田中角栄) 수상 체포됨.
1978년	신도쿄국제공항(나리타(成田)공항) 개항.
	중일평화우호조약 체결.
1979년	도쿄(東京) 영수회담 개최.
1987년	국철이 분할·민영화됨.
1989년	소비세(3%)가 도입됨(97에 5%로).
1992년	PKO협력법 성립, 캄보디아로 자위대 파견.
1993년	자민당 정권 붕괴, 호소카와 모리히로(細川護熙) 연립내각 발족.
	축구 J리그 발족.
1994년	정치개혁 4법 성립.
	무라야마 도미이치(村山富市) 자민·사회당 간의 연립내각을 발족.
1995년	한신(阪神)·아와지(淡路) 대지진.
	도쿄 지하철 사린가스 사건 발생.
1996년	오사카(大阪)에서 병원성 대장균 O157 감염 사건.
1997년	동해(일본해)에서 러시아 유조선 침몰로 중유 유출.
	아이누문화진흥법 성립.
	지구온난화 방지 교토회의 개최.
1998년	금융 빅뱅 시작.
2001년	중앙성청이 1부 12성청으로 재편됨.
2002년	고이즈미(小泉) 수상이 북한을 방문해 평양선언에 서명.
	한일 공동 월드컵 개최.
2003년	일본자위대 이라크 파견.
2004년	니이카타현(新潟県) 주에쓰(中越)지진 발생.
	북일 수뇌회담이 평양에서 개최되어 일본인 피납가족 5인이 귀국.
2005년	일본국제박람회 아이치만박(愛知万博) 개최.
	일본 인구 자연감소가 시작됨.
2006년	아베 신조(安倍晋三) 전후 세대 최초로 수상이 됨.
2007년	우정(郵政)의 민영화 실시.
	참의원 선거에서 사민당이 대패하고 민주당이 제1딩이 됨.
2008년	중국 만두에 의한 식중독사건 발생.
	세계적인 경제 위기 발발.
2009년	재판원(배심원) 제도가 시작됨.
	민주당·사회민주당·국민신당의 연합정권이 발족함.
2010년	센카쿠 제도(尖閣諸島)에서 순시선과 중국어선이 충돌함.
2011년	동일본대지진(東日本大震災) 발생.

	달러 대비 엔화가 전후 최고가를 기록.
2012년	센카쿠 제도를 국유화함.
	재2차 아베내각이 발족함(아베노믹스정책을 실시).
2013년	도쿄가 2020년 하계올림픽·패럴림픽의 개최지로 결정됨.
2014년	소비세가 8% 인상됨.
	집단적 자위권의 한정적 용인을 각의에서 결정함.
2015년	평화안전법제가 성립함.
	종군위안부문제에 대한 한일합의가 이루어짐.
2016년	일본은행이 마이너스 금리정책을 실시함.
	구마모토(熊本) 지진이 발생함.
2017년	헤이세이(平成)천황의 양위가 결정됨.
	제48회 중의원 선거에서 자민당이 압승함.

색인

ㄱ

가가쿠(雅楽)	124
가구라(神楽)	228
가도마쓰(門松)	240
가라코오도리(唐子踊)	35
가록(家祿)	259
가루타(カルタ)	110, 249
가리기누(狩衣)	155
가마쿠라 대불(鎌倉大仏)	73
가마쿠라(鎌倉) 문학관	117
가마쿠라시대(鎌倉時代)	73
가모노 마부치(賀茂真淵)	113
가문(家紋)	244
가미다나(神棚)	234, 235
가미시모(裃)	156
가부키(歌舞伎)	126
가시마신궁(鹿島神宮)	142
가쓰 가이슈(勝海舟)	37
가쓰시카 호쿠사이(葛飾北斎)	133
가와바타 야스나리(川端康成)	116
가와타케 모쿠아미(河竹黙阿弥)	126
가이세키 요리(会席料理)	177
가키조메(書き初め)	132
가타카나(片仮名)	104
간무천황(桓武天皇)	71
간아미(観阿弥)	125
간제류(観世流)	125
간진노(勧進能)	125
간토 지방(関東地方)	15
간토대지진 당시 경시청 포스터	42
간토대지진 조선인 희생자 추도비	42
간토대지진(関東大震災)	22
갓쇼즈쿠리(合掌造り) 민가	160
갓파(河童)	250
강항(姜沆)	36
강화도사건(江華島事件)	37
거대 고분	70
거품경제 붕괴	208
건축방식·구조별 주택비율	159
게이추(契沖)	113
게타(下駄)	158
겐지모노가타리(源氏物語)	111
겐초지(建長寺)	74
결혼식(結婚式)	228
경제성장률 비교	209
경축일(祝日)	244
계해조약(癸亥條約)	34
고다 로한(幸田露伴)	266
고단샤(講談社)	222
고담(枯淡)의 정취	254
고대(古代)	30
고대와 헤이안시대의 문학	110
고대의 의복	155
고대의 일본 천황가	93
고리야쿠(御利益)	229
고마신사(高麗神社)	32
고마이누(狛犬)	230
고베대지진(阪神大震災)	22
고소데(小袖)	155
고지키(古事記)	71
고킨와카슈(古今和歌集)	110
고헤이(御幣)	231
곤고류(金剛流)	125
곤세이사마(金精様)	187
곤코교(金光教)	148
곤파루류(金春流)	125
골든 위크(ゴールデンウィーク)	245
공동묘지	145
공명당(公明党)	205
공무도하가(公無渡河歌)	185
공양(供養)	246
공유지 반급제(公有地班給制)	71
관광자원으로 변모하는 일본식 가옥	60
관료제와 행정 시스템	202
광개토왕비문(廣開土王碑文)과 칠지도명문(七支刀銘文)	33
광복(光復) 후 현재까지	39
교겐(狂言)	124
교과서 재판(教科書裁判)	246
교육칙어(教育勅語)	97
교착어(膠着語)	105
구 조선은행 본관	59
구 홋카이도 도청(旧北海道庁)	13
구교(公卿)	74
구모쓰(供物)	232
구카이(空海)	144
국가 예산 내역(2017년도 예산)	209
국가(國歌)	246
국기(國旗)	246
국조(國鳥)	247
국체론(國體論)	97
국학(國學)	34
국호(國號)	247
국화(國花)	247
국화문장(菊紋章)	244
국화와 칼(菊と刀)	262
군국주의(軍國主義)	82
군국주의시대(軍國主義時代)	82
군인칙유(軍人勅諭)	97
군키모노가타리(軍記物語)	112
궁중 만찬회(宮中晩餐會)	98
귀국사업에 의한 북조선으로의 귀국자 수	45
귀족원(貴族院)	80
규슈(九州)·오키나와(沖縄) 지방	18
근·현대의 문학	113
근·현대의 소설	114
근대(近代)	37, 80
근세(近世)	35
근세문학	112
기나이(畿内)	69
기리(義理)	259
기모노(着物)	156
기미가요(君が代)	246
기온 마쓰리(祇園祭)	230

281

기후	11
긴카쿠지(金閣寺)	74
긴카쿠지(銀閣寺)	75
긴키 지방(近畿地方)	16
꽃꽂이(生け花)	130

ㄴ

나가바카마(長袴)	156
나가시비나(流し雛)	242
나가주반(長襦袢)	157
나고야 노극장	125
나고야성(名護屋城) 터	34
나라시대(奈良時代)	71
나루토 해협의 우즈시오(渦潮)	17
나쓰메 소세키(夏目漱石)	115
나오라이(直会)	232
난토로쿠슈(南都六宗)	188
난학(蘭学)	67
남색(男色)	193
네마와시(根回し)	248
노(能)	125
노기신사(乃木神社)	143
노렌(暖簾)	248
놀이(遊び)	249
눈축제	21
니기리즈시(にぎり鮨)	175
니치렌슈(日蓮宗)	145
니혼쇼키(日本書紀)	71
니혼케이자이신문(日本経済新聞)	216
닌조(人情)	259
닛신식품(日清食品)	172
닛코토쇼구(日光東照宮)	15

ㄷ

다네가시마 총(種子島銃)	76
다도(茶道)	131
다루마(達磨)	249
다비(足袋)	158
다양한 마쓰리	231
다양한 요리·구르메 만화	181
다이라씨(平氏)	72
다이센 고분(大仙古墳)	69
다이쇼(大正) 데모크라시	82
다이쇼시대(大正時代)	81
다이쇼천황(大正天皇)	96
다이에(ダイエー)	172
다이호 율령(大宝律令)	155
다자이 오사무(太宰治)	116
다카마쓰즈카 고분(高松塚古墳)	153
다케토리모노가타리(竹取物語)	111
다타미(畳)	161
다테마에(建て前)	248
다테마키(伊達巻)	157
다테야마알펜루트(立山アルペンルート)	23
단가(檀家)	145
단독주택	161
단오의 셋쿠(端午の節句)	230
단원제(單院制)	197
단젠(丹前)	157
단지(団地)	164
단풍놀이(紅葉狩り)	243
달마(達磨)	249
당신은 믿고 있는 종교가 있습니까?	140
대일강화조약(對日講和條約)	39
대일본제국헌법	80
데라코야(寺子屋)	79
덴가쿠(田楽)	125
덴구(天狗)	250
덴리교(天理教)	148
덴무천황(天武天皇)	93
도다이지쇼소인(東大寺正倉院)	32
도도부현별 면적·인구(2015년), 1인당 소득(2013년)	18
도리이(鳥居)	230
도박	250
도소(とそ)	241
도소신(道祖神)	140
도시코시소바(年越しそば)	240
도요토미 히데요시(豊臣秀吉)	35
도조(陶祖) 이삼평(李參平)	34
도코노마(床の間)	162
도쿄 가스미가세키(霞ヶ関) 관청가	202
도쿄(東京)	13
도쿄도(東京都)	13
도쿄의 가부키자(歌舞伎座)	127
도쿄조선제이초급학교(東京朝鮮第二初級学校)	44
도쿄증권거래소	208
도쿠가와 이에야스(德川家康)	76
도호쿠 지방(東北地方)	14
독도	9
돗토리 사구	17
드라이브 인	176
드럭스토어(drug store)	171

ㄹ

라쿠고(落語)	128
러브레터(ラブレター)	109
러일전쟁(日露戦争)	81
레토르트 식품(レトルト食品)	173
로지(露地)	131
루이스 프로이스	186
류큐왕국(琉球王国)	18
릿쇼코세이카이(立正佼成会)	149

ㅁ

마네키네코(招き猫)	250
마쓰리(祭り)	231
마쓰리의 3요소	232
마쓰오 바쇼(松尾芭蕉)	113
마이니치신문(毎日新聞)	216
마이홈주의	176
마찰음과 파찰음	106
마쿠라(枕)	129
마쿠라노소시(枕草子)	111
마쿠라에, 춘화(枕絵, 春畵)	193
마키에(蒔絵)	133
막번체제(幕藩体制)	77

막부시대(幕府時代)의 천황제	94	
만요가나(万葉仮名)	110	
만요슈(万葉集)	109	
만자이(漫才)	129	
만주사변(満州事変)	82	
만화 매출액(도매)	223	
말법사상(末法思想)	144	
맛차(抹茶)	131	
메이지시대(明治時代)	80	
메이지천황(明治天皇)	96	
메이지헌법(대일본제국헌법)	80	
모노노아와레(もののあわれ)	251	
모노이미(物忌)	232	
모르타르	162	
모리 오가이(森鴎外)	115	
모리나가제과(森永製菓)	172	
모리오카 냉면(盛岡冷麺)	57	
모리장군총 고분(森将軍塚古墳)	70	
모토오리 노리나가(本居宣長)	95	
목조주택	160	
무가지(無價紙)	215	
무녀복장(巫女服装)	154	
무도(武道)	252	
무라카미 류(村上龍)	118	
무라카미 하루키(村上春樹)	118	
무로마치시대(室町時代)	74	
무상(無常)	252	
무카에비(迎え火)	234	
문학계(文学界)	114	
미나모토노 요리토모(源頼朝)	73	
미나모토씨(源氏)	73	
미나미토리시마(南鳥島)	8	
미슐랭가이드	180	
미시마 유키오(三島由紀夫) 문학관	117	
미쓰이(三井) 본관	81	
미야게(みやげ)	263	
미야마이리(宮参り)	232	
미우라 고로(三浦梧楼)	38	
미일안전보장조약(日米安全保障條約)	85	
미코시(御輿)	233	
민사당(民社党)	205	
민주당(民主党)	205	

ㅂ

반도국가	7
방언(方言)과 도쿄어(東京語)	106
방장기(方丈記)	112
백촌강(白村江)	31
버블경기	208
번뇌구족(煩惱具足)	188
번뇌즉보리 색즉시공(煩惱卽菩提、色卽是空)	188
복중 문안인사(暑中見舞い)	233
본(盆, 盂蘭盆会)	233
봉산탈춤	123
보도인(平等院)	72
부부별성(夫婦別姓)	253
부운(浮雲)	113
북오프	221
분라쿠(文楽)	127
불교(仏教)	144
불꽃놀이(花火)	234
불단(佛壇)	234
비와호(琵琶湖)	10
비자민 연립정권(非自民聯立政權)	205

ㅅ

사루가쿠(猿楽)	125
사민당(社民党)	205
사비(寂)	254
사소설(私小説)	117
사음계(邪淫戒)	188
사이구(斎宮) 유물	104
사이초(最澄)	144
사이토바루 고분군(西都原古墳群)	70
사자무(獅子舞)	235
사진으로 보는 재일한국인의 역사와 생활	52
사청제도(寺請制度)	234
사카키(榊)	231
산나이마루야마(三内丸山) 유적	68

산지	10
산케이신문(産経新聞)	216
삼국간섭(三國干渉)	38
삿포로(札幌)	14
상징천황제(象徴天皇制)	98
새로운 역사 교과서를 만드는 모임(新しい歴史教科書をつくる会)	40
생활양식의 변화	171
생활이 풍요로운 현 Best 10	18
서도(書道)	132
서양식 방	163
서울역 구 역사	59
서적 발행 건수 상위 출판사 (2016년)	221
서적·잡지의 부분별 발행 건수 (2016년)	223
선사시대(先史時代)	30, 68
섬나라	7
성(姓)	255
성생활의 의미	191
성인식(成人式)	235
성인의 날(成人の日)	235
세계 신문 발행 부수(2015년)	217
세계의 미식(美食)이 모여 있는 도시 도쿄(東京)	180
세계의 어족	105
세쓰분(節分)	236
세이보(歳暮)	241
세이초노이에(生長の家)	148
세이칸터널(青函トンネル)	14
세켄테이(世間体)	265
센가쿠지(泉岳寺)	264
센노리큐(千利休)	131
소규모 임대아파트	163
소기(宗祇)	111
소야미사키(宗谷岬)	9
소카각카이(創価学会)	148
소쿠타이(束帯)	147
쇼나이번교 지도칸(庄内藩校致道館)	79
쇼료다나(精霊棚)	234
쇼소인(正倉院)	72
쇼와천황(昭和天皇)	98

283

쇼지문(障子門)	161	쓰시마(対馬)	8	엥겔 계수	170

쇼지문(障子門) 161
쇼진오토시(精進落とし) 236
쇼토쿠태자(聖徳太子) 69
수치의 문화(恥の文化) 262
숙년이혼(熟年離婚) 263
슈고다이묘(守護大名) 75
슈스(繻子) 158
슈퍼마켓의 등장 171
스낵(スナック) 176
스모(相撲) 255
스에히로테이(末広亭) 129
스이(粋) 255
스이칸(水干) 155
스이코천황(推古天皇) 69, 93
스즈키 하루노부(鈴木春信) 133
습명제도(襲名制度) 123
시나노가와(信濃川) 10
시대에 따른 일본 의복의 변천 154
시데(紙垂) 141
시라카미산지(白神山地) 14
시라카바파(白樺派) 113
시마바라의 난(島原の乱) 146
시메나와(しめ縄) 141
시스템 키친 171
시치고산(七五三) 156, 236
시카이로(四海楼) 182
시코쿠 지방(四国地方) 17
시호하이(四方拝) 241
식료 지급률(2015년, 식량수급표) 11
식사 습관 174
식산흥업정책(殖産興業政策) 80
신년일반참하(新年一般参賀) 100
신도(神道) 142
신도의식 142
신란(親鸞) 145
신불습합(神佛習合) 142
신신종교(新新宗教) 149
신케이(心敬) 254
신흥종교 148
쌍화점(雙花店) 185
쓰노카쿠시(角隠し) 229
쓰레즈레구사(徒然草) 112
쓰루야 난보쿠(鶴屋南北) 126

쓰시마(対馬) 8
쓰시마번(対馬藩) 36
쓰유(梅雨) 11
쓰즈레오리(綴織) 158
쓰쿠리야마 고분(造山古墳) 70
쓰키미(月見) 243

ㅇ

아마쿠다리(天下り) 203
아사히신문(朝日新聞) 216
아소산의 분화 22
아스카데라(飛鳥寺) 31
아시카가 다카우지(足利尊氏) 74
아시카가 요시미쓰(足利義満) 74
아시카가 학교(足利学校) 74
아야씨(漢氏) 31
아와레(あわれ) 256
아와세(袷) 157
아쿠타가와 류노스케(芥川龍之介) 115
안도 히로시게(安藤広重) 133
애니미즘(animism) 142
액년(厄年) 237
액막이(厄除け) 237
야구 256
야나기 무네요시(柳宗悦) 56
야나기타 구니오(柳田国男) 231
야마토에(大和絵) 132
야스쿠니신사(靖国神社) 97, 143
야요이문화(弥生文化) 30
야요이시대(弥生時代) 68
에가미 나미오(江上波夫) 94
에도성에 입성하는 조선통신사
(朝鮮通信使) 35
에도시대(江戸時代)의 조선통신사
(朝鮮通信使) 36
에도시대의 교육기관 79
에마(絵馬) 237
에보시(烏帽子) 235
에키벤(駅弁) 176
엔유카이(園遊会) 100

엥겔 계수 170
여사나불(慮舎那佛) 72
여행 257
역성혁명(易姓革命) 92
연하장(年賀状) 233
연회 177
영유권 문제 9
영화 258
오마모리(お守り) 143, 237
오미쿠지(おみくじ) 237
오비(帯) 157
오사카성(大阪城) 16
오세치요리(お節料理) 178
오소레잔(恐山) 238
오에 겐자부로(大江健三郎) 117
오우라 천주당(大浦天主堂) 147
오치(オチ) 128
오카시라쓰키(尾頭つき) 258
오쿠니(阿国) 126
오쿠리비(送り火) 234
오키나와(沖縄) 21
오키노토리시마(沖の鳥島) 8
오후다(お札) 237
온(恩) 259
온천 260
와비(侘) 260
와지마누리(輪島塗) 134
와카(和歌) 110
왕인(王仁)박사 기념비 31
왕정복고(王政復古) 95
왜구(倭寇) 34
외국인 등록자에서 차지하는
재일한국인 수 46
외식 175
요나구니지마(与那国島) 8
요미우리신문(読売新聞) 216
요시노가리(吉野ヶ里) 유적 69
요시모토 바나나(吉本バナナ) 118
요카구라(夜神楽) 228
요코이 쇼난(横井小楠) 37
요코하마(横浜) 15
우라본에(盂蘭盆会) 233
우에다 빈(上田敏) 113

우의소설(寓意小説)	117	일본알프스(日本アルプス)	10	천황제	95
우지가미(氏神)	232	일본어의 경어(敬語)	107		
우치카케(打掛)	154	일본어의 계통	105		
우치키(袿)	155	일본어의 악센트	106	## ㅈ	
우키시마마루(浮島丸)호 사건	43	일본어의 역사와 표기	104		
우키요에(浮世絵)	132	일본어의 외래어	108	자연과 일본인	21
원구방루(元寇防塁)	34	일본어의 음운	106	자연재해	22
원폭돔(原爆ドーム)	83	일본어의 한자	107	자원	11
유곽(遊廓)	194	일본영대장(日本永代蔵)	112	자유민주당(自由民主党)	198
유시마성당(湯島聖堂)	140	일본은행(日本銀行) 본점	208	자유민주당(自由民主党) 본부	204
유젠염색(友禅染め)	156	일본의 국회	201	장래 인구 동향	12
유카타(浴衣)	154	일본의 군국화(軍國化)를 추진한		장래 추계 인구	12
육필화(肉筆畫)	133	두 개의 쿠데타 사건	84	장례식장	239
의원내각제	198	일본의 방송사	218	장의(葬儀)	239
이나리신사(稲荷神社)의 여우상	238	일본의 산업화	206	재일본대한민국거류민단	
이나리신앙(稲荷信仰)	238	일본의 아침식사	174	(在日本大韓民國居留民團)	44
이두(吏讀)	103	일본의 전통 회화와 우키요에		재일조선인귀환협정	
이로하카루타(伊呂波ガルタ)	249	(浮世絵)	132	(在日朝鮮人歸還協定)	45
이세만태풍(伊勢湾台風)	23	일본의 주요 산	10	재일조선인총연합회	
이세모노가타리(伊勢物語)	111	일본의 주택문화	159	(在日朝鮮人總聯合會)	44
이세신궁(伊勢神宮)	93, 239	일본의 출판 매출액(도매)	223	재일한국인 관련 연표	46
이세신궁(伊勢神宮) 내궁	239	일본의 행정구역	9	재일한국인 문학	50
이승만 라인	40	일본의 행정조직	200	재일한국인의 문화활동	50
이에모토(家元)	261	일본의 현대 호적	253	재한일본인(在韓日本人)	62
이와주쿠(岩宿) 유적	68	일본의 현민성(県民性)	20	전국 민영 네트워크와 주요 방송국	219
이원제(二院制)	197	일본의 TV	219	전국시대(戦国時代)	75
이치카와 단주로(市川団十郎)	126	일본인론(日本人論)	261	전기(戦旗)	113
이키(粋)	255	일본인의 결혼 후 성(姓)에 대한 생각	253	전별(餞別)	263
인구	11	일본인이 좋아하는 말 Best 20	109	전쟁특수	85
인기 TV프로그램 장르 Best 15	219	일본인이 좋아하는 술 Best 18	177	전통 결혼식장	229
인스턴트 식품의 등장	172	일본인이 좋아하는 시대	86	전통적인 꽃꽂이	130
인전결혼식(人前結婚式)	229	일본인이 좋아하는 여행 장르 Best 20	257	전후 일본의 경제 성장률 추이	207
인형조루리(人形浄瑠璃)	127	일본인이 좋아하는 역사상의 인물		정년이혼(定年離婚)	263
일관교육(一貫教育)	261	Best 10	86	정당 시스템	204
일본 경제의 주요 지표 국제 비교		일본인이 좋아하는 요리 Best 20	171	정월(正月)	240
(2015년)	209	일본인이 좋아하는 작가 Best 10	118	정이대장군(征夷大将軍)	73
일본 기후의 특색	21	일본인이 좋아하는 한자 Best 10	109	정토진종(淨土眞宗)	145
일본 방위성(日本防衛省)	199	일본인의 천황에 대한 태도	99	제2차 세계대전 전의 재일한국인	
일본 요리	61	일본적 기업 경영 모델	210	인구	43
일본 전통 의상의 주요 요소	156	일왕(日王)	91	제2차 세계대전 패전 후의 재일한국인	
일본 최고재판소	199	일즙삼채(一汁三菜)	179		43
일본과 한국의 출입국자 수의 추이	41	잃어버린 10년	208	제48회 중의원선거 당파별 당선자 수	
일본사회당(日本社會黨)	204	입헌전제군주기(立憲專制君主期)의			206

285

제아미(世阿弥)	125
조닌문화(町人文化)	77
조몬시대(縄文時代)	68
조몬토기(縄文土器)	30
조일수호조규(朝日修好條規)	37
조일통상조약(朝日通商條約)	35
조카마치(城下町)	77
존왕사상(尊王思想)	95
존황도막(尊皇倒幕)	95
종교별 신도 수(2015년)	141
종교적 행동(2013년)	149
종문개장(宗門改帳)	145
종문인별장(宗門人別帳)	147
종신고용제	211
주거권	174
주겐(中元)	241
주고쿠 지방(中国地方)	17
주니히토에(十二単)	155
주부 지방(中部地方)	15
주신구라(忠臣蔵)	263
주요 나라의 국방 지출(회계연도)	210
주인선무역(朱印船貿易)	75
중세(中世)	34
중세시대(中世時代)	73
중세문학	111
중세와 에도시대의 의복	155
중의원(衆議院)	198
중의원·참의원 선거 투표율	201
중일전쟁(日中戦争)	83
지고와카슈(稚児若衆)	188
지란무가저택(知覧武家屋敷)	77
지역별 기후의 특징	11
지역별 연·월별 평균기온	21
지장(地藏)	241
지조개정(地租改正)	80
지진	22
진보초(神保町)	221
진신의 난(壬申の乱)	93
진언밀교(眞言密教)	145
진언종(眞言宗)	188
짬뽕	182

ㅊ

참근교대(参勤交代) 제도	77
참의원(参議院)	198
천황(天皇)	94
천황(天皇)과 원호(元號)	264
천황주권제	202
철포 전래(鐵砲傳來)	76
청일전쟁(日清戦争)	80
총리대신 관저	198
축구	256
치킨라면	173
칠기(漆器)	133
칠석(七夕)	242

ㅋ

카르텔	81
컵라면	173
크리스트교	146
크리스트교 금제(キリスト教禁制)	146

ㅌ

태풍	23
토라피스트 수도원(トラピスト修道院)	147
토지 이용	10

ㅍ

평화헌법	203
포츠담 선언	84
풍류(風流)	265
프란시스 자비에르 동상	146
프랜차이즈 시스템	171
플라자 합의	207

ㅎ

하나미(花見)	243
하다씨(秦氏)	31
하레(ハレ)와 게(ケ)	177
하부타에(羽二重)	157
하시오키(箸置き)	179
하쓰모데(初詣)	240
하쓰유메(初夢)	265
하오리(羽織)	154
하이카이(俳諧)	113
하이쿠(俳句)	260
하지(恥)	265
하카마(袴)	154
햐쿠만고쿠 마쓰리(百万石祭り)	155
한국 문화	56
한국 요리	57
한국 요리는 야키니쿠(焼肉)?	58
한국의 일본 요리 원조(元祖)	61
한국전쟁 특수에 의한 일본 산업의 성장	40
한복(韓服)	153
행정구역	9
헤이세이천황(平成天皇)	98
헤이안시대(平安時代)	72
헤이안쿄(平安京)	71
헤이조쿄(平城京)	71
헤이케모노가타리(平家物語)	112
현대 일본의 식생활	170
현대 일본의 주거 상황	162
현대 일본의 주택문화	160
현대(現代)	85
현대의 상징천황제(象徵天皇制)	97
현대의 의복	156
호간비이키(判官贔屓)	266
호색일대남(好色一代男)	112, 189
호쇼류(宝生流)	125
호조씨(北條氏)	73
호토다하치만즈카 고분(保渡田八幡塚古墳)	69
혼네(本音)	248
홋카이도(北海道)	13

홍길동전(洪吉童傳)	103
홍적세(洪積世)	68
화산 분화	22
환관제도(宦官制度)	67
황거(皇居)	92
황민화정책(皇民化政策)	39
황실전범(皇室典範)	99
회갑(還曆)	243
회답사 겸 쇄환사(回答使兼刷還使)	35
회사령(會社令)	38
후미에제도(踏絵制度)	147
후발문명권	7
후스마(襖)	161
후지산(富士山)	10, 266
후지와라노 슌제이(藤原俊成)	254
후지와라씨(藤原氏)	72
후지텔레비전(フジテレビ)	218
후쿠오카(福岡)	18
후쿠자와 유키치(福沢諭吉)	262
후타바테이 시메이(二葉亭四迷)	113
휴대소설(携帯小説)	118
흑요석(黒曜石)	30
희작(戲作)	114
히구치 이치요(樋口一葉)의 키재기(たけくらべ)	114
히나 마쓰리(ひな祭り)	242
히나단(ひな壇)	242
히나인형(ひな人形)	242
히라가나(平仮名)	104
히라가나의 변천	104
히시모치(菱餅)	242
히토에(単)	157

3대도시 50km권의 인구밀도	12
4개의 창구(窓口)	78
5·15사건이 실린 신문 기사	84
NHK	218

기타

17조 헌법(十七条憲法)	70
1990년대 일본 경제의 장기 침체와 향후의 과제	207
2·26사건	83
2·26사건이 실린 신문 기사	84
3대 신기(神器)	171

(3rd EDITION) 사진·통계와 함께 읽는
일본 일본인 일본문화

지은이 정형
펴낸이 정규도
펴낸곳 (주)다락원

초판 1쇄 발행 2004년 2월 20일
개정1판 1쇄 발행 2009년 2월 25일

개정2판 1쇄 발행 2018년 2월 9일
개정2판 7쇄 발행 2025년 3월 5일

책임편집 송화록, 손명숙
디자인 장미연, 이승현

다락원 경기도 파주시 문발로 211
내용문의: (02)736-2031 내선 460~465
구입문의: (02)736-2031 내선 250~252
Fax: (02)732-2037
출판등록 1977년 9월 16일 제406-2008-000007호

Copyright ⓒ 2018, 정형

저자 및 출판사의 허락 없이 이 책의 일부 또는 전부를 무단 복제·전재·발췌할 수 없습니다. 구입 후 철회는 회사 내규에 부합하는 경우에 가능하므로 구입문의처에 문의하시기 바랍니다. 분실·파손 등에 따른 소비자 피해에 대해서는 공정거래위원회에서 고시한 소비자 분쟁 해결 기준에 따라 보상 가능합니다. 잘못된 책은 바꿔 드립니다.

ISBN 978-89-277-1198-8 13300

http://www.darakwon.co.kr